| 光明社科文库 |

守正与创新

—— 研究生学术论文集（第四辑）

主　编◎万德敬

副主编◎路庆帅

光明日报出版社

图书在版编目（CIP）数据

守正与创新：研究生学术论文集. 第四辑／万德敬主编. -- 北京：光明日报出版社，2022.3

ISBN 978 - 7 - 5194 - 6485 - 1

Ⅰ.①守… Ⅱ.①万… Ⅲ.①社会科学—文集 Ⅳ.①C53

中国版本图书馆 CIP 数据核字（2022）第 036799 号

守正与创新
　　——研究生学术论文集（第四辑）
SHOUZHENG YU CHUANGXIN
　　——YANJIUSHENG XUESHU LUNWEN JI（DISIJI）

主　　编：万德敬

责任编辑：王　娟　　　　　　　责任校对：刘　璐
封面设计：中联华文　　　　　　责任印制：曹　净

出版发行：光明日报出版社

地　　址：北京市西城区永安路 106 号，100050

电　　话：010 - 63169890（咨询），010 - 63131930（邮购）

传　　真：010 - 63131930

网　　址：http：//book. gmw. cn

E - mail：gmrbcbs@ gmw. cn

法律顾问：北京市兰台律师事务所龚柳方律师

印　　刷：三河市华东印刷有限公司

装　　订：三河市华东印刷有限公司

本书如有破损、缺页、装订错误，请与本社联系调换，电话：010 - 63131930

开　　本：170mm×240mm

字　　数：350 千字　　　　　　印　　张：19.5

版　　次：2022 年 3 月第 1 版　　印　　次：2022 年 3 月第 1 次印刷

书　　号：ISBN 978 - 7 - 5194 - 6485 - 1

定　　价：99.00 元

在文学院第四届研究生学术论坛闭幕式上的讲话

（代序）

万德敬

尊敬的各位领导，尊敬的各位老师，亲爱的同学们：

大家好！受大会的委托，我作为导师代表对这次论坛做一点评和总结。接到任务，我首先想到的是孔子说过的一句话："吾党之小子狂简，斐然成章，不知所以裁之。"这句话是什么意思呢？我的那些学生啊，都有梦想，都有个性，他们写出来的文章都非常漂亮，我都不知道怎么去指导他们了。虽则如此，还要勉为其难。因为自己的水平有限，只能以偏概全。

本次大会，共收到论文281篇，涉及9个学科，有中国古典文献学、中国古代文学、中国现当代文学、比较文学与世界文学、文艺学、文字学、语言学及应用语言学、国际汉语教育、学科语文等。内容驳杂，水平亦有不同。同学们参与论坛的热情很高，也有一些高质量的论文，这是值得肯定的，但还是有一些共性的问题需要指出来。

一、学术规范的问题。说得直白一些，绝对不能抄袭。有些题目，不是让人耳目一新，而是似曾相识，去中国知网上一搜，果然有学位论文、期刊论文与我们提交的论文有一定的重合度，而我们论文的参考文献中又没有提到人家，这是怎么回事？学术不端是必须杜绝的。中国知网、万方数据库，这些是宝藏，那里面有我们需要的很多东西。但它也是一面镜子，编辑、外审专家，他们在这上面一搜，就知道手里这篇论文是不是具有原创性。

我们的学术论文不是文艺随笔，不是读后感，它有自己的套路和规范，要提出问题、分析问题、解决问题。有些论文只是一个描述，缺少深入的调研，没有数据的支撑，这些也是不行的。

二、学术视野的问题。我们要把自己放到一个学术史里面去。中国古代文化是农业文明的产物，是一个感悟性的文化，但现代的学术研究不是这样的，要讲思辨，要讲逻辑，要与学术界进行对话，要有国际视野，不能自说自话。很多的论文，我们看不到学术界在这个点上的最新动态、最新成果。做学问，有前辈大师说过，不外乎三种途径，照着说、接着说、反着说。一个大师在某一个领域树立了一个样板，提供了一个范式，我们又不能超越，那我们就照着他的模式去分析我们要解决的问题。吾生也有涯，前人在某个领域、某个问题上没有说完的话，我们可以接着说。如果我们不同意前人的说法，要与前辈商榷，那就反着说，反弹琵琶。我们以后做论文，可以结合自己的情况，选择其中一个模式去努力。

三、论文写作的问题。题目不能太大、太空、太俗。太大，我们驾驭不了；太空，没有实质性的内容；太俗，最不可取，因为它是重复研究。有的题目口语化，有的题目太空灵。我们常见的学术论文题目都是很朴素的，初学者不要有意把题目弄得花里胡哨，不要学标题党，你把别人诳来了，其实里面没有什么东西。有的题目里面包含着有价值的东西，但需要进一步限定，限定到可以操作的层面。石头里面藏着美玉，但需要把石头打掉，才能让美玉呈现在世人面前。选题要新、要小，大家写文章往往以小见大，金刚钻儿是小东西，但更让人珍视。

摘要必须都是干货，是从文章里面提炼出来的精华，不能有很多叙述的、描述的、介绍的东西。

很多文章的关键词并不关键。什么是关键词？它是从我们的论文中提炼出来的东西，在摘要里面能找到，在题目里面往往也有两个以上。但在题目里面研究、分析这些动词，则不能作为关键词。人们一看我们的关键词，就知道我们在研究什么。学术界如果有人做相关、相似的研究，他们在检索自己的关键词时，能够找到我们，这样的词才是关键词。有的文章写得不错，从一个人物事件切入，文中重点围绕这个人物事件剖析，结尾也回到了这个人物事件上来，但这个人物事件并没有写进关键词，好像就不妥。

正文中引用一个人所共知的名言，这个不需要做脚注，只需要在文中夹注就可以。有的脚注是参考文献，有的脚注是说明性的文字或者延伸性的文字，作者为了不影响行文的流畅，有些内容就会放在脚注里面。所以，不能把一句人们都很熟悉的名言的出处放到脚注里面，注它的出版地、出版社、出版年、页码，这完全没有必要。

参考文献，虽然不是一个大部头，我们也要认认真真地去看一看。特别是一个单篇论文，或一篇经典的文献，不能只从网上搜出来看一眼。电子文献很便捷，但最好要见到纸质文献。参考文献的出版社一般是那些比较大的、有名的出版社，也就是专业学术出版社，像中华书局、人民文学出版社、商务印书馆等。

论文写出来不能像教科书，或者说不能使用教科书的写法。什么是教科书？就是四平八稳，没有棱角，写出来的都是学术界常识性的东西。

下面谈谈"守正与创新"的辩证关系。

守正，这是创新的前提和基础，因为万变不离其宗。学术规范我们必须去遵守，不能堕入野狐禅。创新，这是科研的终极目标，它与守正并不矛盾。如果一个人只有恪守、只有遵循，而没有创新的意识和能力，那就不能称其为科研。西方有句名言，差别创造价值。我们总是步前辈的后尘，总是在别人的圈子里打转转，别人就永远听不到我们的声音，那样不行。不要以为创新只是一个现代学术的概念，古人也有。举两个例子。一个是司马迁，他"究天人之际，通古今之变，成一家之言"，完成了皇皇巨著《史记》。在他以前，没有纪传体的史书，他是首创。再如刘勰，学问也是很大的，但他意识到一个问题，"敷赞圣旨，莫若注经，而马郑诸儒，宏之已精。就有新解，未足立家"。于是，刘勰另辟蹊径，做了一件前人没有做过的事情，做文学批评，写出了不朽的《文心雕龙》。现在，《史记》与《文心雕龙》都已经成了世界显学，司马迁与刘勰的创新思维与实践，功不唐捐。在此，我想借用一首唐诗来把创新这一问题讲得形象化。"水中芹叶土中花，拾得还将避众家。总待别人般数尽，袖中拈出郁金芽。"（这首诗的作者有王建、花蕊夫人两说）学术代代生新，一代有一代之学术。前修未密，后出转精。前辈有前辈的成就，但也有其时代和条件的限制。所以，要敢于创新。

最后提六点希望和要求，与大家共勉。

一、要有恒心。《易经·恒卦》里面说："不恒其德，或承其羞。"没有恒心，不仅办不成事情，还会为此蒙羞。我们举个影视界的例子，杨洁版的《西游记》里唐僧的扮演者不止一位，但只有迟重瑞坚持了下来，他与团队打造了一部经典，后人无法企及。

二、要有眼光。我这里说的眼光，是指能够看到枯寂之后的繁荣、沉默之后的爆发。《论语·子路》里面说："无欲速，勿见小利。欲速则不达，见小利则大事不成。"文科的学术研究往往是慢工出细活，不能一口吃个胖子，不可能掌握了某种理论就摇身一变成为大家。生活中总是有一些小利来诱惑我们，我们要有眼光，不要因小失大。所以，要耐得住寂寞，要有坐冷板凳的精神。

三、要有胆气。《孟子·滕文公上》里面说："舜，何人也？予，何人也？有为者亦若是。"舜，是三皇五帝里面的人物，芸芸众生都会觉得他崇高、伟大，对他只有景仰的份儿。但孟子提出了一个观点，舜是什么样的人？我是什么样的人？他能做的事情，我也能做。孟子是从道德修养的层面来讲的，我今天把它拿到学术研究的领域来讲，希望能给大家启示。不敢想，就没有题目，就没有地盘儿。没有胆气，你只能是一个普普通通的学者，远远不能成为大师，我们要培养大师！禅宗里面有一句名言："见与师齐，减师半德。见过于师，方堪传授。"你的见解与老师差不多，不要高兴，那就坏了，因为你不能发扬光大。只有你在某个问题上的见解超过了你的老师，你的老师才会传授给你更多的东西，你才能把一条学术的脉络传承下去。咱们文学院的老师们都在期待着你们"青出于蓝而胜于蓝"。

四、要有圈子。《论语·季氏》里面说："友直，友谅，友多闻。"你拥有什么样的圈子，你就是什么样的人。我在中学工作的时候，同一个办公室里有几个同事，我们有一个共同的话题——考研。功夫不负有心人，张凤华，考上了南开大学，她后来留在南开大学工作。李艳蕊，考上中国农业大学，她是硕博连读，现在定居加拿大。贾振山，考上天津大学，后来又去中国科学院读博士，之后去了日本。我读硕士期间，一个宿舍四个人，四个专业，但有共同的话题——考博，不考名校，就考名师。刘波，现当代文学专业，他考取了南开大学的博士，现在在三峡大学做教授、文学系主任。赵可云，教育技术专业，他考取了东北师范大学的博士，现在就在曲阜师大做教授、传媒学院的副院长。单鹏，后来也考上了博士，现在上海一家出版社工作。

五、要有怀疑精神。怀疑的精神才是科学的精神。儒家文化往往讲究服从，对于质疑的训练往往是缺少的，这一点，即使在今天深受儒家文化影响的一些国家（诸如中国、韩国）也是如此（印度除外），这是著名的经济学家陈志武教授的观点。那孔子有没有怀疑的精神？有的。在孔子那个时代，有一个人，大家评价都很高，都认为他很直率，不做作。但孔子通过观察一个生活细节，得出了与众不同的结论。有人去向这个名人借点儿醋，他家里没有，但他没有直接告诉来人没有，他去邻居家里借了点醋给人家。"孰谓微生高直？或乞醯焉，乞诸其邻而与之？"（《论语·公冶长》）通过这个案例可以得知，儒家文化具有怀疑的精神，可能出于某种政治需要，这种精神在历史上被过滤掉了。

六、要有业余爱好。杨振宁的父亲原来要求他熟读《孟子》。钱学森虽然是位物理学家，但是他在世的时候，中国社科院的美学研究者都会向钱老请教美学的问题。杨叔子是个物理学家，但他要求自己的学生能够背诵《老子》和《论语》。据说有位从事古代文学研究的著名教授，说起足球来，滔滔不绝。我在西北大学读博的时候，去参加一个卡拉 OK，有一个博士后，既能唱流行歌，也能唱黄梅戏，还会表演少数民族的舞蹈。《论语·述而》里面说："游于艺。"一种业余爱好往往是减压的一种方式，能够让我们获得心理的调适和身体的健康，有时还会冒出一些灵感，要知道，交叉学科的研究是近年来科学研究的方向和重点。

好了，就说这些。谢谢大家！

目　录
CONTENTS

元梁寅《周易参义》版本考述[*]

  《周易参义》十二卷，梁寅撰。梁寅（1303—1390），字孟敬，江西新喻人。其家历代以农为业，家贫，自力于学。延祐七年（1320），梁寅教学于乡里，始得《四书》《书传》等；至治元年（1321）随吉水李麟欲求学于渝南萧寄壶，研习《春秋》；三年赴豫章拜谒前翰林滕玉霄，被留置学馆检校群书，尽观所藏古今典籍。泰定元年（1324）拜谒儒学提举刘有庆，被举荐于南昌富豪邓氏、姜氏，教授子弟，从学者日多。至顺三年（1332）科举失利，继续于江西授徒。至正八年（1348）应行省张君济之邀至建康教导其子并执掌集庆路（今南京）儒学司训一职，两年后以亲老辞归，重操儒业。明洪武元年（1368）梁寅应征赴京城参与编修礼书《大明集礼》，其"讨论精审，诸儒皆服"。书成后又参编《元史》，"称旨，授以礼部主事"，以老病辞归，回乡结屋石门山，后受江西省臣礼聘参与明经考试的评卷工作。洪武十年梁氏创建石门书舍（后为石门书院），洪武二十二年卒。梁氏一生致力于经学，时人称其"梁五经"，著作有《书纂义》十卷、《诗考》四卷、《春秋考义》十卷、《宋史略》四卷、《元史略》四卷等，现存世者有《周易参义》十二卷、《诗演义》八卷、《石门集》四卷、《策要》六卷。《周易参义》融汇程、朱《易》学思想，其诠释经义简洁详明，在《周易》研究史上具有极高的价值。

一、《周易参义》及其价值、影响

  梁寅学贯五经，《周易参义》（简称《参义》）是其代表著作。《参义》分《上经》《下经》《十翼》，依古《易》篇次而编成。梁寅作该书时"读书山中，窃好是经，惧于荒怠，而无以自励，乃参酌二家，旁采诸说，僭附己意，别为一书名曰《参义》"。其撰著《参义》源自对《周易》一书内涵的喜爱，同时怕

荒殆学问，故而参酌程、朱《易》学，附以己意，"由详而造约，考异而知同"。同时，梁母在至顺三年（1332）梁寅科举失利时劝他："子未闻《书》云'孝乎惟孝，友于兄弟'。何必介介乎！"① 这就坚定了他绝意仕途、专注学问著述的决心，几年后《参义》书成。梁寅在自叙中说该书成于至元六年（1340），"今天子即位之九年，为至元六年，岁名商横执徐，月名毕聚，始缮录成编，总十二卷，将以行于四方，谋之君子，以俟详订"。根据新余高专"梁寅研究工作组"结合《明史》及梁氏族谱考证得出的梁氏生平，可大致推算出该书的成书经过。延祐七年（1320），梁寅开办学馆、教授生徒，并博求书籍，"无师指授，皆自点读，穷心力求"，这是其学术积淀的发端。至治三年（1323），梁寅赴南昌谒见前翰林应奉滕玉霄，被留置学馆检校群书，尽观所藏古今书史。这段经历极大地丰富了梁寅的学术涵养。泰定元年（1324），其携文拜谒儒学提举刘有庆，被荐于南昌富豪邓氏、姜氏，教授其子弟。天历二年（1329）一边教授生徒，一边广读经史，"用功益勤锐"。元统二年（1334），母丧，归，守孝苦读。② 自此至至元六年就是梁寅集中撰著《周易参义》的时期。

　　《参义》的价值主要体现在：第一，《参义》继承和发展了程、朱《易》学。从梁寅自叙中可知其作《参义》既注疏程、朱《易》学，又间附己意。"寅读书山中，窃好是经，惧于荒怠而无以自励，乃参酌二家，旁采诸说，僭附己意，别为一书，名曰《参义》。俾观至之者由详而造约，考异而知同，则是书者亦程朱之义疏也。"首先兼采程、朱之说。如对《遁》卦卦辞"遁，亨，小利贞"的解释。程颐注曰："虽小人道长之时，君子知几退避，固善也……阴柔方长而未至于甚盛，君子尚有迟迟致力之道，不可大贞，而尚利小贞也。"朱熹注曰："小人则利于守正，不可以浸长之故，而遂侵迫于阳也。"梁寅注曰："卦之为遁，以阴方盛长，而阳退以避之也……此言乃程子之意，朱子以小利贞为小人利于正，则又一义云。"梁寅对《遁》卦的看法与程子相似，对朱熹的说法也持赞同态度。其次修正程、朱之说。《震》卦象辞曰："震惊百里，惊远而惧迩也，出可以守宗庙社稷，以为祭主也。"梁寅解释道："程子、朱子皆云'近也'之下脱'不丧匕鬯'一句，然《传》释卦爻之辞多或举上句而兼释下句，窃疑此亦但举'震惊百里'一句。而所谓'惊远而惧近'者，乃兼'不丧匕鬯'而释之也，盖'震惊百里'者惊远也，'不丧匕鬯'者惧近。若有国者，

---

① "梁寅研究"课题组. 梁寅生平及"夫子堂遗迹概说"［J］. 新余高专学报，2005，10（3）：22.

② 李莅，刘君君. 梁寅生平经历与事业初探［J］. 新余高专学报，2009，14（4）：14.

当震惊之时，虽其祸之尚远，而能心怀畏惧，视之已如近灾焉，则可以不失其所守矣，故《传》既释卦辞又推言主器之义，曰：'出可以守宗庙社稷，以为祭主也'言慎守，如是则可以继世而主祭矣。"程、朱二人皆认为"迩也"之下脱"不丧匕鬯"一句，但梁寅则认为《易传》在解释卦爻辞时有只提及上句而又兼释下句的情况，故梁寅认为此处也当是如此，并没有脱文，所解可信。

第二，梁氏解《易》兼具义理、象占之法。针对前人研究《周易》时存在的"其高也或沦于空虚，其卑也或泥于象数"问题，梁寅认为只有程子"论天人以明《易》之理"、朱子"推象占以究《易》之用"的方法才是理解《周易》内涵的正确途径，所以梁寅在吸收二者的基础上择"其要归一"，形成了自己兼具义理、象占的研究风格。梁寅运用义理说解释《周易》。"人之仁义礼智即天之元亨利贞也。夫孰无仁也？而惟君子能以仁为体，而天下之痒痾疾痛举切于其身，则夫尊爵者，吾有也。生物者，吾心也，而于长人之道何不足之有？亦孰无礼也，而唯君子能嘉其所会而严敬以行之、备物以饰之，则夫礼仪三百威仪三千无一之不美，而于礼也何不合之有？义亦孰无也，而君子则独能利于物而理财正辞禁民为非，使夫有生者无不各止其所、各遂其性，而于义也何不和之有？知亦孰无也，而君子则独能贞正而坚固，故周乎万物而旁行不流，则所以成天下之务，如木之干而枝叶附焉。是其于事也，又何不立之？有此四者皆人事之当然也。君子行此四德者，故曰：'干，元、亨、利、贞'。"① 梁寅将天之四德"元亨利贞"与人之四德"仁义礼智"相配，指出人皆有仁而只有君子能以仁为本，故君子有尊爵之法、生物之心、长人之道。人皆有礼而只有君子能嘉之行之饰之，故能使礼仪、威仪皆合于礼。人皆有义而只有君子能善于用其物，故能理财正辞禁民为非，使人止于其所，遂于其性，所行之事皆合于义。人皆有知而只有君子能守其贞固，故其能成就天下事物。继而强调"元、亨、利、贞"皆是人事之当然，但唯有行此四德的君子才能得"元、亨、利、贞"之道。梁氏亦用朱熹象占之法解释《周易》。如解释《履》卦"上天下泽，履。君子以辨上下，定民志"条曰："天运乎上，泽润乎下，其上下之悬隔邈然，其不及未尝有滔天之祸也。君子观上天下泽之为履，于是严其礼制，峻其禁防，使尊卑之分贵贱之序等如天上泽下而不可陵犯，故天下之人各有定志，安其素守而绝其觊觎，靡然如水之就下而知天险之不可升，此岂非礼制防闲之效哉？故辨上下之分者，乃所以定民志也。"此处梁寅从卦象入手解《易》。《履》卦

---

① 中国国家图书馆. 原国立北平图书馆甲库善本丛书［M］. 北京：国家图书馆出版社，2013：419.

（☰上乾下兑），乾之象为天，兑之象为泽，天居上而泽处下，天泽相距遥远，故无滔天之祸。君子观上天下泽之象而知尊卑贵贱之序，严格礼制，从而使天下之人安于其位而无觊觎、犯上之心。此乃君子观其象而知上下之分，行定民志之道。《参义》对程、朱思想不主一家，"融会参酌，合以为一""言理而不涉虚无，言象而不涉附会"，故而《四库提要》赞其"不愧为儒者之言"。

因《参义》在《易》学研究上颇有建树，故后世学者多引其说。明潘士藻《读易述·蛊》"蛊元亨利涉大川先甲三日后甲三日"条引梁寅曰："言蛊极必治而治，蛊有道也。蛊，元亨者，蛊之既治也，不先言治蛊之道而乃先言其效者，明乱之可治也。利涉大川，方治蛊之时也，故谓之往有事先甲后甲，即所谓有事也。"清赵继序《周易图书质疑·坎》引："梁寅曰：流而不盈，时止则止也。盈而后进，时行则行也。"清李光地《周易折中·蒙》引："梁氏寅曰：阳刚明，阴柔暗，故阴为蒙者，而阳为发蒙者。卦唯二阳，而九二以刚居中，为内卦之主，与五相应。当发蒙之任，尽发蒙之道，非九二其谁哉？二中而不过，六三，勿用取女，见金夫，不有躬，无攸利。"从后世学者引《参义》情况看，梁寅的《易》学对后世《易》学家产生了一定的影响，《参义》具有一定的学术价值。故《四库提要》评"其诠释经义，平易近人，大都本日用常行之事，以示进退得失之机，故简切详明，迥异他家之缪辕"。

二、元刻本

梁寅在至元六年（1340）撰成《周易参义》，几年后付梓，存世最早者即此元末刻本。今著录为元刻本者有三，其一藏于台北"国立故宫博物院"（简称台博本，平图000039），为原北平图书馆甲库善本，十二卷存八卷（卷三至十），一册，间有缺叶。版框高广为17.5厘米×11.6厘米，半叶十二行，行二十一字，四周单边，细黑口，双鱼尾。版心下题刻工，可识者为实、才、仲实。卷首首行顶格题"周易象上传第三"，次行低十格题"后学梁寅参义"。至元六年书成，其刊刻时间当在之后数年。至正七年（1347），梁寅在家乡创办宗濂书院。八年，应行省张君济之邀至建康教导其子，后来应郡博士罗罕之请执掌集庆路①儒学司训一职，次年辞归，重操儒业。梁寅自幼家贫，当无力独自承担维

---

① 集庆路属江浙行省，至元十四年（1277）升建康府为建康路，天历二年（1329）冬改建康路为集庆路，下辖上元县、江宁县、句容县、溧水州、溧阳州，皆在长江以南，经济富饶、文化昌盛，刻书业也极为发达。集庆路于元初及中叶刻书多种：元大德间刻本《五代史记》《玉篇》，至正元年刻《乐府诗集》一百卷、《金陵新志》十五卷等。

持宗濂书院运转的开销，其经费或来自私人捐赠，或源于官府划拨的学田。经费不充裕，自然无法刊刻其著作。那么梁氏有条件刊刻其著作的时间当是任职集庆路儒学司训之时。查验该本字体，圆润秀丽、外柔内刚、骨架挺劲有力，其字活泼秀丽，颇有元代赵孟頫行楷字体之风。该本中无避讳字，另该本"无""盖""变""惧""辞""弥""尔"等简化字在文中多次出现，皆符合元刻本的特征。通过以上推断可知，今台博藏本颇符合元代刻书之例，当为元刻本无疑。

其二为国家图书馆藏本，仅存三卷，为卷一（上经）、卷二（下经）、卷十二（传十），二册。该本在版式、字体、行款等方面与台博本一致，仅在《杂卦传第十》卷末有"卷终"二字，当是再次刷印时所添。钤印有"臣绍和印""彦合珍玩""少复""北京图书馆藏"。"臣绍和印""彦合珍玩"皆是杨绍和之印，由此可知该本原为聊城海源阁主人杨绍和所藏。1931 年，杨绍和之孙杨敬夫为了筹措转营工商业的资金，曾将海源阁中的 92 种精本以八万元抵押给天津盐业银行，该本正在其中。到期后杨敬夫无力赎回，于是天津知名人士潘复、张廷谔等组织存海学社，筹措资金以原价从银行赎回，但仍寄存于银行内。1946 年 1 月，原藏于天津盐业银行的 92 种精本书由政府收购，藏于北京图书馆。

其三为上海图书馆藏本（线善 829112 – 17），十二卷，六册。上海图书馆将其著录为明刻本，但今观是本，其与台博本、国图本在行款、版式、字体等方面皆一致，当是上海图书馆著录有误。此本为全本，在三部存世元刻本中价值最大。该本钤印有"安乐堂藏书记""明善堂览书画印记""结一庐藏书印"。"安乐堂①藏书记""明善堂②览书画印记"皆为清代怡亲王府家藏之印③。怡亲王府藏书极为精善，"绛云楼未火之前，其宋元精本大半为毛子晋，钱遵王所得。毛、钱两家散出，半归徐健庵，季沧苇。徐、季之书，由何义门介绍，归于怡府"④。在清中叶后怡亲王府藏书逐渐散出，为多家收藏。"怡府之书，藏之百余年，至端华以狂悖诛，而其书始散落人间。聊城杨学士绍和、常熟翁叔

---

① 安乐堂是怡亲王允祥的藏书处。允祥即爱新觉罗·胤祥（1686—1730），康熙第十三子，号青山，又号朝阳居士，喜藏书。

② 明善堂是允祥子弘晓的藏书处。弘晓（？—1778），袭封怡僖亲王，别号冰玉道人、讷斋主人、侍萱主人。弘晓亦喜藏书刻书，乾隆七年（1742）刻印过《集千家注杜工部诗集》二十卷《文集》二卷《附录》一卷，纸墨精莹，为乾隆初期北京地区写刻本的代表作。

③ 瞿冕良．中国古籍版刻辞典 ［M］．苏州：苏州大学出版社，2009：533．

④ 范凤书．中国私家藏书史（修订版）［M］．武汉：武汉大学出版社，2013：418．

平尚书、吴县潘文勤、钱塘朱修伯宗丞得之为多。"钱塘朱修伯即"结一庐藏书印"之主朱学勤①。朱学勤在收藏怡亲王府藏书后将其编入《结一庐书目》中，此部《周易参义》正在其中②。

另外，据《京师图书馆善本简明书目卷第一》记载，当时京师图书馆还曾收藏一部姚觐元旧藏的元刻本《周易参义》。姚氏所藏元刻本，十二卷存三至十，"每半叶十二行行二十一字，高五寸七分、宽三寸九分，黑口，四周单边"③。京师图书馆藏书后归入北平图书馆。又据《旧京书影·北平图书馆善本书目》所收于1929年拍原北平图书馆藏姚氏书之书影可知，该本《易十》卷末钤有"京师图书馆收藏之印"④，今影印台博本所据之胶片为20世纪40年代所拍，无此印章。由上可知姚觐元旧藏元刻本当与今台博藏元刻本是同刻本。今检索两岸地区各藏地之藏书目录，惜皆无收藏姚觐元所藏元刻本的记录，故姚氏藏本不知何时遗失。

三、明抄本

上海图书馆藏明天一阁抄本（789926 - 9）。四册，十二卷，版框高广为15.3厘米×20.6厘米，半叶十一行，行二十一字，红格。卷首有梁寅叙，卷一首行顶格题"周易上经第一"，次行低九格题"后学梁寅参义"，正文顶格。《天一阁书目·易类》著录该本："《周易参义》十二卷。红丝栏钞本。元至元临江梁寅撰并序。"⑤ 在天一阁抄本之前，只有元刻本传世，明代未见刊刻，故天一阁抄本所据底本当为元刻本。经文本比对发现，元刻本有误的地方，天一阁抄本亦误。元刻本无误的地方，天一阁抄本在抄录时有个别地方出现错误，如元刻本《易三》首页第十行"其于天行之健，固不待拘拘焉"，天一阁抄本"固""健"二字为乙文。故天一阁抄本抄写质量不佳。

---

① 朱学勤（1823—1875），字修伯，号复庐、结一庐主人、丁山湖钓师，清仁和塘栖镇人（今杭州余杭区）。咸丰三年（1853）进士，选为翰林院庶吉士，改户部主事，入军机处，博通国典，综核机务，有家藏书目《结一庐书目》。

② 新文丰出版社公司编辑部. 丛书集成续编：第005册 [M]. 台北：新文丰出版公司，1988：280.

③ 全国高等院校古籍整理研究工作委员会，《中国典籍与文化》编辑部. 中国典籍与文化论丛·第15辑·中国典籍与文化（增刊）[M]. 南京：凤凰出版社，2013：417.

④ [日]仓石武四郎，赵万里. 旧京书影·北平图书馆善本书目 [M]. 北京：人民文学出版社，2011：78.

⑤ 《中华大典》工作委员会，《中华大典》编纂委员会. 中华大典·文献目录典·古籍目录分典·经总部1 [M]. 桂林：广西师范大学出版社，2015：283.

辽宁图书馆藏明抄本。十二卷，每半叶十一行，行二十一字，红格白口，单鱼尾，四周单边。卷首有梁寅至元六年叙。卷一行款同天一阁抄本。今比较辽图藏本与天一阁抄本，二者虽版式、行款相似，然观二本字体有异，当为不同人所抄。未见有明刻本《参义》，故辽图藏本所据底本当为元刻本。该本钤印"周元亮钞本""周雪客家藏印""燕越胡茨村氏藏书""商邱宋筠兰挥氏""大兴朱氏竹君藏书""晋江莫氏父子藏书"。周元亮即周亮工①，周雪客即周在浚②，亮工长子。周氏父子是明代的藏书刻书大家，《周易参义》是重要的《易》学著作，周氏收藏十分合理。此本后由清代胡介祉③、宋筠④、朱筠⑤收藏。在清朝后期与民国时期几经流转，最终由辽宁图书馆典藏。

四、《通志堂经解》本及其文献学价值

《通志堂经解》本（简称《经解》本），十一行二十字，单鱼尾，白口，左右双边。卷首有梁寅至元六年叙，次有纳兰成德序。其中国家图书馆藏本文末有翁同书手书跋，文中有其咸丰十年（1860）批注。《北京图书馆古籍善本书目·经部》著录该本："《周易参义》十二卷，元梁寅撰。清康熙纳兰成德刻《通志堂经解》本，翁同书批注并跋。二册，十一行二十字，白口，左右双边。"钤印"翁斌孙印""北京图书馆藏"。此本在清末归翁同书所有，后传给其孙翁斌孙。新中国成立后，翁斌孙幼子翁之熹经当时主持北京图书馆善本室的赵万里介绍，将所藏图书分五批共 3779 册捐献给国家，由当时的北京图书馆收藏，

---

① 周亮工（1612—1672），一字减斋，号栎园，时人多称其栎园先生或栎下先生，江西金溪人。明崇祯十三年（1640）进士，室名赖古堂，着有《赖古堂集》。卢桂平. 扬州历代名人传［M］. 扬州：广陵书社，2015：327.

② 周在浚，雪客乃其字，号梨庄，曾以贡监生考充国子监官学教习，著有《梨庄遗谷集》《花之词》《梨庄词》等。马兴荣，等. 中国词学大辞典［M］. 杭州：浙江教育出版社，1996：204.

③ 胡介祉（1659－?），字循斋，一字茨村，直隶宛平籍浙江山阴人，礼部尚书衔秘书院学士胡兆龙之子，康熙间官湖北金事道，是康熙时期著名的藏书家、刻书家，室名贞曜堂，著有《随园诗集》《谷园诗集》等。

④ 宋筠（1681—1760），字兰挥，又号晋斋，宋荦子，河南商丘人。康熙四十八年（1709）进士，官至奉天府尹，著有《使滇录》《绿波园诗集》。瞿冕良. 中国古籍版刻辞典［M］. 苏州：苏州大学出版社，2009：287.

⑤ 朱筠（1729—1781），字美叔，一字竹君，号笥河，直隶大兴（今北京）人，大学士朱珪之兄。乾隆十九年（1754）进士，选庶吉士散馆授翰林编修，曾奏请从《永乐大典》中钩稽失传古籍，著有《笥河文集》十六卷、《诗集》二十卷等。（傅璇琮，许逸民，等. 中国诗学大辞典［M］. 杭州：浙江教育出版社，1999：627.）

此本《参义》正在其中。翁之憙之子翁开庆《辑录北京图书馆善本书目中"翁捐"书目后记》："1950 年夏，天津解放后不满半年，北京图书馆赵万里、高熙曾两先生来访，下榻我家，遴选家中所藏书籍，昼夜不息，历时半月有余。凡所选善本，父亲都悉数举以献国家。"①

文渊阁《四库全书》本。据《四库提要》记载，浙江巡抚进献《周易参义》。另据《增订四库简明目录标注》所载，浙江巡抚所献《参义》的版本为《通志堂经解》本②。今以《四库》本《参义》卷一与《通志堂经解》本比对发现，二者文本完全一致，故《四库》本当以《通志堂经解》本为底本抄写而成。

在《通志堂经解》本前有元刻本、明抄本存世，但明抄本流传不广、抄写质量不佳，纳兰成德在刊印《通志堂经解》时当以元刻本为底本。纳兰成德曾对《参义》文字进行过校订，故《通志堂经解》本刊印质量很高。今以《通志堂经解》本卷三四五校之元刻本，发现其贡献有二。一是校正了元椠讹误，改正了许多错字。如元刻本《易三》第十二叶 B 面第十一行"如大韶大舞之类"之"舞"字，《经解》本作"武"。此处当是指韶乐、武乐，所以用"武"字适当。第十六叶 A 面第二行"'贞吉，无咎'，得当也"之"吉"字，《经解》本作"厉"。比照《周易》原文，《经解》本改动正确。第十八叶 A 面第五行"物予无妄"之"予"字，《经解》本作"与"。由《易五》"右第四章"条"物与无妄，若有心矣"可知，该句当用"与"字。《易四》第一叶 B 面第八行"'妇人'贞一，从一而终也"之"贞一"，《经解》本作"贞吉"。按《周易》原文来看，《经解》本改字正确。第四叶 A 面第八行"《中庸》曰：知远知近"，《经解》本作"知远之近"。查《中庸》原文可知改字正确。第十二叶 A 面第六行"'鼎耳'，革中以为实也"，《经解》本作"'鼎黄耳'，中以为实也"。按《周易》原文，《经解》本改动正确。《易五》第二十二叶 B 面第四行"惟深也，故能通天下之志"，《经解》本"惟"作"唯"。从本句下文看，"唯几也，故能成天下之务；唯神也，故不疾而速不行而至"一句皆用"唯"字，首句也应当用"唯"字，故《经解》本改字适当。第十二行"惟深唯几唯神"之"惟"字，《经解》本改作"唯"。此处与上一条改动原因一致。第二十五叶 A 面第六行"则尤致其齐戒焉。盖齐则湛然而纯一"之"齐"字，《经解》本作"斋"。《说文解字》虽称齐、斋两字相通，但从梁寅本段的阐释来看，"斋"字更为妥帖：

① 殷丽萍，常熟市政协文史委员会.虞山文化流派［M］.扬州：广陵书社，2013：358.
② 邵懿辰，邵章.增订四库简明目录标注［M］.上海：上海古籍出版社，1959：24－25.

"圣人平居之时已无不诚敬矣，而于诹筮之际则尤致其斋戒焉。盖斋则湛然而纯一，戒则肃然而警惕，此诚敬之至也。"故《经解》本改字正确。第二十六叶B面第八行"然由太极而分阴阳，中阴阳而分五行"之"中"字，《经解》本改作"由"。第三十叶A面第九行"乾坤，其《易》之缊耶"，B面第二行"故曰：乾坤，其《易》之缊耶"之"耶"字，《经解》本改作"邪"，按《周易》原文当是。第三十一叶B面第四行"可谓趣时矣"之"趣"字，《经解》本改作"趋"。二是增补元刻本的脱文、阙文。《易三》第十四叶A面第四行"'孚于嘉'，位正中也"之"嘉"字后，《经解》本增一"吉"字，为"'孚于嘉'，吉，位正中也"。此处"'孚于嘉'，吉，位正中也。'拘系之'，上穷也。"属于《随》卦"《象》曰"部分，比照原文来看，《经解》本增字适当。《易四》第六叶A面第五行"'利见大人'，以从贵也"一句前，《经解》本增"'往蹇来硕'，志在内也"一句。按照《参义》行文的规矩，本句为《周易》"《象》曰"部分，故《经解》本增文适当。《易五》第四叶B面第六行"□□□乎易"一句，《经解》本补"有以象"。此脱字句"人之失得忧虞，□□□乎易"下文是"易之吉凶失得，有以应乎人"。按照上下文行文格式推断此处脱字当为"有以□"，又前文作"人之失不自见也而观于易之凶，非失之象乎。人之忧虞亦不自知也而观于易之悔吝，又岂非忧虞之象乎"，皆是人之失得忧虞与易象的关系，所以此处可推断补"象"字，作"有以象"。《经解》本增字适当。此种类例，不一而足。这些校补之处对研读文本有很大的帮助。

当然，元刻本作为诸本源头之本，对后世版本的校正之功是其他版本无可取代的。如元刻本《易三》第八叶B面第六行"然既滞于形气"，《经解》本"然"后衍一"地"字。翁同书亦于"地"字旁注曰"地字衍"。《易五》第四叶B面第六行"人之失得忧虞"，《经解》本作"得失"。该句属"是故吉凶者失得之象也，悔吝者忧虞之象也"条，此条下所言皆为论证吉凶悔吝之象，"人之失得忧虞"之行文恰好对应该条主旨句，所以此处用"失得"二字颇为准确。元刻本文本正确。第二十四叶A面第一行"是故蓍之德圆而神，卦之德方以知，六爻之义以贡"之"义"字，《经解》本误作"动"。从这几处校勘可以看出，元刻本具有一定的校勘价值。

结　语

元梁寅撰《周易参义》融会程、朱《易》学，诠释简洁详明，在《周易》研究史上具有较高的价值。元刻本刊印最早，基本保留了梁氏著述的本来面貌，为后人研究梁寅之《易》学思想提供了最直接的文本资源。元刻本现存世三部，其中上海图书馆藏本为全本，保存较好，价值最大。上海图书馆藏天一阁抄本当以元刻本为底本抄写而成，但抄录粗疏，讹误不少，辽宁图书馆亦藏有一部明抄本。清代《通志堂经解》本当以元刻本为底本且经过校勘，改正了元刻本中的许多讹误并增补了脱文、阙文，尽管亦有讹误，但要优于元刻本。《四库全书》本以《通志堂经解》本为底本，未做校改。因此，当代整理本或可以《通志堂经解》本为底本，以元刻本参校，当可成为符合现存诸本的最佳整理方案。

参考文献：

[1] 邵懿辰，邵章. 增订四库简明目录标注 [M]. 上海：上海古籍出版社，1959.

[2] [日] 仓石武四郎，赵万里. 旧京书影·北平图书馆善本书目 [M]. 北京：人民文学出版社，2011.

[3] 全国高等院校古籍整理研究工作委员会，《中国典籍与文化》编辑部. 中国典籍与文化论丛·第15辑·中国典籍与文化（增刊）[M]. 南京：凤凰出版社，2013.

[4] 殷丽萍，常熟市政协文史委员会. 虞山文化流派 [M]. 扬州：广陵书社，2013.

[5] 中国国家图书馆. 原国立北平图书馆甲库善本丛书 [M]. 北京：国家图书馆出版社，2013.

[6] 《中华大典》工作委员会，《中华大典》编纂委员会. 中华大典·文献目录典·古籍目录分典·经总部1 [M]. 桂林：广西师范大学出版社，2015.

[7] "梁寅研究"课题组. 梁寅生平及"夫子堂遗迹概说"[J]. 新余高专学报，2005，10（3）：22.

[8] 李莅，刘君君. 梁寅生平经历与事业初探 [J]. 新余高专学报，2009，14（4）：14.

《毛诗郑笺改字说》简析*

一、条目撰写的特征

（一）条目体例

陈乔枞为了达到解释郑玄改字原因的学术目的，构建起了一个完整的解经体系。陈乔枞在注解过程中，首先摘引《毛诗》原句；次列毛传、郑笺，郑玄直改《毛诗》经文之处仅列郑笺而无毛传；而后，陈乔枞对郑玄改字的原因进行分析；最后陈乔枞通过按语表明自己的看法或观点，同时征引大量典籍相佐证。

如：

> 《关雎》首章，"君子好逑"。《传》："'逑'，匹也。"《笺》云："怨耦曰'仇'。"乔枞谨案：《礼记·缁衣》引《诗》云："君子好仇。"《汉书·匡衡传》引《诗》曰："君子好仇。"衡治《齐诗》，与翼奉、萧望之同师，是所引为《齐诗》矣。《尔雅》训诂："'仇'，匹也。"郭注引《诗》曰："君子好仇。"家大人曰："郭璞注《尔雅》多用鲁诗，《释诂》注引鲁诗云：'阳如之何。'又《御览》载郭注《尔雅》云：'山有蓲。'考汉石经鲁诗残碑作'蓲'，是引鲁诗也。则'仇，匹'注所引亦为《鲁诗》三家《诗》也。又案《正义》曰：'逑，匹。'《释诂》文孙炎云：'相求之匹。'是以'求'训'逑'，则孙本《尔雅》或作'逑'。《说文·辵部》：'逑，敛聚也。从辵求声。'《虞书》曰：'旁逑孱功。'又曰'怨耦曰逑'，是'逑'本训敛聚，以与'仇'同音，借为仇匹之'仇'，故用又曰别为一义也。段氏懋堂《说文注》谓'许所据左氏作逑非也。许若据左氏为说，当引《春秋》。《传》曰不当，但用又曰别之，知左氏实作'仇'字，无为

---

* 作者简介：王怡清（1996—），女，山东省日照市人，2018级中国古典文献学专业研究生。

11

逑也。'《民劳》诗云：'以为民逑'。《传》：'逑，合也。'《笺》云：'合，聚也。'此与《说文》'敛，聚'训同。《正义》曰：'逑，合。'《释诂》文然则《释诂》仇、逑二训正释《关雎》《民劳》两诗仇合之仇，当以逑字为正。逑匹之逑，当以仇字为正。孙本借逑为仇匹，今本并逑合亦作仇均失之。又《兔罝》诗好仇，传训仇为匹，足证《关雎》之逑乃假借，改从仇字为正矣。"①

在此例中，陈乔枞首先摘引诗句"君子好逑"。后列出毛传、郑笺的相异之处，点明郑玄将《毛传》中的"逑"字改作"仇"字。而后，陈乔枞梳理的过程中征引典籍，指明《礼记》《汉书》及郭璞注《尔雅》中引用此句时，所使用的都是"仇"字，与郑玄相同。匡衡与翼奉、萧望之同师，治齐诗，故所引为齐诗；郭璞注《尔雅》时，多用鲁诗，所引为鲁说，因此，郑笺此处改字本之《礼记》或三家诗。陈乔枞指出，在《说文》中，"逑"是指聚敛，本义没有"匹"的意思。因为"逑"与"仇"同音，所以把"逑"字借为"仇"字。在《诗经·民劳》这一篇中，也有"以为民逑"的用法。此处毛传解释"逑"为"合"，郑笺解释"合"为"聚"，这与《说文》的解释相同。因此，在使用二字时首先要分析句意，如果说的是"聚合"之义，当使用"逑"字；如果是"匹配"之义，当使用"仇"字。又因为在《诗经·兔罝》一篇中有"好仇"，毛传训"仇"为"匹"，也就说明在《关雎》此篇中，使用"逑"字是假借用法，的确也以"仇"字为正。

（二）史料考据：博采众家

陈乔枞出生于书香世家，思想正统，潜心于经学，受家学影响，重视存古，以史料考据为主要内容。因此陈乔枞在文献考证、整理过程中坚持好学深思的治学取向。

《干旄》三章："素丝祝之"。《笺》云："'祝'，当作'属'。'属'，著也"。惠氏《诗经古义》云："郑氏《考工记》甬人注云：'属'，读如灌注之'注'"。《战国策》"一举而注地于楚"。高诱注曰："'注'，'属'。"又《周礼》"疡祝药劀杀之齐"，注云："'祝'，当为'注'，'注'谓附著药。"《淮南子》曰："冶工之铸器。"高诱曰："'铸'读作'祝'。"《礼记·乐记》"封帝尧之后于'祝'。"注云，"'祝'或作'铸'，盖古字'祝''属''注''铸'皆同音"。乔枞谨案："《释名·释言语》云：'祝'，属

<hr>

① 陈乔枞.毛诗郑笺改字说［M］//《续修四库全书》编委会.续修四库全书：第72册.上海：上海古籍出版社，2002：524—525.

也。以善恶之词相属，著也。则'祝'本亦训'属'，古音'祝''属'同，故可相假借，亦可通其音义以为训诂也。又以'注'训'属'，以'著'训'注'，是为辗转相诂也。"①

在此条目中，陈乔枞旁征博引加以论证。引用《诗经古义》《战国策》《周礼》《淮南子》《礼记·乐记》《释名·释言语》六部著作加以论证，不拘泥于某一家，实可谓博通今古，博采众家。同时，陈乔枞重视经学方法的运用，兼包音韵学、训诂学、文字学。首先征引《考工记》《战国策》，认为"祝"当为"注"，表示"附着"之义；又引《淮南子》《礼记·乐记》，表明"祝"与"铸"同；又引《释名·释言语》，表明"祝""属"同，将"祝""属""注""铸"四字串联，四字音同，又可互相训诂，互相假借。可见陈乔枞的文字学、音韵学、训诂学功底深厚。不仅此条，陈乔枞的《毛诗郑笺改字说》所列120条，几乎每条都有大量书籍文献的引证。

二、按语分析

中国古代学术体系以六经为核心，学者在进行著述时，多用解经的形式表达出来，因而形成了悠久的注疏传统。按语就是受这一传统影响而形成的一种著述形式；借助这一形式，学者们既可以考辨史实，发挥大义，又可就某一问题补充相关资料，进行论说。因此，形式灵活的特点，使按语成为学者们常用的一种表达见解的方式。

如马端临《文献通考》，即于条目之下，按"文""献""按"之次序来组织材料，结构全书，其载诸史传之纪录而可疑，稽诸先儒之论辩而未当者，则著己意附其后。马氏在广列文献之后，即复加按语，予以考辨。又如《四库全书总目提要》的凡例中所言，"四部之首各冠以总序，撮述其源流正变，以挈纲领。四十三类之首，亦各冠以小序，详述其分并改隶，以析条目。如其义有未尽，例有未该，则或与子目之末，或与本条之下，附注案语，以明变之由"②。此二者颇能道出按语之位置及功用之一斑。

由此可见，按语具有"剖析史料，判断是非，追溯源流，评介分歧，释疑解惑，纠谬正误"③的功能，常推之为一部书的灵魂，往往能够起到画龙点睛

---

① 陈乔枞. 毛诗郑笺改字说［M］//《续修四库全书》编委会. 续修四库全书：第72册. 上海：上海古籍出版社，2002：528.

② （清）纪昀. 四库全书总目提要［M］. 石家庄：河北人民出版社，2000：45.

③ 王瑞明. 马端临评传［M］. 南京：南京大学出版社，2001：238.

的作用。按语之多少是衡量作者学术水平之高下和著述学术价值大小的重要依据之一。

陈乔枞在撰写《毛诗郑笺改字说》时，多使用按语这一自由表达学术观点的形式，撰写按语117条。陈乔枞的按语中，不仅包含了文字学、音韵学、训诂学方面的内容，还包括三家遗《诗》，同时，陈乔枞对所引的文献典籍进行说解，指出正误。按语的采用，无疑是陈乔枞作品的精华所在，使该书之学术价值大为提高，此与唯事抄列史料的类书不同。

陈乔枞《毛诗郑笺改字说》中的按语直接标明，一般以"乔枞谨案"领起。从格式上看，按语部分紧接前文，不空格。

陈乔枞在按语中的引用遍及群经。兹就其考辨《衡门》篇"可以乐饥"为例，加以讨论，以明其在辑佚学上的成就。选择《衡门》篇按语进行考察，首先是《衡门》此篇"乐"字的使用争议颇多；其次引用文献特点鲜明；再次是篇幅长短较为合适。借助对陈乔枞《衡门》篇的研究，当可窥其经学成就之一斑。

《陈风·衡门》首章："可以乐饥。"《传》："乐饥，可以乐道忘饥。"《笺》云："饥者，不足于食也。泌水之流洋洋然。饥者见之可饮以瘵饥。"乔枞谨案："《列女传·贤明》云：'可以疗饥。'刘向所用皆《鲁诗》也。《韩诗外传》亦云：'可以疗饥。''疗'，即'瘵之'，或字据《说文》可证。然则《鲁》《韩诗》本皆作'瘵'，故郑用其说笺毛。《释文》载沈重云《逸诗》本有'疒'下'乐'，以形声言之殊非其义，'疗'字当从'疒'下'尞'，其说失之。'瘵'之为言'治也，愈也'，从疒乐者，人有疾则苦，治愈则乐，犹之有饥亦苦，饥愈亦乐，故云'瘵饥'。其作'疗'者，乃后人所改耳。《毛诗》校勘记曰：笺不云'乐'读为'瘵'者，以'乐'为'瘵'之假借，而于训诂中改其字以显之也。《文选·王元长永明十一年策秀才文》'岂非疗饥，不期于鼎食'，李注：《毛诗》曰'可以瘵饥'。'瘵'音义与'疗'同，然毛本作'乐'，李引之作'瘵'者，盖用郑笺所改字也。《唐石经》作'可以乐饥'亦然。"[1]

此条按语中，记录了丰富的文献资料，陈乔枞引用《列女传》《韩诗外传》《鲁诗》《经典释文》《唐石经》和李善注《文选》等众多文献典籍。陈乔枞首先对所引文献进行了考辨与解说，阐明字义。指出"瘵"与"乐"二字虽为通

---

[1] 陈乔枞. 毛诗郑笺改字说［M］//《续修四库全书》编委会. 续修四库全书：第72册. 上海：上海古籍出版社，2002：533.

假,但此处郑玄不用"乐",使用本字"瘵"字,是为了表明"治愈"之义。

同时,其援引三家遗《诗》相关文献,对于文献学和辑佚学具有突出贡献。东汉以后毛诗盛行,三家《诗》逐渐衰亡。《隋书·经籍志》云:"《齐诗》魏代已亡,《鲁诗》亡于西晋;《韩诗》虽存,无传之者。"① 《韩诗》亡佚较晚,唐时尚存,最终亡于两宋之际。流传至今的只有一部《韩诗外传》。陈寿祺认为:"马、班、范三史所载,及汉时百家著述所引,皆鲁、齐、韩诗。异者见异,同者见同,绪论所存,悉宜补缀,不宜取此而弃彼也。"② 其所引《鲁》《韩》遗诗,实际上是对亡佚、残缺之书进行辑集、辑补。毫无疑问,这些按语是陈乔枞学术成就的重要载体。陈寿祺对儿子陈乔枞的家学影响颇深,因此陈乔枞在整理文献方面用功至深,在文献考证、整理中探寻搜集群书,相互考证。这使得陈乔枞对古籍辑佚,尤其是三家《诗》的辑佚贡献突出。同时也因为陈乔枞晚出于冯登府、马国翰等辑佚大家,他的整理往往能够纠正前人的一些错误。陈乔枞的按语,对嘉庆、道光时期的清代辑佚学、《诗经》学的发展产生了重要影响。

三、条目撰写之不足

(1)固守家法与师法

陈乔枞认为"汉儒治经最重家法,学官所立,经生递传,专门命氏,咸自名家。三百余年,显于儒林。虽《诗》分为四,《春秋》分为五,文字或异,训义固殊,要皆各守师法,持之弗失,宁固而不肯少变"③。陈乔枞以此作为立论基础,于鲁、齐、韩三家《遗说考》各书卷首,撰写《叙录》,在《叙录》中阐明各家师承授受的源流。同样,在《毛诗郑笺改字说》中,陈乔枞也多处体现家法传承。可以说,家法观念是其考辨诗派的重要理论依凭,也是其判别文献来源的重要支撑。

如"《北风》首章,'其虚其邪。'《笺》云:'邪读如徐'。案:班固《幽通赋》曰:'承灵训其虚徐兮。'曹大家引《诗》曰:'其虚其徐。'家大人曰:'班固撰《白虎通义》多采《鲁诗》说,兼及《韩诗》。'"陈寿祺、陈乔枞父子根据班固撰《白虎通义》多采用《鲁诗》《韩诗》,认为班固的《幽通赋》及曹

---

① (唐)魏徵,等.隋书[M].北京:中华书局,1973:918.

② 陈乔枞.三家诗遗说考[M]//《续修四库全书》编委会.续修四库全书:第76册.上海:上海古籍出版社,2002:42.

③ 陈乔枞.齐诗遗说考自叙[M]//《续修四库全书》编委会.续修四库全书:第76册.上海:上海古籍出版社,2002:324.

大家班昭皆传其家法，在撰书或作注时使用的《诗》皆来自三家《诗》。

又如"《扬之水》首章：'素衣朱襮'。《传》：'诸侯绣黼丹朱中衣。'《笺》云：'绣当为绡。'乔枞谨案：此《笺》从《鲁诗》说也。《士昏礼》'姆宵衣'注云'宵读为《诗》素衣朱绡之绡'，《鲁诗》以绡为绮属也"①。陈乔枞认为郑玄注《礼》，采《鲁诗》，故此处郑玄改字便是本之《鲁诗》。这种看法实显偏颇。

除陈乔枞外，王应麟、王引之等人也有这种家法观念，这种观念受到后人诟病。学者叶国良指出，"王应麟根据本《传》，定注之说《诗》属《韩》；范家相根据'融注《列女传》，皆《鲁诗》说'，定为《鲁》，恐怕都有以偏概全之嫌。因为他们过分注重家法、师法的重要性，而忽略了经师能够综合诸说而断以己意或径创新意的可能性"②。

当代著名学者赵茂林根据薛氏家族的薛广德治《鲁诗》，五世后有薛汉，但是薛汉父子二人皆治《韩诗》，指出"其父若习某《诗》，其子必习某《诗》"③的说法过于片面。张峰屹等学者更指出："两汉经学传授中固然有师法、家法的规则，但是它并不像后人理解的那么严格。"④ 许多学者在治学中，不专守家学，因此，以师法、家法为依据，判定诗文出自哪家的做法，是不可靠的。

（2）体例不一

前文总结了陈乔枞著录条目的一般体例。也有少数条目的著录，与上述体例不合或有误的。下面对这些条目加以分析和辨证。

陈乔枞在《毛诗郑笺改字说》中，首先摘引《毛诗》原句；次列毛传、郑笺。而后，陈乔枞通过按语，对郑玄改字的原因进行分析。然而在全本《毛诗郑笺改字说》中，有3条，陈乔枞未加注按语。

"勿罔君子。"《传》："勿罔上而行也。"《笺》云："'勿'，当作'末'，不问而察之，则民末罔其上矣。"《毛诗稽古编》曰："郑破'勿'为'末'，言不问，察之，则民将末略欺罔，比《传》义为径捷小。"《尒疋》"勿末"二字同训为"无"，是"勿"与"末"本义相通也。焦氏

---

① 陈乔枞. 齐诗遗说考自叙［M］//《续修四库全书》编委会. 续修四库全书：第76册. 上海：上海古籍出版社，2002：532 – 533.

② 叶国良. 经学侧论［M］. 新竹：清华大学出版社，2005：81 – 112.

③ 赵茂林. 三家《诗》的传承及其师法、家法问题［J］. 甘肃社会科学，2004（6）：43 – 46.

④ 张峰屹，黄泰豪. 清人辑录三家《诗》学佚文的方法和理据之检讨［J］. 长江学术，2016（1）：36 – 43.

《毛诗补疏》曰："按此'未'字当作'昧'字。"解《淮南子》大夫训："'末',昧也。'末','罔',谓蒙昧欺罔其上。"①

此条,陈乔枞仅列《毛诗稽古编》《尔雅》《毛诗补疏》对于此处用字不同看法,并未标注按语以解释郑玄改字原因。

《雨无正》序:"大夫刺幽王也。"《笺》云:"当为刺厉王。"孙毓云:"《雨无正》有'周宗既灭,靡所止戾'之言,若是幽王,既为犬戎所杀,则无所刺。若王尚存,不得谓之既灭。下句言正大夫离居莫知我勋,莫肯夙夜,莫肯朝夕。庶日式臧,覆出为恶,《笺》皆谓厉王流于彘之后于义为安。"家大人曰:"十月之交,郑说出于《鲁诗》,则《雨无正》以下三篇亦从《鲁诗》为说也。"②

此条陈乔枞虽然没有像其他条一样书写"乔枞谨案",但有"家大人曰",即其父陈寿祺的看法,以其父观点替代自己观点。

《頍弁》首章:"实维伊何。"《笺》云:"'实'犹'是'也。"《诗经小学》曰:"此三章'实'字皆当为'寔'。"《笺》云:"'寔'犹'是'也,正读'实'为'寔'。"《小星》笺:"'寔',是也。"《韩奕》则无先易其字,云"实"当为"寔",而后云:"'寔',是也。"③

此条郑玄改"实"为"是",然陈乔枞仅引《诗经小学》作"寔",又通过《小星》《韩奕》二篇,指出"寔"即"是",征引多篇典籍,以此来证明郑玄改字是正确的。但陈乔枞未标注按语具体解释郑玄改字的原因。

陈乔枞撰写《毛诗郑笺改字说》一百二十条,仅有三条未标注"乔枞谨案"。但在此三条中,有一条虽未有按语的形式,实际也已经言明自己的看法和观点,即此一百二十条中尽有两条未能标明按语。总体来说,体例上略有不完善。

(3)判定郑玄改字的术语牵强

陈乔枞判定郑玄改字时,常用"某当作某","某,某也"等多种句式。通过考察,陈乔枞判定郑玄改字,使用的实为文字学、训诂学中的术语。有些术语只能用来注音或释义,不能用来表示改字。为了更加详细地考察,笔者进行

---

① 陈乔枞. 毛诗郑笺改字说[M]//《续修四库全书》编委会. 续修四库全书:第72册. 上海:上海古籍出版社,2002:541-542.

② 陈乔枞. 毛诗郑笺改字说[M]//《续修四库全书》编委会. 续修四库全书:第72册. 上海:上海古籍出版社,2002:542.

③ 陈乔枞. 毛诗郑笺改字说[M]//《续修四库全书》编委会. 续修四库全书:第72册. 上海:上海古籍出版社,2002:545.

了更为细致的分类工作，现整理如下：

术语	某当作某	某，某也	某当为某	某当做某	某读如某	某读为某
使用次数	32 次	18 次	12 次	10 次	8 次	6 次
术语	某读曰某	某党读为某	某或作某	某，某字之误也	某犹某也	某，某
使用次数	5 次	5 次	3 次	1 次	1 次	1 次
术语	某曰某	某，古文作某	某谓之某	某之言某也		
使用次数	1 次	1 次	1 次	1 次		

然而陈乔枞使用的"曰、谓之、犹、之言"等词语，在训诂学中用来释义，或者表示释者与被释者的同、近义词的关系。

"读如"一词，前人对这个术语有两种理解：一种理解是用来注音；一种理解是表示通假。从汉人使用这个术语的情况来看，两说都能成立。①

判断句"某，某""某，某也""某，即某"，在训诂中采用这些句式，一般为直释其义。采用判断句式，被解释的字、词和用以解释的字、词，是义同或义近的关系。②

"读为""读曰"这两个术语，是用本字本义来说明假借字的，往往在改字时使用。

"某当为某"或"某当作某"，则常用来在训诂中改正误字误读，这两个术语通常是用来表示声之误和字之误。段玉裁在其《周礼汉读考》中有言："凡易字之例，于其音之同部或相近而易之曰'读为'，其音无关涉而改易字之误则曰'当为'，或音可相关义绝无关者，定为声之误，则亦曰'当为'。"

"某当做某""某，古文作某"，是郑玄在注解群经时，改字的一种独特用法。郑玄作经注时，能用今文本、古文本和故书来校对，择善而从。对于文字之显然为误者，但云"某当做某""某，古文作某"，而未尝轻出己意以改文本，此即后世校勘记之权舆。③

传统治的《说文》，常把其间"某或作某"的字称为"或体"字，用意大概是"有时候作某"，④ 也可以用来表示改字。

由此可见，陈乔枞使用"读为""读曰""某当做某"等词来判定改字有一

---

① 童一秋 . 语文大辞海［M］. 哈尔滨：黑龙江人民出版社，2002：306.
② 李明杰 . 简明古籍整理教程［M］. 武汉：武汉大学出版社，2018：238.
③ 石峻 . 石峻文存［M］. 北京：华夏出版社，2006：323.
④ 张治樵 . 训诂三论［M］. 成都：巴蜀书社，2017：340.

定的可取之处，但使用"曰""谓之""犹""读如"这些释义或注音的词来判定改字却难免牵强。

如"《召南·野有死麕》二章，'白茅纯束'。《传》：'纯束，犹包之也。'《笺》云：'纯读如屯。'"陈乔枞认为此处郑玄改"纯"为"屯"字。实际上，郑玄恐后人只知道"纯"表示"专一"或者"丝"义，不知此处"纯"表示"包之""包裹"的意思，故而特书"纯读如屯"，此非易毛，实为申毛也。由此可见，陈乔枞判定郑玄改字的术语有欠缺之处。

（4）未著录版本

版本是文献的重要著录项目。虽然刘向、刘歆父子整理图书时已经广聚众本，但"版本"作为一个专门术语，是雕版印刷术出现以后才有的，用以指称书籍在形成和流通过程中产生不同形态的本子。

陈乔枞的《毛诗郑笺改字说》在论证郑玄改字时，征引大量典籍，却未注明征引书籍的版本。同时，陈乔枞在引文时常常出现讹误，这使后人在研究时不能分辨、考察陈氏出现讹误的原因，无法论证陈乔枞在说解、引证时的客观性。

如"《狼跋》首章'公孙硕肤'。《传》：'公孙，成王也。'《笺》云：'公，周公也。孙，读如公孙于齐之孙，孙之言逊遁也。周公摄政，七年致太平，复成王之位，逊遁避此，成功大美，归老。'"① 而此处郑《笺》实际上作："孙之言孙遁也。周公摄政，七年致太平，复成王之位，孙遁辟此，成功之大美。欲老，成王又留之。"② 陈乔枞将两处的"孙遁"皆写作"逊遁"。

陈乔枞此处出现讹误的原因可能有三：其一，其所引用的版本本字即作"孙遁辟此"，是书籍流传、抄写或者刊刻中出现的讹误；其二，其所引用的版本为正，陈乔枞在誊写时误抄；其三，此为陈乔枞明知错误，故意修改字以成其说解。"逊"字有"遁"之义而"孙"字无"遁"之义，陈乔枞改"孙"为"逊"，就与其周公摄政后，被成王怀疑，最终避居他处的说法相合。因陈乔枞未在卷首或卷尾指明自己所征引的文献是何版本，故而无法考证出现讹误的原因。

《毛诗郑笺改字说》不著录版本，可能有这样一些原因：首先，清朝前中期

---

① 陈乔枞. 毛诗郑笺改字说［M］//《续修四库全书》编委会. 续修四库全书：第72册. 上海：上海古籍出版社，2002：536.

② 十三经注疏·毛诗正义［M］.（东汉）郑玄，笺.（唐）孔颖达，正义. 影印四部丛刊初编初印本. 上海：上海书店出版社，1997：218.

及以前的学术传统中，对图书版本问题并不特别重视。其次，就撰述宗旨而言，《毛诗郑笺改字说》通过考求经义，判定郑玄改字的原因，或因此而对版本等外在形式方面，未能特加措意。最后，与陈乔枞个人经历有关。陈乔枞尽管嗜书如命，其实并无多少财力来广聚众本；入仕之后，迁居多地做官，也少有安定的环境供他详究版本。鞍履所及，耳闻手抄，浏览群书之时多，详究版本之时少，或因此而不能著录版本。

陈乔枞的《毛诗郑笺改字说》在记录、考证时，没有著录引证书籍的版本这一内容，从考据学的角度来看，未免有憾。

结　语

陈乔枞在撰写《毛诗郑笺改字说》时，体例分明，首先摘引《诗经》原句；次列毛传、郑笺，郑玄改《诗》经文之处仅列郑笺而无毛传；而后，陈乔枞征引大量典籍论证，对郑玄改字的原因进行分析论证；最后陈乔枞通过按语表明自己的看法或观点。陈乔枞的按语，广列文献，博采众家，尤其是引用的三家《诗》，对于文献学和辑佚学具有突出贡献。同时，通过按语，能够管窥陈乔枞判断郑玄改字的依据。陈乔枞通过"某读当作某""某，某也""某读如某"等训诂学术语，判定、整理郑玄改字 120 处。然而陈乔枞在分析过程中，也存在一些问题。如论证时固守家法，梳理体例不一。陈乔枞的《毛诗郑笺改字说》明于训诂、阐明《诗》旨、融通四家、汇通经史。总的来说，学术价值极高。

参考文献

[1]（唐）魏徵，等. 隋书 [M]. 北京：中华书局，1973：918.

[2] 文渊阁四库全书 [M]. 上海：上海古籍出版社，1987 年.

[3] 十三经注疏 [M].（清）阮元，校刻. 上海：上海书店出版社，1997：218.

[4]（清）纪昀. 四库全书总目提要 [M]. 石家庄：河北人民出版社，2000：45.

[5] 王瑞明. 马端临评传 [M]. 南京：南京大学出版社，2001：238.

[6] 童一秋. 语文大辞海 [M]. 哈尔滨：黑龙江人民出版社，2002：306.

[7] 续修四库全书编委会. 续修四库全书 [M]. 上海：上海古籍出版社，2002.

[8] 叶国良. 经学侧论 [M]. 新竹：清华大学出版社，2005：81 - 112.

[9] 石峻. 石峻文存 [M]. 北京：华夏出版社，2006：323.

[10] 张治樵. 训诂三论 [M]. 成都：巴蜀书社，2017：340.

[11] 李明杰. 简明古籍整理教程 [M]. 武汉：武汉大学出版社，2018：238.

[12] 赵茂林. 三家《诗》的传承及其师法、家法问题 [J]. 甘肃社会科学，2004（6）：43 - 46.

[13] 张峰屹，黄泰豪. 清人辑录三家《诗》学佚文的方法和理据之检讨 [J]. 长江学术，2016（1）：36 - 43.

明景泰年间马谅刊《尔雅注》版本考述[*]

　　《尔雅》是我国第一部训诂学著作，历代有许多学者为之注解，在众多注解著作之中，郭璞所注的《尔雅》是现存最早的注本，受到历代学者重视。该书有许多版本传世，其版本系统相对比较复杂。

　　明代刊印郭注《尔雅》颇多，其中明景泰七年由马谅捐资刊刻而成的三卷本尤为值得关注。马谅（1406—1482），字子谅，先籍河南，后徙全椒（今属安徽滁州）。马谅伯祖父马九成战死于鄱阳，朱元璋赐宅于和州（今安徽和县），为和州世族。马谅少以文章知名，明宣德癸丑登曹鼐榜进士，历任山东布政使、左参议、应天府尹、南京户部侍郎，以户部侍郎九载致仕卒，年七十八。谅深沉颖敏，才识绝人。史载马谅"巡行府县，亲至阎，晓以忠义，慰其疾苦，有奸猾自便者，立置之法，廉察百司贤否略无枉纵，风纪肃然，一方称治。当时有先降人数千安置山东者，皆欲乘机为乱，马谅集而谕之……众咸叹服"①，后马谅因厌恶武清侯石亨与太监曹吉祥擅权专横，不愿继续做官而告老回和州，终年七十八岁。光绪《直隶和州志》卷十八详载其事迹。据马谅刻书跋可知，其极好《尔雅》一书，又推崇郭璞所注，谓读是书"于事理名物，巨细精粗，开卷可以尽识，亦庶几无愧于儒者之学矣"，其"诚博物之捷径，读书之指南，吾儒之不可不知也"（马谅《书〈尔雅注〉后》）。光绪《直隶和州志》卷十八复言其在去官居家的二十年中"闭户著书，长吏每朔望参候辄与析经义，谈治道，未尝一言及私，有手书兵书及纂注《尔雅》行世"，可见马谅对是书的喜爱。然马谅病其"传录之弊，未免有鲁鱼亥豕之舛"（景泰本卷末马谅识），于是抄写订正，捐俸锓梓以广其传，以俾初学之士。据马谅刻书跋末题署"景泰七年岁次丙子八月癸丑日赐进士出身通议大夫应天府府尹和阳马谅识"，可知马

---

　　* 金静文（1996—），女，山东滨州市人，2018级中国古典文献学专业硕士研究生。
　　① 光绪直隶和州志40卷 卷首 一卷补遗一卷41［O］.（清）朱大绅修；（清）高照纂. 清光绪27年刻本，312.

谅时五十岁，任南京应天府府尹。

笔者在整理《尔雅》相关资料时发现，有四个《尔雅注》版本卷末都有马谅刻书跋，诸家皆著录为明景泰本，一者现藏于天津图书馆（以下简称津图本）；二者今藏于日本公文书馆（以下简称公文本）；三者今藏于台北故宫博物院（以下简称台博本），《甲库善本丛书》收录；四者现藏于台湾"国家图书馆"（以下简称台图本），而这四个版本在版式、内容上有明显的不同，为此今考释如下。

一、诸本概况

其一，津图本三卷，装为一册。天津图书馆著录其所藏《尔雅三卷 音释三卷》为"明景泰七年刻本"。卷首有行楷书郭璞《尔雅序》，序文半叶八行十二字。首卷首行顶格题"尔雅卷上"，次低十二格题"郭璞注"，第三、四行皆低三格分题"释诂第一""释言第二""释训第三""释亲第四"，第五行顶格篇题"释诂第一"，正文顶格。三卷释音篇题分别为"尔雅音释卷上"，尾题"尔雅释音卷上"；"尔雅释音卷中"，尾题同；"尔雅音释卷下"，卷下尾题"尔雅释音卷下终"。半叶十行二十二字，注文小字双行字数同。四周双边，黑口，单鱼尾。上鱼尾下题"雅上（或中、下）"，下横线上题叶次。卷末有马谅《书尔雅注后》，跋文半叶八行十三、十四字不等，跋后镌有"子谅"墨印、"历阳世家"白文方印、"京兆图书"墨印。《音释》附于每卷卷末。钤印："曾在周叔弢处""天津市人民图书馆珍藏图书""天津图书馆藏书之印"。曾为周叔弢旧藏并手校。《传书堂藏书志》卷一"尔雅三卷明刊本"条有载："每半叶十行，行二十二三字不等。每卷后亦附《音释》。此景泰中京兆马谅刊本，而脱其序跋，其源尚从宋本出也。"① 按其每半叶十行，行二十二三字不等及每卷后附《音释》，知或与此本同。又，其所著录之本为张莲洲手校本，有张莲洲手跋，《传书堂藏书志》并录之。据跋可知，张莲洲曾以元大德年间巾箱本、元雪窗书院本、明吴元恭本合校是本，并及参考邢昺的《尔雅疏》，举例校记十余处，谓此本佳处不可枚举。

其二，公文本三卷。《日藏汉籍善本书录》云："明景泰年间（1450—1456）刊本"②，又云："内阁文库藏此同一刊本两部，一部原系林氏大学头家旧藏，一部原系木村兼葭堂旧藏。"笔者比对二本，确为同刻。今按林氏大学头

① 王国维撰，王亮整理．传书堂藏书志［M］．上海：上海古籍出版社，2014：124.

② 严绍璗．日藏汉籍善本书录［M］．北京：中华书局，2007：252.

家旧藏本著录：卷首有楷书书郭璞的《尔雅序》，序文半叶八行十二字。首卷前有目录。首卷首行顶格题"新刊尔雅卷之上"，尾题同，第二行第十一格题"郭璞注"，第三、四行皆低两格分题"释诂第一""释言第二""释训第三""释亲第四"，第五行顶格篇题"释诂第一"，正文顶格。三卷《释音》篇题分别为"新刊尔雅音释卷之上"，尾题不可见；"尔雅释音卷中"，尾题同；"新刊尔雅音释卷下"，尾题"新刊尔雅释音卷下终"。正文半叶十一行二十二字，小字双行字数同，左右双边，白口，单鱼尾。鱼尾下题"雅上（或中、下）"，下横线上题叶次。卷末有马谅的《书尔雅注后》，跋文半叶八行十四字，跋后镌有"子谅"墨印、"历阳世家"墨印、"京兆图书"墨印。《音释》附于每卷卷末。钤印："弘文学士馆""林氏藏书""昌平坂学问所""浅草文库"。根据《日藏汉籍善本书录》云："森立之《经籍访古志》卷二及杨守敬的《日本访书志》卷三著录之'明景泰七年刊本'皆与此本为同一刊本。"① 今考《经籍访古志》卷二，著录云："明景泰七年刊本，昌平黉藏。"② "昌平黉"即"昌平坂学问所"，是幕府的教育机构，大学头即昌平坂学问所的长官，故森立之所见本应即林氏大学头家旧藏本。杨守敬的《日本访书志》著录云："首郭璞序，卷首体式颇同宋本，但标目冠'新刊'字。每卷末附《释音》。每半叶十一行，行二十二字，注双行。卷末有分书'景泰七年八月应天府尹和阳马谅校刊跋'。按：金陵陈氏于道光五年重刊此本，删去首行'新刊'二字，又改十一行为十行。尝校之，《释器》'以蜃者谓之珧'，注：'以为名珧，小蚌'。此误作'珥'，《释言》'还复返也'，注云：'皆回返也'此脱注四字，皆别本不误此独误者。然其他皆与宋本、元雪窗本合，远胜注疏本及郎奎金、钟仁杰本。"③ 笔者核对此本，《释器》"以为名珧，小蚌"不误作"珥"。"还复返也"条，各本注皆云"皆周徧也"，不作"皆回返也"，此本亦同，不脱。且按杨氏著录卷末有分书"景泰七年八月应天府尹和阳马谅校刊跋"，与此文所考述之四本跋文篇题"书尔雅注后"皆异，未知杨氏所见之本究竟。

将公文本与其他诸本校勘发现，他本不误独公文本讹误者颇多，如"诗曰：有壬有林"，公文本（卷1-1A-8）"林"作"休"；"弘廓宏溥"，公文本（卷1-1A-9）"廓"作"郭"；"皆楚语方言云"，公文本（卷1-1B-3）"云"

① 涩江全善，森立之. 经籍访古志 [M]. 杜泽逊，班龙门校. 上海：上海古籍出版社，2017：74.
② 涩江全善，森立之. 经籍访古志 [M]. 杜泽逊，班龙门，校. 上海：上海古籍出版社，2017：74.
③ 杨守敬. 日本访书志 [M]. 沈阳：辽宁教育出版社，2003：29.

作"去";"皆谓喜而服从",公文本（卷 1 – 1B – 8）"服"作"复";"如肇所未详",公文本（卷 1 – 1B – 11）"未"作"谓";"庸戛职秩",公文本（卷 1 – 2A – 1）"戛"作"夏"……类例尚多，不一一例析，总而言之，公文本刊刻质量不高。

南京图书馆藏丁丙跋明刻本与此为同刻本，南图著录为"明刊本"。钤印："八千卷楼""善本书室""江苏弟一图书馆善本书之印记"。曾为丁丙旧藏。丁丙《善本书室藏书志》卷五即著录为："新刊尔雅三卷，明景泰刊本。"①丁丙曾校此本，有跋云："《释言》'瞴瘰瘝也。'邢疏述注云：'齐人谓瘝瘦为瘰'，今各本注无'瘦'字，此不误。《释训》'如琢磨，自修也。'注云：'玉石之被雕磨。'按《释器》'雕谓之琢'，今各本皆作'琢'，而此不误。《释器》'缫罟，谓之九罭'，邢疏注：'今江东呼为缫'，而此本亦作'呼'，不作'谓'。《释天》'疾雷谓之霆霓'，《左传》疏引郭注'雷之急激者也'。今各本皆作'急击'而此本作'激'不误。又如《释言》'弇同也'，注引《诗》曰：'奄有龟蒙'，'奄'字无所本，疑正文'弇'本作'奄'，且上文'弇同也'，与下文'弇盖也'，二'弇'字亦重。今此本作'奄同也'，更可订经文之误，书贵旧本信夫。"另有台湾傅斯年图书馆藏《尔雅》三卷，半叶十一行二十二字，首有郭氏自序，末有景泰七年（1456）马谅后序。钤："青宫共学""张瑞京""瑞京戊子前所得"。每卷后附《音释》。有朱笔圈点。笔者不得见，仅从行款来看或与此为同刻。

其三，台图本三卷，装为三册。《台湾"国家图书馆"善本书志初稿》著录为"明景泰七年（1456）应天府尹马谅刊本"。卷首有篆字书郭璞《尔雅序》，序文半叶六行十字。卷端同津图本。半叶九行二十字，注文小字双行字数同。四周单边，白口，无鱼尾，上下各画一横线，上横线下题"雅上（或中、下）"，下横线上题叶次。卷末有马谅《书尔雅注后》，跋文半叶六行十二、十三字不等。《音释》散附文中。钤印："芹圃收藏""世临""吴氏季咸""士芸珍藏""'国立中央图书馆'收藏"。曾递经蒋汝藻、张乃熊等收藏，经查慎行批校，行间、天头朱色笔记，记读书所得或相关知见，天头墨色校记，列别本某处作某，亦系查慎行笔迹。卷末查慎行识曰："此书专为《诗经》释诂，紫阳集注全本于此殆无一字相纰缪。独于小序必欲尽反其说，何也？己卯前七月查慎行阅毕附识。"

其四，台博本三卷，装为一册，《甲库善本丛书》收录。《中国善本书提

---

① 丁丙. 善本书室藏书志 2［M］. 扬州：广陵古籍刻印社，1986：101.

要》著录为"明景泰间刻本"，《积学斋藏书记》亦著录为"明景泰刊本"。卷首有篆字书郭璞《尔雅序》，序文半叶七行十一字。卷端同津图本、台图本。正文半叶十行二十二字，注文小字双行字数同。版心亦同台图本。卷末有马谅《书尔雅注后》，跋文半叶八行十三、十四字不等。《音释》散附文中。钤印："□□图书""江东包氏天禄阁藏书印""积学斋徐乃昌藏书""积余秘籍识者宝之""南陵徐乃昌校勘经籍记""国立北平图书馆收藏"。递经包虎臣、徐乃昌等收藏。《积学斋藏书记》云："明景泰刊本。每半叶十行，行二十一字。白口，单边。首有篆书郭璞序，末有景泰丙子马谅跋，金陵陈宗彝曾覆刻之，有'江东包氏天禄阁藏书印'白文方印。"①

又，《藏园群书经眼录》卷二著录一明刊本，云："明刊本，十行二十字，黑口，四周双边。每卷附《音释》。有宝孝劼康题记，谓是景泰马谅本，然无序跋年月可考也。（宝孝劼遗书，宝宅送看。辛未岁暮。）"② 此本《中国古籍总目》有著录，今已不可见，案其著录版式信息来看，黑口、四周双阑、每卷附《音释》，更类津图本，而每行字数又与津图本不同，未知是何版本。

二、版本考辨

根据上文著录可知，四本差异较大，真假难辨。今试从字体、跋后墨印、版式行款、《音释》位置四个方面做出考辨。

首先从字体上看，卷首序、正文字体皆有明显不同。卷首郭璞序（见图1），津图本和公文本均是楷书书写的，且同为八行十二字。台博本和台图本是篆书书写的。正文字体上，除公文本外，其余三本字体仍延续元代风格，颇似赵孟𫖯体，独公文本字体为横轻竖重、板滞不灵的宋体字，这种宋体字在明中叶出现，直至晚明大量采用，明景泰年间尚不流行。今考明景泰间刊《桂林郡志》《寰宇通志》《云南图经志书》；明景泰元年刊《高太史大全集》《石溪集》《资治通鉴纲目集览》《文公家礼会通》；明景泰元年刻弘治元年吴讷重修本《九章详注比类算法大全》；明景泰三年刊《增修附注资治通鉴节要续编》；明景泰四年刊《迭山集》《历代君鉴》《青城山人诗集》；明景泰六年刊《文山先生文集》；明景泰七年刊《广信先贤事实录》《古廉李先生诗集》《道园学古录》，诸本字体皆近赵孟𫖯体，而不用宋体字。这样说来，公文本或非景泰本。

---

① 吴格．积学斋藏书记［M］．上海：上海古籍出版社，2014：26.
② 傅增湘．藏园群书经眼录［M］．北京：中华书局，1983：118.

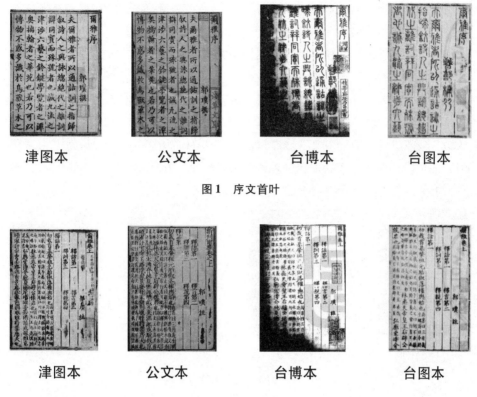

| 津图本 | 公文本 | 台博本 | 台图本 |

图1　序文首叶

| 津图本 | 公文本 | 台博本 | 台图本 |

图2　正文首叶

　　其次从跋末所镌墨印来看（见图3），只有津图本和公文本《尔雅》卷末马谅刻书跋后镌有墨印，而台博本、台图本皆无。因古人刻书有这样的习惯，而后翻刻者，往往省掉，据此可知台博本、台图本有可能是翻刻本。有墨印的二本中，墨印又小有不同，津图本第二个印章为"历阳世家"白文方印，而公文本第二个为"和阳世家"墨印。马谅为和州人，案《安徽建置沿革》记载，此地最早是"北齐天保四年（553）夺取梁的历阳郡，六年（555）改置和州，治历阳郡、县（今和县历阳镇）"①，其后几经沿革，"明吴元年（1367）并历阳、含山、乌江三县入和州，洪武元年（1368）改和州为庐州府的历阳县，二年（1369）九月升为和州，十三年（1380）十一月复置含山县，升为直隶州"。和州在明洪武二年属庐州府，七年改属中书省，十三年元月直隶六部的凤阳府，永乐元年（1403）直隶南京。故明景泰年间，和州应即直隶南京，包括历阳、

---

　　①　徐学林. 安徽建置沿革［M］. 合肥：安徽省地方志办公室，1983：185.

含山、乌江三县，而历阳县在和州南部。据马谅跋后题署"和阳"，今考光绪《直隶和州志》卷四载："和阳镇，旧名姥下镇，州南三十里。"① 历阳县在和州南，马谅跋后所署的"和阳"应即属历阳县。如此看来此二印无论"和阳"还是"历阳"，皆指马谅家乡，但同一版本，似乎不可能镌印不同，其中必有一本并非马谅原刻本。意者马谅原刊本镌"历阳"或"和阳"皆有可能，究竟哪一部是马谅原刻，似乎不好判断。所以二印之别好像不能说明什么问题。而我们认为，马谅跋后题署"和阳"，若非自己镌印为"历阳"，后来刊刻更为"历阳"的可能性不大，而后来刊刻者若据原本翻刻，按跋末题署作"和阳"，则是有可能的，故津图本为原刻本的可能性更大。

津图本　　　　　　公文本　　　　　　台博本　　　　　　台图本

图3　跋文末叶

再次，从版式行款上来看（见图2），明洪武至弘治年间，一般多是四周双边，粗黑口②，景泰在洪武至弘治之间，行款上也应类此。景泰二年（1451）马谅还捐资刻印过《武经七书》七卷，《南雍志经籍考》卷十八"武经七书"条有记载："因国子监司业赵琬言：内外诸学生徒合令兼习兵部，札至南监，搜

---

① 光绪直隶和州志40卷　卷首　一卷补遗一卷41［O］.（清）朱大绅修；（清）高照纂. 清光绪27年刻本，312.

② 程千帆，徐有富. 校雠广义·版本编［M］. 济南：齐鲁书社，2005：181.《校雠广义》云："明刻本在形式上的特点也随时代的不同而呈现出明显的差异。就版式而言，叶德辉云：'明初承元之旧，故成弘间刻书尚黑口。嘉靖间多从宋本翻雕，故尚白口。今日嘉靖本珍贵不亚宋、元，盖以此也。大抵此类版心，书名只摘一字，下刻数目。其白口、小黑口空处上记本叶字数，下记匠人姓名，不全刻书名也。全刻书名在万历以后，至我国初犹然。'"又："魏隐儒对明刻本的版式也作了类似的描述：'洪武至弘治年间，一般多是四周双边，粗黑口，少数细黑口。经厂本、藩刻本，行宽字大，开本也大。从正德起，风气逐渐改变，以宋本为模范，黑口变为白口，版心刻字数，下刻刊工姓名，有的也将写工姓名刻上，卷末书尾或序后边多刻有牌记。万历以后，白口为多，黑口较少，单边双边兼而有之。'"

求旧版，已失其半，本监祭酒吴节因与应天府尹马谅、府丞陈宜谋搏俸资命工重刊。"①《武经七书》一书笔者不得见，然与马谅一同刊印此书的是南京国子监祭酒吴节，他在明景泰七年还刻印过《古廉李先生诗集》，正文十行二十字，四周双边，黑口，双鱼尾。版式类津图本。另考其他明景泰年间诸刻本，如上文提到的明景泰间刊《桂林郡志》《寰宇通志》《云南图经志书》；明景泰元年刊《高太史大全集》《石溪集》《资治通鉴纲目集览》《文公家礼会通》；明景泰元年刻弘治元年吴讷重修本《九章详注比类算法大全》；明景泰三年刊《增修附注资治通鉴节要续编》；明景泰四年刊《迭山集》《历代君鉴》《青城山人诗集》；明景泰六年刊《文山先生文集》；明景泰七年刊《广信先贤事实录》《古廉李先生诗集》《道园学古录》。诸本中除《高太史大全集》版式为四周单边、白口外，其余皆为四周双边、黑口。可见，明景泰年间的版式多为四周双边、黑口。上述四本中，符合四周双边、黑口的只有津图本，故津图本可能性更大。

最后，看《音释》的位置，《音释》从分附于每卷末后，再到散附于文中，是经历了一个变化的。津图本、公文本《尔雅》中的《音释》是附于每卷卷后的，台博本和台图本《尔雅》中《音释》是散附于郭注之后的，我们不难推断出，散附于郭注之后的台博本和台图本盖出于音释附于每卷卷末的津图本、公文本之后。而王重民先生《中国善本书提要》曾根据《音释》位置和马谅刻书跋将台博本著录为明景泰本②，这一考辨显然就不成立了。

综上，从字体上，公文本似非明早期字体风格；从台博本、台图本跋后未见镌印，当是后翻刻本；从行款上，津图本更符合明景泰年间刻书特点；再辅以《音释》位置之证，故可推知津图本或为真正的明景泰七年马谅刊本，其他三本皆为翻刻本。

三、明景泰本《尔雅》的来源与文献学价值

瞿林江《〈尔雅〉版本源流考》一文将《尔雅》现存较早的单注本主要版本分为"监刻经注本系统""附《音释》经注本系统"两大系统。唐石经、宋

① （明）梅鷟. 南雍志经籍考［M］//冯惠民，李万健，等. 明代书目题跋丛刊 上册. 北京：书目文献出版社，1994：457.

② 王重民. 中国善本书提要［M］. 上海：上海古籍出版社，1983：49.《中国善本书提要》"尔雅注三卷"条下有云："《北京图书馆善本书目》作'明嘉靖刻本'，余校以吴元恭本不合；又明嘉靖间又有张景华刻本，《北京图书馆善本书目》编者殆目为张本欤？按此本将陆氏《音释》散附郭注后，更证以卷末所载马谅《书后》，当即景泰间谅所刻者。"

监本、神宫文库本、日本影钞室町氏本、《古逸丛书》本五者之间有明显的先后递承关系，组成"监刻经注本系统"，半页八行十六字，均不附《音释》；宋十行本（即南宋初刻本）、元巾箱本、明吴元恭本、日本覆北宋本属于"附《音释》经注本系统"，半页十行或八行，但文本近似，且除吴本外，均附《音释》。津图本半叶十行，且附音释，其或即源自"附《音释》经注本系统"，在元巾箱本之后，明嘉靖十七年吴元恭本之前。

津图本为周叔弢旧藏，周叔弢已用元巾箱本校勘此本，将元巾箱本中的"一物不知儒者所耻，闻患乎寡而不患乎多也，《尔雅》之书汉初常立博士矣。其所载精粗巨细毕备，是以博物君子有取焉，今得郭景纯集注善本精加订正，始无毫发讹舛，用授诸梓与四方学者共之，大德己亥平水曹氏进德斋谨志""瞿氏鉴藏金石记""恬裕斋藏"等牌记、印章用朱笔过录其上。此本经过周叔弢仔细校勘，不仅过录的牌记、印章十分清晰，行间朱笔校记亦十分清晰，读此一本，元巾箱本面貌亦可尽知，文献价值不言而喻，惜者字迹历久些许漫漶。卷末周叔弢有跋，跋中提及元巾箱本胜于吴元恭本，例举七处，元巾箱本俱与南宋初刻本相合。而七处中，津图本有四处与此二本相合，仍有两处有误。

笔者以国家图书馆藏南宋初刻本校津图本，二本除异体字、繁简字之别外，津图本脱字、讹字不少，如南宋初刻本（卷上－1A－10）"我受命溥将"，津图本（卷上－1B－1）"命"作"我"；南宋初刻本（卷上－2B－7）"功肩堪胜也"，津图本（卷上－3A－1）"功"作"攻"；南宋初刻本（卷上－3B－4）"诗曰：屈此群丑"，津图本（卷上－3B－9）"此"作"其"；南宋初刻本（卷上－4A－2）"东齐曰瘼"，津图本（卷上－4A－7）"齐"作"癠"；南宋初刻本（卷上－4A－10）"止亦相待"，津图本（卷上－4B－6）"待"下有"也"字；南宋初刻本（卷上－4B－5）"行而相值即见"，津图本（卷上－5A－2）"即"下有"是"字；南宋初刻本（卷上－4B－5）"逸书曰钊我周王"，津图本（卷上－5A－3）"逸"字脱；南宋初刻本（卷上－5A－6）"孙叔然字别为义失矣"，津图本（卷上－5B－4）脱此句；南宋初刻本（卷上－5A－9）"蠢动作"，津图本（卷上－5B－8）"作"下有"也"字；南宋初刻本（卷上－5A－10）"今河北人云蹉叹音兔罝"，津图本（卷上－5B－9）"兔罝"作"嗟"等。亦有少数改正南宋初刻本之误者，如南宋初刻本（卷上－4A－7）"被禄康矣"，津图本（卷上－4B－3）改"被"为"茀"等。又根据津图本行间周叔弢校记，亦可知以上所例，元巾箱本悉同南宋初刻本。元巾箱本以后、明景泰本之前是否另有刊本为马谅刊刻时所据，马谅跋中不详，今亦无从考察，然就今校勘情况来看，其与南宋初刻本、元巾箱本之间的差距非小。

以公文本校之，以上除"功肩堪胜也"条，公文本亦作"功"外，其余诸条悉同津图本，然亦有颇多其他讹误，前揭已详，此不赘述。公文本或即出自津图本而未如津图本之善也。

以台博本校之，台博本有从南宋初刻本者，有从津图本者，如"我受命溥将"条，台博本（卷上 - 1B - 1）同南宋初刻本；"丹朱凭身以仪也"条，台博本（卷上 - 2B - 4）"以"同南宋初刻本作"以"，又"也"正作"之"；"功肩堪胜也"条，台博本（卷上 - 3A - 6）"功"字同南宋初刻本，然"堪"作"戡"；"诗曰：屈此群丑"条，台博本（卷上 - 4A - 7）同南宋初刻本；"东齐曰瘦"条，台博本（卷上 - 4B - 6）同南宋初刻本；"袚禄康矣"条，台博本（卷上 - 5A - 4）同南宋初刻本；"止亦相待"条，台博本（卷上 - 5A - 8）同南宋初刻本；"行而相值即见"条，台博本（卷上 - 5B - 5）同南宋初刻本；"逸书曰钊我周王"条，台博本（卷上 - 5B - 5）同南宋初刻本；"底底尼定遏止也"条，台博本（卷上 - 5B - 8）同津图本；"孙叔然字别为义失矣"条，台博本（卷上 - 5B - 8）同津图本；"孙叔然字别为义失矣"条，台博本（卷上 - 6A - 7）同南宋初刻本；"蠢动作"条，台博本（卷上 - 6B - 2）同南宋初刻本；"今河北人云鎈叹音兔罝"条，台博本（卷上 - 6B - 3）同南宋初刻本。以台图本校之，台图本与台博本极类，上例所举，台图本悉同台博本。盖台博本、台图本皆为后出，翻刻时据南宋初刻本或其他本校改过，改正了大部分津图本之讹，惜校改不全，亦有从津图本之误者。

总而言之，津图本应是真正的景泰本，其他皆为后出的翻刻本。因此津图本作为诸本的源头之本，其意义不可小觑。但就其刊刻质量来看，津图本较宋元善本仍有差距，后来据此而出的公文本逊于此本，而台博本、台图本不仅将《音释》附于卷中，也校改了其中大量讹误，精善程度已超出津图本，同样应该引起重视。

参考文献：

［1］（清）朱大绅修；（清）高照纂. 光绪 直隶和州志40卷卷首一卷补遗一卷41［O］. 清光绪27年刻本。

［2］王国维. 传书堂藏书志（上）［M］. 王亮，整理. 上海：上海古籍出版社，2014.

［3］严绍堡. 日藏汉籍善本书录（上册）：经部、史部［M］. 北京，中华书局，2007.

［4］（日）涩江全善，森立之. 经籍访古志［M］. 杜泽逊，班龙门，校.

上海：上海古籍出版社，2017.

　　［5］（清）杨守敬．日本访书志［M］．沈阳：辽宁教育出版社，2003.

　　［6］（清）丁丙．善本书室藏书志（第2册）［M］．扬州：广陵古籍刻印社，1986.

　　［7］国家图书馆．国家图书馆善本书志初稿［M］．台北：国家图书馆（出版中心），1997.

　　［8］徐乃昌．积学斋藏书记［M］．柳向春，南江涛，整理．上海：上海古籍出版社，2014.

　　［9］傅增湘．藏园群书经眼录［M］．北京：中华书局，1983.

　　［10］徐学林．安徽建置沿革［M］．合肥：安徽省地方志办公室，1983.

　　［11］冯惠民，李万健．明代书目题跋丛刊：南雍经籍志（上册）［M］．北京：书目文献出版社，1994.

　　［12］王重民．中国善本书提要［M］．上海：上海古籍出版社，1983.

　　［13］程千帆，徐有富．校雠广义（版本编）［M］．济南：齐鲁书社，2005.

《汉书·艺文志》和《隋书·经籍志》
子部类的比较[*]

所谓"史志目录"，指根据当时的政府藏书并且参考了其他官藏、私人藏书书目编写而成的，反映历代典籍情况和文化学术思想发展动态的综合性书目，即中国古代正史和其他史书及地方志的目录。《汉书·艺文志》（以下简称《汉志》）是东汉时期班固编纂的中国第一部史志目录，开创了在正史中编艺文志的先河，改《七略》为六艺、诸子、诗赋、兵书、数术、方技六略。《隋书·经籍志》（以下简称《隋志》）是现存继《汉志》后第二部史志目录，为唐代魏征等撰写的官修目录，与《汉志》不同的是，除了书目的发展变化，分类方法上也采用了经、史、子、集四分法，既反映了隋代藏书的情况、也体现了六朝时期图书的发展变动情况。《汉志》的"诸子略"和《隋志》的"子部"，收录的皆是诸子各家的书目，其后也附有编纂者对诸子各家的褒贬评论。研究从《汉志》到《隋志》对诸子书目的收集倾向的变化和这两本书对诸子的不同态度，对于探究诸子思想的发展，具有重要的指导意义。

以下就子部类文献的收录情况及对诸子的评价，来分析《汉志》《隋志》二书对书目收录以及诸子态度的演变。

一、对诸子目录内容的比较

在收录内容上，《隋志》对于《汉志》是有一定继承和发展的。《汉志》是班固根据刘向、刘歆父子的《七略》编纂而成，按照《汉志》的记载，《七略》"有辑略，有六艺略，有诸子略，有诗赋略，有兵书略，有数术略，有方技略"。① 按明代张舜辉注，此七略中，辑略为"六篇之总最"，可见"辑略"并

<hr>

* 作者简介：杨雪岩（1996—），女，山东省泰安市人，2019级中国古典文献学专业硕士研究生。

① 班固撰，颜师古注. 汉书·卷三十·艺文志第十［M］. 北京：中华书局，2013：1701.

不是对于书目的分类，更类似于对作品的总括，所以严格说来，《七略》是将书目分了六类。《汉志》对于《七略》，是"删其要，以备篇籍"，① 只保留了六部分类，也根据汉代的书籍保存流传情况进行了删减补充。到了唐代，魏征等人在历代旧录的基础上，"文义浅俗、无益教理者，并删去之""辞义可采、有所弘益者，咸附入之"，② 不仅对旧有目录进行了增删，还在分类标准上改《汉志》的六分法为经、史、子、集四分法，将书目重新进行了编排。本文所用来对比的是《汉志》中的"诸子略"与《隋志》中的"子部"，从书目分类看，两部分皆列举了当时代诸子百家的代表书目，并在诸子书目后分别对诸子做出了评价，这是两书对于这个分类的相同点。但若比对两书对诸子书目的记录内容，则会发现两书所记载的内容存在一些差异，这些差异能够体现出从汉代到唐代诸子书目的发展流变，进而通过分析这种流变趋势，体会到诸子在两朝期间的发展趋势。

以下分别从《汉志》与《隋志》诸子类部分的诸子数量和排列顺序、书目记载数量和记载方法这两方面进行对比。

（一）诸子数量及排列顺序

在对于"诸子略"和"子部"对于诸子的收录上，《汉志》和《隋志》收录的各家数量不尽相同。

经统计，《汉志》在"诸子略"一类收录的诸子各家，按顺序分别是儒家、道家、阴阳家、法家、名家、墨家、纵横家、杂家、农家、小说家。按《汉志》所记载，有"诸子十家"。③

而《隋志》在"子部"记载的诸子类目较多，按顺序有儒家、道家、法家、名家、墨家、纵横家、杂家、农家、小说家、兵家、天文家、历数家、五行家、医方家，根据《隋志》记载，共有十四种。

根据两书对诸子百家的记载来看，从《汉志》到《隋志》，是有很大一部分继承的，具体体现在《隋志》"子部"记载的诸子前九家分类，基本和《汉志》的分类相同，同样是儒家为首，小说家为最后，连同排列顺序也并未发生变化。由此可见，自汉代到唐代，儒家始终处于社会的主流地位，始终处在诸子百家之首，受到官方的重视。这与汉代和唐代的社会背景紧密相关，无论汉代或是唐代，都存在时间较长且极富代表性的繁荣安定局面。安定的社会环境

---

① 张舜徽. 汉书艺文志通释［M］. 武汉：湖北教育出版社，1990：9.

② 长孙无忌，等. 隋书经籍志［M］. 上海：商务印书馆，1936：5.

③ 班固撰，颜师古注. 汉书·卷三十·艺文志第十［M］. 北京：中华书局，2013：1701.

适合于儒家仁政治国方略的实施，且儒家的理念政策有助于统治者加强中央集权，有利于社会的安定与国君的统治，所以受到当政者的推崇，在修史志之时，儒家自然排列在诸子之首。儒家后面的诸子百家，截止到《汉志》末尾的"小说家"一类，《隋志》除了"阴阳家"一类，将《汉志》的分类不动顺序地搬了过来，可见《隋志》编纂者对于《汉志》"诸子略"的分类是持赞同态度的，侧面说明在唐代，此九家的地位并未发生较大变化。

除了继承了《汉志》的前九类，《隋志》有两处分类上的变动也值得注意。

一是《汉志》中的"阴阳家"并未被《隋志》收录。这是《汉志》"诸子略"分类中唯一没有被《隋志》抄录过去的分类。在《汉志》的分类当中，"阴阳家"排在道家之后、法家之前，为分类中的第三家，按照古人的排序规则，阴阳家在汉代应是相当重要、有一定地位的一家。这还要追溯到西汉司马谈的《论六家要旨》，在司马谈划分六家时，便将阴阳家放在了六家之首，而究其原因，便是战国时期对于阴阳家的重视。战国时期社会动荡不安，儒家尚不符合当时的社会背景，而阴阳家的阴阳五行学说为诸子百家的争鸣，甚至为战争，都提供了相当有说服力的理由。最具代表性也是影响力最大的便是邹衍提出的"五德终始说"，五德是指土、木、金、火、水，土、木、金、火分别对应于虞、夏、商、周，借此五德周而复始，作为朝代更替的依据。这对秦代乃至汉代都产生了极大的影响，例如，根据天人感应演变出的天象变化预见灾异的思想，在汉代不仅催生了许多皇帝的"罪己诏"，还流行在各级官员之中，变成了一种政治衡量标准。在这种背景下，即使在汉代的董仲舒提出"罢黜百家，独尊儒术"、汉朝历代统治者推崇儒学的背景下，阴阳家仍旧排在了"诸子略"的前三位。

既然阴阳家地位如此重要，为何《隋志》却丢弃了这一类，探究理由，大概有以下两点。

一是儒学地位日益提升，势必造成阴阳家地位的削弱。董仲舒"罢黜百家，独尊儒术"后，儒学成了汉代的正统学说，研究儒学的人数增多，再加上政策的压制，其他学说难以发展，势必造成一些学派的危机。

二是阴阳家的许多思想渐渐被其他学派吸收运用。最明显的首先数道家，道家的许多观念本就与阴阳学说异曲同工，又吸收了阴阳五行学说，连同阴阳学的卜筮占梦等巫术，也被道教、方技吸收。儒家亦吸收了阴阳家的天人感应学说，兵家也借阴阳五行学说设计阵法，医家的许多中医理论也有不少吸收了阴阳理论。这也与接下来说到的《汉志》与《隋志》分类上的第二大不同密切相关。

《隋志》与《汉志》相比第二个也是最明显的不同，便是除开那九条外，《隋志》还多了兵家、天文家、历数家、五行家、医方家五类。《隋志》将《汉志》的六分法改为四分法，势必会对原有的六分法进行重新归类及调整，将六类整合排列为四类，其中的小类目也会有适当的改动。对于改动的原因，《隋志》中说道："儒道小说，圣人之教也，而有所偏。兵及医方，圣人之政也，所施各异。"①《隋志》编纂者认为，自儒家、道家一直到小说家，是圣人用来教化的，而从兵家到医方家，则是圣人治理国家必备的方法。所以，秉承着这样的思想，《隋志》说道："汉书有诸子、兵书、数术、方技之略，今合而叙之，为十四种，谓之子部。"② 将《汉志》中的兵书、数术、方技略也一并纳入"子部"类当中，故有了多出来的五类诸子。在《隋志》当中，并未解释为何将《汉志》中的"阴阳家"废除不收，令人猜测被《隋志》废除的"阴阳家"，是否分散在了多出来的五类当中？《汉志》在阴阳家一类书目下面如此介绍阴阳家："阴阳家者流，盖出于羲和之官，敬顺昊天，历象日月星辰，敬授民时，此其所长也。"③ 羲和是上古神话中的太阳女神与制定时历的女神，是天文史官的代表人物。昊天是指天帝。参照《汉志》的介绍，阴阳家与《隋志》中的天文家、历数家又有重合，可见原本的"阴阳家"确实是随着时代的演变慢慢被其他诸子百家吸纳。

由此可见，从《汉志》的"诸子略"到《隋志》的"子部"，在对诸子的排列顺序上，除了被各家吸纳而见衰的阴阳家，《隋志》基本遵循了《汉志》对于诸子的分类和排列顺序。而在数量上，《隋志》由于分类思路的改变，将《汉志》中的诸子、兵书、数术、方技略合并于"子部"，故"子部"相较于"诸子略"，在数量上多了后五家。

（二）书目记载数量及记载方法

从汉代到唐代，诸子百家经历了此消彼长，也因为各种社会原因，书籍的流通、保存、新书目的出现，势必会带来史志书目的较大变化。对比《汉志》"诸子略"到《隋志》"子部"所收录的书目的数量和记载方式，可以窥见从汉代到唐代，诸子百家书目的流传亡佚情况，并通过诸子书目的增减，分析出汉代到唐代诸子百家的发展状况。

从书目记载数量上看，按照《汉志》《隋志》书内的统计，《汉志》："凡诸

---

① 长孙无忌，等. 隋书经籍志［M］. 上海：商务印书馆，1936：99.
② 长孙无忌，等. 隋书经籍志［M］. 上海：商务印书馆，1936：99.
③ 班固撰，颜师古注. 汉书·卷三十·艺文志第十［M］. 北京：中华书局，2013：1734.

子百八十九家，四千三百二十四篇"①。《隋志》有"凡诸子，合八百五十三部，六千四百三十七卷"②。根据两本书对自己子部类书目数量的统计，由于《隋志》对于诸子、兵书、数术、方技类目的合并，以及自汉代到唐代期间新问世的诸子书籍，"子部"中记载的诸子数量和收录书目的数量大幅超过了《汉志》"诸子略"的数量。

具体到诸子书目的消长，这里以《汉书》《隋志》对于"诸子略"前十家的变化为例，直观地统计书目数量。

儒家：《汉志》53 家，836 篇。 　　　《隋志》合计亡书，67 部，609 卷。

道家：《汉志》37 家，993 篇。 　　　《隋志》78 部，525 卷。

阴阳：《汉志》21 家，369 篇。 　　　《隋志》未收录分类。

法家：《汉志》10 家，217 篇。 　　　《隋志》6 部，72 卷。

名家：《汉志》7 家，36 篇。 　　　　《隋志》4 部，7 卷。

墨家：《汉志》6 家，86 篇。 　　　　《隋志》3 部，17 卷。

纵横：《汉志》12 家，107 篇。 　　　《隋志》2 部，6 卷。

杂家：《汉志》20 家，403 篇。 　　　《隋志》97 部，2720 卷。

农家：《汉志》9 家，114 篇。 　　　　《隋志》5 部，19 卷。

小说：《汉志》15 家，1380 篇。 　　　《隋志》25 部，155 卷。

通过书目数量的对比可以看到，与《汉志》记载的书目数量相比，《隋志》中除了杂家，其他诸家的书目篇卷都有不同程度的减少，部分原因是朝代更替导致的篇卷亡佚，抑或由于"罢黜百家，独尊儒术"政策，使得除儒家外其他各家不被社会重视而导致书目未能很好地保存流传。《隋志》的"子部"比《汉志》多出来的篇卷，有很大一部分是后来被归类进"子部"的五家扩充起来的。需要注意的是，虽然篇卷有亡佚，但是儒家、道家、杂家、小说家的部数有不同程度的增加，也就是说，在汉代到唐代这段时间里，这几家仍旧有一定的发展。

从对书目的记载方法上来看，《汉志》与《隋志》也有不同。这里以诸子之首的儒家为例，来看《汉志》与《隋志》对书目的记载方法的异同。

《汉志》：

1. 书名，篇数，作者，作者官职。

《晏子》八篇。名婴，谥平仲，相齐景公，孔子称善与人交，有《列传》。

---

① 班固撰，颜师古注. 汉书·卷三十·艺文志第十 [M]. 北京：中华书局，2013：1745.

② 长孙无忌，等. 隋书经籍志 [M]. 上海：商务印书馆，1936：99.

《李克》七篇。子夏弟子，为魏文侯相。

2. 书名，篇数，作者。

《曾子》十八篇。名参，孔子弟子。

《公孔尼子》二十八篇。七十子之弟子。

3. 书名，篇数，内容。

《周政》六篇。周时法度政教。

《周法》九篇。法天地，立百官。

4. 书名，篇数。

《魏文侯》六篇。

5. 书名，篇数，别名。

《王孙子》一篇。一曰《巧心》。

6. 作者，书名，篇数。

河间献王《对上下三雍宫》三篇。

桓宽《盐铁论》六十篇。

7. 作者，篇数，书名。

刘向所序六十七篇。新序、说苑、世说、列女传颂图也。

扬雄所序三十八篇。太玄十九，法言十三，乐四，箴二。

《隋志》：

1. 书名，卷数，官职，作者。

《晏子春秋》七卷，齐大夫晏婴撰。

2. 书名，卷数，作者。

《曾子》二卷目一卷，鲁国曾参撰。

《公孙尼子》一卷，似孔子弟子。

3. 书名，卷数，（官职）作者，流传亡佚情况。

《孙卿子》十二卷，楚兰陵令荀况撰，梁有王孙子一卷，亡。

4. 书名，卷数。

《诸葛武侯集诫》二卷。

根据以上列出的《汉志》与《隋志》在各自子部类的"儒家"一类当中录入书籍的方法来看，可总结出《汉志》与《隋志》在收录书目的体例上的不同。首先，《汉志》存在书名在前、作者在后和作者在前、书名在后两种情况，而《隋志》只存在书名在前的情况。其次，《汉志》在儒家分类中存在书目主旨概况的简要介绍，《隋志》中则并未介绍书目主旨一项。再次，《隋志》中还添加了书目的现存情况和亡佚情况，《汉志》没有此项。最后，《汉志》只介绍了一些儒学大家及他们的作品，《隋志》还在"儒家"条目中添加了《女篇》《女鉴》《妇人训诫集》《妇姒训》《曹大家女诫》《真顺志》等一系列规范女性的书目，可见从汉代到唐代，尊卑礼法制度在不断地完善。

二、对诸子态度的比较

《汉志》与《隋志》的一个共同点，便是在各家之后，都附带了对诸子各家的简要介绍及优点和缺点的评价。通过对比《汉志》与《隋志》对于诸子评价的变化，便能够看出诸子百家从汉代到唐代经历了哪些发展，以及通过观察编纂者对其的评价，能够看出当时社会诸子百家各自的地位如何。根据《汉志》与《隋志》的分类重合状况，依旧以前九家作为分析对象。

先是儒家。《汉志》和《隋志》都选择把儒家放在诸子百家的首位，可见自汉代到唐代，儒家一直占据着思想界的主导地位。《汉志》对于儒家的评判是掌管教化，君主顺应阴阳、仁义，如果要对人有所赞誉，就要对他有所考察。缺点是有儒生会跟随时代进退而背离根本，为博取尊敬，使得五经互相矛盾，儒生见闻寡陋。《隋志》的评判则是：明教化，重视仁义五常和中庸之道。缺点是会有儒生为了"哗众"而过度解读、偏离本义，儒生难以知晓儒家经典本来的意思，"博而寡要"。可见从汉代到唐代，儒生从重"阴阳"到重"五常中庸"。而缺点也从汉代的过于附庸时代，到唐代的为哗众而偏本义、"博而寡要"。

至于道家，《汉志》的评论是：由史官演化而来，主张清净虚无保持自我、谦卑柔弱保护自我，认为这个主张是君王的统治之术。靠一谦而得到天益、地益、神益、人益。缺点是若让放荡的人来修道，会抛弃礼仪仁义，只求清静无为。《隋志》认为，道家符合《易》的"一阴一阳之谓道"。主张清虚自守，为而不恃，长而不宰。缺点是有修道之人不探求道学根源，以异俗为高，以狂狷为尚，追求诡谲怪诞，而失去道学本真的东西。可见自汉代到唐代，修道之人从抛弃一切只求清静无为，发展到行为诡谲怪诞，一定程度上反映了唐代的民风较汉代更加开放，让人们选择了更为狂狷的方式来表达对社会的诉求。

法家一类，《汉志》的评论是：起源于法官，主张有功必赏、有罪必罚。缺点是如果让刻薄的人来施行，他们会抛弃教化和仁爱，以至于冷酷无情、恩将仇报。《隋志》的评价与《汉志》类似，也提及了严明法律这一特点。认为法家的缺点是刻薄之人执法会"杜哀矜，绝仁爱""残忍为治"。这与《汉志》也十分类似，说明唐代对与法家的看法与汉代基本相同。

名家一类，《汉志》评论道：起源于礼官。奉行"名不正则言不顺，言不顺则事不成"。缺点是若让专门爱揭发他人隐私的人来从事明家的活动，只会造成混乱。《隋志》对名家的评论是：正百物、叙尊卑、列贵贱，也讲究名正言顺。认为名家的缺点是，若"拘者为之，则苛察缴绕，滞于析辞而失大体"①。如果让拘泥顽固的人来治名家，难免处理问题烦琐苛刻、缠绕不清，被名而耽误，不识大体。这里可见，汉代抨击随意揭发隐私的人，暗示了汉代的政治存在一定的内部混乱。而唐代抨击拘泥顽固、固守形名之人，说明唐代存在顽固拘泥、处事烦琐的问题。

墨家一类，《汉志》的评论是起源于看守宗庙之官，倡导俭朴、博爱、尊重贤能、迷信鬼神、不信命运、求同。缺点是信奉墨家的一些愚者只追求博爱，因节俭而反对礼节，亲疏不分。《隋志》的评论与《汉志》基本类似，评论墨家亦是强调其强本节用之术。节俭、重德、"右鬼神而非命"。缺点是太守节俭不会变通，盲目博爱而亲疏不分。

纵横家一类，《汉志》评论道：源自接待贵客之官。接待之使者应善权衡，善见机行事。缺点是若是邪恶的人，会弄虚作假、满口谎言，没有诚信。《隋志》对纵横家的评价一样是巧言善辩，会见机行事。缺点亦是奸诈的人会"倾危变诈"，残害忠良，误家误国。可见对于纵横家，汉代和唐代的态度也没有很大的变化。

杂家一类，《汉志》的评论是：出于议事之官。兼有儒家、墨家、明家、法家，懂得治国体制。缺点是放纵的人来学习杂家，会将诸子各家的观点胡乱杂糅，没有确定的依托。《隋志》对杂家的评论是其兼儒墨、通众家，多出于史官之职。缺点是一些杂家学者说话虽然旁征博引，但"言非""杂错漫羡"②，言无所指。《隋志》将《汉志》介绍中的通"儒墨明法"，改为通"众家"，还将源自议事之官改为多出于史官。可见唐代的杂家已经有了进一步的发展，杂糅诸子百家为己所用。

农家一类，《汉志》评论说主管农业之官，掌五谷播种、耕作、桑蚕。缺点是若有鄙陋的人认为这样就不用侍奉君王，便会打乱君、臣、百姓的秩序。《隋志》对于农家的评论亦是掌管五谷桑麻，缺点亦与《汉志》的观点相同。

小说家一类，《汉志》的评论是收集民间传说的小官。认为小说家及其作品是草野狂夫的议论。《隋志》的评论亦说其是"街说巷语之说也"③，认为虽是些道听途说，也有参考价值。可见自汉代到唐代，社会对于农家、小说家的看

---

① 长孙无忌，等.隋书经籍志［M］.上海：商务印书馆，1936：70.
② 长孙无忌，等.隋书经籍志［M］.上海：商务印书馆，1936：73.
③ 长孙无忌，等.隋书经籍志［M］.上海：商务印书馆，1936：75.

法也并没有多大变化。

根据以上九类诸子的对比分析，可见汉代到唐代，这九类中的法家、墨家、纵横家、农家、小说家，在社会中的评价并没有很大的变化。从重"阴阳"到重"中庸""五常"，儒家是随着社会情况不断发展变化的。道家、名家两类，虽然在介绍上没有很大变化，但两书的编纂者对于两家的一些缺点和隐患有不同的看法，暗示了汉代到唐代产生了截然不同的社会问题和政治问题。至于杂家，在由汉到唐这一段时间内，由兼儒、墨、名、法到兼众家，说明了杂家的学者也在不断适应更新换代的诸子百家思想，吸收了更多诸子百家的思想为己所用，是在不断发展的一家。

三、从《汉志》到《隋志》的演变趋势

从以上对《汉志》《隋志》二书的著录诸子数量、诸子排列顺序、书目收录数量、书目收录方法变化，以及《汉志》"诸子略"和《隋志》"子部"对于所共同收录的诸子的评论变化对比，不难推测出子部类记载的诸子由汉代到唐代的流变趋势。这里从诸子地位流变、诸子书目流变两方面简要论述从汉到唐的诸子演变趋势。

首先是诸子地位流变。根据"诸子略"和"子部"所记载的诸子顺序和各家所载书目变化趋势来看，自汉代董仲舒"罢黜百家，独尊儒术"起，从《汉志》到《隋志》，儒学始终排列于诸子百家之首，占据社会思想界的主流地位。这与其不断适应社会发展的特性密切相关。从汉代到唐代，儒学始终致力于加强中央集权、稳固君权、安定百姓，圆满适应了汉唐时期巩固统治和发展社会的需要。虽然经历朝代的更迭，儒家书籍有不少亡佚，但根据《汉志》与《隋志》书目数量的对比，仍有很多新的儒学家将儒家继承发展下来，造成了《隋志》儒家书目部类的增加。其他如道家、杂家等，也在稳定地适应汉唐交替的社会环境，有了自己的发展。变动最大的为阴阳家，《隋志》在分类时将阴阳家直接舍弃，但这并不代表阴阳家彻底消失，阴阳家的一些理论被诸如儒家、道家、兵家、医家等吸收，并散落于《隋志》并入"子部"的天文家、历术家，以另一种方式留存了下来。

诸子的书目流变方面，前面已经提到，根据《汉志》诸子略和《隋志》方技略所收录书目的数量上来看，诸子书目经历朝代的更替，存在不少的亡佚现象。例如，儒家一类，即便后来有儒生创立了新的儒家部类分支，发表了新的儒学著作，《隋志》中收录的儒学书目数量仍旧减少了200余篇（卷）。在有亡佚的基础上，能够将篇卷数量与《汉志》基本持平甚至还能增多的诸子百家，

如儒家、道家、杂家，可见都在这段时间内得到了一定的重视，顺应时代有了可观的发展。从《汉志》到《隋志》的书目载录方法上来看，《隋志》对《汉志》有一定的继承，如大体保持了《汉志》的分类、有书名篇卷作者等要素。在此基础上也有自己的发展，如把格式规范为书名在前篇卷和作者在后、增加了亡佚书目和留存情况的说明、删减了《汉志》的内容梗概部分、添加了规范女性的书目等，总体上看，《隋志》是继承发展了《汉志》，相对而言变得更加规范。

结　语

《汉书·艺文志》和《隋书·经籍志》都是我国历史上早期具有代表性的史志目录，对于我们了解古代书籍的名称、分类、留存情况、亡佚情况，都有十分重要的意义和作用。《汉书·艺文志》是对《七略》的继承发展，《隋书·经籍志》也是对《汉书·艺文志》的继承和发展。对《汉志》《隋志》两部史志目录的子部类进行对比分析，有助于探究由汉到唐的诸子发展和诸子书目流变，对于动态地把握诸子在中国历史长河中的发展，具有极大的参考价值。

参考文献

[1] 长孙无忌等. 隋书经籍志 [M]. 上海：商务印书馆，1936.

[2] 张舜徽. 汉书艺文志通释 [M]. 武汉：湖北教育出版社，1990.

[3] 董云香. 论汉代的"罪己"之风 [J]. 黑河学院学报，2019，10 (10)：194 – 195.

[4] 徐奉先. 从《汉书·艺文志》看西汉阴阳家的衍化 [J]. 河北科技大学学报（社会科学版），2012，12 (4)：66 – 71.

[5] 班固撰，颜师古注. 汉书 [M]. 北京：中华书局，2013.

从《汉书·艺文志》
《隋书·经籍志》看《论语》的发展*

　　《汉书·艺文志》是我国现存最早的一部综合性群书目录。东汉班固在总序中明言："向卒，哀帝复使向侍中奉车都尉歆卒父业。歆于是总群书而奏《七略》，故有《辑略》，有《六艺略》，有《诸子略》，有《诗赋略》，有《兵书略》，有《术数略》，有《方技略》。今删其要，以备篇籍。"① 明晓此书是在《七略》的基础上编著而成。清代史学家王鸣盛在《十七史商榷》中说："不通《汉书·艺文志》，不可以读天下书。《艺文志》者，学问之眉目，著述之门户也。"② 这部书比较全面地反映了先秦至西汉时期我国典籍的存佚情况，为我们研究西汉时期的学术概况及其发展倾向提供了珍贵的参考材料，开创了后代史志图书分类部次的先河。《隋书·经籍志》为唐代官修目录，继承了《汉书·艺文志》"辨章学术，考镜源流"的传统，参考了魏晋南北朝图书目录发展的状况，是对唐以前的图书目录的全面概括与总结，是我国现存的第二部史志目录。这部书是根据隋代藏书目录基础上加以改编而成，反映了东汉至隋代这一历史时期的书籍存留状况及学术源流，并且首先采用了经、史、子、集四部分类法，统一并奠定四部分类体系，成为以后目录学家编制目录类分类的典范，对我国古代目录学影响深远。《汉书·艺文志》和《隋书·经籍志》是研究我国古代文化的重要典籍，通过比较两部书对同一类书籍目录的记载，可以探究此类书在西汉至隋代的发展变化情况。

　　近年来学术界大多对《汉书·艺文志》和《隋书·经籍志》的著录体例和内容进行对比研究。在著录内容上对经学、诸子的分类比较研究尤其多，很少

---

　*　作者简介：徐英慧（1997—），女，山东省青岛市人，2019级中国古典文献学专业硕士研究生。

　①　陈国庆. 汉书艺文志注释汇编［M］. 北京：中华书局，1983：7.
　②　王鸣盛. 十七史商榷［M］. 上海：上海出版社，2006：162.

对某一部书的目录进行对比研究。本文试就两《志》对《论语》目录的记载做比较，探讨其中的不同，分析产生差异的原因以及两《志》目录的记载对《论语》发展的意义。

一、《论语》目录对比

《隋书·经籍志》相较于《汉书·艺文志》对《论语》书目的著录是有所变化的，前者增加了作者名称，间或有作者官称和标注书本的亡佚情况；注释《论语》内容时，从西汉时期讲释大义到各家用不同思想观念为之解释；注解体例也是发展为"集解"和"义疏"，擅采众家之长，为研究《论语》提供了丰富的材料；序的对比，体现了《齐论》《鲁论》与《古论》从西汉至隋的发展变化，展现了三论的时代流变；从所记载《论语》书目的位置也能体现其地位的变化。

（一）著录的数量及亡佚状况

《汉书·艺文志》著录"凡《论语》十二家，二百二十九篇"①。著录的相关文献有《鲁传》十九篇、《齐说》二十九篇、《鲁夏侯说》二十篇、《鲁安昌侯说》二十一篇、《鲁王骏说》二十篇、《燕传说》三卷、《议奏》十八篇、《孔子家语》二十七卷、《孔子三朝》七篇和《孔子徒人图法》二卷。而《隋书·经籍志》著录《论语》七十三部。仅保留到唐初的有郑玄《论语注》十卷、虞喜赞《论语》九卷、何晏《论语集解》十卷、卫瓘《集注论语》六卷、崔豹《论语集义》八卷、李充《论语注》十卷、孙绰《集解论语》十卷、江熙《集解论语》十卷、卢氏注《论语》十卷、《论语郑难》一卷、《论语郑难》一卷、《论语标指》一卷、《论语杂问》一卷、郑玄《论语孔子弟子目录》一卷、郭象《论语体略》二卷、缪播《论语旨序》三卷、王弼《论语释疑惑》三卷、栾肇《论语释疑》十卷、张凭《论语释》一卷、《论语别义》十卷、褚仲都《论语义疏》十卷、皇侃《论语义疏》十卷、刘炫《论语述义》十卷、《论语义疏》八卷、徐孝克《论语讲疏疏文句义》五卷、张冲《论语义疏》十卷。对比两《志》来看，《论语》的注释专著数量大增。后者还在类下著录书名和卷数，说明著作的作者，并且间或带有头衔，例如："《论语集义》八卷，晋尚书左中兵郎崔豹集"②"《论语》十卷，晋兖州别驾江熙解"③ 和"《论语》十卷，晋著作

---

① 陈国庆. 汉书艺文志注释汇编 ［M］. 北京：中华书局，1983：79.

② 长孙无忌，等. 隋书经籍志 ［M］. 上海：商务印书馆，1936：25.

③ 长孙无忌，等. 隋书经籍志 ［M］. 上海：商务印书馆，1936：25.

郎李充注"① 等。有的还注明了书的存亡残缺。例如，关于《论语》书目的著录有"《论语》，郑玄注。梁有《古文论语》十卷，郑玄注；又王肃、虞翻、谯周等注《论语》各十卷，亡"② "《集解论语》十卷，晋廷尉孙绰解。梁有盈氏及孟整注《论语》各十卷，亡"③ 和 "《孔丛》七卷，陈胜博士孔鲋撰。梁有《孔志》十卷，梁太尉参军刘被撰，亡"④ "《孔子家语》二十一卷，王肃解。梁有《当家语》二卷，魏博士张融撰，亡"⑤ 等。《隋书·经籍志》较《汉书·艺文志》著录《论语》的书目更加细致，数量更多，所增添的书籍的亡佚情况便于后世考见隋代有关《论语》的藏书及梁以来此书的离散存亡和六朝时书籍的流变。

（二）注释《论语》的呈现方式多样化

《汉书·艺文志》所著录的相关著作以讲释《论语》大义为主，因此多称"说"，如《齐说》《鲁夏侯说》《鲁安昌侯说》《鲁王骏说》等。在《隋书·经籍志》所著录的书对于《论语》的研究形式呈现多样化的现象。有向郑玄发难的《论语难郑》，修改郑玄错误的王氏《修郑错》，也有用自身不同的观点来注释《论语》的，例如，晋卫尉缪播所撰写的《论语旨序》包含以玄学注《论语》的丰富内容，有本末之说、得意忘言之说、性分说、名实之论，天命自然之说，以及情真、理等概念，与其他《论语》相较独具特色⑥；亦有王弼《论语释疑》通过玄学观点注释《论语》疑难问题，来发挥其"以无为本"的思想；郭象作为新晋的玄学家，他的玄学观也体现在《论语体略》中，现在仅存的九条中包含了他"因循"和"与众玄同"的思想⑦。另外，李充所撰《论语释》多用老子之言；应琛所撰《论语藏集解》则以佛解儒，融会佛儒之说，共证明一理。隋朝对于《论语》的注释不再仅限于西汉时期讲释大义，大多数作者还是用自己的思想观点注释《论语》。

（三）注解体例有所变化

与《汉书·艺文志》相比，《隋书·艺文志》所著录的《论语》书目的体例大多是"集解"和"义疏"两种。关于"集解"，例如，"《集解论语》六卷，

---

① 长孙无忌，等. 隋书经籍志［M］. 上海：商务印书馆，1936：25.
② 长孙无忌，等. 隋书经籍志［M］. 上海：商务印书馆，1936：25.
③ 长孙无忌，等. 隋书经籍志［M］. 上海：商务印书馆，1936：25.
④ 长孙无忌，等. 隋书经籍志［M］. 上海：商务印书馆，1936：26.
⑤ 长孙无忌，等. 隋书经籍志［M］. 上海：商务印书馆，1936：26.
⑥ 王云飞. 缪播《论语》注玄学思想研究［J］. 兰州学刊，2013（11）：30.
⑦ 王云飞. 郭象《论语》体略研究［J］. 广西社会学科，2013（4）：157.

晋八卷，晋太保卫瓘注"① 和 "《集解论语》十卷，晋兖州别驾江熙解"② 等。这种体例汇集多家对于同一书籍语言和思想内容的讲解，征引旧说，断以己意，更容易为读者所理解。何晏的《论语集解》首创古书注释中集解一体，较为集中地保存了《论语》古注。该书博采众家之说，保留了汉魏解经的痕迹与特点，对于了解汉魏时期的《论语》学和经学特色具有重要意义。关于"义疏"，例如，褚仲都撰《论语义疏》十卷、皇侃撰《论语义疏》十卷和刘炫撰《论语义疏》二卷等。这种体例疏通原书和旧注大意，并且加以阐释与发挥，广罗群书，以便于对旧注考核，补充辩证。皇侃《论语义疏》是现如今完整流传下来的南北朝时期唯一疏体著作，是以何晏等人的《论语集解》为蓝本，兼采郭象、李充等十三家说法及其他解释来讲解《论语》，集汉魏六朝《论语》学之大成。

（四）序的对比

《汉书·艺文志·〈论语〉序》："论语者，孔子应答弟子时人及弟子相与言而接闻于夫子之语也。当时弟子各有所记。夫子既卒，门人相与辑而论纂，故谓之论语。汉兴，有齐、鲁之说。传齐论者，昌邑中尉王吉、少府宋畸、御史大夫贡禹、尚书令五鹿充宗、胶东庸生，唯王阳名家。传鲁论语者，常山都尉龚奋、长信少府夏侯胜、丞相韦贤、鲁扶卿、前将军萧望之、安昌侯张禹，皆名家。张氏最后而行于世。"③ 表明了《论语》所记载的内容与编写者，各家《论语》版本的师承与流传。而《隋书·经籍志·〈论语〉序》："张禹本授《鲁论》，晚讲《齐论》，后遂合而考之，删其烦惑。除去《齐论·问王》《知道》二篇，从《鲁论》二十篇为定，号《张侯论》当世重之"④，解释了"张氏"本是怎样形成的，且与《鲁论》篇次相同的原因。又"周氏、包氏为之章句，马融又为之训，又有古《论语》，与《古文尚书》同出，章句烦省，与《鲁论》不渝，唯分《子张》为二篇，故有二十一篇。孔安国为之传。汉末，郑元以《张侯论》为本，参考《齐论》、古《论》而为之注。魏书何晏又为之集解。是后诸儒多为之注，《齐论》遂亡。齐《论》先无师说，梁、陈之时，唯郑元、何晏立于国学，而郑氏甚微。周、齐，郑学独立。至隋、何并行，郑氏盛于人间"⑤，说明了古《论语》、齐《论语》与《张侯论》在汉末至魏晋南北朝的发展，以及在隋时郑玄本的兴盛。

---

① 长孙无忌，等. 隋书经籍志 ［M］. 上海：商务印书馆，1936：25.
② 长孙无忌，等. 隋书经籍志 ［M］. 上海：商务印书馆，1936：26.
③ 陈国庆. 汉书艺文志注释汇编 ［M］. 北京：中华书局，1983：79 - 80.
④ 长孙无忌，等. 隋书经籍志 ［M］. 上海：商务印书馆，1936：27 - 28.
⑤ 长孙无忌，等. 隋书经籍志 ［M］. 上海：商务印书馆，1936：28.

（五）《论语》书目的位置改变

在《汉书·艺文志》里，《论语》书目的著录位于《易》《书》《诗》《礼》《乐》和《春秋》之后，位于"六经"之后。而在《隋书·艺文志》里，《论语》书目的著录位于《孝经》之后，相较来看，《论语》的地位似有下降。

二、目录变化原因

（一）尊儒政策的实行

自汉武帝时期始，董仲舒将儒学抬到至高无上的地位，逐步确立了儒学的尊崇地位，形成了以经学为中心的古文献学，影响深远。政府兴办儒学教育，推行祭孔及监察制度，推动了儒学在全国的普及与发展。汉代全国各类教育的培养目标，不论是选士制度，还是教学内容，都体现了儒学的独特地位。以儒家经典典籍为主的太学建立并由此开始，不断扩大规模，汉昭帝时增加到一百人，汉宣帝时增加到二百人。此后各个政权沿袭了这种尊儒态度，也积极倡导儒学，重视儒学教育。例如，魏文帝黄初五年，在洛阳设立太学，制五经课试之法，置《春秋谷梁》博士；晋承魏绪，崇儒兴学，在保留太学的基础之上，亦增建国子学，来教授五品以上的官员子弟；南朝宋文帝亦重视儒学教育，兴建国子学，并策试诸生，褒奖师生。在这种崇儒政策的氛围中，对于儒学经典的研学并没有因朝代的更替而发生改变。① 《论语》更是作为儒生的起步经典和攻读五经的入门书而受到士人的重视，并为后来《论语》学的发展打下了坚实的基础。从西汉至魏晋南北朝时期，朝代更迭过程中出现了分裂混战的局面。东汉灭亡之后，形成了魏、蜀、吴三国鼎立的形势；在西晋时期曾出现过短暂的统一时期，却有持续了十六年之久的"八王之乱"；在东晋时期，北方又先后出现了十六个政权，造成了战争不断的局面，南北朝时期不仅延续了此种情况的出现，又有南方地主阶级政权交替状况的出现。社会长期动荡不安的局面影响了古文献的流传、整理，国家藏书丧失颇多。② 但因各朝的尊儒政策的施行与统治者的重视，儒家经典典籍广为流传，因而得以保存。《论语》作为儒家经典亦得到更好的流传。

（二）思想多元化

相较于西汉时期，在魏晋南北朝时期，国家属于长期分裂状态，战乱频繁、政治多元，因而对于人民的思想控制较为松弛。在这种情况下，也为各种思想

---

① 唐明贵.《论语》学的形成、发展与中衰［D］. 天津：南开大学，2004.
② 孙钦善. 中国文献学史［M］. 北京：中华书局，1994：169.

的形成和发展提供了可能性。从东汉末期开始，儒家学者便有突破儒学界限，兼采老庄之说。至魏晋时期亦是大谈儒道合同，从而在这种思想潮流中，便把儒道两家思想观念贯通起来训解《论语》，例如，郭象既注有《庄子注》，又有《论语隐》《论语体略》，从中便可觉以道释儒穿凿其中。王弼以道入儒，通过创造性地阐释《论语》和《周易》，将儒家的"名教"、道家的"自然"相结合，提出了"名教出于自然"的新观点，开一代学术新风。《论语》之所以能够以道家思想解说，因其中有与《老》《庄》相贯通的方面，道家玄学思想的兴起与《论语》《老》《庄》三方面的共通之处，因而在当时有学者以道释《论语》。

汉末至魏晋时期，社会动荡不安，源自印度的佛教传入中原地区，佛教教义开始影响儒学领域的发展，儒学从以传统伦理立场对佛教抗拒到相互融合发展，而佛教逐渐趋向中国化。《隋书·经籍志·小学序》："自后汉佛经行于中国，又得西域胡书，能以十四字贯一切音，文省而义广，谓之婆罗门书。"① 受到佛教梵文影响，创设了反切法，改进了经典音注法，对《论语》的研究、传播做出了贡献。此外，佛经又影响了《论语》等儒家经典注解体例的变化，形成了义疏理解经方式。"撰疏一事，非仅为诂经之书创新体例，即在我国学术史上思想史上亦为大事因缘，影响深远。至为其中关键所在系厥为儒家讲经之采用释氏仪式一端。僧徒之义疏或为讲经之记录，或为预撰之讲义。儒生既采彼教之仪式，因亦仿之有记录有讲义，乃制而为疏。讲经其因，义疏则其果也。"② 佛教讲经的内容、风格以及方式都对注解儒家经典影响深远。

（三）《论语》地位的变化

从《汉书·艺文志》中记述的《论语》书目，与"六艺略"中《易》十三家，二百六十篇，《孝经》十一家，五十九篇相比较，研究文献更多，且排列顺序位于《孝经》之前，以此可以窥见在汉代时《论语》的传播力度与接受程度都很高。尤其是《论语》迎合了汉武帝"罢黜百家，独尊儒术"的大一统政策，到汉昭帝时更是将《论语》当作汉朝皇帝、太子的必读书，更加突显了其地位的提高。《论语》的语言典雅、精炼，内容博大精深，至今人们依然对其思想和内容进行探索研究。与《论语》相较而言，《孝经》只有一千七百多字，语言通俗，浅显易懂，是十三经中最小的一经，更适合作为普及教育，更容易为人接受。关于两者的位置排序，窦秀艳在《从历代史志著录顺序的不同看

---

① 长孙无忌，等．隋书经籍志［M］．上海：商务印书馆，1936：33.

② 牟润孙．论儒释两家之讲经与义疏［M］．北京：中华书局，1980：240.

〈论语〉〈孝经〉的经部地位》中提道："王国维的《汉魏博士考》：'汉人受书次第，首小学，次《孝经》《论语》，次一经，此事甚明。诸书或倒之，《汉书》《后汉书》《论衡》等诸书称引二书时，一般先言《论语》后说《孝经》，乃以书之尊卑为次，不以受书之先后为次，受书时由卑及尊，乃其所也。'"① 王国维在这段话里表明了，在汉时人们对于《论语》和《孝经》的认识。虽然《孝经》是大众所先学习的典籍，但人们以《论语》为尊，因而可能在《汉书·艺文志》中，《论语》位于《孝经》之前。

在魏晋南北朝时，各方政权多以篡位来取得最高统治权，因而多见臣弑君、子弑父的现象，统治秩序十分混乱，在这种情况下，各上位的统治者都希望能够实行孝治，宣扬孝道，重新构建君君臣臣、父父子子的人伦统治秩序，以实现国家稳定发展的目标。由于国君可以用孝治理国家，百姓可以用孝立身理家，进而用以维持社会稳定，《孝经》的作用尤为凸显，因而此时各朝代都把《孝经》立于学官，当作重要教科书。在南北朝时更是有多位皇帝、皇子为之讲解或注释，并且北魏孝文帝还命人将《孝经》翻译为鲜卑语。② 这一时期研究《孝经》的著作也比《汉书·艺文志》所记载的"凡《孝经》十一家，五十九篇"有所增加，就《隋书·经籍志》所著录的十八部，六十三卷，合亡书五十九部，可见《孝经》的地位大有赶超《论语》的趋势。此外，《汉书·艺文志·〈论语〉序》："论语者，孔子应答弟子时人及弟子相与言而接闻于夫子之语也。当时弟子各有所记。夫子既卒，门人相与辑而论纂，故谓之《论语》"③，可见《论语》完成于孔子死后，为其门人弟子所著。《汉书·艺文志·〈孝经〉序》："孝经者，孔子为曾子陈孝道也。夫孝，天之经，地之义，民之行也。举大者言，故曰：《孝经》。"④ 从中可知孔子曾经教授曾子《孝经》，且《孝经》的完成应在孔子死前。相对比来看，《孝经》完成的时间早于《论语》，因而可能《孝经》的位置在《论语》之前。唐明贵在《〈论语〉学的形成、发展与中衰》记："张森楷曾分析说：'《隋志》乃以《孝经》列《论语》前，盖以孔子行在《孝经》，为曾子言，自为一家之学。《论语》杂出门弟子手，不纯出于圣

① 窦秀艳. 从历代史志著录顺序的不同看《论语》《孝经》的经部地位 [J]. 孔子研究，2003，(2)：116.
② 窦秀艳. 从历代史志著录顺序的不同看《论语》《孝经》的经部地位 [J]. 孔子研究，2003，(2)：117.
③ 陈国庆. 汉书艺文志注释汇编 [M]. 北京：中华书局，1986：79.
④ 陈国庆. 汉书艺文志注释汇编 [M]. 北京：中华书局，1986：86.

人，因以来是为转移之本。'"① 从中可见，《论语》不仅仅为孔子所欲，而认为比《孝经》的地位略低。

（四）时代的更迭

明朝陈第曾说"时有古今，地有南北，字有更革，音有转移，亦势所必也"，从西汉至魏晋南北朝时期，时间与空间的转变使汉字与语音也有所变更。时空不同，同一事物、同一现象，社会的约定俗成，称谓命名亦有所不同，语言与语音的差异，也会使《论语》的发展有所限制。《论语》是成书于上古时期的古书，使用的语言文字和语音都是先秦时期所有，即使是同一空间，也因《鲁论》《齐说》《古论》等不同版本的《论语》而感到有所差异。基于此，不同时期的人会以不同的方式来解释《论语》，例如，东汉时期的包咸和周生等人分章句解释，有《论语章句》，而郑玄和马融主要是解读字义和考证名物制度，有《论语注》。不同时期的人也会对同一章句、同一语句有自己的独特解释，因而出现了如此多解释《论语》的著作，且以不相同的方式。另外，各时期的政治思想、文化背景不同，社会问题与国家社会需求不同，对《论语》地解读就会有不同的传、注、疏、解，以创造性地解读其中所蕴含的微言大义，为国家社会所需要。② 并且随着文字、音韵训诂与汉语言文字学的发展，能够更好地运用名物训诂《论语》著作。

尊儒政策的实行使西汉至隋，历代都注重儒家典籍的研究与推崇，《论语》更是作为儒生的教科书广为人知，研究此书的大家也更多；学术环境轻松、思想控制松弛，使道家玄学与外来的佛教教义有注解儒家经典的可能，从佛经而来的注解体例更为经学的发展有所助益；两书中《论语》书目位置的变化体现了《论语》地位的改变，与西汉儒学的繁荣、对《论语》的推崇以及魏晋时期《孝经》对国家稳定的维护作用、《论语》《孝经》的尊卑问题相关；更有随着时代的更迭，时间与空间的转换，对经典的释读与传播有一定的影响，而因不同学者对《论语》内容的解读方式不同，才有了更多样式的《论语》著作。

三、两书目录对《论语》的影响

两书都是图书分类目录，所记载的书目以及《序》，介绍了每类图书的源流、演变和存佚，为后世的学术研究具有重要价值。也为《论语》的发展提供了史料价值，并且对于西汉至魏晋南北朝时期《论语》学的发展状况也有一定

---

① 唐明贵.《论语》学的形成、发展与中衰 [D]. 天津：南开大学，2004.
② 唐明贵.《论语》学的形成、发展与中衰 [D]. 天津：南开大学，2004.

的体现。

（一）史料价值

《汉书·艺文志》收录了先秦时期的学术著作，反映了西汉一代的藏书之盛，从中可以探索先秦时重要的学术流派的渊源及优劣得失。其开始总会有总序，每略之后会有大序，每种之后又有小序，这些序则说明了著录典籍所属的类名含义，反映出学术思想的演变过程。其将先秦两汉时期与《论语》相关的著作记录保存下来，记载了不同著作的篇次，有的还注明了不同之处以及《古论》的出处。《论语序》中介绍了《论语》的内容与编纂者，以及《论语》各家流派的师承。并且《汉书·艺文志》首次将《论语》收入经的范畴，确定了《论语》的地位。《隋书·经籍志》除了记载与《论语》相关著作，还标明了作者名，间或有作者的官衔出现，还体现出书籍的亡佚状况。此书的《论语序》体现了《论语》内容的编纂原则，《张侯论》的形成与流传情况，展现了《古论》的出处及流传，并与《鲁论》相比较，指出了两者的异同。从各方面来看都比《汉书·艺文志》的著录更加详细。两书对《论语》著作的著录以及两书的《序》为后世研究《论语》学给予了史料支撑。例：《鲁论》《齐论》《古论》的先后次序、异同和源流问题。

（二）发展流变的体现

《隋书·经籍志》比《汉书·艺文志》的著录书目的增加，大多是后人从不同方面对《论语》的研究。从这些著作中可以探究西汉至魏晋时期，著书作者的研究方向，有对《论语》进行音注的方面，有对郑玄的《论语注》进行发难的方面，有对《论语》某篇章的见解，等等。还能从中感受到思想的变化，所记载的书籍体现了道家玄学、佛教等不同思想。书籍的名称也能反映出《论语》注释体例的不同。《论语》著作所体现出的变化可以显现从西汉至魏晋时期思想与学术研究的发展与变化。

对比《汉书·艺文志》与《隋书·经籍志》对《论语》类著作的记录，后人研究者可看到两书在《论语》类著作著录数量及亡佚情况的变化，在书中《论语》类著作记载位置的改变，注释《论语》的方式与注解体例呈现出多样化的趋势。探究变化的原因，有尊儒政策的实行、思想多元化、《论语》地位的变化以及时代更迭等方面的原因。两书《论语》著作目录也展现了《论语》学的发展状况，为后世研究《论语》学方面的内容提供了史料支持。总的来看，从西汉至魏晋南北朝时期，《论语》学的发展更加兴盛。

参考文献

[1] 长孙无忌，等. 隋书经籍志 [M]. 上海：商务印书馆，1936.

[2] 牟润孙. 论儒释两家之讲经与义疏 [M]. 北京：中华书局，1980.

[3] 陈国庆. 汉书艺文志注释汇编 [M]. 北京：中华书局，1983.

[4] 孙钦善. 中国文献学史 [M]. 北京：中华书局，1994.

[5] 王鸣盛. 十七史商榷 [M]. 上海：上海人民出版社，2006.

[6] 王云飞. 缪播《论语》注玄学思想研究 [J]. 兰州学刊，2013 (11)：30 - 35.

[7] 王云飞. 郭象《论语》体略研究 [J]. 广西社会科学，2013 (4)：157 - 163.

[8] 窦秀艳. 从历代史志著录顺序的不同看《论语》《孝经》经部地位 [J]. 孔子研究，2003 (2)：114 - 117，121.

[9] 唐明贵.《论语》学的形成、发展与中衰 [D]. 天津：南开大学，2004.

元赵汸撰《春秋属辞》版本源流考[*]

《春秋属辞》十五卷，赵汸（1319—1369）撰。赵汸，字子常，元明间徽州府休宁（今安徽休宁）人。《明史·儒林传》略云："生而姿禀卓绝，初就外傅，读朱子《四书》，多所疑难，乃尽取朱子书读之。"① 其学生詹烜《东山赵先生汸行状》详载曰："自孩抱闻读书，辄能成诵，及就外傅，读朱子《四书》疑难不一，师告以初学毋过求。意辄不释，夜归，取《文公大全集》《语录》等书翻阅，五鼓始休。由是有悟，遂厉志圣贤之学，不事举子业。少长遍诣郡之师儒，遂有负笈四方之思。"② 至元三年（1337），闻九江黄泽之学，遂往从之游。黄之学，以积思自悟为主，教人引而不发，使其自悟、自思。一再登门，乃得《六经》疑义千余条以归。至正元年（1341），复游九江求学，得口授六十四卦大义与学《春秋》之要。四年（1344），至临川虞集求学，获闻吴澄之学。六年（1346），再往九江，黄泽卒，其乃筑东山精舍，读书著述其中。十六年（1356），本县建商山书院，受聘为山长。十七年（1357），朱元璋数次登门访贤，召他出山，均托病推辞。明太祖洪武二年（1369），与赵埙等被征修《元史》，三年（1370）八月书成，辞归，未几卒。汸造诣精深，诸经无不通贯，晚年隐居东山，读书著述，著有《周易文诠》《春秋师说》《春秋集传》《春秋属辞》《春秋左氏传补注》《春秋金锁匙》《东山存稿》等，皆有传世。宋濂在"春秋属辞序"中交代了赵汸著书时的情状："子常益竭精毕虑，几废寝食，如是者二十年，一旦豁然，有所悟人，且谓《春秋》之法在乎属辞比事而已，于是离析部居，分别义例，立为八体，以布列之。……遂勒成一十五卷，而名之曰《春秋属辞》云。"汸学术功底深厚且"尤邃于《春秋》"，其悟省《春秋》

---

* 作者简介：徐梦瑶（1997—），女，山东省东营人，2020级中国古典文献学专业硕士研究生。

① 张廷玉，等.明史·卷282 [M].吉林：吉林人民出版社，1995：4758.
② 申屠炉明.论赵汸及其《春秋》学 [J].安徽大学学报，2015，39（1）：85-93.

之义在于比事属辞，遂复推笔削之旨，定著《春秋属辞》十五卷。

一、《春秋属辞》及其学术价值

《春秋属辞》是一部解经之书。汸之"属辞"，承其师黄泽之说，既重书法，也重史法；既明其书法，又比推其事，旨在用"属辞比事"之法阐释《春秋》。其"属辞"主要体现在两个层面：一是著作方面，进行分类综合，探寻《春秋》义例，即通过属比《春秋》经文的辞与事，明其异同，分类编纂。如《春秋属辞·自序》云："使非是经有孔门遗教，则亦何以得圣人之意于千载之上哉？乃离经辩类，析类为凡，发其隐蔽，辩而释之，为八篇，曰《春秋属辞》。"《春秋属辞·目录》亦曰："其前六篇，篇目即是义例；其终二篇，义例自见篇中。"二是理解阐释层面，比考其事，明嫌疑是非；每篇之中前后属比，明其文辞间的异同详略，明其书法。赵汸认为孔子因鲁史而修《春秋》，其中有鲁史之书法，亦有孔子之书法，先考史法，然后孔子之书法可得，孔子书法得而笔削之旨可明，因据杜预《春秋释例》与陈傅良《春秋后传》，反复研求经传，达二十年而著成此书。内容主要分为八例：一曰"存策书之大体"，二曰"假笔削以行权"，三曰"变文以示义"，四曰"辨名实之际"，五曰"谨华夷之辨"，六曰"特笔以正名"，七曰"因日月以明类"，八曰"辞从主人"。可以说将"属辞比事"之法高度融合到对《春秋》的理解中了。赵汸在自序中明确了写作目的："《春秋》教有其法，独与五经不同，所谓属辞比事是也。……如游夏尚不能赞一辞，苟非圣人为法以教人，使考其异同之，故以求之，则笔削之意，何由可见乎？此属辞比事，所以为《春秋》之教，不得与五经同也，然而圣人之志则有未易知者，或属焉而不精，比焉而不详，则义类弗伦，而《春秋》之旨乱，故曰：'属辞比事而不乱者，深于《春秋》者也，有志是经者，其可舍此而他求乎？'……《春秋属辞》将使学者由春秋之教以求制作之原，制作之原既得，而后圣人经世之义可言矣。"《四库全书总目提要》云："至正丁酉（1357），既定《集传》初稿，又因《礼记经解》之语，悟《春秋》之义在于比事属辞，因复推笔削之旨，定著此书。"[①] 其门人倪尚谊书《春秋集传·后序》亦可资参证，序曰："《春秋集传》有序，东山先生所著，初稿始于至正戊子，一再删削，迄丁酉岁（1357）成编；既而复著《属辞》，义精例密，乃知《集传》初稿更须讨论，而序文中所列史法经义犹有未至，且谓《属辞》时推笔削

---

① 永瑢，等. 四库全书总目提要·卷28［M］. 影印文渊阁四库全书本. 台北：商务印书馆，1983：441.

之权，而《集传》大明经世之志，必二书相表里而后《春秋》之旨乃完。岁在壬寅（1362），重著《集传》，方草创至昭公二十七年，乃疾灾难危，搁笔未续。"① 至正十七年（1357），汸撰成《春秋集传》初稿，又悟其《春秋》之义在于"属辞比事"，既而著成《春秋属辞》。至至正二十二年（1362）"重著"《集传》。因此，《春秋属辞》虽初著时间较晚，但实际成书在定本《春秋集传》之前。

关于其学术价值，《四库全书总目》卷二十八著录此书云："其论义例颇确，其自命亦甚高。顾其书淹通贯穿，据《传》求《经》，多由考证得之，终不似他家之臆说。故附会穿凿虽不能尽免，而宏纲大旨则可取者为多。"② 宋濂序云："奈何习者多忽焉而弗之察，其有致力于此而发千古不传之祕者，则赵君子常其人乎！子常早受《春秋》于九江黄先生楚望，先生之志，以六经明晦为己任，其学以积思自悟、必得圣人之心为本，尝语子常曰：'有鲁史之《春秋》，则自伯禽至于顷公是已；有孔子之《春秋》，则起隐公元年至于哀公十四年是已。必先考史法，然后圣人之笔削可得而求矣。'子常受其说以归，昼夜以思，忽有所得，稽之《左传》、杜注，备见鲁史书法，粲然可举，亟往质诸先生，而先生殁已久矣。"又称："子常生于五变之后，独能别白二者，直探圣人之心于千载之上，自非出类之才、绝伦之识不足以与斯。……见其义精例密，咸有据依，多发前贤之所未发，子常可谓深有功于圣经者矣。"③ 明代经学家卓尔康称曰："子常《集传》《属辞》，文赡事核，体大思精，真可谓集《春秋》之大成，成一经之钜制矣。中间亦有穿凿稍过、琐屑难明，而日月诸义尤无是理，然白璧微瑕，不足玷也。"④ 陈子龙赞曰："子常于《春秋》发明师说，本经会传，度越汉宋诸儒，当为本朝儒林第一。"⑤ 晚清皮锡瑞的《经学历史》在评价元明的经学时谓曰："元明人之经说，惟元赵汸《春秋属辞》义例颇明。孔广森治《公羊》，其源出于赵汸。"⑥ 其后又在《经学通论》曰："赵汸《春秋属辞》

① 朱彝尊. 经义考［M］."中央研究院"中国文哲研究所，点校补正. 台北："中央研究院"中国文哲研究所，1997：283.
② 永瑢，等. 四库全书总目提要·卷28［M］. 影印文渊阁四库全书本. 台北：商务印书馆，1983：442.
③ 赵汸. 春秋属辞［M］. 影印原国立北平图书馆甲库善本. 北京：国家图书馆出版社，2014：416.
④ 朱彝尊. 经义考［M］."中央研究院"中国文哲研究所，点校补正. 台北："中央研究院"中国文哲研究所筹备处，1997：291.
⑤ 李建. 赵汸《春秋》学的师承渊源及其治学理念［J］. 齐鲁学刊，2017（1）：13-23.
⑥ 皮锡瑞. 经学历史［M］. 北京：中华书局，2004：205.

为最著，孔广森《公羊通义》本之，谓'知《春秋》者惟赵汸一人'。"① 从以上引书来看，学界对此书之学术价值给予很高评价，可见其意义与影响。由于此书在元代经学尤其是在春秋学史上有独特地位，故其刊梓亦多，今将诸本梳理于兹，以明其源流、判其优劣。

二、元至正二十年至二十四年商山义塾刻本

《春秋属辞》的最早刻本为元至正二十年（1360）至二十四年（1364）商山义塾刻本。今著录为元椠者三，皆藏于台湾。

其一为八册本（00541），缺卷六第二叶、卷八第十二叶、卷十一第十三至十四叶、卷十二第九叶，《原国立北平图书馆甲库善本丛书》② 影印时已据明弘治六年高忠重刻本配补。此本首尾俱全，间有文字漫漶处，亦有墨钉涂改，旁有校字，但整体品相较佳。卷首有赵汸自序及宋濂序，序后有春秋属辞目录及赵汸录识语，每篇首又有作者小序，篇目又细分小目，小目以墨盖于白文别出。首卷首行顶格题"春秋属辞卷之一"，下低九格书"新安赵汸学"，次行低二格题"存策书之大体第一之一"，正文低两格，尾题"春秋属辞卷之一"，卷十五终后隔一行有"金居敬覆校""学生倪尚谊校对""前乡贡进士池州路儒学学正朱升校正"三行。版框高广为16.7厘米×12.8厘米，每半叶十三行，行二十七字，左右双边，小黑口，双黑鱼尾。上鱼尾下题"春秋属辞序""春秋属辞目录""春秋属辞卷几"等，下鱼尾下题叶次、字数及刻工姓名（月、肖、永、文、木、左等）。钤印"竹垞藏本""竹垞老人""彝尊读过""华山马仲安家藏善本""马仲安""衔斋马仲子印""衍斋""华山仲子印""古监官州马氏""思赞""南楼书籍""寒中子""重熹鉴赏""石莲暗所藏书""吴仲怿秘籍印""国立北平图书馆收藏"等。该本历经朱彝尊、马思赞、吴重熹、北平图书馆收藏。此书原为清初朱彝尊③收藏，马思赞④祖上姓朱，后来改姓马，家财颇丰，

---

① 皮锡瑞. 经学通论［M］. 北京：中华书局，1998：56.

② 《原国立北平图书馆甲库善本丛书》是中国国家图书馆历时三年主持编纂的图书，于2014年1月出版。甲库善本是民国时期国立北平图书馆（国家图书馆前身）的宋元明早期善本专藏。

③ 朱彝尊（1629—1709），字锡鬯，号竹垞，又号醧舫，晚号小长芦钓鱼师，别号金风亭长，浙江秀水（今属浙江省嘉兴市）人。清朝词人、学者、藏书家。着有《曝亭书集》《经义考》等。

④ 马思赞（1669—1722），字寒中，又字仲安，号衔斋，又号南楼、渔村，别号马中子、寒中子、天和居士、山村居士、迂铁老人等，浙江海宁人。清著名藏书家、书画家。在黄湾筑道古楼藏书屋，其收藏多为宋元珍本善本。

亦喜藏书。朱彝尊与其祖上同宗，二人关系密切，常有书事往还，其藏书有不少得于朱彝尊者①。雍正时期，马思赞藏书散出，大部分被拜经楼主人吴骞②收得，其后几经辗转，归入吴重熹③手中。辛亥革命后，吴重熹寓居天津，并移藏书于此，但晚年因生活拮据，被迫卖书自活。④ 此书后归于北平图书馆。1937年抗战爆发，部分甲库善本运往美国国会图书馆保存。1949 年 11 月，又运抵台北"中央图书馆"，1985 年移交台北"故宫博物院"庋藏，元商山义塾刻本《春秋属辞》为其中之一。

其二为八册本（00539），卷五缺第六、十九叶，卷十五缺第十八叶。书中钤有"昆山顾氏家藏""竹垞藏书记""横云山人""子晋珍藏""北平来薰阁陈氏经籍铺""泽存书库""国立中央图书馆收藏"。历经顾氏家族、朱彝尊、王鸿绪、徐康、来薰阁、陈群、北平图书馆旧藏。此本或原为昆山顾氏家族⑤收藏。后清初朱彝尊广寻善本，收得此本。朱彝尊与王鸿绪⑥都是当时的藏书家，同修过《明史》，志同道合，来往密切，盖王鸿绪从其手中得到此本。清中叶时，归入徐康⑦手中。时至民国，国内动荡不安，藏书聚散无常，此本归入来薰阁⑧。后南京沦陷，书籍散佚严重，伪国民政府建立，陈群任汪伪内政部长、伪江苏省省长，敛财丰厚，开始广买旧书，遂购存于"泽存书库"。抗战胜利后，"泽存书库"藏书经行政院批交"中央图书馆"接收，1949 年蒋介石逃离大陆

① 查慎行《苏诗补注》："余家少藏书，每从竹垞朱先生及马衎斋素村兄弟借阅。"

② 吴骞（1733—1813），字槎客，号兔床，清海宁人，诸生。是著名藏书家，家有"拜经楼"，藏书四五万卷。

③ 吴重熹（1838—1918），字仲饴、仲怿，号石莲，晚号石莲老人，室名石莲庵、石莲轩、石莲龛，山东"海丰吴氏"第十八世孙。无棣县城里村人。历任河南陈州知府、开封知府，福建按察使，江宁、直隶布政使，护理直隶总督、北洋大臣，江西巡抚，河南巡抚等职。

④ 伦明《辛亥以来藏书纪事诗》："（吴重熹）侍郎殁于辛亥（当为戊午，疑原文有误）后，遗书渐散，至去岁（1934）九十月间，出尤亟，日见打鼓贩趋其门。"

⑤ 昆山顾氏家族，江苏昆山顾恂、顾鼎臣及其族人，明代振起，家族兴盛，明清之际藏书家顾炎武、徐乾学等为其后人。

⑥ 王鸿绪（1654—1723），初名度心，字季友，号俨斋，别号横云山人，华亭张堰镇（今属上海金山）人。清代官员、学者、书法家。曾入明史馆任《明史》总裁，与张玉书、朱彝尊等共主编《明史》。

⑦ 徐康（1814—？），字子晋，号窳叟，江苏苏州人。工诗、画、篆、隶、刻印，喜藏书。著有《前尘梦影录》。

⑧ 来薰阁，原为开于清咸丰年间的古琴店，后由于经营不善，生意亏损，经营者陈氏将店铺租于他人。后陈氏本族后生陈质卿曾在一家古旧书铺中学过徒，对古旧书的版本目录有所了解，便筹钱将来薰阁赎回来，并于民国元年（1912）开办了来薰阁书店。

时，包括此书在内的无数善本携至台湾，藏于台湾"中央图书馆"。

其三为四册本（00540），目录缺第一、二、七、八、十三、十四叶，正文则卷五缺第十八叶，卷七缺二十九叶，卷八缺第九、十叶，卷九缺第十六叶。有赵汸自序，另收宋濂"春秋属辞序"及不知作者题跋一。书中钤有"宗室文悫公家世藏""盛昱之印""莅圃收藏""国立中央图书馆收藏"。此本原为清代盛昱①收藏，其所藏书在民国初就陆续开始散出，后转到张钧衡②父子手中，《适园藏书志》卷二著录之。最终，这批书于1941年由张寿镛、郑振铎等代"中央图书馆"收购，后转入台湾。

关于是刻原委，日本大仓文化财团藏明洪武元年（1368）修补本后有程性跋文，云："右《春秋属辞》一十五卷，序目跋尾共该板三百二十三片……初商山义塾奉命以是书刻梓，自庚子（1360）迄癸卯（1363）……皆直学黄权③视工。甲辰（1364）春，县主簿张君衡复奉命勾考续工，而《属辞》一书告成。"中国国家图书馆藏有商山义塾刻本赵汸《师说》三卷，其后有汪文跋曰："海宁（今休宁县）商山义塾承总制官和阳王公（即王克恭）④之命，以赵子常先生《春秋集传》《属辞》等书，能发圣经不传之秘，下本塾刻梓，以广其传。自庚子迄癸卯，会计廪膳赋输之余，誊本鸠工。甲辰春，县主簿张君衡复命勾考出入，而督竣其事，于是《春秋属辞》十有五卷，与序目俱完，可模印。"汪同⑤与赵汸交集甚密，元至正（1341—1368）年间，汪同先后在路治歙县任浙东同知、副元帅、行枢密院判。其时，汪同关心教育，赵汸纂成《春秋》系列专著，为时硕儒。"早年曾佐汪同保乡邻，授承务郎、江南行枢密院都事，后积极帮助汪同办学。至正十六年（1356）后，结茅阆山，后入汪同所办商山义塾任山长。"⑥汪氏尤欣赏赵汸的《春秋》著述，此书在此时广为流传。元至正二十年（1360），赵汸恩遇既隆，商山义塾奉命刻《春秋集传》《春秋属辞》等书"以广其传"。至元至正二十三年（1363），直学士黄权负责核算完生员津贴及缴纳

---

① 盛昱（1850—1899），爱新觉罗氏，字伯熙，亦作伯羲、伯兮，号韵莳，亦号意园。性喜典籍，北平狗尾巴胡同多有旧籍典卖，购藏以版本第一。

② 张钧衡（1872—1927），字石铭，号适园主人，吴兴（今湖州）南浔镇人。清朝光绪二十年中甲午科乡试举人，后从商，之后以其资财大量收购图书，并进行图书编纂，有《适园藏书志》《适园丛刊》共十二集七十二种刊行于世。为吴兴四大藏书家之一。

③ 黄权（1306—1368），元直学士，官资较浅。

④ 王克恭，字子敬，舒之和阳（今安徽省和县）人，明朝开国时期驸马，拜驸马都尉镇国将军。提兵镇婺源，复镇徽州。喜慕文艺，刻《赵汸文集》于休宁。

⑤ 汪同（1326—1362），字仲玉，初名武同，婺源（今属江西）人，元官员。

⑥ 徐学林.徽州刻书史长编［M］.合肥：安徽教育出版社，2014：167.

赋税的收支情况后，利用剩余部分寻找抄手誊写并召集刻工刻书。元至正二十四年（1364），县主簿张衡总理调度，请宋濂为其作序，朱升①、倪尚谊、金居敬②校正，终刊成于商山义塾。商山义塾原为汪同在元至正十六年（1356）徽州休宁县城南浯田村创办的一所学校，明初改为商山书院，居徽州休宁县最南端，为皖浙赣三省重要的交通枢纽，经济富饶，文化繁荣，刻书发达，元代徽州路五县及婺源州私（家）刻机构有方回虚谷书院、婺源屏山书院、郑玉三乐堂、汪同商山义塾等，商山义塾作为元末重要的家刻机构，于至正二十年至二十四年刊书多种，如至正间刻本《春秋左氏传补注》《春秋师说》等，此本亦其中之一。

三、明洪武元年修补本

继元商山义塾本之后，较早的版本为明洪武元年（1368）修补本（以下称明洪武本）。卷首先有宋濂"春秋属辞序"，次为赵汸自序，其顺序与元商山义塾本颠倒。卷十五尾题之后有校正者名衔"金居敬覆校""学生倪尚谊校对""前乡贡进士池州路儒学学正朱升校正"三行。卷末多附有明洪武元年（1368）五月朔日诸生程性与商山诸生汪文两《跋文》，卷末汪文《跋文》之后，又有刊修文字两行曰："海宁（今休宁县）赵月卿刊，胡仲永重修。"

今著录为明洪武本者有二，皆藏于日本。

一为大仓文化财团藏本（以下称大仓本），四册。二为"静嘉堂文库"藏本，二册，此本与大仓本系同一刊本，版式行款皆同，然卷末无商山诸生汪文《跋文》。卷中有朱笔句读。陆心源的《仪顾堂续跋》收录之元本即此本。钤印"臣陆树声""归安陆树声叔桐父印"等，历经陆心源、陆树声旧藏，陆心源离世后，陆心源长子陆树藩办理津京会欠下巨款，加之经营不善，不得不卖书偿还债务，其将大量藏书卖给日本岩崎氏静嘉堂文库，后一直藏于东京静嘉堂文库，此本亦在其中。但《仪顾堂续跋》误录为"十八卷"。

关于是本原委，卷末程性与汪文两《跋文》叙其颠末较为详细。程性跋曰："……新刻书多舛谬，雠校不时，故刊补之工亦不一而足，因修补注误字，谨书此以志岁月。洪武元年五月朔日诸生程性谨书。"汪文跋曰："……乃若总制公

---

① 朱升（1299—1370），字允升，安徽休宁（今休宁县陈霞乡回溪村）人，元末明初的军事家、文学家，明代开国谋臣，官至翰林学士。元末（1367年）被乡举荐为池州学正。避弃官隐石门，学者称"枫林先生"。

② 金居敬，生卒年不详，字符忠，休宁人。从朱升、赵汸学，二氏著述多属居敬校正。博学工诗，尝官休宁教谕。

尊经敬学之意，宜与是书俱传云。商山诸生汪文拜手谨识。"由此可知，至洪武元年，此书中发现校勘不精，且元代书版需修补之处颇多，故由商山义塾胡仲永重修，商山义塾诸生程性、汪文为之题跋。案《中国善本书提要》："陆氏皕宋楼别藏一本，有题记，载《仪顾堂续跋》卷三。此本（甲库善本）卷末有'前乡贡进士池州路儒学学正朱升校正，学生倪尚谊校对，金居敬覆校'三行，与陆本同。唯此本（甲库善本）无程性跋，殆以刷印在陆本前欤？"①《中国善本书提要》所述甲库善本为元商山义塾本，经明洪武元年修补元代书版，盖多程性跋，故此本当为元至正二十四年刊至明洪武元年修补本，亦为元刻本。

经比对，此本版式行款皆与元商山义塾本同，个别篆字笔画处细微处稍异，却也很难避免（见图1）。

元刻本　　　　明洪武本

图1　元刻本、明洪武本中篆字笔画之比较
（卷十五第十九叶下半叶第九行）

此本与元刻本笔迹极其相似，若将卷末《跋文》隐去，此二本真假难辨，或有藏书家误将明洪武本当作元商山义塾本。

四、明弘治六年高忠重修本

明洪武本后，明代还有弘治六年（1493）高忠重修本（以下称明弘治本），今存多部，多为残卷。国家图书馆藏有五部，其四册本三部，明修六册本、八册本各一部。台湾藏一部，十册，卷三第五、六、二十一叶及卷八第九、十、三十三叶为黄伦修补。原序两篇为后人修补，错将两篇序接合成一篇，致宋濂序缺后半部，赵汸序缺前半部。此本与上文所列元商山义塾刻本（00539）比对，缺目录一卷，卷十五尾题后"金居敬覆校"等字已被剜去。书中钤有"不薄今人爱古人""希古右文""国立中央图书馆考藏"。历经张钧衡、北平图书馆收藏。日本蓬左文库藏一部，四册，卷末无商山汪文《跋文》。卷末程性《跋文》之后，有《重完春秋属辞诸书题辞》，题署"弘治癸丑（1493）阳月朔旦后学太平黄伦谨题"。北京大学图书馆、北京师范大学图书馆、中共中央党校图书馆、中国社会科学院文学研究所、中国社会科学院历史研究所、上海图书馆

---

① 王重民. 中国善本书提要［M］. 上海：上海古籍出版社，1983：27.

（清丁丙跋）、南京图书馆（清朱文藻、丁丙跋）、河北省博物馆、山西省图书馆、旅顺博物馆、吉林省图书馆、苏州市图书馆、浙江图书馆、福建师范大学图书馆、四川省图书馆、四川师范学院图书馆均有此藏本。故继元刻本之后，刊印较早且流传最广的是明弘治本。

关于是刻原委，明弘治六年（1493）黄伦①跋曰："《春秋属辞》诸书，有功于圣经，顾惟岁久，刻板散逸，前书皆不复全。篁墩程先生克勤②，尝与伦谋复其旧，求之五年不得，今秋始从胡生昭处求得之，亟奉以告邑令尹保定高君忠，请命工锓梓，以便观者。君曰：'善，此美事也，当急成之。'不逾时而工告完。"③ 此为高忠修版重印的重要证据。至明弘治六年，元版历经百余年，散佚不全，程敏政与黄伦推崇此书，曾商议修补此书，历经五年终从胡昭生手中得到此书版片，请令邑令尹保定高君忠刻板印刷，高忠赞成此事，故重修之。又案《铁琴铜剑楼藏书目录》："……属辞刊于海（休）宁商山义塾，始至正二十年庚子至二十四年甲辰而成。入明后板刻有阙，弘治六年太平黄伦补完之。"④ 亦尤可资参证。经比对，整体来看明弘治本与元版颇为相似，版式行款皆同，除个别修补处较为突出外，未见有明显补版之处（见图2）。

元刻本　明弘治本　　　元刻本　明弘治本　　　元刻本　明弘治本

图2　元刻本、明弘治本中篆字笔画之比较

五、清刻本、抄本

在明弘治本后，清代刊印不多，仅见《通志堂经解》（以下称《通志堂》本）及《四库全书》（以下称《四库》本）流传。其中《通志堂》本未见明洪武本程性跋，又案《静嘉堂秘籍志》："……字皆赵体，刻手甚工，即《通志

---

① 黄伦，生卒年不详，字彝卿（汝彝），号静斋，明成化间（1465—1487）太平人。曾任休宁训导。刻印过元赵汸《春秋师说》十卷、《春秋属辞》十五卷、《春秋左氏传补注》十卷。

② 程敏政（1446—1499），字克勤，中年后号篁墩，南直隶徽州府休宁县人。明孝宗（1470—1505）时礼部右侍郎，逝后追赠礼部尚书。

③ 安徽省地方志编纂委员会. 安徽省志 [M]. 北京：方志出版社，1998：550.

④ 瞿镛. 铁琴铜剑楼藏书目录·卷5 [M]. 上海：上海古籍出版社，2002：126.

堂》刻本所祖。"① 故《通志堂》本底本当为元刻本。《四库》本用字与《通志堂》本颇为相似，如元本卷三第三叶下半叶"今按杜氏所述"之"按"字，《通志堂》本、《四库》本皆作"案"。元本卷三第十五叶下半叶"幽公谥曰"之"谥"字，《通志堂》本、《四库》本皆作"諡"。元本卷三第五叶下半叶"使印假如周"之"假"字，《通志堂》本、《四库》本皆更作"段"。元本卷三第二十叶上半叶"伯王之盟"之"王"字，《通志堂》本、《四库》本皆更作"主"。元本卷三第十二叶下半叶"三子自役吊焉"之"役"字，《通志堂》本、《四库》本皆误作"往"。元本卷三第十七叶上半叶"庄二十一年"之"二"字，《通志堂》本、《四库》本皆误作"三"。元本卷三第二十叶下半叶"冬十月"之"十"字，《通志堂》本、《四库》本皆衍作"十一"。故《四库》本底本当为《通志堂》本。与《四库》同时编纂的《四库全书荟要》（以下称《荟要》本）也收录了此书，皆出自四库馆臣，《荟要》本因供皇帝阅览，校对认真，错误甚少（见下表）。

以上诸本中，元刻本是最早之本，明洪武时进行了修补重印，明弘治时再次修后重印，均属元刻本。清代学者先后校勘过两次：一为清初康熙年间徐乾学、纳兰成德辑刊《通志堂》本时，对其讹误进行了校正；二为四库馆臣将其选入《四库》又有所校正。因此，上述诸本有不少异文，为明晰优劣高下，现以卷三为例，通过校勘实例说明之。《荟要》本承《四库》本，差异不大，故同者不注，异者加注，下表不再单独列行。

叶次	元本	《通志堂》本	《四库》本	备注
一下半叶	日下景，乃克葬	昊	同上	景，误
一下半叶	凣公薨	凡	同上	凣、凡，异体字，各本一以贯之
三下半叶	今按杜氏所述	案	同上	按、案，异体字
四上半叶	群臣无服	羣	同上	群、羣，异体字
四下半叶	况国君以夫人	況	況	况、況，异体字
五下半叶	王人来告丧，门崩日	问	问	门，误
五下半叶	非卿也	卿	卿	卿、卿，异体字

---

① （日）河田罴，杜泽逊，等. 静嘉堂秘籍志·卷2 ［M］. 上海：上海古籍出版社，2017：40.

续表

叶次	元本	《通志堂》本	《四库》本	备注
五下半叶	使印假如周	段	同上	假，误
六下半叶	同轨	**軌**	轨	**軌**，误
八上半叶	此事之教	教	教	教、教，异体字
八上半叶	诸侯相表裏	裏	**裏**	裏、裏，误，《荟要》本作"裏"，已更正
八下半叶	盖迫于葵丘之会	同上	廹	迫、廹，异体字
十下半叶	公以前鼎盛	同上	**鼎**	鼎、鼎，异体字
十二下半叶	三子自役吊焉	同上	往	往（《荟要》本作"徃"，异体字），误
十三下半叶	昭杀于盗	盗	同上	盗、盗，异体字
十三下半叶	礼不备厚者	同上	俻	备、俻，异体字
十五下半叶	幽公谥曰	諡	同上	谥、諡，异体字
十五下半叶	楚争郑	争	同上	争、争，异体字
十五下半叶	晋楚之间	间	间	间、间，异体字
十五下半叶	旣葬父	旣	既	旣、既，异体字
十六上半叶	王三月，曹伯须卒	正	同上	正，误
十六上半叶	二十八年春王三月	刀	月	刀，误
十六上半叶	是岁曹伯	岁	同上	岁、岁，异体字
十七上半叶	輙加以兵	辄	輙	輙、辄，异体字
十七上半叶	其女与婿	壻	婿	婿、壻，异体字
十七上半叶	庄二十一年	三	同上	三（《荟要》本同），误
十八上半叶	继脩晋怨	修	同上	脩、修，异体字
二十上半叶	伯王之盟	主	同上	王，误
二十下半叶	冬十月	十一月	同上	一（《荟要》本同），衍误
二十下半叶	月葬	葬	**葬**	葬、葬（《荟要》本作"葬"），异体字

　　通过上表可知，元本与清代刻本、抄本的异文主要有两点，一是异体字，如"迫"与"廹"、"修"与"脩"等，由于时代差异，同字异体也是正常的。

二是刊刻疏忽之误，包括讹字、衍字等，如元本卷三第五叶下半叶"王人来告丧，门崩日"之"门"字，《通志堂》本、《四库》本、《会要》本皆作"问"，《左传》一书亦作"问"，此句意为周朝的使者来鲁国通知丧事，问他周天子死去的日期，此为元本之失，当作"问"，清本改过。再如元本卷三第十六叶上半叶"王三月，曹伯须卒"之"三"字，《通志堂》本、《四库》本、《荟要》本皆作"王正月"，"三""正"形近，祖版破损严重，字迹不清，极易混淆，明洪武本、弘治本皆为"三"，且《春秋穀梁传》亦作"三"，故清代重刊时出现讹误，应据元本改。再据以上校勘统计，单就卷三而言，元本有五处讹误，《通志堂》本有六处讹误，《四库》本有五处讹误，《会要》本又校正了《四库》本一处形讹，《荟要》本最少。总观其余卷次，其讹误比例与此相同。由此可知，元本作为初刻，讹误较少；《通志堂》本、《四库》本校正了元本之误，校勘较为精审，但也新生一些讹误。《四库》本与《通志堂》本由于渊源有自元刻本，异文不多，但《四库》本对《通志堂》本中出现的讹误有纠正之处，质量又在《通志堂》本之上，其中又有纠正元本之误者。《荟要》本对《四库》本出现的讹误亦有校正，校勘最为精审。

概言之，《春秋属辞》用"属辞比事"之法探求《春秋》之大义，义精例密，是元代《春秋》研究的重要著作。今存《春秋属辞》版本多种，元末商山义塾本刊刻时间最早，校勘精审。明洪武元年胡仲永、明弘治六年高忠两次对元刻本进行修补重印，但流传并不广。自元刻本直接或间接出的清刊本，更正了元刻本中个别讹误，但又生出新的讹误。在清代诸本中，《通志堂》本讹误颇多，《四库》本、《荟要》本从《通志堂》本出，承其不少讹误，但亦有厘正之处，《荟要》本比《四库》本校勘更为精审。学者如整理点校《春秋属辞》一书，应以《荟要》本为底本，元刻本为重要参校本，其他本酌可参用，当是符合现存诸本的最佳整理方案。

参考文献

［1］赵汸. 春秋属辞［M］. 影印原国立北平图书馆甲库善本. 北京：国家图书馆出版社，2014：416.

［2］张廷玉，等. 明史［M］. 吉林：吉林人民出版社，1995：4758.

［3］永瑢，等. 四库全书［M］. 影印文渊阁四库全书. 台北：台湾商务印书馆，1983：441 - 442.

［4］朱彝尊. 经义考［M］. "中央研究院"中国文哲研究所，点校补正. 台北："中央研究院"中国文哲研究所，1997：283 - 291.

［5］王重民. 中国善本书提要［M］. 上海：上海古籍出版社，1983：27.

［6］皮锡瑞. 经学历史［M］. 北京：中华书局，2004：205.

［7］皮锡瑞. 经学通论［M］. 北京：中华书局，1998：56.

［8］瞿镛. 铁琴铜剑楼藏书目录［M］. 影印续修四库全书. 上海：上海古籍出版社，2002：126.

［9］杜泽逊，等. 静嘉堂秘籍志［M］. 上海：上海古籍出版社，2017：40.

浅析儒学在《汉书·艺文志》中的地位[*]

一、《汉书·艺文志》的主体思想

《七略》产生后不到一百年时间，班固写《汉书》。历史家写历史都有一个思想目的，司马迁写《史记》的目的是"究天人之际，通古今之变，成一家之言"。班固写《汉书》的目的，则是要在思想领域维护和巩固东汉的封建统治。而《七略》在编撰目的以及所表现的思想倾向上，与《汉书》基本是一致的。班固为封建统治阶级服务的这种目的，主要表现在创立断代史的思想上。

秦末动乱结束之后，汉初的统治者实行"与民休息"的政策，国家的政治、经济逐步得到了恢复和发展。为了和政治"大一统"相统一，汉武帝采纳了董仲舒"罢黜百家，独尊儒术"的建议，进行思想上的统一，这标志着儒学时代的开始。

班固自幼受到儒家思想的熏陶，二十七岁开始了纂修《汉书》的工作，受家学尤其是父亲班彪的影响很深，他要继承父志，重振祖业，在政治上就不得不适应统治阶级的需要，在思想上也就不能不尊儒。他创立断代史的体例，总结西汉一代的历史编成《汉书》，刘向、刘歆奉命编撰《七略》，所以整个分类体系贯穿着封建正统的思想。在类目次序上，它把《六艺略》列在首位，其他诸子与技术等则被列入从属的类目中；在评论中，《七略》把六经看作万世不变的经典，五经代表"五常之道"，对封建统治阶级的作用是"相须而备"的，而在整个世事变故中，始终起主导作用的是讲阴阳变化之道的《易》，这种神学思想正是当时盛行的历史循环论的思想。另外，它还把诸子百家说成"六经之支与流裔"，这里又贯穿了尊崇儒术的思想。《七略》中的这些思想给班固的直接因袭又奠定了思想方面的基础。再者，这部分类体系反映了当时各个学术门

───────────

  * 作者简介：满磊（1994—），男，山东省微山县人，2019 级儒学文献整理与文学研究专业硕士研究生。

类之间的联系。首先，它在类属上反映了有关门类之间的关系。如《六艺略》除了《易》《诗》《书》《礼》《乐》《春秋》六类经书外，还包括有《论语》《孝经》《小学》三类书。这是因为《论语》《孝经》是孔子所阐述的言辞，可以与六经相表里，作为经学的入门书，《小学》是字典等文字学方面的书，不仅是读经执蒙的基础，而且被认为是治经的根本。《六艺略》把《论语》等三类书附于六部经书之后，反映了它们在思想内容上的从属关系。其次，在类目排列上反映了学术门类的发展关系。《诗赋略》分为五小类，它先列先秦之诗，后排汉代之赋。其中最后《歌诗》一类全录汉代作品，反映了诗赋在古代的发展源流及作品体裁的异同。总的说来，《七略》以类次图书的形式来描述文化学术之间的一些关系，达到了较高的水平。

二、从《汉书·艺文志》的分类看儒学地位的提高

《汉书·艺文志》可以说是现存最早的图书分类法，即"六分法"的代表，班固将《六艺略》放在首位，体现了儒学的独尊地位。司马谈《论六家要旨》中提道："夫儒者以《六艺》为法。《六艺》经传以千万数，累世不能通其学，当年不能究其体。"① 《史记·孔子世家》亦云："孔子以《诗》《书》《礼》《乐》教，弟子盖三千焉，身通六艺者七十有二人。"② 而后世谈经者，亦可称之为六艺。《汉书·艺文志》把《六艺略》列在首位，这是符合当时封建统治者的意志的。自汉武帝"罢黜百家，独尊儒术"之后，儒家在政治上排斥了诸子百家而定于一尊，儒家经典成为法定的官方学术。从汉代到清代，儒家经典的地位没有改变，一直被看作万世不变的经典。还有上文提到的《小学》等从属书籍的依次附入，儒学地位的提高从《汉书·艺文志》的排序可窥一斑。

《汉书·艺文志》依《七略》而为书记，分为：六艺略、诸子略、诗赋略、兵书略、术数略、方技略。总序开篇即云："昔仲尼没而微言绝，七十子丧而大义乖。"直接溯源至孔子，再叙述战国诸子和秦代焚书，及汉代搜书、校书。言语间盛赞孔子功绩，对孔子殁后学术的分崩瓦解表达无限惋惜，将孔子推到先师的至高地位。

《六艺略》中调整先秦以诗为先的编排，以《易》为群经之源，并次之以《书》《诗》《礼》《乐》《春秋》。在具体排序时先古文经后今文经，带有鲜明的时代特征。《六艺略·大序》云："六艺之文，乐以和神，仁之表也；诗以正

---

① （汉）司马迁. 史记 [M]. 北京：中华书局，1959.

② （汉）司马迁. 史记 [M]. 北京：中华书局，1959.

言，义之用也；礼以明体，明者著见，故无训也；书以广听，知之术也；春秋以断事，信之符也。五者，盖五常之道，相须而备。"① 此句借以陈述六经要旨，强调六艺意识形态的建构作用。后半部分侧重讲述学习六艺的方法，推崇古文学家的为学态度，重视深入研究六艺义理的为学方式。

《诸子略》置于儒家六经之后，以儒家为首，次之为道、阴阳、法、名、墨、纵横、杂、农、小说各家。在推崇儒家的同时，它兼顾各家，用儒家价值观总揽诸子之学，将诸子视为儒家的附庸，评其优劣长短。"今异家者，各推所长，穷知究虑，以明其指，虽有弊端，合其要归，亦六经之支与流裔"，② 以儒家为中心，采纳各家之长，弃其所短，为儒所用。这样的编排，体现了汉代诸子之学不同于先秦子学时代的历史变化。

《诗赋略》中将赋置于首位，分"屈原赋""陆贾赋""荀卿赋""杂赋"四种，大量著录赋类著作，反映汉代"赋"这种文体的流行盛况。在《诗赋略·序》追述赋的起源与诗的发展渊源时说："春秋之后，周道寝坏。聘问歌咏，不行于列国。学《诗》之士，逸在布衣，而贤人失志之赋作。大儒孙卿及楚臣屈原，离谗忧国，皆作赋以风，咸有恻隐古诗之意。其后宋玉、唐勒，汉兴，枚乘、司马相如，下及扬子云，竟为侈丽阂衍之辞，没其风谕之义。是以扬子悔之曰'诗人之赋丽以则，辞人之赋丽以淫。如孔氏之门人用赋也，则贾谊登堂，相如入室矣，如其不用何？'"③ 从六略的具体内容来看，《六艺略》确立了将儒家理想作为统治思想的方案，《诸子略》代表九流十家的治国理念，《诗赋略》则反映文人对世界万物的情感把握，《兵书略》《数术略》和《方技略》立足具体行为，描绘社会的百态生活。从方法论角度来说，目录编纂是一种基于文献 存在基础上的建构性工作。面对汗牛充栋的典籍文献，编者充分掌握文献的客观状况，在《汉书·艺文志》中通过确立名称、著录书目、编排内容、撰写大小序完成对汉代文献的整理，形成一个各类有别、层次分明的体系，反映尚古尊孔的思想，呈现出完整的学术图景，从而建构汉代社会风貌。涉及文献评价时，编者不以文献多寡或版本优劣编排，而是以个人所处时代的官方意识形态标准确定文献尊卑主次。

---

① 陈国庆. 汉书艺文志注释汇编［M］. 北京：中华书局，1983.

② 陈国庆. 汉书艺文志注释汇编［M］. 北京：中华书局，1983.

③ 陈国庆. 汉书艺文志注释汇编［M］. 北京：中华书局，1983.

三、从《汉书·艺文志》序文看儒学地位的提高

《汉书·艺文志》作为我国现存最早的一部综合性目录著作，其序文有着鲜明的崇儒家思想倾向。《汉志》有小序、大序、总序，小序是每种的序，放在每种后；大序是每略的序，放在每略后；总序取自刘歆《七略》中的《辑略》，放在最前面。大小序文简述了各自的收录概况、学术源流演变及优劣得失，总序主要说明了此书录的承继由来。综观《汉志》的四十篇序言，其鲜明的崇儒家思想倾向呼之欲出。《汉志》总序叙说经学分裂、诸子竞起、典籍散佚与收集的情况，是从儒家学说创始人孔子"没""七十子丧"所体现的儒道衰落说起的，可见孔子、儒家学派在班固心中的地位至高。

纵观《六艺略》序文，我们可以发现两大主题，即"经学"和"孔子"。二者同儒家之间的关系，班固在《诸子略》的"儒家类"序文中说的很清楚："儒家者流，游文于六经之中，留意于仁义之际，宗师仲尼，以重其言。"可见儒家以孔子为其开山鼻祖，以传承六经为职，并注重宣扬六经中的仁义道德，以期达到"助人君顺阴阳明教化"的目的。可以说，《汉志》崇儒倾向也体现在班固对"六经"和"孔子"的推崇上。首先，《六艺略》的大序以六艺配天地、五行：《易》配天地，《乐》《诗》《礼》《书》《春秋》依次配仁、义、礼、智、信。班固认为"五常之道，相须而备，而《易》为之原"。六经中《易》被置于五经之"原"的地位，它贯彻了儒家的五常之道，是与"天地为始终"的重要经籍；"易类"小序讲易史，说伏羲作八卦、文王作《周易》、孔子作《易传》，"故曰《易》道深矣"；《汉书·艺文志》全书引《易》15处。班固对"六经"，特别是对《易传》的称道，体现了他对儒家经典的尊崇。其次，儒家言必称夫子，《汉书·艺文志》引孔子语11处，儒家经典多与孔子有关；《易传》为孔子所作；《书》为孔子编纂并为之序；《诗》305篇是孔子所选；《春秋》为孔子所作；《论语》记录了夫子之语；《孝经》被说为是孔子之书。《汉志》更是以孔子为起点。从这些说法及孔子语的引用数量上可以看出，班固对孔子的推崇绝非一般。

《诸子略》的大小序相对于《六艺略》的序文，更能说明《汉书·艺文志》中的崇儒倾向。大序讲"今异家者各推所长，穷知究虑，以明其指，虽有弊端，合其要归，亦六经之支与流裔"①。这里尊儒贬子的立场十分鲜明。班固认为王

---

① 陈国庆.汉书艺文志注释汇编［M］.北京：中华书局，1983.

道既微，诸侯力征，才有诸子之学，而诸子各执一端，各有其弊，须归宗于儒，学修六艺，博采各家之长，才可通达治国的各种方法。"儒家"小序将儒家视为诸家学术中最正确、最崇高的一家；"道家"小序以儒家的仁义礼让思想为其评价标准，称赞了道家合于尧之恭谦克让的优点，指出须修礼学、讲仁义；"法家"小序批判了"无教化，去仁爱，专任刑法而欲以致治"的法家；"名家"小序一开头便采用了儒家的观点，"名家者流，盖出于礼官"，此观点源于孔子的正名说，"古者名位不同，礼亦异数"；"墨家"小序几乎完全是以儒学观点诠释墨家学说的：墨家"兼爱"强调无等差的爱，而"养三老五更"却是有等差的爱，近乎儒家强调的"孝""教"思想①；"选士大夫射"是儒家选取贤才的方法，墨家没有讨论过"射不射"的问题，"射不射"是礼的一部分，与"上贤"无关；"宗祀严父"是儒家提倡的德行，即祭祖敬父，这与墨家为起到监督而对政者提出的"敬天明鬼"思想不同；墨家的"上同"是"上同于天子"。"上同于天"，是一种集权、专制的思想，是有其时代烙印的，而非以孝治天下；墨家之蔽，是因为违背了儒家等级尊卑观念。"农家"之蔽，亦是因违背了儒家所支持的"上下之序"。总之，班固对诸子学派的评价基本上都是站在儒家立场上的。

《诗赋略》无小序，其大序称赞"大儒孙卿及楚臣屈原离谗忧国，皆作赋以风，咸有恻隐古诗之义"②，批判宋玉、唐勒、枚乘、司马相如、扬雄等"竟为侈丽闳衍之辞，没其风谕之义"，肯定歌谣"感于哀乐，缘事而发""观风俗，知薄厚"的现实主义功用。其风谕的现实主义功用性与儒家经典《诗》的作用是相同的。《兵书略》《术数略》《方技略》三者收录的都是技术（在当时相当方术）类的书籍，实用性强。在汉代，用技术性的东西去实现儒家思想，方术于其中扮演了主要角色。"三略"的序文多是对内容源流的介绍，然仍有从儒家角度去评介的话语。《兵书略》大序，首引孔子语"以不教民战是谓弃之"，从侧面体现出儒家仁者爱人的思想。后又肯定了"动之以仁义，行之以礼让"的用兵之术，而反对了"出奇设伏"的变诈之术，这仍是以儒家的仁义礼让思想作为取舍标准。"术数"因与天地有关而具有了"自然科学"的性质。从《术数略》小序看，这些知识更多地被用于占卜、巫术中以为君王治世服务："天文"小序，讲以占星候气卜吉凶作为圣王治理国家的参考；"历谱"小序，讲通过规范历法、谱牒助圣人早知吉凶；"五行"小序，讲以五行秩序的混乱或井然

---

① 陈国庆. 汉书艺文志注释汇编［M］. 北京：中华书局，1983.
② 陈国庆. 汉书艺文志注释汇编［M］. 北京：中华书局，1983.

附会人事王朝的兴衰成败；"蓍龟"小序，第一句就点明"蓍龟者，圣人之所用"；"杂占"小序说的也很明白，"杂占者，纪百事之象，候善恶之征"，"德胜不详，义厌不惠"这句话更是强调了"德""义"的作用；"形法"是讲用相术推求人、物的声气贵贱吉凶。《方技略》的"房中"小序，讲亲近女色要有节制，所谓节制，就是"中"，体现了儒家中庸平和的思想。

对于《汉志》，我们不只要看到它在"辨章学术，考镜源流"方面取得了极高的成就，还要看到它努力确立了儒学思想在学术领域的统治地位，为《汉书》真正确立儒家统治地位立下了"汗马功劳"。综观大小序文，其尊孔崇儒的思想如一根红线贯穿于始终。

四、《汉书·艺文志》中儒学与史学的结合

对于经学的研究，向来脱离不了史学的背景。两汉时期随着儒家思想正统地位的确定，特别是汉武帝立五经博士，儒家经典均被立于学官，加上"今古文经学"的学术纷争，文献典籍纷纷被纳入"解经"的学术轨道。这样史学反而成为经学的附庸，成为"解经之书"。因此虽然两汉时期史学得到了空前的发展，但是史学并没有形成独立的学科。史学正式独立于经学则是在魏晋南北朝时期，李充的《晋元帝四部书目》将"史部"单独设类，自此历史学开始成为一门独立的学科，开始了自身发展的新阶段。

对《汉书·艺文志》中历史学科的分类探讨，还要特别注重对班固本人学术思想的研究。班固不仅是一个历史学家，同时还是一个古文经学家，他的经学思想与史学思想的交叉融合，直接影响他在《汉书·艺文志》中对史学的学科分类态度。因此结合班固的学术背景特别是他古文经学家的身份，再来分析《汉书·艺文志》中史学的分类，那么对先秦两汉时期史学的整体发展脉络就会有更清晰的认识。

经学的繁荣是两汉时期，特别是东汉学术发展的显著特征。从西汉末期开始的今文、古文经学的纷争，进一步推动了经学的发展。经学在东汉时期的高度繁荣，与谶纬之学融合，对两汉之际的政治都有较大的影响，在这样的学术背景下，当时几乎所有的文献典籍都被称为"解经之书"，并有较明确的分野。

班固在学术上主张"百家合流"，虽然他推崇古文经学，但是在《白虎通义》中，班固却对今古文经学与谶纬之学做了整合，在学术上做出了统一经学的尝试。班固试图跳出今古文经学的学术纷争，转为对儒家思想的整体推崇，这在《汉书·艺文志》中得到了充分的体现。班固将儒家经典定位为"六艺略"，并在《春秋古经》中收录《战国策》三十三篇、《太史公书》百三十篇、

《楚汉春秋》九篇、《国语》二十一篇等"九百四十八篇"史书，进一步印证了班固经史不分、百家合流的学术思想。班固主张史学、今文古文经学都应统一于经学的旗帜下，百家杂学也须按照孔子的"六经"体系来归类，从而将所有的学术纳入儒家学说的思想体系。这样一来，如果结合班固在学术上的"百家合流"思想和两汉时期"经史不分"的学术背景加以分析，《汉书·艺文志》中史部未单独设类的原因就变得较为清晰，这是当时学术发展的大环境所决定的，并不是历史学科本身的问题。

班固在对《艺文志》进行编撰时，用史书的体例对《七略》进行改编，使论述有关大、小类的序文和各类图书归附在一起，互相维系，不仅使《艺文志》的体例和史书做了统一，也使书目条理更加清晰。为以后历代书目体例所效仿，大、小类序在《汉志》中起到论辩和总结学术的作用。它的写作之精要，内容之广泛，为历代学者所称颂。《六艺略》的类序最为详尽。首先阐明经书的要旨以及一些历史情况，然后重点考究经传的师承传授和学术分布。在时间顺序上每部经书都是按照上古、春秋战国、秦、汉几个历史阶段进行分期叙述，重点又在汉代，这样的写作体例和内容，对于全面了解经学的历史和现状是有价值的。《汉书·艺文志》是汉书的一个组成部分。《汉书》中共有十篇志（如《礼乐志》《食货志》《地理志》等），《汉志》是十志之一，作者班固是东汉初年著名的史学家、文学家和目录学家。《汉志》的编定绝非偶然，而是客观条件成熟的一种必然结果。当时，由于经历了西汉王莽之乱及赤眉之乱，西汉二百年来搜集、整理的文献典籍几乎损毁殆尽，史书记载是"天下散乱，礼乐分崩，典文残落""焚烧无遗"。中华人民共和国成立后，随着社会秩序的恢复、稳定，政权日益稳固，为施行教化，有必要从事一些文化建设来加强思想统治，于是"先访儒雅采求阙文，补缀漏逸"，在政府主持下广开献书之路，大力搜求图书典籍，并制定了相应的政策，使散亡的图书得以适时地聚集和收藏。经过几十年的搜集，尤其是经过明帝、章帝的继续努力，图书又渐渐积累起来，数量稳定增长。随着图书大量增加，这就为《汉志》的编写提供了先决条件。汉明帝永平年间（58—75），班固先被召任校书郎，后任兰台令史，再迁为郎，并且负责"典校秘书"。他在皇宫的藏书库兰台、东观、仁寿阁等处整理典籍，撰修史书。班固在整理国家藏书的过程中，根据刘歆《七略》的体制编纂了《汉书·艺文志》。对此，《隋书·经籍志序》曾概述说："光武中兴，笃好文雅，明、章继轨，尤重经术。四方鸿生巨儒，负帙自远而至者，不可胜算。石室、兰台，弥以充积。又于东观及仁寿阁集新书，校书郎班固、傅毅等典掌焉，并依《七略》而为书记，固又编之，以为《汉书·艺文志》。"

结　语

综上所述,《汉志》作为我国古代优秀的文化遗产之一,其在中国古典目录学史上具有里程碑意义,它对中国传统学术文化的繁荣以及古典目录学的发展都起到了重大的推动作用,所以清代学者金榜说:"不通汉艺文志,不可以读天下书。艺文志者,学问之眉目,著述之门户也。"艺文志,是学问之眉目,著述之门户。"艺"指"六艺""诸子"之书,"文"指文学和文学著作。"以艺居上,文居下",是整个社会尊奉儒家孔子的主流表现,表达出当时编纂者尊儒崇经的立场。在推崇儒家的同时,它兼顾各家,用儒家价值观总揽诸子之学,将诸子视为儒家的附庸,评其优劣长短。以儒家为中心,采纳各家之长,弃其所短,为儒所用。这样的编排,体现了汉代诸子之学不同于先秦子学时代的历史变化。

参考文献:

[1] 班固(汉).汉书[M].北京:中华书局:2009年4月.

[2] 班固(汉).汉书艺文志讲疏[M].上海:上海古籍出版社,2009年12月.

《十七史商榷》"盛唐"说略辨[*]

阅读古代典籍时，我们发现有些古代地名及其辖域在历史发展过程中因为朝代更迭、避讳等原因，出现了同地异名、异地同名、同名不同域的现象，有的不但治所、辖域不同，而且名称也有很大差异，等等。这些现象给阅读带来很大障碍，有的甚至引起误解。对这些现象，古人已有察觉并做了考订，如王鸣盛《十七史商榷》，但由于时代局限、文献缺乏等原因，其所做考订有值得商榷之处。

一、王鸣盛"盛唐"说

王鸣盛《十七史商榷》："'元封五年，南巡狩至于盛唐'，文颖云：'盛唐在庐江。'韦昭云：'在南郡。'师古是韦说。按《地理志》无盛唐县，唐开元中改霍山县为盛唐，《寰宇记》谓即汉县，虽无的据，然下文即云'登灊天柱山'，灊县①属庐江，天柱即南岳霍山，即盛唐必近灊县地，文颖谓在庐江者得之。"②王鸣盛认为"盛唐"下文即云'登灊天柱山'，灊县和天柱山属庐江，则盛唐必近灊县地，位处庐江。

与王鸣盛观点相同的学者不在少数，也有相关历史文献可循。《汉书·武帝纪》："五年冬，行南巡狩，至于盛唐，望祀虞舜于九嶷③。登灊天柱山，自寻阳④浮江，亲射蛟江中，获之。舳舻千里，薄枞阳⑤而出，作《盛唐枞阳之歌》。遂北至琅邪，并海，所过礼祠其名山大川。""盛唐"，颜师古注文颖曰："案地

---

* 作者简介：王潇莹（1998—），女，山东省烟台人，2020级儒学文献整理与文学研究专业硕士研究生。

① 灊县：西汉置，治所在今安徽霍山县东北。属庐江郡。

② 王鸣盛．十七史商榷：第九卷［M］．上海：上海古籍出版社，2013：92.

③ 九嶷山：今湖南宁远县南六十里九嶷山。

④ 寻阳：西汉置，治今湖北省黄梅县西南。属庐江郡。

⑤ 枞阳：元封五年置，治今安徽枞阳县。属庐江郡。

(里)〔理〕志不得,疑当在庐江左右,县名也。"①《读史方舆纪要》对庐江附近"盛唐"的历代地名演变情况做了归纳:"六安废县……十一年为后,周所州废,隋并废郡,又改县为霍山县,属庐州。唐初置霍州。治贞观初,州废以县,属寿州。神功初改曰武昌县,神龙初复曰霍山。开元二十七年,又改为盛唐县,移治驺虞城,五代晋天福中,南唐改为来化县,寻复为盛唐县。"②《元和郡县图志》在舒州桐城县下说:"盛唐山,在县东南一百二十里,名益塘山,即古盛唐山也,汉武帝作《盛塘之歌》。"③清《安徽通志·舆地·山川》:"汉元封五年南巡江汉,至于盛唐,登礼灊岳,出枞阳,作盛唐枞阳之歌。"④《北堂书钞》载:"《汉书》云孝武帝南巡狩至盛唐,望祀舜于九嶷,登灊天柱山,自浔阳浮江,亲射蛟江中获之,舳舻千里,薄枞阳而出,作盛唐枞阳之歌。今案《汉书》武帝纪浔作寻,又作盛唐枞阳之歌一句在而出之下,不分为上下二句也。"⑤ 以上记载中可以见得,后世文献的内容与《汉书》也有一定的出入,其意暗指盛唐和枞阳在一处。庐江也确有盛唐县的记载,枞阳(桐城)附近的山亦为盛唐山。枞阳属庐江县,因此自然认为盛唐在庐江。

二、王鸣盛"盛唐"地域辨

但"盛唐"在庐江之说与"望祀虞舜于九嶷"不合常理。九嶷山,在今湖南省永州宁远县,属于汉武帝元鼎六年即公元前111年设置的零陵郡,与南郡南北相望。江陵也就是后来的荆州,同属于南郡。按照《史记·孝武本纪》载,"其明年冬,上巡南郡,至江陵而东。登礼灊之天柱山,号曰南岳。浮江,自寻阳出枞阳,过彭蠡,祀其名山川。"⑥ 汉武帝巡守路线为南郡——江陵而东——灊县天柱山(秦汉时又称霍山)——乘船自浔阳出发——枞阳——彭蠡(巢湖),祀名山川——琅琊——海边;按照《汉书·武帝纪》载,汉武帝的巡守路线为向南巡守——盛唐,望祀虞舜于九嶷——灊县之天柱山(霍山)——浔阳乘船——枞阳作"盛唐枞阳之歌"——琅琊,祀名山川——海边。对比《史记》和《汉书》中的武帝巡守路线可知,汉武帝"望祀虞舜于九嶷"是在登灊县天柱山之前的"盛唐"之地,也就是在"至江陵而东"前。《太平御览》:

---

① 班固. 汉书:第六卷[M]. 北京:中华书局,1999:139.
② 顾祖禹. 读史方舆纪要·卷十九[M]. 稿本,第1375页.
③ 李吉甫. 元和郡县图志阙卷逸文三卷·卷二[M]. 清光绪该本.
④ 吴坤修. 重修安徽通志·卷二十四[M]. 刻本1881(清光绪七年).
⑤ 虞世南. 北堂书钞·卷第一百六[M]. 万卷堂刻本.1888(清光绪十四年).
⑥ 司马迁. 史记:第十二卷[M]. 北京:中华书局,2006:108.

"殡以瓦棺，葬于苍梧九嶷山之阳，是为零陵，谓之纪市。"①《汉书地理志稽疑》曰："零陵郡②，武帝元鼎六年置。莽曰九疑。属荆州。户二万一千九十二，口十三万九千三百七十八。县十：……营道，九疑山在南。"③ 由此可以推知，"盛唐"属于"南郡"而非在"枞阳"附近，因为汉武帝舍弃与九疑山南北相望、距离很近的"南郡"，到与九嶷山相距很远的"灊天柱山"附近望祀虞舜，不合常理。

另外，"盛唐县"为唐开元年间设置，《读史方舆纪要》记载"盛唐县"最早出现于唐开元二十七年，与《汉书》中的"盛唐"当为两个地理位置相去甚远的地点，王鸣盛承文颖之误，又结合"薄枞阳而出，作《盛唐枞阳之歌》"，误以为盛唐即为盛唐县。有相关文献可佐证盛唐并非在枞阳附近。《嵩山集54卷》："至于盛唐，望九疑，登天柱，薄枞阳而出，休于琅琊，天子大悦，作盛唐枞阳之诗。"④ 盛唐、天柱山、枞阳、琅琊分别是四处不同的地方，汉武帝应当是登天柱山后自天柱山薄枞阳而出，以盛唐和枞阳两地作歌名。故《大事记》记载："《封禅书》曰：'上巡南郡，至江陵而东'，则武帝未尝亲至九嶷，但自盛唐望祀耳。韦昭曰：'盛唐在南郡。'文颖曰：'九嶷山半在苍梧半在零陵。'登灊天柱山，案：《封禅书》云：'登礼灊之天柱山，号曰南岳。'灊，今寿州六安县，霍山在焉。舒州灊山一名天柱山，灊霍二山相接。自浔阳浮江，案：今江州德化县……薄枞阳而出，案：今舒州桐城县。作盛唐枞阳之歌，案：此歌总叙自南巡狩所历，始于南郡盛唐，终于庐江枞阳，今舒州桐城县有盛唐山、枞阳水，盖因此歌之名而误耳。"⑤ 此外，《大清一统志》也认为："《汉书武帝纪》：'元封五年冬，南巡狩至于盛唐。'《太平寰宇记》：'盛唐山在桐城县南一里，俗名小益唐山。'《明统志》：'在桐城县南五里。'《府志》：'在桐城县南一百五里'，俱误。按汉武元封五年冬至盛唐，望祀虞舜于九嶷，此为一事。登灊天柱山至薄枞阳而出，又为一事，总承之曰：作盛唐枞阳之歌。非谓盛唐即在枞阳之左右也。文颖不得其解，曰：'盛唐疑当在庐江左右，县名。'其时韦昭则曰：'在南郡'，而颜师古注亦曰：'韦说是。'是唐初已有定论矣。至开元天宝间，更霍山县曰盛唐，是亦以盛唐在庐江也。乐史作《寰宇记》复指桐城县南一山以当之。

---

① 李昉. 太平御览：第一百卷［M］. 商务影宋本. 北京：中华书局，1960：1508.

② 零陵郡：西汉元鼎六年，分桂阳郡置，治所在零陵县（今广西全州县西南）。辖境相当今湖南邵阳市、衡阳县以南，永州市、宁远县以西，武冈市和广西桂林市以东，阳朔县和湖南道县以北地。

③ 全祖望. 汉书地理志稽疑·卷二［M］. 清粤雅堂丛书本，第32页.

④ 晁公遡. 嵩山集·卷第一一［M］. 清钞本，第3页.

⑤ 吕祖谦. 大事记·卷十二［M］. 文渊阁四库全书钞浙江吴玉墀家藏本.

不知九嶷距此极远，岂得于此望祭武帝？惮衡岳远移于天柱山，宁又惮九嶷远而移于枞阳耶？又考《郊祀志》：'上巡南郡，至江陵而东，登礼灊之天柱山，号曰南岳。浮江，自浔阳出枞阳，过彭蠡，礼其名山川。'益足征为二事。而韦昭南郡之有可据也，今姑列以备考。"① 由此可知，盛唐理应在南郡。《读史方舆纪要》与《元和郡县图志》据误以"盛唐"为盛唐县，故认为在庐州。《安徽通志·舆地·山川》误解《汉书》之意，以为"盛唐"与枞阳为一处。

结　论

综上，盛唐应在南郡。南郡为秦代设置，汉承秦制，依旧设置楚国旧地为南郡，治所在荆州。汉武帝于南郡狩猎，并于此地举行望祀仪式，后舳舻千里，于庐江登天柱山，自枞阳离去，以南郡和枞阳两地之名为此行作歌名，方为《汉书》本意。王鸣盛受前后文意的影响，认为"盛唐"即是灊县与天柱山附近的盛唐县。文颖同王鸣盛一样，"按地理志不得"，误解《汉书》之意导致错误。

参考文献

[1] 王鸣盛. 十七史商榷 [M]. 上海：上海古籍出版社，2013：92.

[2] 班固. 汉书 [M]. 北京：中华书局，1999.

[3] 顾祖禹. 读史方舆纪要，稿本.

[4] 李吉甫. 元和郡县图志阙卷逸文（3卷），清光绪刻本.

[5] 司马迁. 史记 [M]. 北京：中华书局，2006.

[6] 李昉. 太平御览：第一百卷 [M]. 商务影宋本. 北京：中华书局，1960：1508.

[7] 全祖望. 汉书地理志稽疑，清粤雅堂丛书本.

[8] 晁公遡. 嵩山集 [M]. 清钞本.

[9] 吕祖谦. 大事记·卷十二 [M]. 文渊阁四库全书钞浙江吴玉墀家藏本.

[10] 虞世南. 北堂书钞·卷第一百六 [M]. 万卷堂刻本. 1888（清光绪十四年）.

[11] 大清一统志，文渊阁四库全书本.

[12] 吴坤修. 重修安徽通志，清光绪七年刻本.

---

① 大清一统志·卷七十六 [M]. 文渊阁四库全书本，第2765页。

《国剧画报》中的戏台史料辑述*

　　在《国剧画报》刊登的众多戏曲资料中，有关于戏台的文图资料刊登期数最多、历时最久，从《国剧画报》创刊到结束，戏台资料的保存、呈现、研究一直是重要主题。由于时局紧张，加之时人并无保护古代戏台建筑的意识，当时许多戏台都已遭破坏或改建，不复演出时的盛况，快要成为历史长河中永远的遗憾了。如避暑山庄中的清音阁和圆明园中同乐园的清音阁，早已毁于战火。再如当年齐如山先生前往南海纯一斋拍摄戏台时，独特的三面环水式戏台已改头换面了。"至则见该台业于洪宪年间，改为暖室，将台与纯一斋联成一事，并将三面小河，亦皆铺板，旧日形式，几不可复睹矣！"① 因此，对于此类资料的保存记录，在当时来说是刻不容缓的。

　　画报所载这些珍贵的图像资料多来源于齐如山的拍摄，以及齐竺山、齐仲年、徐次辰、文朴庭等人的摄赠，或故宫博物院、营造学社的赠刊。齐如山在回忆录中曾谈到搜集古戏台资料的不易。比如，刊登于《国剧画报》第一卷第十七期和第二十期的山西万泉县元代戏台照片，摄得过程十分波折。齐如山听闻山西有这样一座结构独特的元代戏台后，认为有极大的研究价值。但是当地没有照相馆，也没有会照相的朋友，因此齐如山找到时任山西省主席的朋友徐次辰帮忙，前后写了三封信，历时几个月，最终才由朋友将照片带来。齐如山特举此例，"证明搜罗这些物品之不易，不但自己费事，连许多朋友都得跟着为难②"。

　　《国剧画报》总共七十期，有三十五期刊登了有关戏台的图片，其中十九期有齐如山、傅惜华等人撰写的小志。这些戏台图片多单独刊登在报刊的第一版，位置醒目，足见办刊人对此类资料的重视程度。

---

　　* 作者简介：凌云（1995—），女，山东青州人，2018届中国古代文学专业硕士研究生。
　　① 齐如山. 纯一斋台志（下）[J]. 国剧画报，1933，2（15）：1.
　　② 齐如山. 齐如山回忆录[M]. 北京：宝文堂书店，1989：219.

"清宫及各省的戏台，不要以为几张戏台的相片算不了什么，只怕不用心，倘用心一研究，可以找出许多的道理来，一是由此可以知道戏台进化的迹象。二是可以知道各省的建筑情形。三是由此可以知道戏班的组织，少数的戏台不算，普通的戏台都是怎样的构造，如后台的宽窄，便可估计该处戏班的人数。四是由建筑的形式亦可看出该处天气来，比方山西省的戏台，都是一面看，台两边都有墙，据本地人说是因为平常风大的关系。因为这种种的情形，戏台的建筑与研究国剧也有很大的关系，所以对于各省的戏台照片，也多方求人代为搜罗，我们共收到各省的戏台照片有几百种，本拟择其特别有关系而重要者，常常在本刊上发表，以供阅者研究。"①

近年来，古戏台所承载的戏曲文化和史料价值逐渐被学界关注，古戏台研究成为戏曲研究领域的热门课题。投身于此的学者从古代文学、古代建筑学、考古学、宗教史、民俗史等学科领域出发，发掘与阐发古戏台的价值意义。例如，周华斌先生的《京都古戏楼》一书，以北京地区的戏楼为中心，宏观论述中国传统戏楼的发展史，廖奔的《中国古代剧场史》论述了汉魏以来剧场形制的变迁。特别是近一二十年来，有关古戏台的区域性、专题性研究成果层出不穷，以山西、江西、浙江等戏曲大省的戏台研究成果最为丰厚，山西师范大学关于山西省的戏台研究、山西师范大学研究生对省内各县市乡镇戏台的个案研究，已形成相对完善的研究体系。此类研究成果多以田野调查为主，搜集了大量的第一手资料，具有相当大的学术价值。

不过，在侧重于田间地头实地考察的同时，古典文献中有关古戏台的文字资料、已经损毁但有图像流传的戏台图片，也应当是戏曲研究的重要组成部分。对于此类资料的钩沉整理，少有专门论述。以《国剧画报》为例，目前只有孙俊士的《〈国剧画报〉及其文物学价值》②、陈均的《〈国剧画报〉与宫廷戏曲研究》③ 两篇文章。《〈国剧画报〉及其文物学价值》统计了《国剧画报》中的戏台照片，但没有对此展开专门论述。《〈国剧画报〉与宫廷戏曲研究》包含宫廷戏台部分，其余各地方戏台未提及。虽然《国剧画报》中的图文资料早已渗透于古戏台研究的诸多成果中，但是对于《国剧画报》中戏台资料的钩沉整理，则专门者少。全面梳理与论述《国剧画报》中的戏台资料，一方面，便于正视《国剧画报》在戏曲史料学中的重要地位，挖掘这些资料的最大价值，查缺补

---

① 齐如山. 齐如山回忆录 [M]. 北京：宝文堂书店，1989：174 - 175.
② 孙俊士. 《国剧画报》及其文物学价值 [J]. 中华戏曲，2010（40）：182 - 193.
③ 陈均. 《国剧画报》与"宫廷戏曲"研究 [J]. 戏曲艺术，2016（1）：12 - 17.

漏，为古代戏台研究的进一步深入提供可能。另一方面，对于其他学科的辅助研究，也会有较大的价值意义。

《国剧画报》中的戏台资料，以宫廷内外为标准，大致可分为宫廷戏台和各地方戏台两类。

（一）宫廷戏台

齐如山在《南府戏台志（下）》①一文里，按照戏台功能，将宫廷戏台分为五种：三层楼式、一层台式、暖台式、小台式、板台式。《国剧画报》中的宫廷戏台，同样可以依据此类标准进行划分，以下分类述之。另外，因涉及报刊期数较多，故整理目录表格附于文后，以方便查阅。

其一，三层楼式。《国剧画报》登载之《故宫宁寿宫内之畅音阁戏台》《颐和园中德和园之戏台》《清乾隆时代安南王阮惠偁佺光显入觐赐宴在热河行宫福寿园之清音楼观剧图》俱是三层楼式。楼、台，都有场所的意思，也都有建筑样式的指称意。戏楼偏重场所，一般包括戏台。戏台更多是专指演员表演的舞台。三层楼式戏台（分层戏台）属于传统戏台建构中比较特殊的类型，习惯上也可称之为戏楼。《国剧画报》登载时都以戏台称之。本文中统称为戏台，与《国剧画报》的说法保持一致。

此种大戏台从上而下分为福台、禄台、寿台三层，寿台之下还有地井。至于这多层戏台在演出时如何配合使用，傅惜华认为地井用以上升鬼怪，福台和禄台都有天井活板，备有滑车云兜，用来表演神仙升降的场面。岫云在《国剧画报》连载的系列文章《升平署闻见》中，曾详细介绍宁寿宫的畅音阁戏台以及天井和地井的具体使用方法。

"宫中之戏台最大者，即宁寿宫之三层台，乾隆间所造。其工程甚大，台共三层，分福台、禄台、寿台。上级台，凡神佛所降；中层，仙人所临，凡神佛仙均坐云兜，下至下级台。其云兜，系在三层台之上，设辘轳，有丝绳拴住云兜，其绳用云裹上，不令看出绳索，专有承差多名，伺候此事。（考南府旧提纲，上有由福台降至寿台止。）台下有地沟，出鬼出妖之用，如演宝塔庄严，并万寿万福时，（自孝钦太后将福禄寿，改为寿字当先。）先用布画之云或水，将台栏杆遮住。闻南府中人言，地沟中有金银铜铁所铸之铁管子五根，分台之五方上。传宝塔庄严戏，则有承差多名，入地沟中，将五方铁管子上，各安一圆木板，将五塔切模摆在上面，下面多人用木杠穿入铁管内；有一司小锣者，凡一声小锣，众即用力一搬铁管，谓之搬管。（昔只闻人传说，未知是二字否？）

---

① 齐如山. 南府戏台志（下）［J］. 国剧画报，1932，1（40）：1.

铁管内原系一截一截套定，众人用力一搬，其铁管即向上一长，由前台看，如从地内涌出宝塔。其寿禄福三星，亦由地沟中出，铁管上只用当中铁管上，安圆木，将三星用绳系好，防其跌扑，仍用搬管法围着圆圈，用彩云围住。其云上宽下窄，如同三星，驾云起在空；下面有云头挡住铁管，即如一朵云，托住三星也。"①

　　虽然是规模形制最大的一类戏台，但此类大戏台在平日里的用处不大，只有在大婚、万寿、告捷、宴藩等特别隆重的日子里，才会赏赐外藩王公大臣一同观剧。"当宁寿宫落成后，太后称庆，并贺金川奏凯，及乾隆五十五年（西历一七九〇）八旬万寿，均于此演剧祝贺。每遇寿诞喜庆，或年中节令以及每月朔望，亦皆如此。"② 各类的内廷庆典活动中，承应戏是必不可少的，并且内容多为歌功颂德、神仙道化一类，场面宏大，场景变幻多端，极尽热闹之能事。有理由推测，三层楼式的戏台设计是为了展现承应戏中神仙魔佛、祈福迎祥的奇幻场景。查阅现存宫廷承应戏本，关于三层戏台在演出时的使用情况便可逐渐明晰。

　　《劝善金科》凡例："从来演剧，惟有上下二场门。大概从上场门上，从下场门下……若夫上帝神祇，释迦仙子，不便与尘凡同门出入。且有天堂必有地狱，有正路必有旁门，人鬼之辨亦应分辨明晰。"③ 演员上下场时，剧本中多次出现升天门、灵霄门、佛门、酆都门等名词，神佛仙君从升天门、灵霄门、佛门进出，恶鬼阎魔从酆都门进出，而凡尘众人从上下场门进出。考虑到戏台的实际情况，每次都通过天井和地井出入恐不方便。大概是为了呼应剧情，符合人物身份而改换的说法，实际上仍是通过每层的上场门和下场门进出。

　　由是可知，神仙妖怪大多还是从上下场门进出，天井和地井用到的机会实在不多。在畅音阁和德和园都演过戏的杨小楼先生也曾提到过，一台大戏搬演，天井和地井的使用次数有限，承应戏里神仙菩萨的出场，主要还是通过上场门。不过，遇到天降祥瑞或普天同庆的热闹场景，如前文《宝塔庄严》戏中宝塔涌出的场景，三层戏台联动使用打破了出场方式的单一化，使表演空间立体化，亦有踵事增华的效果。另外，一些独特的道具也可以通过天井和地井进行传递，例如，从天井洒下白纸碎片，可充当降雪的场景。

　　《劝善金科》第十本卷下第二十二出，凤凰来仪的场景，天井内起凤凰科。

---

① 岫云. 升平署之闻见（下）[J]. 国剧画报，1932，1（15）：2.

② 傅惜华. 宁寿宫畅音阁小记 [J]. 国剧画报，1932，1（23）.

③ 古本戏曲丛刊编刊委员会. 劝善金科1 [M]. 北京：中华书局，1964：2.

神仙从云端降临，外扮傅相戴系红纱帽穿氅戴数珠……同从天井内乘五彩云车下。

神仙退场，傅相等仍乘云车从天井内上。

《劝善金科》第十本卷下第二十三出，天井散花，众喇嘛吹打法器诵佛赞天井散花科。①

《昭代箫韶》中三层戏台的联动，记载更为具体详尽。

凡例：剧中有上帝神祇仙佛及人民鬼魅，其出入上下，应分福台、禄台、寿台、及仙楼②、天井、地井。或当从某台某门出入者，今悉斟酌分别注明。③

第一本卷上第二出，各路神仙登场，杂扮二十八宿……从寿台两场门上，杂扮六丁……从仙楼两场门上，杂扮九曜元神……从禄台两场门上，杂扮黄巾力士……从福台两场门上，杂扮八星官……同从禄台中场上。④

第九本卷上第二出，迷魂阵作法拘鬼，杂扮勾魂使者……从两场门上，作向四隅地井招众鬼魂科。杂扮阵亡鬼各穿戴阵亡鬼切末从地井上……杂扮男女自戕鬼随意穿扮各戴自戕切末从地井上。⑤

生扮杨泰……乘小云兜从天井下至寿台，作下云兜挽杨宗孝出阵从下场门下。云兜仍从天井上。⑥

总之，三层楼式戏台设计巧妙，福台禄台寿台以及天井地井和仙楼的搭配使用，营造出多维观剧体验，使戏曲的呈现不再局限于四方戏台，有了上下延伸的可能，极大地提升了戏曲演出的舞台效果。"天井—福禄寿台—地井"的空间构架，也从实际上模拟了传统观念中"神/仙—人间—鬼/怪"的信仰模式。通过钩沉宫廷戏本中的记录，我们可以大致还原三层楼式戏台的具体演出盛况。可以说，三层戏台的演剧活动是宫廷庆典必不可少的一部分。

其二，一层台式。《国剧画报》刊载之《重华宫漱芳斋之戏台》《颐和园听鹂馆之戏台》《南海纯一斋戏台内部之影》《南海纯一斋戏台之外部》《南海纯一斋之帝后观剧处》均是一层台式。一层台式的戏台较为常见，各地方戏台中也多有这种形制。在内廷中用于生日、满月、年节、初一、十五等小庆贺活动，

---

① 古本戏曲丛刊编刊委员会. 劝善金科 10 [M]. 北京：中华书局，1964：52–53.
② 注：禄台和寿台之间以隔板隔开的空间，仙楼的演员可经踏跺下到寿台，也可经踏跺上到禄台。
③ 古本戏曲丛刊编刊委员会. 昭代箫韶 1 [M]，北京：中华书局，1964：3.
④ 古本戏曲丛刊编刊委员会. 昭代箫韶 1 [M]. 北京：中华书局，1964：4.
⑤ 古本戏曲丛刊编刊委员会辑. 昭代箫韶 17 [M]. 北京：中华书局，1964：9–10.
⑥ 古本戏曲丛刊编刊委员会辑. 昭代箫韶 17 [M]. 北京：中华书局，1964：11.

观看群体仅限于皇室和近亲的王公福晋，规模较三层楼式戏台小些。但使用频率高于三层楼式。《国剧画报》刊登的三处戏台，仅南海纯一斋戏台有配文介绍，以其有不同于别处的设计。首先，戏台三面环水，戏台与看台之间以水隔开，保障皇帝在行宫观剧的安全性。而且夏季在水边看戏，荷花点缀水面，凉爽怡人，也是一种享受。其次，除上下场门外，戏台中间有一庙式大门。只有纯一斋戏台和南府戏台才有这样的设计。最后，上下场门楣和顶板都画有云图，与一般戏台上场门画虎、下场门画云的规制相异。

此外，南府戏台也是一层台式。《国剧画报》共刊载了四张南府戏台的照片，分别是《清代升平署（南府）戏台》《上影系升平署中，戏台对面之皇帝观剧处》《清代升平署（南府）戏台（二）》《南府戏台又一图》。南府戏台主要用于外学学员排戏，乾隆皇帝也常在此处观看排戏。但是其布置法则与别处比较也有两点独特之处。一是上下场门的样式，上场门为城门式，下场门为庙门式。二是和纯一斋戏台一样，戏台中间也有庙式大门。据齐如山先生考证，"此本为极旧式的布置法，如傀儡宫戏（即托吼）及滦州影戏，上下场门之设备法，至今皆仍如此。据戏界老辈云：当年戏台，都系此式，大致来源于出将入相四字。出将者，带兵出城，即为大将也；上场为出场之门，故用一城墙式之门。入相者，在庙堂之上办公，即为宰相也，下场为入场之门，故用一庙堂式之门。"①　此种说法有一定道理。

关于戏台中间庙式大门的作用，齐如山在《南府戏台志（上）》一文中给出了几种说法。"一说为演各种神话戏用者；一说为搬移各种切末用者；一说为演有切末之戏，演员出入方便用者。据老供奉唐君春明云：每年七月十五日，演迓福迎祥一戏。其中有一段，系十殿阎君，朝贺幽冥教主（即地藏王菩萨）等情节，幽冥教主，即坐于此庙门之内，极为庄严，他戏则未见用过云云。"①唐春明既为南府供奉，亲眼见过庙式大门的使用，那么他的说法较为可信。这种庙式大门可用于神仙妖怪戏的演出。至于是否可用于切末的搬运，目前还未有明确的文字记录或考古证据。

其三，暖台式。这一类戏台是临时搭建的暖棚，专为天气寒冷时听戏使用。到来年春天便会拆除，所以留下的照片资料不多，《国剧画报》亦未登载相关图片。丰泽园以及慈禧居住的长春宫院内等处，常常搭建此类戏台。其规模较小，可容纳的观看人数不多。"大致只皇帝、太后、妃嫔等观之；有时亦赐王公福晋

---

①　齐如山. 南府戏台志（上）[J]. 国剧画报，1932，1（39）：1.

同观。"①

　　其四，小台式。《国剧画报》中的《故宫漱芳斋内之风雅存小戏台》《故宫宁寿宫倦勤斋之小戏台》《故宫景祺阁中颐和轩小戏台》《南海春藕斋之小戏台》，俱是此种样式。一般来说，这种小戏台不用于节日庆典，仅供皇室在闲暇时休闲娱乐。所以常在此处上演帽儿排或民间的八角鼓、杂耍、戏法等。如风雅存小戏台，便是因为乾隆皇帝很喜欢唱戏，但身份所限不便上台扮演，所以在漱芳斋内搭建简易的小戏台，过足戏瘾。《国剧画报》对风雅存戏台、倦勤斋戏台和景祺阁戏台都配有文章介绍，其规模形制都有涉及，现摘录如下。

　　风雅存小戏台："在故宫漱芳斋之西间，建自乾隆年间，系在屋内，全用木料造成，絭以竹纹，并饰绿色斑点。西边耳房，即为后台。其建筑尺寸如下：台深一丈零四寸，台宽一丈一尺七寸，台高六尺六寸五分，台帮高一尺五寸，顶檐两角相距一丈四尺七寸。"②

　　倦勤斋小戏台："台建于宁寿宫后，倦勤斋之西间，全体皆木质。除天花板画藤萝外其余如窗壁栏杆梁柱等，无论何处，皆绘竹纹，盖与风雅存小台绘画略同。台深一丈零二寸。台宽一丈一尺。台高七尺。"③

　　景祺阁小戏台："此台与倦勤斋漱芳斋二处之小戏台微有不同，则上既无顶而下亦无高出平地之台也……原有小台，不知何时移往他处矣。"④

　　其五，板台式。板台式戏台的结构较以上四种戏台最为简易，只有一个木板之台。同小台式戏台一样，都是非正式演出用的戏台，只是在排戏时使用。《国剧画报》未刊载相关的图片文字。齐如山在《南府戏台志（下）》一文中列举养心殿、圆明园慎德堂等处的戏台为板台式，其余未见。

　　（二）地方戏台

　　《国剧画报》中有大量关于地方戏台的图片和介绍文章，涉及的地域范围极广，北京、四川、陕西、山西、山东、浙江、甘肃等地的戏台均有收录。这些戏台绝大多数都建于神庙和会馆之前，"盖古人演戏，多为报赛之义；就是会馆中之戏台，对过亦多半是神殿，否则即于台之对面悬一神龛，即北京之戏园亦如是也"⑤。经统计，《国剧画报》共刊载地方戏台图片27幅，其中城隍庙、关

　　①　齐如山. 南府戏台志（下）[J]. 国剧画报，1932，1（40）：1.
　　②　齐如山. 风雅存小戏台志 [J]. 国剧画报，1932，1（6）：1.
　　③　齐如山. 倦勤斋小戏台志 [J]. 国剧画报，1932，1（12）：1.
　　④　刘儒林. 景祺阁小戏台记 [J]. 国剧画报，1933，2（12）：1.
　　⑤　齐如山. 四川万县桓侯庙之戏台 [J]. 国剧画报，1932，1（14）：1.

帝庙等神庙戏台 19 幅，会馆戏台 3 幅，以及四川乡镇戏台 1 幅、陕西西安新城戏台 1 幅。最后两幅照片在刊载时未注明具体地点，故无法得知是否为庙前或会馆前的戏台。另有《清明上河图》中所绘宋朝戏台和日本冈田玉氏所画的广和查楼图。

在这之中，山西后土庙戏台和平西琉璃渠村的戏台最为特别。山西后土庙戏台，经梁思成和营造学社考证，为元代的建筑。齐如山先生在为后土庙戏台撰文时，将庙碑碑文一并摘录。据碑文记录，后土庙戏台于正德五年和嘉靖三十六年两次重修，万历二十年再次重修，至万历四十三年修建完成。后土庙只能从前面看戏，戏台中间设置了隔断，用来悬挂门帘台帐。此种样式的戏台并不多见。令人痛惜的是，后土庙戏台在抗日战争时期被毁，《国剧画报》所载后土庙戏台照片，是研究后土庙戏台的唯一资料。平西琉璃渠村关帝庙戏台，规模较大。据营造学社考证是金辽时代建筑，弥足珍贵。"此台有特别之点，即台旁有一小台，当系场面坐落之处。这种建筑法，与现在人的思想颇近。他处的戏台，还没有这样的构造法呢。"①

除上文提到的两种戏台之外，其余地方戏台的配文多为简单的介绍性文字，图像资料的价值意义更大，现将《国剧画报》所载的地方戏台图文资料整理如表 1。

表 1　《国剧画报》所载地方戏台图文资料一览表

图片	来源	文章	期数
《图绘中之宋朝戏台》（宋张择端清明上河图之一段）	恽公孚君摄赠	《宋朝戏台图志》齐如山	1 - 13
《四川万县桓侯庙之戏台》		《四川万县桓侯庙之戏台》配文 齐如山志	1 - 14
《山西万泉县四望村后土庙之元代戏台》	徐次辰先生赠刊	《关于山西万泉县四望村后土庙之戏台》齐如山	1 - 17
《四川自流井南华宫之戏台》			1 - 18

---

① 齐如山．平西琉璃渠村关帝庙之戏台［J］．国剧画报，1932，1（27）：1.

续表

图片	来源	文章	期数
《山西万泉县四望村后土庙元代戏台正面近摄之影》《后土庙元代戏台建筑正面图》	徐次辰先生赠刊梁思成先生绘	《再志山西后土庙之戏台》惜华	1－20
《北平国剧学会新落成之戏台》			1－21
《平西琉璃渠村关帝庙之戏台》《琉璃渠村戏台后面之琉璃雕刻》《琉璃渠村戏台之一角》	营造学社赠刊营造学社赠营造学社赠	《琉璃渠村之戏台》齐如山	1－27
《西安城隍庙戏台全影》	齐竺山先生摄赠		1－32
《浙江建德县朱买臣庙之戏台及古朱池》	孟伯祥钟慎之先生摄赠		1－33
《四川乡镇戏台之一种》	德国萨培德夫人摄赠	《四川乡镇戏台之一种》齐如山识	2－1
《陕西西安新城之戏台》	齐竺山先生摄赠		2－4
《甘肃天水县城隍庙之戏台》（清康熙间建）	范柳樵先生摄赠		2－6
《四川自流井山西会馆戏台》	齐如山先生藏		2－8
《宁波福建会馆之戏台》	齐如山先生赠刊		2－11
《山东济南城隍庙之戏台》《山东城隍庙戏台之又一影》	文朴庭先生摄赠文朴庭先生摄赠	《山东济南城隍庙之戏台》配文	2－16
《山东曲阜县山西会馆之戏台》	孔稚闿先生赠刊	《山东曲阜县山西会馆之戏台》配文	2－18
《山东济南碧霞宫之戏台》《济南碧霞宫戏台之正面》	闻博庭先生赠刊闻博庭先生摄赠	《山东济南碧霞宫之戏台》配文	2－21
《陕西三原县城隍庙之戏台》	齐仲年先生摄赠		2－22
《山东泰安县城内城隍庙之戏台》	齐如山先生摄赠		2－23
《陕西三原县火神庙之戏台》	齐仲年先生摄赠		2－26

续表

图片	来源	文章	期数
《山东泰山关帝庙之戏台》	齐如山先生摄		2-29
《干嘉时代之广和查楼图》	日本冈田玉山氏画	《广和楼变迁之概观》（上）傅芸子	2-30

　　清末民初，现代摄影技术传入中国，以图像形式记录和传播戏曲知识更为方便和流行。《国剧画报》不是唯一刊登图像资料的戏曲期刊，其他戏曲期刊如《北洋画报》《剧学月刊》《十日戏剧》《立言画刊》《戏剧旬刊》《半月戏剧》等，也都有大量的戏曲图像资料。受当时风潮的影响，大部分戏曲期刊在刊登图片时，更倾向于选择名伶剧照、名伶生活照等，偏重世俗生活趣好。他们更关注的是活跃于舞台之上的名伶本身，对于舞台之外的戏曲文物，虽然也有文章发表，但多零散。而《国剧画报》的独特之处，就在于它对当时不被戏界所关注的古戏台的记录、保存和研究，是同时期刊登相关文章和图片最多、最专业的刊物。事实证明，《国剧画报》记录下来的这些戏台资料，宫廷戏台尚且无法全部保存完好，更何况隐藏于乡野间的神庙戏台、会馆戏台以及乡祠戏台等地方戏台。它们中的一部分，早已经被损毁。剩下的一部分，经过数百年的风雨侵蚀，亦行将消失。

　　《国剧画报》对古戏台资料的整理与刊登，无论是在当时的特殊历史时期，还是如今的和平年代，都有着重要的价值意义。首先，提高了民国时期社会各界对于古戏台的关注度，一部分戏台建筑和文献资料得以保存下来，有着相当高的史料价值。其次，对当今的戏曲研究者来说，要发掘那些久远的戏曲生态和戏曲习俗时，《国剧画报》中相关内容可发挥重要作用。纵观近年来学界对于古戏台的研究成果，《国剧画报》中的图片和文字都是研究资料的重要组成部分。最后，《国剧画报》中对于古戏台建筑规模形制的介绍与记载，在建筑学领域、考古学领域，都有辅助研究之功用。

参考文献：

[1] 古本戏曲丛刊编刊委员会. 劝善金科 [M]. 北京：中华书局，1964.

[2] 古本戏曲丛刊编刊委员会. 昭代箫韶 [M]. 北京：中华书局，1964.

[3] 齐如山. 齐如山回忆录 [M]. 北京：宝文堂书店，1989.

［4］齐如山. 国剧艺术汇考［M］. 沈阳：辽宁教育出版社，1998.

［5］中国梅兰芳研究会，梅兰芳纪念馆. 梅兰芳艺术评论集［M］. 北京：中国戏剧出版社，1990.

［6］北平国剧学会. 国剧画报［M］. 影印本. 北京：学苑出版社，2009.

［7］孙俊士.《国剧画报》及其文物学价值［J］. 中华戏曲，2010（40）：182－193.

［8］周贻白. 中国剧场史：外二种［M］. 北京：中国戏剧出版社，2016.

［9］陈均.《国剧画报》与"宫廷戏曲"研究［J］. 戏曲艺术，2016（1）：12－17.

［10］张龙，吴晗冰，张芝明，张凤梧. 圆明园同乐园清音阁戏楼钩沉——兼论清宫三层戏楼的空间使用特征及其成因［J］. 故宫博物院院刊，2019（9）：54－63.

试论中国古代文学作品中的僵尸形象[*]

所谓"僵尸"，指的是人类去世后，尸体因阴气过重而变成的可僵直移动的鬼怪，存在于民间传说当中，又称"移尸""跳尸"。在明清时期的文学著作中，记录僵尸比较全面的要数清代袁枚的《子不语》《续子不语》。根据笔者粗略统计，袁枚的《子不语》与《续子不语》中关于僵尸的篇目大致有28篇。袁枚曾在《续子不语》卷三《旱魃有三种》的一篇中这样说道："一种似兽，一种乃僵尸所变，皆能为旱，止风雨。"① 从先生的记述中可以看出，僵尸和旱魃又有着千丝万缕的联系，可能在清代的人们看来，旱魃中的一种就是由僵尸变化而来的。所以要了解这其中的关联，我们首先应该弄清楚僵尸的由来。

一、僵尸溯源

任何一种事物都不会凭空产生或者突然出现。僵尸之说虽兴盛于明清之际，但或许在这之前，它已经经历了一个漫长的孵化过程。

（一）僵尸的形成

袁枚在《子不语》卷一《南昌士人》一文中讲述了这样一个故事：江西南昌县有一长一少，一起读书于北兰寺，甚相友善。后长者归家暴卒，少者不知，在寺中读书如故。一天晚上，长者化鬼前去与少者叙别："吾别兄不十日，竟以暴疾亡。今我鬼也。朋友之情，不能自割，特来诀别。"② 并嘱托少者三件事，少者泣留，长者再次辞别后，忽然"立而不行，两眼瞠视，貌渐丑败③"，变成了一具僵尸的模样。少者吓得逃跑，尸亦随之疾奔，直至少者翻墙而倒，一人

---

* 作者简介：李小沛（1995—），女，山东省荣成市人，2018届中国古代文学专业硕士研究生。

① （清）袁枚．子不语［M］．申孟，甘林．校点．上海：上海古籍出版社，1986：689.
② （清）袁枚．子不语［M］．申孟，甘林．校点．上海：上海古籍出版社，1986：3.
③ （清）袁枚．子不语［M］．申孟，甘林．校点．上海：上海古籍出版社，1986：4.

一尸才隔墙而对。天亮后，少年被路人救下，长者的家人也把尸身抬回家去安葬。故事的末尾袁枚讲道："人之魂善而魄恶，人之魂灵而魄愚。其始来也，一灵不泯，魄附魂以行。其既去也，心事既毕，魂一散而魄滞。魂在则其人也，魂去则非其人也。世之移尸走影，皆魄为之，惟有道之人为能制魄。"①

在这里，袁枚认为会出现南昌士人这样的情况，是因为人有"魂魄"，人之魂善而魄愚，长者心事一了，魂去魄留，主宰尸身，故而闹出这样的惊人事件。纪昀在《阅微草堂笔记》卷十《如是我闻（四）》中对袁枚的《南昌士人》一文做出"语亦凿凿有精理"②的评价，认为其言论有一定的合理性。由此，从袁枚关于僵尸形成的看法中，我们可以归纳出"魂魄之说"。袁枚还在《续子不语》卷五的《尸奔》一文中，对僵尸的行动原理做出了解释："尸能随奔，乃阴阳之气翕合所致。盖人死阳尽绝。体属纯阴。凡生人阳气盛者，骤触之，则阴气忽开，将阳气吸住，即能随人奔走，若系缚旋转者然。此《易》所谓阴疑于阳必战也。"③

由此来看，僵尸能够行动起来是因为纯阴的尸体吸收了生人的阳气，感阳而随人奔走，所以是阴阳交接的缘故。至此，袁枚关于僵尸的观点便可以概括为"阴阳魂魄说"，而这个说法其实并非袁枚首创。早在春秋时期左丘明修撰的《左传·昭公七年》中，就有一段"魂兮归来"的伯有闹鬼事件，当时是子产出面平息了这件事。《左传》中记录了一段子产关于"鬼"的言论："人生始化曰魄，既生魄，阳曰魂。用物精多，则魂魄强，是以有精爽至于神明。"④

子产认为人是由魂与魄两部分构成的，魂为阳性，魄为阴性。魄指的就是人的肉身，魂即为依附于肉身之上的灵气。人刚出生的时候就有了魄，而后依附于身体的气不断作用，才使人有了情感、思维，也就有了魂，所以说人的魄是没有思想的。这样袁枚认为魄愚而魂善，纯阴感阳的"阴阳魂魄说"与子产的说法就有相通之处了。而以子产的这一套高深的理论再向前追溯，不难发现，子产的理论其实也是在前人思想的基础上一点点演化而来的。

先秦诸子普遍认同"灵气"的存在，认为天地万物皆由气凝聚而来。《管子》认为"凡人之生也，天出其精，地出其形，合此以为人"，《素问·天气通天大论》说"自古通天者，生之本，本于阴阳。天地之间，六合之内，其气九

---

① （清）袁枚．子不语［M］．申孟，甘林．校点．上海：上海古籍出版社，1986：4.
② （清）纪昀．阅微草堂笔记［M］．上海：上海古籍出版社，1980：224.
③ （清）袁枚．子不语［M］．申孟，甘林．校点．上海：上海古籍出版社，1986：722.
④ 陈戍国．春秋左传校注［M］．长沙：岳麓书社，2006：881.

州，九穷五脏十二节，皆通乎天气"，《礼记》又说"骨肉毙于下阴为野土，其气发扬于上"，凡此种种。所以由"气"到"魂"再到"阴阳魂魄说"，这是一个文学与思想上的漫长的演化过程，中国人古往今来的魂魄观造就了袁枚的"阴阳魂魄说"，也给僵尸的形成问题做出了一个中国式的解答。

(二) 僵尸的原型

既然僵尸的形成之说是可以追溯到先秦时期的，那僵尸的最初形态或许也能够在明清之前的文学作品中发现蛛丝马迹，甚至也能够追溯到先秦时期。

据传，汉宣帝年间，某地有一石室塌陷，人们发现里面有一个戴着刑具反捆着的古尸，便将其运送至长安。汉宣帝知道这件事以后，问遍群臣，无人知晓此人。在考古发达的现代社会，发现古尸或许并不算一件稀奇的事情，但在古代，这就是一件奇事了。唐人李冗撰写的《独异志》就提到了这件事。《独异志》卷上《刘向父子博闻》："汉宣帝时，有人于疏属山石盖下得二人，俱被桎梏，将至长安，乃变为石。宣帝集群臣问之，无一知者。刘向对曰：'此是黄帝时窳瘛国负贰之臣，犯罪大逆，黄帝不忍诛，流之疏属山。若有明君，当得出外。'帝不信，谓其妖言，收向系狱。其子歆自出应募以救其父，曰：'须七岁女子乳之，即复变。'帝使女子乳，于是复为人，便能言语应对，如刘向之言。帝大悦，拜向为大中大夫，歆为宗正卿。诏曰：'何以知之？'歆曰：'出《山海经》'。"①

唐皮日休的《虎丘寺殿前有古杉》一诗中也出现了相关的语句："未倒防风骨，初僵负贰尸。"可见西汉时发现古尸的传闻一直流传到了唐代。根据李冗《独异志》的记载，当时汉宣帝问遍群臣，只有刘向能道出这具古尸的来历。刘向为什么能知道这具古尸的身份？他的答案就源自《山海经》。西汉时，刘向父子一起编辑整理过《山海经》。《山海经·西山经》卷十一："海内西南陬以北者。贰负之臣曰危，危与贰负杀窳瘛。帝乃桎之疏属之山，桎其右足，反缚两手与发，系之山上木。在开题西北。"由此可见，早在《山海经》中便有了关于古尸与鬼怪的记载。《山海经》中记录了各种奇异的尸体，其中最为著名的形象之一是战神刑天。《山海经·海外西经》记载："刑天与帝争神，帝断其首，葬之常羊之山。乃以乳为目，以脐为口，操干戚以舞。"②刑天失去了脑袋，但是身体却依然存活，就这样成为一具不会老去、不会死亡的尸身，这与袁枚笔下的僵尸"魂去魄留"似乎有着相通之处。没有了脑袋代表思想与灵气的离开，

---

① (唐) 李冗. 独异志 [M]. 张永钦，侯志明，点校. 北京：中华书局，1983：21 - 22.

② 袁珂. 山海经校译 [M]. 上海：上海古籍出版社，1985：191 - 192.

这或许便可以视为僵尸的早期原型。《山海经》是先秦奇书，那个时代是没有"魂魄说"的，要怎样去解释尸身的复活，从刑天的故事来看，或许这就是"愤怒"的力量，即尸身因"愤怒之情"而活，所以僵尸可能就是由这样古老的鬼神形象一点点演化来的。虽然僵尸之说是到了明清时期才兴盛起来，但是以明清时期的文学作品为起点，一直向前追溯，便可以发现，在中国古代文学作品中其实早就有了僵尸的影子。

二、僵尸与旱魃的关系

前文中提到僵尸与旱魃有着千丝万缕的联系。清代时的人们大多认为旱魃之一就是由僵尸变化而来的，那这两者是怎样扯上关系的？纪昀在《阅微草堂笔记》卷七《如是我闻（一）》中讲道："旱魃为虐，见《云汉》之诗，是事出经典矣。《山海经》实以女魃，似因诗语而附会。然据其所言，特一妖神耳。近世所云旱魃，则皆僵尸。掘而焚之，亦往往致雨。"① 因为僵尸之说是明清之际才开始兴盛的，所以要考察僵尸与旱魃两者之间的关系，首先应当从较早出现的旱魃说起。

《山海经·大荒北经》卷十七记载："有人衣青衣，名曰黄帝女魃。"② 这个着青衣的女子，就是黄帝的女儿。相传，在黄帝大战蚩尤之时，蚩尤请来了风伯雨师，狂风暴雨肆虐，黄帝之女曾利用身体内巨大的热能，帮助黄帝驱逐风雨，战胜蚩尤。虽然天女魃在战场上立下了大功，但是她再也回不到天上了，她体内的巨大热能，使其所到之处滴雨不下，由此，女魃就变为了旱魃。《诗经》中曾吟诵道："旱既大甚，涤涤山川，旱魃为虐，如惔如焚。"《神异经》中也记载："南方有人，长二三尺，袒身而目在顶上，走行如风，名曰魃，所之国大旱。"古时候的人们，在面对大旱天气之时无能为力，没有办法对天灾做出合理的解释，他们认为是旱魃引起的旱灾，所以关于旱魃的传说也就应运而生了。而这只是旱魃的来历，旱魃与僵尸能搭上关系，还要看宋代洪迈的《夷坚志》。《夷坚志·夷坚乙志·刘子昂》："绍兴三十二年，刘子昂为和州守，方淮上乱定，独身之官。他日见好妇人，出入郡舍，意惑之，招与合。历数月久，因诣天庆观朝谒。有老道士请问，曰：'使君不挈家，而神色枯悴黧黑，殆有妖气如何？'刘初讳不答，再三言之，乃以买妾对。道士曰：'非人也，将不可治。今以二符相与，逮夜宜悬于户外，渠当不敢入。'刘以符归，夜未半，妇人至，

① （清）纪昀. 阅微草堂笔记［M］. 上海：上海古籍出版社，1980：124.
② 袁珂. 山海经校译［M］. 上海：上海古籍出版社，1985：286.

怒骂曰：'相待如夫妇，何物道士乃尔！吾去即去，无忆我。'刘不能割爱，亟起取符坏之。终不瘥生人何以畏符，复绸缪如初。又数日，道士入府问讯，望见刘，惊愕曰：'弗活矣，奈何！奈何！然当令使君见之。'命取水数十担覆于堂，其一隅方五六尺许，水至即干。掘之，但巨尸偃然于地，略无棺衾之属，僵而不损。刘审视，盖所偶妇人也。大恶之，不日而殂。王嘉叟说，得之于韩琏之子季明。"①

大意是讲道士见刘子昂神色枯悴，说他身上有妖气便再三询问，刘子昂以买妾对之。后来，道士入府询问，让人挑十担水倒在院子里，只有一个角落"水至即干"，在那个地方挖掘，发现了"巨尸偃然于地，略无棺衾之属，僵而不损。"所以巨尸能吸水，而这具尸体又"僵而不损"，这就是一具能吸水的僵尸。再来说天为什么不下雨，因为水都被吸走了。天上的雨被会吸水的僵尸都吸去了，也就造成了大旱，在古时人们知识水平不高的情况下，用这种说法来解释天灾是极其可能并且在当时是十分具有说服力的。袁枚在《续子不语》卷三《旱魃有三种》一文中讲："一种似兽，一种乃僵尸所变，皆能为旱，止风雨。"② 一具会吸水的僵尸便将旱魃与僵尸联系了起来，因此在那个时代，人们大多都认为旱魃就是由僵尸变化而来的。从女魃到旱魃，再从旱魃联系上僵尸，这是一个不断演化的过程，同时也是中国古代人民丰富想象力的艺术结晶，反映了当时人们的认知水平与社会生活状况。

文献资料的考证对于文学研究来说是很重要的一个方面，立足于文献的研究是具有说服力的。以僵尸为研究对象，采用溯源法，对僵尸的演变进行文献资料的考察，大致可以看出僵尸的演变过程。对于僵尸的形成，由"气"到"魂"再到"阴阳魂魄说"，这是一个在思想上的漫长的演化过程；而对于僵尸与旱魃的联系，从女魃到旱魃，再通过吸水的尸体，由旱魃联系上僵尸，这也是一个不断演化的过程。通过文献资料的搜集，可以发现，"僵尸"其实是一个沿着历史脉络而不断演化的鬼怪形象，这个演变过程离不开劳动人民的智慧与想象，离不开人们对鬼神的敬畏和对人生的思考。立足于文本，运用文献资料去佐证研究的方法，不论过去多长时间，都不会过时。

参考文献

[1]（宋）洪迈. 夷坚志：2［M］. 北京：商务印书馆，1937.

---

① （宋）洪迈. 夷坚志：2［M］. 北京：商务印书馆，1937：33.

② （清）袁枚. 子不语［M］. 申孟，甘林. 校点. 上海：上海古籍出版社，1986：689.

［2］（清）纪昀. 阅微草堂笔记［M］. 上海：上海古籍出版社，1980.

［3］（唐）李冗. 独异志［M］. 张永钦，侯志明，点校. 北京：中华书局，1983.

［4］袁珂. 山海经校译［M］. 上海：上海古籍出版社，1985.

［5］（清）袁枚. 子不语［M］. 申孟，甘林，校点. 上海：上海古籍出版社，1986.

［6］陈戍国. 春秋左传校注［M］. 长沙：岳麓书社，2006.

《金瓶梅》 西门庆府邸的厅堂叙事*

作为古代家庭小说代表性作品的《金瓶梅》，以西门庆府邸为中心，描绘了明代中后期的世态人情。府邸的厅堂空间浓缩了广泛的社会文化意义。关于厅堂的位置，还有一些有待商榷的问题。作品中提到最多的两个厅是"前厅"和"后厅"，此外还曾提到"中厅"，它们分别处于不同的空间。张竹坡的《西门庆房屋》① 中列举了西门庆府邸的一些建筑，但是并未提到厅堂建筑。孟庆田的绘图②中，只有第二层的一个大厅。刘文佼、李树华③的绘图中，第二层的厅明确标明是"前厅"，但也未提到后厅。诸葛净④曾提到，"前厅与第四进上房院落之间布局不详"，认为可能有一座后堂，后厅和佛堂都在此处。韩晓⑤认为张竹坡漏掉的前厅和后厅中，前厅是花园前面的大厅，后厅是花园后面仪门之内的小厅。综上所述，关于前厅和后厅的位置关系，还未有明确结论。作品中的描述较为模糊，根据影壁的描绘，后厅应当位于第三层。第二十一回，后厅明间举办家庭宴会，宴会中吴月娘"见雪下在粉壁前太湖石上甚厚"于是下席来扫雪、烹茶。可见，后厅明间前有粉壁、太湖石。粉壁即影壁，一般是指正对着门口而设的墙壁，有时会设在门内两侧，正对着上房。比如，第四层有影壁。第二十一回，西门庆曾躲在影壁后面，看吴月娘在天井烧香礼拜。因而后

* 孟欣誉（1996—），女，山东省淄博市人，2018级中国古代小说专业硕士研究生。

① （清）张竹坡．张竹坡批评《金瓶梅》［M］．王汝梅，李昭峋，于凤树，校点．济南：齐鲁书社，1991：6－7．
② 孟庆田．《红楼梦》和《金瓶梅》中的建筑［M］．青岛：青岛出版社，2001：182．
③ 刘文佼，李树华．《金瓶梅》中"西门府庭园"模型之建立（上）［J］．华中建筑，2016，34（5）：146．
④ 诸葛净．厅：身份、空间、城市——居住：从中国传统住宅到相关问题系列研究之一［J］．建筑师，2016（3）：74．
⑤ 韩晓，黄霖，等．中国古代小说叙事三维论［M］．上海：上海世纪出版集团，2009：320．

厅明间前面有影壁，说明后厅在单独一层，应当位于第三层。

另外，中厅只出现一次。第七十五回，后厅摆设宴席，伶官乐人在"前厅仪门里东厢房那里听候""中厅、西厢房与海盐子弟做戏房"①。此时中厅承载了类似于厢房的功能，应当是建筑内部相对具有隐私性的空间。

笔者从厅堂的功能、布局为出发点，探讨《金瓶梅》厅堂空间的叙事特点和文化内涵。

一、厅堂的宴会功能

（一）举办盛大的宴会

府邸的厅堂是较为正式的会客场所，在这里举办的宴会更具有仪式性、官方化的特点。首先，厅堂上的座次安排，充分体现官员的身份等级关系。第三十一回的宴会上，官员之间互相让座次，刘、薛内相坐于席面的左右两旁，其次才是夏提刑、周守备、荆都监等众人。在迎接本县四宅官员时，薛内相也居于首座。刘、薛内相并没有具体官职，但受朝廷之命，分别管理皇庄、砖厂。他们趁机牟取利益、扩展势力。刘内相拥有一座规模宏大的私家园林，薛内相更是经常与西门庆混在一起，显示出明代宦官的腐败。第七十六回，在迎接侯石泉的宴会上，众官两旁陪坐，宋御史居主位。宋御史是"巡按监察御史"，侯石泉在升职前是"山东巡抚都御史"。二人的官职不同，明代巡按的职位是高于巡抚的。关于巡按，《明史》记载"巡按则代天子巡狩，所按藩服大臣、府州县官诸考察，举劾尤专，大事奏裁，小事立断"②。因而，巡按受皇帝直接派遣，具有监督、举劾的权力。"嘉靖以后，巡按权大长，巡按以事相争，朝廷往往庇按罪抚。"③ 可见，当时巡按的职权要大于巡抚。此时，侯石泉升职为太常卿。太常卿是正三品的官职，但宋御史的职位依旧更高些。第六十五回，巡按、巡抚率一省官员在西门庆家的厅堂接待钦差黄太尉。按照官员品阶，厅上的座次为：黄太尉坐大插桌，巡抚、巡按陪坐在观席的两张小插桌，八府的官员都在厅外的棚内。而本县的守备、都监等官员则坐在客位内，其他人则在花园卷棚内管待。此时，正宅的厅堂成为宴会中心。可见，厅堂的座次安排，充分体现了官场的礼仪特点。

---

① （明）兰陵笑笑生. 金瓶梅词话 [M]. 戴鸿森，校点. 北京：人民文学出版社，1992：759.

② （清）张廷玉，等. 明史 [M]. 北京：中华书局，1974：1768.

③ 林干. 论明代的总督巡抚制度 [J]. 社会科学辑刊，1988（2）：87.

其次，厅堂上的宴席分为不同的规格，呈现出明代官方宴席的要求。接待黄太尉的宴会规模可谓空前绝后，宴席的规格分为"大桌面""平头桌面"和"散席"。大桌面的规格是"肘件、大饭、簇盘、定胜、方糖、五老锦丰、堆高顶"，平头桌面是"五果五菜"。《宛署杂记》中记载的"会试场上下马二宴"①，有"大看席"和"小看席"之别，比如，烧鹅这类珍贵的食物，只有大看席上才有。西门庆在宴请朝廷委派的黄真人时，也曾是"大桌面""平头席面"和"散席"三种规格。来自京城的黄真人是有名的道教官员，黄真人身上戴着"金带"，古代官员的腰带，"三品金钑花，四品素金"②，黄真人应当是四品官职。可见，宴会席面划分不同的规格，更显正式性和官方化，突出身份的政治性。

再次，宴会上声乐演奏围绕厅堂进行，但位置有所不同。通常，厅上是细乐表演，即管弦乐演奏，它们区别于锣鼓等音响较大的乐器。戏曲表演也在厅上进行，并且表演者要按照一定的顺序依次到厅上演唱。一般正戏前表演笑乐院本，其次是小优唱清曲或者海盐弟子的演唱。而鼓乐队的表演地点相对固定，一般在厅阶下，不需要进入厅内。鼓乐演奏有时在门口，它以打击乐器为主，又融合笙笛箫管等多种乐器，成为迎送礼仪的重要部分。《释名》言："陈，堂途也，言宾主相迎陈列之处也。"③ 陈，便是指厅堂到大门首的路径，是迎客之处，也是鼓乐表演的空间。古代大户人家还会设有专门的"鼓乐厅"，可见演奏地点显示出鼓乐表演的礼仪性质。《明史》中曾言："军门设铜鼓数十，仪节详密"④，指出鼓乐是古代的一种仪式表演。项阳曾指出："鼓吹乐亦为礼乐的有机构成。"⑤ 而鼓乐演奏渲染气氛，显示场面的隆重，更具有仪式感。鼓吹乐队一般在迎客、送客时演奏，作为开场和散场的标志性音乐。文中常写到"前厅鼓乐响动"，便意味着府邸来客。鼓乐表演有时也会在正宅的其他空间，比如，迎接巡抚时乐队便在二门内。当然，重要的节日，鼓乐演奏也会转移到府邸的大门外，或是在四下通透的花园聚景堂处。从厅堂到大门首，显示出鼓乐的室外演奏特点，而以厅堂为中心的鼓乐表演更成为宴会的重要部分。

（二）厅堂表现出独特的政治意味

西门庆府的厅堂空间，具有独特的政治意味。正如巴赫金在论述小说"时

---

① （明）沈榜．宛署杂记·卷15［M］．北京：北京古籍出版社，1982：155.

② （清）张廷玉，等．明史［M］．北京：中华书局，1974：1637.

③ （清）毕沅疏证．释名疏证［M］．北京：中华书局，1985：170.

④ （清）张廷玉，等．明史［M］．北京：中华书局，1974：4735.

⑤ 项阳．礼乐·雅乐·鼓吹乐之辨析［J］．中央音乐学院学报，2010（1）.

空体"时提到，客厅是小说事件发生的重要处所。巴赫金曾举例在"复辟和七月王朝的客厅沙龙"中，"人们从这里开始飞黄腾达，也从这里身败名裂""揭示出生活中新主人——金钱的无所不在的权力"①。客厅除了作为重要的家庭空间，还具有一定的社会意义。

首先，西门庆的厅堂装饰搭配不协调。厅堂最显眼的两件装饰品，分别是屏风与铜锣铜鼓，它们是西门庆政治欲望的象征。厅的正面摆放一座"三尺阔、五尺高、可桌放的螺钿描金大理石屏风"②。文震亨的《长物志》记载："屏风之制最古，以大理石镶下座，精细者为贵。"③ 可见这架屏风属于上等的装饰品。应伯爵称"五十两银子还没处寻去"，这座屏风是白皇亲家拿来当的，应当属官家之物。除了屏风，西门庆还收了两架铜锣铜鼓。古代的铜锣铜鼓是权力和富贵的象征，本属于宫廷之物。一般在高级官员府内才会拥有，二品官何太监的府内便有铜锣铜鼓。何太监为了迎接西门庆，特意把铜锣铜鼓抬到厅上表演。西门庆所收的这架铜锣铜鼓，"雕刻云头""朱红彩漆，都照依官司里的样范"④，是较为珍贵的一类装饰品。实际上，在明代中后期的市面上，这类珍贵的物品已经大幅度贬值。文中提到这架铜锣铜鼓与大理石屏风的典当价格一共是 30 两银子，谢希大感叹："少说也有四十斤响铜，该值多少银子?"⑤《大明会典》中记载了相关物品的收税要求，其中"响铜每斤、连五纸每千张……各一贯"⑥。高寿仙对此进行物价估算，认为响铜 1 斤，0.18 两银子⑦。可见这个价格是很低的，若只根据响铜重量，也就值 7.2 两银子。《宛署杂记》记载："铜锣四面，价一两四钱；大鼓四面，重幪皮彩画，价二两四钱。"⑧ 当然西门庆的这架铜锣铜鼓是官府制品，价格应该更高些。但应伯爵、谢希大口中的价格，显然夸张很多。西门庆最初并不想收，他作为一名生意人，自然知道这是"下坡车儿营生"，此时的铜锣铜鼓已经贬值。因而，崇祯本此回的回目为"应

---

① （苏联）巴赫金. 小说理论 ［M］. 白春仁，晓河，译. 石家庄：河北教育出版社，1998：448.

② （明）兰陵笑笑生. 金瓶梅词话 ［M］. 戴鸿森，校点. 北京：人民文学出版社，1992：564.

③ （明）文震亨. 长物志 ［M］. 上海：商务印刷馆，1936.

④ （明）兰陵笑笑生. 金瓶梅词话 ［M］. 戴鸿森，校点. 北京：人民文学出版社，1992：564.

⑤ （明）兰陵笑笑生. 金瓶梅词话 ［M］. 戴鸿森，校点. 北京：人民文学出版社，1992：565.

⑥ （明）李东阳. 大明会典（明万历刊本）［M］. 台湾：文海出版社，1985：40 − 41.

⑦ 高寿仙. 明代北京三种物价资料的整理与分析 ［J］. 明史研究，2005（9）：106.

⑧ （明）沈榜. 宛署杂记 ［M］. 北京：北京古籍出版社，1982：132.

伯爵劝当铜锣"。应伯爵之"劝",表明这架铜锣铜鼓虽然已贬值,但仍具有贵族象征性。此时的西门庆正处在"官兴正新,财念方浓之时"①,他善于利用当铺的生意和金钱优势,将大厅装扮出更加高贵的气派。西门庆以此彰显自己的社会地位,同时表明了他试图挤进上层社会的官场野心。另外,厅堂上除了有代表着贵族阶级性的装饰品,还有"肥皂色起楞的桌子""泥鳅头的交椅"等奇丑不扬的俗物,对比来看,前后两种装饰显得格格不入。

鼓乐演奏需要专业负责吹打的乐工,明代富裕的官员家庭,通常会有私人的鼓乐表演团队,王皇亲府有鼓乐表演的戏班,西门庆会提前到王皇亲府内预订乐工。乐工的数量根据宴会规模来决定,元宵节宴会上,六位乐工负责铜锣铜鼓的表演。而在一些大型宴会,人数多至二十人。蔡太师府有二十四人一班的女乐工,负责日常的鼓乐演奏。凡是"早膳、中饭、夜燕,都是奏的"②,反映了蔡太师府的奢华萎靡现象。

其次,厅堂空间是西门庆宴请官员、开拓人脉关系的重要场所。厅堂后期频繁接待高级官员,其中很多宾客都与京城蔡太师有密切关系。比如,蔡知府是蔡太师的第九子,蔡御史、安忱是蔡太师的假子,宋御史是"蔡攸之妇兄"。以至于西门庆到东京时,受到京城各方官员的热情款待,并且进入皇宫,面见皇帝,彰显出西门庆不断扩大的官场势力。厅堂空间不仅见证了西门庆的官场之路,更见证了其他官员的官场晋升之路。工部安郎中两次借府请客,第一次是在第七十二回,安郎中与宋松泉、钱龙野、黄泰宇四人做东,迎请蔡少塘。第二次请客是安郎中与雷兵备、汪参议做东,宴请"新升京堂大理寺丞"的"杭州赵霆知府"。第五十二回,西门庆在夏提刑家吃酒,宋巡按曾送礼与他。之后,宋御史在第六十五回,参与迎请六黄太尉的酒席。整场宴会,由宋巡按做东主持。第七十六回,宋御史"同两司做东"在厅堂上迎请新升为太常卿的侯石泉。荆都监更是得知西门庆与宋巡按的关系后,趁此机会贿赂西门庆,让西门庆推举自己。结果在第七十八回,荆都监顺利晋升为"东南统制兼督漕运总兵官",他来到西门庆府道谢。此时厅上"兽炭顿烧,暖帘低放",两名小优歌唱。前厅宴席转变成为私人化和随意性的小酒席,体现二人之间的私下交易关系。西门庆的厅堂宴会,成为官员交往和官职晋升的媒介,更具官场政治

① (清)张竹坡.张竹坡批评《金瓶梅》[M].王汝梅,李昭珣,于凤树,校点.济南:齐鲁书社,1991:656.

② (明)兰陵笑笑生.金瓶梅词话[M].戴鸿森,校点.北京:人民文学出版社,1992:722.

色彩。

官员们的借府请客，会向西门庆送一些分资，但是分资都很少。安郎中第一次的分资为八两银子、四盆花草、两坛金华酒。但第二次却只给了二三两银子的分资，连应伯爵都说"三两银子够做什么，哥少不得赔些儿"①。宋巡按迎请六黄太尉送了大红彩蟒、酒、羊等物资和八府的一百零八两银子。但这次宴会实际花费了上千两银子，宋巡按的分资显然是杯水车薪。清河县官员借助自己的官场地位，利用西门庆的财富和官场名声，拓宽自己的官场势力。西门庆迎请六黄太尉时，正值李瓶儿去世不久。西门庆感叹"有服在家，奈何奈何"时，黄主事的一句"如其不纳，学生即回松原，再不敢烦渎矣"②，西门庆立刻答应了他的要求。西门庆强烈的官场欲望，使他完全被控制在各府官员手中。

金钱的交换，使传统的私人家庭空间更具社会公共性质，呈现出清河县官员们的趋炎附势之态。身份和势力的背后，隐藏着复杂的官场关系。西门庆府的厅堂成为连接东京与清河县的权力空间，具有政治表征性。由此看来，厅堂上挂着的"承恩"牌匾，是国家政治以上而下的腐败象征，更显讽刺之意。

二、厅堂的祭祀功能

古代的丧葬礼仪，具有严格的空间要求。《礼记》记载："饭于牖下，小敛于户内，大敛于阼，殡于客位，祖于庭，葬于墓，所以即远也。"③ 从室内到室外，体现出古代丧葬仪式严格的空间要求。随着时代的发展，祭祀场所集中，小殓、大殓、殡祭等仪式，一般都在厅堂空间完成。此时，厅堂被布置成为祭祀亡灵的灵堂。前厅停放灵柩，设围屏，"收灯卷画，盖上纸被，设放香灯几席"。灵柩的停放地点，体现了长幼有序、尊卑有别的人伦思想。官哥死后，灵柩停放在前厅西厢房内。西门庆死后，灵柩便停放在大厅上。但是李瓶儿死后，她的灵柩也停在了"大厅正寝"，这显然违反了古代的礼仪规范。孙希旦曾指出古代"嫡妻死于正室，则殡、祭皆于正室；妾虽摄君，其死犹在侧室，则殡、祭皆于侧室也"④。从这一点来看，妻妾殡祭的主要空间应当设置在居室内。妾的地位低，其祭祀空间更不应当在大厅正寝。李瓶儿的葬礼上，西门庆不止一

---

① （明）兰陵笑笑生. 金瓶梅词话［M］. 戴鸿森，校点. 北京：人民文学出版社，1992：1155.

② （明）兰陵笑笑生. 金瓶梅词话［M］. 戴鸿森，校点. 北京：人民文学出版社，1992：889.

③ （元）陈澔注. 礼记集说［M］. 上海：上海古籍出版社，1987：37.

④ （清）孙希旦. 礼记集解［M］. 北京：中华书局，1989：709.

次地破坏礼仪规范，他曾在李瓶儿的题旌上写"西门恭人李氏枢"，连应伯爵都提醒他"见有正室夫人在"①。可见，在西门庆心中，李瓶儿拥有与正室比肩的地位，她的葬礼围绕厅堂而举行，隆重而盛大。

小敛不注重灵堂的装饰，主要是指对逝者身体的处理，如铺衣衾、抿目。小敛之后，便开始对灵堂进行整体的布置。灵前摆放各类器物，如彝炉商瓶、烛台香盒，这类器物又称为明器。《礼记》记载："其曰明器，神明之也。"② 因而，明器又有供奉神明之意。李瓶儿的葬礼时，西门庆特意请锡匠、银匠打造金银器物，其中有三副银爵盏，价值十两银子。大殓"抬尸入棺"，之后灵前"贴'神灯安真'四个大字"，并开始悬挂影身像、题名旌。从小敛到大敛，灵堂的布置更加庄严和完整。在下葬回灵之后，徐先生会回到前厅祭神洒扫，各个门户也都要张贴黄符，如此一来，厅堂空间的祭祀仪式才算完成。

《金瓶梅词话》中有些府邸的厅堂，承担了祭祖功能。比如，王招宣府的后堂，供养着祖先王景崇的影身像。另外，古代的厅堂建筑，还有其他的营造形式，如佛堂、明堂、享堂等。西门庆府邸有佛堂，平时吴月娘会到此处烧香礼拜。第三十九回，李瓶儿曾到佛堂为官哥烧经疏。佛堂供奉佛像，是向神明祈祷祝愿之地。西门庆家的祖坟建有白玉石凿的神路明堂，摆放"香炉烛台"供祭奠。周守备府内有供奉祖先的画堂，祖坟上也有"享堂"建筑。享堂是古代祠堂的主体部分，一般建在士大夫家中。因而，无论是家宅还是祖坟，都体现出传统的厅堂建筑具有居丧祭祀的功能。

厅堂上的宗教法事，使其成为沟通人神的中介空间，体现了敬畏生命的宗教精神。官哥和李瓶儿去世时，徐先生都要在前厅"祭神洒扫"。第七十六回，阴阳徐先生在厅堂上，烧纸还愿心。第五十三回，施灼龟在前厅点龟板，前厅要"点烛烧香，舀净水，摆桌子"③。西门庆对天祷告之后，再进入厅堂，将龟板放在厅堂的桌子上。

厅堂上的祭祀活动，最隆重的便是设坛法事。张泽洪曾提到"建坛地点的选择，是坛仪首要之务"④。古代的斋坛地点更要"择净地""选择洞天福地、靖庐名山、玄坛宫观，曾是战场、屠坊、刑狱、冢墓等秽恶之地不可建坛"。尽

① （明）兰陵笑笑生. 金瓶梅词话［M］. 戴鸿森，校点. 北京：人民文学出版社，1992：865.
② （元）陈澔注. 礼记集说［M］. 上海：上海古籍出版社，1987：51.
③ （明）兰陵笑笑生. 金瓶梅词话［M］. 戴鸿森，校点. 北京：人民文学出版社，1992：696.
④ 张泽洪. 论道教斋醮仪礼的祭坛［J］. 中国道教，2001（4）：18.

管这是针对古代大型的郊祀而言，但也说明设坛地点尤其重要。再者，坛场本身需要设立在较高处，《礼记·檀弓上》："吾见封之若堂者矣。"郑玄云："堂形四方而高。"① 《长物志》记载："梁用球门，高广相称。"② 因而在民间宅邸中，厅堂便是设坛地点的最佳之选，它符合明净、严肃、威仪的空间要求。一般而言，比较正式的解禳法事，都需要在高大宽广的厅堂内进行。

第六十六回，黄真人曾在灵堂上进行炼度荐亡仪式。这场仪式程序烦琐，需要提前一天在厅上铺设坛场，正面"悬挂斋题二十字"。次日五更，在厅堂"讽诵诸经敷演生神玉章"。日高时分，厅堂上设"经筵法席""大红销金桌帏，妆花椅褥，二道童侍立左右""行毕午香"③。"天色渐晚"时，进行水火炼度。时空的特殊安排，体现这场仪式的隆重性。此时，厅堂成为超度亡灵之地，从悬挂道像、设置法席，以及左右道童等布置要求来看，此时的厅堂相当于寺庙道观里的大殿。另外，厅前大棚内，"搭高架，扎彩桥，安设水池火沼，放摆斛食""李瓶儿灵位另有几筵帷幕，供献齐整，旁边一首魂幡，一首红幡，一首黄幡"④。由此，整个设醮活动都围绕厅堂的内外空间进行。直到门首烧箱库，是仪式的最后一个步骤。因从厅堂到门首，体现了道场仪式的完整性和空间特点。而厅堂无疑是最核心的祭神场所，如果没有五间规格的大厅，似乎很难在家中举行规模如此庞大的宗教仪式。

有时，较为简单的坛场也会设在其他场所。潘道士的灯坛法事，设在花园聚景堂内部，"用白灰界画""以黄绢围之""四下皆垂着帘幕"⑤。法事更呈现出非现实空间的神异色彩，"一个白衣人领着两个青衣人从外进来，手里持着一纸文书，呈在法案下。潘道士观看，却是地府勾批，上面有三颗印信，唬的慌忙下法座来，向前唤起西门庆来"⑥。此时，阴曹地府的鬼神聚集到此处。半封闭的厅堂空间，完成了现实空间与超现实空间的相互转换。这场仪式是为李瓶

---

① （汉）郑玄注，（唐）孔颖达疏．礼记正义·卷8［M］．北京：北京大学出版社，1999：293.

② （明）文震亨．长物志校注［M］．陈植，校注．江苏：江苏科学技术出版社，1984：27.

③ （明）兰陵笑笑生．金瓶梅词话［M］．戴鸿森，校点．北京：人民文学出版社，1992：906.

④ （明）兰陵笑笑生．金瓶梅词话［M］．戴鸿森，校点．北京：人民文学出版社，1992：909.

⑤ （明）兰陵笑笑生．金瓶梅词话［M］．戴鸿森，校点．北京：人民文学出版社，1992：852.

⑥ （明）兰陵笑笑生．金瓶梅词话［M］．戴鸿森，校点．北京：人民文学出版社，1992：852.

儿祷神，也是李瓶儿临死前的预兆，其演绎方式比较简单。其中祭祀用的物品有"五谷枣汤，不用酒脯，只用本命灯二十七盏，上浮以华盖之仪，馀无他物"①。李瓶儿断七时，女僧在花园卷棚内布设道场，"也不打动法事，只是敲木鱼、击手磬、念经而已"②。花园厅堂"堂庭宽广，院中幽深"，也常用来布置宗教法事。有时，道场也会设在门首，第七十九回僧人在门首挑着纸钱做道场。此外，即使是房屋面积较小的宅子，也可以相对从简做道场活动。比如，武大郎去世后，道人来家中铺陈道场。武大郎的宅子里并没有厅堂建筑，道场活动也非常简单。事后，西门庆仅付给僧人"数两散碎银钱、二斗白米斋衬"③，可见这场活动极其简易和敷衍。相比之下，《金瓶梅词话》中烦琐且正式的祭神活动，一般都在正宅的厅堂或宫观中进行。西门庆为官哥寄名时，到玉皇庙请吴道官做法场，吴道官特意"开大殿"为西门庆铺设坛场。

古人认为，人死后会转化为神灵。灵堂的设置，便体现了安息魂灵、祭拜神明的功能，包含着尊重死者和敬畏生命的意义。而在此空间之下，又处处讽刺贪婪之徒。在西门庆的灵堂上，潘金莲与陈经济不停地逗笑玩闹，"或在灵前溜眼，帐子后调笑"④。李娇儿更与李铭在灵堂帐子后面，偷运财物。种种行为，再一次揭露了这座贪欲府邸内在的罪恶。而宗教法事，又使厅堂进一步转换成为聚集神灵、人神互通的中介空间。正如王其钧在《传统民居的人界观念》中所言，民间住宅的厅堂"间接反映了天国、冥府、人间这三个境地"⑤，体现了厅堂空间的人界观念。同时，宗教活动又使厅堂空间成为超度之地。黄真人为李瓶儿举行的度亡仪式，便是对其罪行的救赎。在府邸空间当中，唯有厅堂最具有类似于寺庙所承载的宗教精神。它通过各类宗教活动，超度魂灵又警示人之贪欲。

三、前后厅的空间布局与性别色彩

从府邸的布局来看，厅堂处于正宅的中心位置。以厅为界限，府邸划分了

① （明）兰陵笑笑生. 金瓶梅词话［M］. 戴鸿森，校点. 北京：人民文学出版社，1992：851－852.
② （明）兰陵笑笑生. 金瓶梅词话［M］. 戴鸿森，校点. 北京：人民文学出版社，1992：941.
③ （明）兰陵笑笑生. 金瓶梅词话［M］. 戴鸿森，校点. 北京：人民文学出版社，1992：91.
④ （明）兰陵笑笑生. 金瓶梅词话［M］. 戴鸿森，校点. 北京：人民文学出版社，1992：1226.
⑤ 王其钧. 传统民居的人界观念［J］. 华中建筑，1997（2）：107.

不同区域。《仪礼》："公侧袭受玉于中堂与东楹之间。"郑玄："中堂，南北之中也。"①这里的中堂便是指处于住宅正中位置的厅堂。陈经济在西门庆府中监督修建花园时，有明确规定他"非呼唤不敢进入中堂"②。陈经济住在厅前的东厢房内，他可以自由活动的范围，便限制在厅前。换言之，未经西门庆的允许，陈经济不能进入厅以及厅后的空间。这一规矩被打破，是由于陈经济被吴月娘叫去上房吃饭。当西门庆回家后，陈经济从后门偷偷溜走。张竹坡曾批："月娘之罪可杀矣。"③借此痛批了吴月娘的行为，认为她是潘金莲和陈经济偷情的幕后推手。这种严格的规范要求，体现了封建社会男女有别的礼制要求。从礼制角度来看，男女冲破空间界限私下会面，的确不符合规范要求。从叙事上来说，作者充分利用这种空间礼制的破坏，来推动剧情的进展。正由于这一次见面，潘金莲和陈经济才有了第一次近距离相见的机会。

后厅最接近内院，具有较强的隐私性。家庭聚会和招待女客，一般都是在后厅。比如，妻妾生日时，基本围绕在后厅和上房。西门庆陷害来旺时，在衙门故意说他拿刀杀入了"后厅"。进入后厅相当于进入了妻妾的内院，这显然犯了空间的伦理禁忌。"后厅"是一个较为敏感的空间，具有鲜明的性别色彩。通常后厅摆放正式的酒席，当西门庆在场时，女性亲戚都会转移到月娘居室内。后厅与前厅承担了不同的功能。一般来说，前厅是以男性为主导的场所，在日常生活中，妻妾很少到达前厅。这展现出封建家庭"男主外，女事内"的伦理规范。

但若是招待有一定身份的女客，西门庆也会在前厅摆设宴席，此时模糊了前厅和后厅的性别色彩。第四十二回，因与西门庆结为亲家，乔五太太来到西门庆府内赴宴。乔家与朝廷关系密切，不仅祖上是世袭指挥使，而且东宫贵妃娘娘是乔五太太的亲侄女。这场宴会的举办空间从大厅延伸至花园。先是在前厅招待，又在后厅明间内"摆设下许多果碟儿，留后座"，花园聚景堂内也摆放宴席。时间从白天持续到"三更天"，可见，这场宴会的性质和规模更像是接待一位官员，而非普通的女客。与此相似的是，在迎接蓝氏的宴会上，应伯爵、吴大舅等男客在花园内，而女客却在前厅。蓝氏是"内府御前生活所蓝太监的

---

① （汉）郑玄注，（清）张尔岐句读，朗文行校点. 仪礼［M］. 上海：上海古籍出版社，2016：197－200.

② （明）兰陵笑笑生. 金瓶梅词话［M］. 戴鸿森，校点. 北京：人民文学出版社，1992：209.

③ （清）张竹坡. 张竹坡批评《金瓶梅》［M］. 王汝梅，李昭恂，于凤树，校点. 济南：齐鲁书社，1991：274.

侄女儿",明代中后期宦官专权,蓝氏身份显然高于荆统制娘子、张团练娘子、云指挥娘子等女客,连西门庆也要亲自到厅上行拜见礼。空间的安排,体现了人物身份的特殊性。庞春梅当上守备夫人后再次回到府邸,吴月娘也是"迎接至前厅"。由此可见,根据女性的社会身份,接待空间也有不同的选择。

另外,李瓶儿的葬礼比较特殊。葬礼期间,女客常在前厅观戏。第六十三回,"众堂客女眷祭奠,地吊锣鼓,灵前吊鬼判队舞,戟将响乐"①,之后众人再到后厅"待茶设席"。此时前厅仅提供了观看戏剧演出的地点,后厅负责设宴款待。晚上,吴大妗子、孟大姨等本家姊妹,都与男客在前厅设宴观戏。李瓶儿三七时的晚上,"乔大户娘子与众伙计娘子与月娘等伴宿,在灵前看偶戏"②。此时乔大户娘子等女客占据前厅,男客反而在厅前棚内设宴席。此时,葬礼围绕灵堂而设,为彰显葬礼的隆重性,前厅相对放宽了尊卑观念。不过尽管在前厅,男女宾客也不能同席,具有一定的间隔距离。

空间内部的划分方式,体现了"男女有别"的伦理观。围屏、帘子、槅子、软壁,成为厅堂内部划分区域的重要隔断物。第六十三回,厅上李瓶儿的灵前围着围屏,男客的宴席用垂帘围着,可向外观戏。吴大妗子等女性亲朋好友在"厅内左边吊帘子"看戏,春梅等丫鬟在"厅内右边吊帘子"看戏。此次宴会,宾客竟与家庭的女性、丫鬟都聚集在前厅看戏,这种情况只出现过一次,显示出李瓶儿葬礼的隆重。厅堂面积较大,隔断物将空间隔开,划分不同的活动空间。第二十回,厅上举办李瓶儿的婚宴,而孟玉楼、潘金莲、李娇儿和吴月娘都在大厅软壁后偷听。软壁前是李瓶儿的盛大婚宴,软壁后是众妻妾好奇又嫉妒地偷看和议论。在接待蓝氏的宴会上,西门庆不停地从"大厅格子外往里观觑"。对于这一行为,作者批评西门庆"纵意奢淫,殊不知天道恶盈,鬼录来追,死限临头"③。封建社会下,男女之间讲求"非礼勿视",西门庆因不断地僭越和违背空间的伦理界限,成为他贪欲丧命的前兆,体现了作者对于理与欲的空间性表达。

---

① (明)兰陵笑笑生.金瓶梅词话[M].戴鸿森,校点.北京:人民文学出版社,1992:871.

② (明)兰陵笑笑生.金瓶梅词话[M].戴鸿森,校点.北京:人民文学出版社,1992:890.

③ (明)兰陵笑笑生.金瓶梅词话[M].戴鸿森,校点.北京:人民文学出版社,1992:1191.

余　论

在古今中外的文学作品中，厅堂空间都承载了重要的叙事作用。西门庆府邸的厅堂空间，体现出一定的空间叙事策略，如空间的共时性和历时性特点。共时性表现在厅堂上的偷窥和偷听行为。妻妾们常常隔着围屏偷看前厅发生的事件，比如，会亲宴上，前厅举办宴会，妻妾们在围屏后面偷看和议论。此时，围屏前后形成两个空间，构成共时性叙事。空间的共时性延缓了叙事节奏，拓展了空间表现力。再者，空间包含着时间意义，厅堂从繁荣到荒凉的变化，使空间发挥了历时性的叙事特点。西门庆死后，厅堂空间关闭，此后只有庞春梅重游府邸时，打开过一次。厅堂由盛到衰的过程，象征着这座府邸的罪恶与救赎。

参考文献：

［1］（清）张竹坡．张竹坡批评《金瓶梅》［M］．王汝梅，李昭姁，于凤树，校点．济南：齐鲁书社，1991.

［2］（清）张廷玉，等．明史［M］．北京：中华书局，1974.

［3］（明）沈榜．宛署杂记·卷十五［M］．北京：北京古籍出版社，1982.

［4］（明）文震亨．长物志校注［M］．陈植，校注．江苏：江苏科学技术出版社，1984.

［5］（清）毕沅疏证．释名［M］．北京：中华书局，1985.

［6］（明）李东阳．大明会典（明万历刊本）［M］．台北：文海出版社，1985.

［7］陈澔注．礼记集说［M］．上海：上海古籍出版社，1987.

［8］林干．论明代的总督巡抚制度［J］．社会科学辑刊，1988（2）：83.

［9］（清）孙希旦．礼记集解［M］．北京：中华书局，1989.

［10］（明）兰陵笑笑生．金瓶梅词话［M］．戴鸿森，校点．北京：人民文学出版社，1992.

［11］王其钧．传统民居的人界观念［J］．华中建筑，1997（2）.

［12］巴赫金．小说理论［M］．白春仁，晓河，译．石家庄：河北教育出版社，1998.

［13］（汉）郑玄注，（唐）孔颖达疏．礼记正义·卷八［M］．北京：北京大学出版社，1999.

［14］张泽洪.论道教斋醮仪礼的祭坛［J］.中国道教,2001(4).

［15］孟庆田.《红楼梦》和《金瓶梅》中的建筑［M］.青岛:青岛出版社,2001.

［16］高寿仙.明代北京三种物价资料的整理与分析［J］.明史研究,2005(9).

［17］韩晓,黄霖,等.中国古代小说叙事三维论［M］.上海:上海世纪出版集团,2009.

［18］诸葛净.厅:身份、空间、城市——居住:从中国传统住宅到相关问题系列研究之一［J］.建筑师,2016(3).

［19］项阳.礼乐·雅乐·鼓吹乐之辨析［J］.中央音乐学院学报,2010(1):3-12,50.

［20］(汉)郑玄注,(清)张尔岐句读,朗文行校点.仪礼［M］.上海:上海古籍出版社,2016.

［21］刘文侥,李树华.《金瓶梅》中"西门府庭园"模型之建立(上)［M］,华中建筑,2016,34(5):142-147.

"漫不经心"的精巧构思[*]

——从叙事角度看《红楼梦》中癞头和尚与跛足道人

曹雪芹在人物塑造方面造诣颇深。《红楼梦》中大大小小一共出现四百多个人物，从小厮到王爷，从村媪到太君，从婢女到小姐，各色人物一应俱全。其中，癞头和尚与跛足道人属于两个"小人物"形象，来回穿插于故事情节之中。两个不起眼的"小人物"扮演着重要角色，受到学界的广泛关注。曾定光先生则从文学审美的角度来审视通过两者形象的象征意象与朦胧美感阐明《红楼梦》世界的真正主宰者①。李汝认为癞头和尚与跛足道人是《红楼梦》中诸多人物命运的主宰者，曹雪芹在两者身上寄托着佛道能够拯救社会的希望②。

从叙事艺术的角度来看，曹雪芹在创作过程中塑造这两个艺术形象，虽然施之笔墨甚少，但是用意颇深。癞头和尚与跛足道人是作者精心设置的叙事视角，其独特之处在于：一是两者的出现与隐遁是《红楼梦》中空间转换的操纵杆；二是作者对僧道两人的安排布置，其用意是暗合文心。僧道两者本身暗含着一定的寓意，进一步讲，作者在这两者身上所做的布置，不仅是简单的叙事构思，更是一种表达创作意图的叙事策略。两个"不起眼"的人物可谓作者营造亦真亦幻境界的神来之笔。

---

* 作者简介：万娜（1998—），女，山东省菏泽市人，2019级中国古代文学专业硕士研究生。

① 曾定光．"双真"形象的象征意蕴和朦胧美——《红楼梦》癞头和尚、跛足道人形象浅析［J］．临沧教育学院学报，2006（4）：31–33.

② 李汝《从〈红楼梦〉中跛足道人及癞头和尚的形象看曹雪芹的佛道救世思想》，红楼纵谈——2012年贵州省社会科学学术年会第二十二分会场暨贵州省《红楼梦》研究学会会议论文集，2012年。

一、僧道形象及其形象寓意

（一）僧道形象：入于凡尘之中而超乎世俗之外

癞头和尚与跛足道人，一僧一道，本是骨骼非凡，风神迥异，一副仙形道体。及至凡间，以另一副模样出现。《红楼梦》第一回"甄士隐梦幻识通灵 贾雨村风尘怀闺秀"中，僧道第一次出现在世人面前，便以身体残缺的形象与读者见面：僧人癞头跣足，道人跛足蓬头；在第二十五回中，作者采用诗句形式，插入对二者的具体形象描述：和尚"鼻如悬胆两眉长，目似明星蓄宝光，破衲芒鞋无住迹，腌臜更有满头疮"，道人"一足高来一足低，浑身带水又拖泥。相逢若问家何处，却在蓬莱弱水西"①。两人形态丑陋，举止疯疯癫癫，却能谈笑风生，潇洒自如。虽然其貌不扬，但是心境依然云卷云舒，从容自在。

无论是相貌形态，还是生活经历，僧道二者都与整个红楼世界的纷纷扰扰截然不同。《红楼梦》主要塑造了贾宝玉和金陵十二金钗等人物形象，笔触细腻地描写其貌容风姿。如，贾宝玉神采俊逸，风度翩翩，"面若中秋之月，色如春晓之花，鬓若刀裁，眉如墨画，面如桃瓣，目若秋波。虽怒时而若笑，即嗔视而有情"；林黛玉风流袅娜，"两弯似蹙非蹙罥烟眉，一双似泣非泣含露目。态生两靥之愁，娇袭一身之病。泪光点点，娇喘微微。闲静时如姣花照水，行动处似弱柳扶风。心较比干多一窍，病如西子胜三分"；明艳妩媚的薛宝钗"生得肌骨莹润，举止娴雅""脸若银盘，眼如水杏，唇不点而红，眉不画而翠"；迎春"肌肤微丰，合中身材，腮凝新荔，鼻腻鹅脂，温柔沉默，观之可亲"；探春"削肩细腰，长挑身材，鸭蛋脸面，俊眼修眉，顾盼神飞，文采精华，见之忘俗"；王熙凤"一双丹凤三角眼，两弯柳叶吊梢眉，身量苗条，体格风骚，粉面含春威不露，丹唇未起笑先闻"；史湘云"蜂腰猿背，鹤势螂形"；妙玉"气质美如兰，才华馥比仙"；秦可卿袅娜纤巧。这些人物与僧道两者的丑相陋貌相比，皆天生丽质，姿色超凡。但终究未能逃脱"自古红颜薄命"的谶语。虽容貌姣好，体态端庄，然而其生命样态却与之成天壤之别。

众人生命结局各异，但是殊途同归，都笼罩着浓郁的悲剧氛围。林黛玉怯弱多病，多愁善感，终于泪尽而亡；元春不得寿终，荣辱无定；探春尝尽骨肉分离之苦；湘云父母双亡，晚景孤凄；妙玉高洁，世俗难容；迎春婚后生活多艰；王熙凤被聪明所累，终究是枉费半世的操劳。僧道潇洒自在，不为穷愁世

---

① 曹雪芹. 红楼梦［M］. 北京：人民文学出版社，2008：346.（凡下文所引《红楼梦》，皆据此版本。）

事所羁绊。与之相比，《红楼梦》中"主要人物"则是生命短逝，为忧愁病痛所折磨，不祥而终。

相比之下，僧道两人出于仙界而入于红尘，入乎红尘而又超乎其外。携带通灵宝玉入尘世，其任务是度化宝玉——补天之石，使其"复还本质"，点化超度那些为情事所困之人。僧道以旁观者的身份审视纷扰的尘事。红尘中的乐享都只是瞬息，乐极而后生悲。这种超越世俗的眼光，并非人皆有之，多数人是紧赶着往里闯，想要体验一下富贵场、温柔乡的"乐道"。对此执念，纵然僧道表示无奈，也只好由他们而去。在历尽磨难之后，最终能够归于佛道清空无为世界的人少之又少。

（二）形象寓意

僧道两者的形象本身暗含着极大的反讽意味。作者寓两种截然不同的生命追求和生命样态于美丑之间，使小说中主要人物与次要人物之间形成鲜明的视觉对照，从而引起读者的深层思考。僧道本质超凡却寄之以一副丑陋不堪的皮囊，又恰以微乎其微的"跑龙套"身份闪现于小说之中。这与小说中的主要人物贾宝玉以及十二金钗的靡颜腻理、锦衣玉食，暗中形成一种对比。外表的浮华不过是一层障眼法，深层次的本质确是掩藏在或丑陋或美丽的外表之下。身处于富贵荣华之中，醉生梦死的生活只不过是过眼云烟，现实中也是会遇到痛苦和烦恼。僧道二者虽然形体丑陋，但是心性超脱自然，不为外物所羁绊。这充分体现了作者对现实人生的深刻思考。不论是编织这样一个偌大的红楼世界，抑或揭露一切不过是过眼云烟的清空体悟，僧道两人的形象变幻以及与世间审美体验的差距，都是对"太虚幻"的体现。"假作真时真亦假，无为有处有还无"，正是在这种看似悖谬实则真实的主要人物与次要人物命运结局倒置的形式之下，寄寓强烈的讽刺之意，蕴含着作者对人生的深刻思考。

在这种特定的叙述情境中，两个"渺小"人物形象本身的寓意与曹雪芹对人生的辩证思考暗合。

二、独特的叙述视角及其形式寓意

关于癞头和尚和跛足道人这两个艺术形象的塑造，曹雪芹十分吝惜笔墨。只是三言两语略而过之，并不多加赘饰。作者有时甚至故意让这两个人物长时间淡出读者的视野。但正是这样两个备受忽略的"小人物"，真正体现了作者熟练老成的叙述技巧。

以往小说中说书艺术的痕迹已经明显褪去，《红楼梦》中体现更多的则是文人创作的韵味。较之于以往章回小说的叙述方式,《红楼梦》中作者本人的叙述口吻削弱了许多。作者只是在每章回首尾运用"列位看官""要知端的""话说"这类说书式的叙述标记,以暗示其本人的叙述存在。除此之外,就很少能在文本中找到"说书人"的身影。曹雪芹更多的是将叙述故事的任务交给了文本中的隐含作者,巧妙地为故事中不起眼的人物冠以叙述者的身份,以此代替在小说文本之中又置身于故事之外的突兀的"说书人"角色,从而作者本人就退到了故事幕后。如此,既能摆脱章回小说既有的模式,又能在小说中安插一个视角较为灵活的"讲故事人";既有效缩短了叙述者与故事情境之间的距离感,又拓宽了叙述视角的观察范围,同时也为读者时时点明故事发展的主线条,即宝玉投身红尘后一步步如梦方醒的心路历程。这种叙述结构的巧妙安排,可谓独具匠心。

(一) 独特的叙述视角

作者通过设立癞头和尚与跛足道人这样一个灵活多变的叙述视角,以其在故事中忽隐忽现的独特存在方式,穿针引线,编织出贾府的兴衰际遇。虽然和尚与道人缺席很多故事情节,但他们作为整个故事的线索人物,利用其神秘而又特殊的身份,一直在故事的某个角落里,暗中窥视着故事中一切人物事情的发展动态。在开始讲红楼世界之前,作者以第一人称的叙述口吻,对故事仅做一些简要介绍,兜兜转转,最终还是由作者本人以一句"且看石上是何故事。按那石上书云"开启讲故事模式。但是此后作者顺势将叙述故事的使命甩手转给了僧人和道人。"只听道人问道:'你携了这蠢物,意欲何往?'那僧笑道:'你放心,如今现有一段风流公案正该了结,这一干风流冤家,尚未投胎入世。趁此机会,就将此物夹带于中,使他去经历经历。'"交代出主人公贾宝玉与林黛玉的前世姻缘,继而为讲述两者的今生故事做好铺垫。

后来在整个故事发展进程中,癞头和尚与跛足道人以追踪贾宝玉、林黛玉等人的生活行迹为线索,串联起许多贾府其他现实生活的花絮,还不时增加一些梦幻的片段。例如:"甄士隐梦幻识通灵"、宝玉"游幻境"、凤姐梦遇秦可卿指点等情节插曲,两个人物时隐时现,给贾府这场红楼之梦增添了一层朦胧缥缈的神秘色彩。据个人统计,僧道两人先后在故事中一共出现十一次:

1. 第一回:癞头和尚、跛足道人携带"通灵宝玉"转世红尘。

2. 第二回:甄士隐梦中见到癞头和尚与跛足道人,欲细看通灵宝玉,僧道二人已经飘然而逝。

3. 第二回:甄士隐梦醒,怀抱英莲,遇到癞头和尚,癞头和尚一阵"癫痫"之语。甄士隐不以为然。

4. 第二回：葫芦庙炸供失火，殃及邻墙甄士隐家，失女之痛、丧家之悲，重重打击下夫妻二人疾病缠身，又寄居篱下，备受屈辱。癞头和尚度其出家。

5. 第十二回：跛足道人用风月宝鉴为贾瑞治疗淫邪之病；

6. 第十二回：跛足道人救"风月鉴"而去。

7. 第二十五回：王熙凤和贾宝玉中魇魔，癞头和尚和跛足道人为宝玉持诵。

8. 第六十七回：尤三姐自刎，柳湘莲跟随跛足道人出家。

9 – 11. 第一百一十七、一百一十九、一百二十回：点度贾宝玉出家（三次）。

另外，还有通过林黛玉、薛宝钗、莺儿之口，三次提及癞头和尚，以及宝玉呓语中骂僧道两人一次：

1. 第三回：癞头和尚欲度林黛玉出家，其父母不肯。故警告家人：不要见外亲族人，便可躲过劫难。

2. 第七回：薛宝钗向周瑞家透漏：冷香丸药方是一个癞头和尚给的。

3. 第八回：借莺儿之口道出宝钗金项圈的字的由来，即癞头和尚所给："不舍不弃，芳龄永继"，正好和贾宝玉的通灵宝玉上篆刻的八个字互成谶语："莫失莫忘，仙寿永昌"。

4. 第三十六回：宝玉梦呓："和尚道士的话如何信得？什么是金玉良缘，我偏说是木石姻缘！"

两位仙人出现次数只有十五次，每次露面都是救人度人。僧道两人先后所接触人物的命运本是毫不相干，但是冥冥之中有一把推手，将这些人物联系在一起，形成一张巨大的关系罗网，彼此的命运从此变得息息相关。小说中三个主要人物贾宝玉、林黛玉和薛宝钗三人的姻缘关系，正是因为僧道的暗箱操作而纠缠在一起的。虽说是命中注定，但是故事情节发展的具体推动者与掌控者是僧道两人。"想这一干人入世，其情痴色鬼、贤愚不肖者，悉与前人传述不同。"显然，两人是在已预知后事的前提下，下界超度这些人。以至于后来宝钗与宝玉的金玉良缘以及宝玉、黛玉之间的木石姻缘等诸多复杂的人际关系，皆是在僧道两人的操纵之下促成的。

尤其是对于贾宝玉的生命走向而言，从热衷追求尘世乐享到最后归真返璞，僧道二人可谓是步步为营，一步步地将贾宝玉规引入正。贾宝玉所经历的事情与变故没有超出僧道两人的控制。如：第二十五回"魇魔法姊弟逢五鬼　红楼梦通灵遇双真"等章回中，僧道两人为宝玉持诵。首先唤之以"宝玉"往昔之通灵本质，又以今番经历指点迷心。自此以后，贾宝玉内心一次次受到现实冲击，感受到离散是非之苦，最终豁悟，复归本质。宝玉觉悟的过程中，僧道两人起到仙人指路的作用。在第一百二十回"甄士隐详说太虚情　贾雨村归结红楼梦"中，僧道二人收缘结果，将宝玉放回女娲补天炼石之处，此后便各自云游而去。僧道二者出现于自故事伊始之时（宝玉下凡历劫）与故事终结之处（一切情缘孽债了结），加之以经常现身于故事进展过程之中，因此僧道二者这条叙事线索贯穿小说始终。

就叙事层面而言，僧道两人是作者安插在文本中的隐藏叙述视角，暗中推动情节的发展动向。从携宝玉入凡尘至宝玉经历金陵十二钗的离别、生死、忧患以及贾府兴衰的过程，最后到宝玉返璞归真，以宝玉的性格发展、命运变化为情节发展主线，整个过程中连带着许多事情，构成红楼世界。僧道特意安排，任由贾宝玉经历所有尘俗是非，最后在现实的催化下，促成宝玉一步步醒悟。僧道两人不时地出现在故事中，协助作者在复杂的情节发展线索中始终凸显出故事的主要发展线索，即宝玉复归本质的过程，以便更好地表达作者对现实人生的深刻思考。

（二）叙述视角的深层寓意

僧道既可以作为度化世俗之人的使者，置身于故事之中；又以旁观者的身份置身事外，目睹红尘的风月情事。两者以第三人称叙述视角打量故事中的人与事。凭借这种叙述视角的优势，一僧一道跳脱于故事之外，不受视野限制，为当局者点破迷津。同时作者在运用这种叙述视角时，故意有所寓托，使客观直视的叙述手法具有一定的隐含意义，并配合作者在文中埋下其他的思想暗示，共同指向深层次的寓意。

读者根据作者在文中设下的隐含作者（癞头和尚与跛足道人）的语言与行为，能够更好地领悟作者的真正创作用意。关于现实生活，曹雪芹则表现出极为矛盾的态度。作品中，通过僧道二者点化众人的方法来看，曹雪芹既流露出对现实生活的肯定；同时，在一定程度上又表现出对现实的否定。《红楼梦》以金陵十二钗与贾宝玉之间复杂的关系为纲目，述尽离合悲欢，兴衰际遇。其中隐含着作者在一定程度上对现实的肯定。过程中，癞头和尚与跛足道人点拨许多人，如，通灵宝玉本性灵已通，决意下凡历劫，体验人间乐享，历尽人间种种滋味后方知断绝尘缘；林黛玉本是绛珠仙子，为还神瑛侍者灌溉之情，整日以泪洗面，忧愁不断。甄士隐、贾宝玉、林黛玉、贾瑞等，都受到僧道的点化和救助，但是没有一个人物立即采纳劝诫。面对宝玉、林黛玉、薛宝钗等其他人物的痴迷不悟，僧道只能采取以现实生活教育人的策略，逐渐催化其心中执念。但是尝尽心酸苦楚后，能够达到心念通透的人只有甄士隐、宝玉、鸳鸯、柳湘莲等，多数人还是对红尘眷恋不舍。虽然这种以现实劝化众生的方式常常无济于事，但是作者还是安排僧道两人以现实点度众人。这体现出作者对现实生活的肯定与向往。与此同时，作者笔下所塑造的人物结局却是令人望而发怵。受点化的人物中最终只有极个别的人得到超脱。这一比例反差极大，从另一个角度委婉地流露出作者的茫然不知所从。

作者以僧道两人为视角，既可以参与故事之中，捕捉主人公的具体境况，控制人物命运的发展改变；又可以俯瞰全局，透漏出一些局外信息。这种采用全景叙述模式，不仅勾勒出世间百态，同时透漏出作者对现实人生的种种思考：一方面，在认知层面作者表现出对现实生活的矛盾与迷茫，另一方面，作者清楚地认识到人们心中重重执念，现实并不能将其一击而溃，虽然苦恼忧愁，但是人们还是看不清事物的本质，抵制不住现世乐享的诱惑，依然是慌慌张张挤进"红楼梦世界"。曹雪芹对于后者的认识尤为深刻。因此，作者安排僧道两人点化众人，以二者之视角，衡量众人对凡尘俗世的贪恋，以受点化之人数大小比例的反差，体现作者的迷茫。

三、叙事空间的转换：暗合"文心"

中国明清小说"极讲究'空间性'的布局"①。曹雪芹灵活运用空间的转换，使其成为小说叙述故事的一条客观的叙述线索，推动故事情节的发展变化。曹雪芹在创作过程中特别注重《红楼梦》中的空间布局。阅读过程中，我们对大观园中的"山石树木，楼阁房屋，远近疏密"有着强烈的空间方位的感知，这有赖于作者对空间的精准把握和精心安排。② 作者将绘画的手法运用在小说空间布局上，成功打造出一个三维立体空间。"大观园的空间布局，为《红楼梦》设定了一个特定的空间环境。怡红院、潇湘馆、梨香院、稻香村、栊翠庵等的布置，在小说的每一步发展中都有空间上的意义。没有这样一幅空间图藏在胸中，读者在阅读《红楼梦》的时候，就会在情节中迷失方向。"③ 曹雪芹对空间的把握不仅仅止于对景物楼阁的布置上，他对空间转换的设置更是别出心裁，移步换景，一处景一场境。大观园试才、荣国府庆元宵、蜂腰桥传心事、潇湘馆发幽情、滴翠亭扑蝶、绛芸轩绣鸳鸯、梨香院定情、秋爽斋结诗社、蘅芜苑拟诗题、栊翠庵品茶、怡红院遭"蝗虫"，等等，空间的转换在很大成程度上起到了推动情节发展的作用。

---

① 浦安迪. 中国叙事学 ［M］. 北京：北京大学出版社，1996：85.
② 浦安迪. 中国叙事学 ［M］. 北京：北京大学出版社，1996：87.
③ 计文君. 论《红楼梦》的空间建构 ［J］. 红楼梦学刊，2013（5）：140 – 156.

曹雪芹对叙事空间艺术的掌握可谓驾轻就熟,不仅对现实空间布局把握得非常准确,而且更擅长操控现实空间与梦幻空间即"非现实空间"的重叠转换①。作者借助癞头和尚与跛足道人两个人物形象,穿梭于故事之中,使故事场景往返于现实与梦幻之间。第一回中甄士隐梦遇一僧一道、"通灵宝玉"以及"太虚幻境"。忽然间梦醒,回到现实中恰又遇到癞头和尚与跛足道人,欲问来历,僧道已不见踪影。这种虚与实的转换,营造出一种是梦还似非梦,是幻还似非幻的朦胧感。

作者设置梦幻与现实相迭,以此实现对小说创作意图的始终呼应。"小说作为虚构的叙事艺术,它不是反映性和再现性地完成对现实世界的真理性表达,而是通过虚构、想象甚至幻想、梦境去掌握现实……完成具有审美性和超越性的表达。"② 小说开始时作者对著书立意的交代:"此回中凡用'梦'用'幻'等字,是提醒阅者眼目",僧道二人掌控的非现实空间正是对这一文心的回应,以便更完整地反观现实。僧道二人凭借自带神秘性的特殊身份,使故事发展介乎梦幻与现实之间。这是作者创造僧道两人的另一妙处:呼应"文心"。《红楼梦》中虚幻世界与现实世界的空间转换、真与假的变通暗合,整个过程就是拨开表面见本质的过程。《红楼梦》中描写的现实世界复杂纷乱,从荣宁二府到乡下农家,从琴棋书画茶花到柴米油盐酱醋,纷杂的红尘人间弥漫着爱恨情仇、贪嗔痴,例如,在现实空间中,贾宝玉享受的浮华奢靡只是一时虚幻,终究万事归空。相反,非现实空间中的一切幻象却都成为现实。第五回宝玉游幻境所见"十二金钗正册"与所闻十二支《红楼梦》曲子,成为整个故事发展、人物性格发展变化、命运归宿的谶语。"假作真时真亦假,无为有处有还无",这正反映了作者对人生的深刻思考与认识。毋庸置疑,梦幻与现实两种空间的繁复周密的转换,从叙述的结构形式而言,对"文心"的表述方面起着极大的推动作用。

结 语

小角色背负大使命。癞头和尚与跛足道人,两个不起眼的"小角色",作者赋予他们推动故事发展的重要使命。作者构思精巧,让两个"小角色"成为《红楼梦》中的神来之笔,成为不可或缺的情节枢纽。这种漫不经心的安排则在最大限度上显现出作者在叙事方面的造诣。

---

① 计文君. 论《红楼梦》的空间建构 [J]. 红楼梦学刊, 2013 (5):140 - 156.
② 计文君. 论《红楼梦》的空间建构 [J]. 红楼梦学刊, 2013 (5):140 - 156.

参考文献

［1］曹雪芹. 红楼梦［M］. 北京：人民文学出版社，2008.

［2］浦安迪. 中国叙事学［M］. 北京：北京大学出版社，1996.

［3］罗钢. 叙事学导论［M］. 云南：云南人民出版社，1994.

［4］陈平原. 中国小说叙事模式的转变［M］. 上海：上海人民出版社，1988.

［5］曾定光. "双真"形象的象征意蕴和朦胧美——《红楼梦》癞头和尚、跛足道人形象浅析［J］. 临沧教育学院学报，2006.

［6］李汝. 从《红楼梦》中跛足道人及癞头和尚的形象看曹雪芹的佛道救世思想［C］. 红楼纵谈——2012年贵州省社会科学学术年会第二十二分会场暨贵州省《红楼梦》研究学会，会议论文集，2012.

［7］计文君. 论《红楼梦》的空间建构［J］. 红楼梦学刊，2013（5）：140 - 156.

［8］俞润生. 再论《红楼梦》中的庙庵与僧道及其社会意义［J］. 红楼梦学刊，2001（3）：61 - 72.

［9］刘勇强. 一僧一道一术士——明清小说超情节人物的叙事学意义［J］. 文学遗产，2009（2）：104 - 116.

诗性正义：毕淑敏小说尊严观解读*

一、诗性正义与毕淑敏的价值选择

从西方的语言体系来讲，"正义"一词来源于拉丁语 justitia，这一单词又是由拉丁语中的"jus"演变而来，意为公正、公平、平等、正直、权利等。在中国，"正义"这一词语最早见于《荀子》："不学问，无正义，以富力为隆，是俗人者也。"自古希腊以来，"正义"一直是伦理学、政治学、法学和公共生活关注的对象，它与公正的人和事紧密相连，是社会公共生活中极其重要的部分。而人是具有社会属性的存在，所以人类需要正义，也正说明社会需要正义的存在，道德伦理和社会制度也需要正义的存在。正如亚当·斯密（Adam Smith）曾阐释的那样："正义好比支撑整个大厦的中心支柱，它一旦动摇，人类社会这座宏大雄伟的建筑必定会在转眼间化为乌有。"① 当然"正义的中心关切是每个人平等自由的全面发展和社会秩序的和谐完善"②。正义的中心表意为平等，即每个社会主体受到同等的尊重和爱护，不受外来的歧视和不公待遇，由此每个人获得平等自由的权利并推动社会健康、和谐、稳健的向前发展。

正义是社会健康发展的应有主题，诗性正义则是文学蓬勃进取的时代之声。19 世纪以来，伴随着自然科学与人文社会科学的兴起和快速发展，法学内部一直有追求科学化的倾向和动作，业界人士希冀将法律这一门类逐渐科学化，或者寻求通过标准的工具将法律科学化的途径，以达到相对中立性的目的。其中，经济学功利主义和成本——收益分析方法对当下的学术界产生了很大的影响，这种经济学分析方法在于个人对自身最大利益的追求，将效率最大化和财富最

---

* 作者简介：孔秀燕（1989—），女，山东省济宁市人，2019 级中国现当代文学专业硕士研究生。

① 亚当·斯密. 道德情操论［M］. 韩巍，译. 北京：西苑出版社，2005：78.

② 向荣. 诗性正义：文学在消费时代重建社会关系的首要价值［J］. 社会科学战线，2012（8）：139 – 147.

大化奉为至高的目标，人作为效用的载体和容器被逐渐"物化"，因而忽视了人的复杂性、特殊性和人与人之间质的差别，这必然导致同情、平等、尊重、怜悯的缺失。面对如此畸形的社会和学术发展态势，美国哲学教授玛莎·努斯鲍姆（Martha Nussbaum）① 对经济学功利主义提出了严正的批判，并提出和建构了一种与文学想象和情感相关的诗性正义理论，以"文学想象"介入"公共生活"的文学方式来促进社会公共生活中正义的实现。在《诗性正义：文学想象与公共生活》一书中，努斯鲍姆明确提出："文学与文学想象是颠覆性的。"②"文学不仅仅是装饰，文学有足够的潜力为我们的公共生活提供特殊的服务……作为公共想象的文学想象的特质，这种公共想象将会指引审判中的法官，立法中的立法者，评估不同地区人民生活质量的政策制定者。"③ 显而易见，努斯鲍姆更加明确地认为文学艺术使人们进入某种思想与心灵的立场，让读者去注意这个，不去注意那个，扩展人们的文学想象空间和思维边界，富有同情心和强烈的尊严意识，关注边缘和弱势群体，避免群体仇恨和群体歧视，进而通过文学想象的途径介入公共生活，促使人们产生正义思想和正义行为。

1969 年，年仅 17 岁的毕淑敏被安排到平均海拔超过 5000 米的西藏阿里高原部队当兵，一待就是 11 年。1980 年转业回京的毕淑敏继续做医生的工作，在这期间她参加了北京市电大中文系自学班。之后，36 岁的她又入北京师范大学与鲁迅文学院合办的研究生班级攻读文学硕士学位。1998 年，她带着国家一级作家的头衔义无反顾地投入北京师范大学的心理学专业，攻读心理学博士学位。毕淑敏的一生从军人、医生，到作家、心理师等多种职业的切换，源于她对生活的挚爱，对时代变革的特殊敏感与对社会和人心的深切责任意识，这促使她始终扮演着一个"时代良心的角色"。她在《不言放弃，只是暂别》一文中说道："这个世界上，有三门主要以人为研究对象的学问——医学、文学、心理学，蒙命运垂青，我一一涉足。虽是浅尝辄止，但融会在一起，相互比照，十分有趣。人在我的心中，

---

① 玛莎·努斯鲍姆：美国著名哲学家，曾在哈佛大学、布朗大学、牛津大学任教，现在是芝加哥大学法学院和哲学系合聘的弗伦德法律与伦理杰出贡献教授、古典与政治科学系副研究员。她有很多本著作，涵盖了古典学、哲学、伦理学、社会学和女性主义等多个领域，被称为当代哲学界最具创新力和最有影响力的声音之一。代表性著作包括：《善的脆弱性》《爱的知识》《欲望的治疗》《培育人性》《性别与社会正义》《正义前沿》《诗性正义：文学想象与公共生活》等.

② 玛莎·努斯鲍姆. 诗性正义：文学想象与公共生活 [M]. 丁晓东，译. 北京：北京大学出版社，2010 年：12.

③ 玛莎·努斯鲍姆. 诗性正义：文学想象与公共生活 [M]. 丁晓东，译. 北京：北京大学出版社，2010 年：13.

高大而卑微，勇敢而羞怯，善良而凶残，威猛而懦弱……人是复杂的梦幻和铁血的事实的完美契合体。研究他、描述他，使他更完善美好，是我很快意的工作。"① 在毕淑敏的所有小说作品中，尊严一直是她着意追求和表现的主题之一，对尊严的关注，恰恰说明了尊严对人与社会的重要性。由此，本文主要通过"诗性正义"这一理论，对毕淑敏小说中的尊严观进行解读，以期通过作家的文字力量彰显尊严对人们的重要性，从而建构有活力的时代。

二、女性尊严的追寻与建构

现实的文化传统和文学作品的观念中，女性一直是被压抑、被忽视、被物化的对象，她们没有姓名、没有自由，始终以"第二性"的样态生存。在这种情境之下，尊严是一个陌生的词汇。进入新文学时期，"人的文学"观念逐渐为人所认可和关注，女性也逐渐走出了世俗的藩篱，以独立的姿态出现在社会的各行各业。在这个过程中，女性尊严的追寻虽经历了各种艰苦，却从未停下对平等和尊严追求的步伐。"不要以为普通的小人物就没有尊严。不要以为女人的尊严感天生就薄弱于男人或人类的平均值。不要以为曾经失去过尊严的人就一定不再珍惜尊严。"② 这是对女性尊严追寻与建构过程中最好的阐释。

（一）女性尊严的艰难与失落

在《女人之约》中，毕淑敏将故事焦点聚集在国营大厂这一空间内。郁容秋是厂子的一位女工，因生活不检点被戏称为"大篷车"。她为了彰显个人价值，重建自我尊严，主动承接"三角债"的任务。在要债的过程中，更准确地说是寻求尊严的路途中，她付出了生命却没有得到大家真心实意的尊重，也没有等来女厂长的鞠躬，结局不免让人唏嘘不已。《送你一条红地毯》的故事是市场经济冲击下的大众生活缩影。社会转型中，面对经济大潮的持续轰炸，很多人的价值观受到了巨大的冲击，迷失了人生方向，但从小受到良好教育的甘平是个例外。甘平是"红二代"，父亲甘振远曾是战功赫赫、威名远播的军人。纵然甘平生活捉襟见肘，却始终未对这种折辱自己的势力低头。当张文试图用钱购买甘振远的军装时，激起了全家人的反对和愤怒；当他试图用金钱雇用甘平夫妻为自己的代购员时，甘平心里有满腔的怒火喷射而来。"张文，请把钱收回去。你是叫着姨妈走进我的家门我才接待你们的。你认为凭了你的钱，当你走出这个家门的时候，你就变成我们的少东家了吗？你在我父母那里买不到的东

---

① 毕淑敏.我的五样 [M].南京：江苏文艺出版社，2006：13.
② 毕淑敏.毕淑敏文集：倾诉 [M].北京：群众出版社，1996：24.

西，在我这里也同样买不到。"① 甘平捍卫了自我和父母的尊严，但自己依然贫穷，依然买不起心爱的红地毯。《紫花布幔》对准的是我国经济和社会发展中面临的老大难问题——城乡二元对立。出生在农村的漂亮姑娘小髻来城市为表姐家照看孩子，自己想留在城里拥有城市户口，只能嫁给患有严重小儿麻痹症的田国兴。小髻得到了自认为重要的城市尊贵感，获得了"户口尊严"，但社会发展中严重的城乡户籍壁垒，使这位姑娘丧失了内在的底线和尊严。

如果说曾有人为了赢得尊重需要付出生活的全部和生命的代价，那么随着社会的进步，女性尊严的追寻是否变得更顺利了呢？进入新时代之后，女性在社会中的自主和独立地位获得了很大提高，她们有良好的学历背景，有成功的事业加持，甚至可与男性一较高下，可是这光鲜亮丽的成绩背后却付出了比旁人加倍的心血与心酸。海外归来的心理学博士程远青曾被丈夫抛弃，现如今自己的事业也依然面临种种无奈；某国家机关副司长卜珍琪在事业中一路高歌猛进，但也是自身用放弃爱情、放弃生育、隐瞒病情的代价换取而来；无背景无样貌的心理师贺顿，开始心爱的事业是由嫁于有房产的柏万福而起；《血玲珑》中的公司总裁卜绣文为了公司运转不得不与或明或暗骚扰自己的匡宗元合作；中文系女研究生林逸蓝与人发生关系怀孕，只能独自处理……这些事业和学业成功的女性，她们拥有较高的社会地位，获得了社会尊严，但也存在着心灵的失落和感情尊严、身体尊严的缺失。

（二）女性尊严的建构与升华

本着独特的女性关怀视角和富有人文主义情怀的写作精神，毕淑敏对女性尊严的探讨从未停下脚步。在她笔下，即使各时期女性追寻自我尊严的过程中遭遇了种种磨难，但一个个立体的女性角色从未缺席。现代社会需要渴求平等自由和拥有人格魅力的人存在，女性是社会结构中一个重要的组成部分，她们需要姓名、需要独立，也需要尊严。

2003 年出版的小说《女工》，叙事线索以受到改革开放和商品经济冲击下的下岗女工浦小提为主，浦小提被分到国营大厂的她兢兢业业地工作，凭借自己的努力一步步升为车间主任。之后单位受到经济形势的影响效益锐减，她毅然买断工龄，做起打零工的工作。面对前夫白二宝的刁难和找工作中遇到的骗人勾当，她丝毫不妥协、不胆怯。当幼时恋人高海群出现时，她始终懂得做人的分寸，保持应有的节制感和距离感。时隔几十年，她依然是那句"你不可以

---

① 毕淑敏. 毕淑敏小说精选集：紫花布幔［M］. 北京：新星出版社，2017：95.

叫我小提，要叫我浦小提"①。这还是那个真性情的姑娘，还是那个不管生活如何改变，依然昂起头颅、挺直腰板、独立尊严的倔强姑娘。戒毒医院美丽孤傲的院长简方宁是新时代的独立女性，她有良好的医学技能，并且有救人于毒品中的宏图大志，却不幸染上毒品"七"，若想彻底戒断，必须切断大脑中使人有快乐、幸福、愤怒等情绪的神经中枢"蓝斑"，假若切断"蓝斑"，那么"我将对所有的亲情毫无反响……我的任何一位亲人远行，我都不再悲痛……"②，她最终决定走向死亡。当生命的质量无法留存之时，为了保存生命尊严，与其苟活，不如体面地离开，简方宁最终的选择是对女性尊严最好的表述和升华。《花冠病毒》中兼有医生和心理师双重身份的罗纬芝，在病毒面前勇敢坚强，郝辙的利欲熏心为她所不齿，辛稻的追求她果断拒绝，坚定的人生信仰和社会责任使她勇敢美丽，人性魅力和自我尊重的魄力让她赢得了甜蜜的爱情，这些都是对重新确认女性地位和女性尊严成果的彰显。

三、叙事策略中的尊严凸现

（一）叙事结构：尊严与堕落的二元对立

作为结构主义的重要理论思想，二元对立一直在人类文化和语言研究中扮演着重要的角色，而在文学发展的历程中，它也一直具有不可替代的地位。有独特经历的毕淑敏对各个时代的脉络有着天然的敏感性，所以她对当下人们的尊严格外关注，这种关注显而易见地投射在作品当中。

《女工》中的浦小提和宁夕蓝有着天差地别的境遇。六十年代，宁夕蓝接受了老姚的条件，被分配到较好的单位，后来在社会变革中借助形势出国留学并嫁给一名成功的商人，摇身一变成海归。而浦小提拒绝了老姚，后来被白二宝抛弃，在商品经济大潮中沦为下岗女工，艰难度日。小说的结局看似浦小提一生对尊严的维护毫无意义，但在二人道别时，宁夕蓝"表示了淡然还有清高。她自己知道，她只对平等的对手或是盟友表示淡然和清高"③，她不再俯视素衣包裹下的浦小提，所以自尊在于内心的坦荡、灵魂的澄澈、人性的坚守。《红处方》中的简方宁和庄羽也是二元对立的直观表现。简方宁是戒毒医院的院长，她高贵、从容、冷静；庄羽是靠吸食毒品为生的人，她疯狂、毒辣、阴狠。简方宁被设计感染毒品"七"后，不想做一个白色的机器，为了对生命的尊重，她选择优雅地结束自己的

① 毕淑敏. 毕淑敏小说精选集：女工［M］. 北京：新星出版社，2017 年：157.
② 毕淑敏. 红处方［M］. 南京：江苏文艺出版社，2012：398.
③ 毕淑敏. 毕淑敏小说精选集：女工［M］. 北京：新星出版社，2017：167.

生命，做一个有尊严的女子。庄羽仇视简方宁，仇视父母和社会，她报复性地吸食毒品，最后悲惨狼狈地匍匐在毒品的脚下而亡。简方宁的葬礼上有很多戒毒成功的人来为她送行，而庄羽只能被悄悄掩埋。毕淑敏正是在这强烈的二元对立中，凸显对尊严的呼唤。另外，简方宁和孟医生也是形成二元对立的一组人物，同样都是为戒毒事业奉献的医生，简方宁殚精竭虑，一心扑在事业上，力图做国内临床戒毒业的开拓者。孟医生却悄悄在外开私人诊所，不把病人的生命放在心上，并且将中国中药戒毒方剂卖给外国人。强烈的人物形象对立，产生了审美和意义的张力，使读者感受到尊严的魅力。

（二）叙事语言：冷静达观的议论性表达

议论性的语言既是作者理性的思考，也是作者、叙述者、读者之间沟通的纽带，有着启发性的意味。在毕淑敏的小说中，经常会有议论性的语言表达来彰显小说主题。随着社会的进步和医学手段的科技化、精密化，终末期病人想要求得死亡尊严反而变成了奢求，当疾病来临，大多数亲属和医生直接越过生命主体的意见，集体为病患做决定，展开一系列"冰冷"的施救，不仅延长了疼痛的时间，还剥夺了病人对临终尊严的渴求，毕淑敏的文学写作促使读者对这种现象进行了反思。

在安疆老人去世的最后时间里，生命末期最重要的小组成员陪伴身侧，她在最熟悉的家中缓缓走向了死亡。"她已经彻底地从人生的苦难和病痛的折磨中走了出来，带着她最后完成的自尊，无憾地走向宇宙的另一端，去领受她应得的那一分幸福和快乐。无声的眼泪在众人的脸上流淌。什么是幸福呢？在珍爱你懂得你的亲人中间，远行，这就是所有幸福中最永恒的一种。"① 这种温暖、熟悉的氛围，正是毕淑敏要给予死亡尊严的一种诠释。《女心理师》中的乔玉华老人得知自己罹患乳腺癌，她选择回到家中，在家人的彼此陪伴下走完人生的最后时光。"她的身体已经严重萎缩了，曾经清秀的脸庞如今好似一朵极小的山花，低敛着花瓣。她的话在空调吹出的风中变为百合之香，然后调为尘埃。"② 这是一段极富审美意味的议论语言，这时的死亡不再悲痛和伤感，而是有悲凉的美感。毕淑敏对死亡有独到的理解，她借临终关怀医院齐大夫的话说："该死的就让他死好了。旧的不去，新的不来。为什么人们歌颂大自然的秋天却不歌颂死亡？秋天就是集体死亡！死有什么？……生命是一条无尽的链条，在太阳下闪烁的那一截就是生，隐没在无边的黑暗中的就是死。它是一个环，没有截

---

① 毕淑敏. 拯救乳房［M］. 南京：江苏文艺出版社，2012：358.
② 毕淑敏. 女心理师：完整收藏版［M］. 重庆：重庆出版社，2015：497.

然的区别。不必看得那么重，一个微不足道的小人物的生死，对世界没有任何影响。"① 这是毕淑敏怀着对死亡的高度自觉发出的精辟言论，死亡越过任何藩篱，终将向你走来，不惧怕、不迷茫，坦然地、富有尊严地去面对它才是对生命的最好注解。

四、小结

努斯鲍姆对经济学功利主义和成本—收益分析方法忽视个人的主体性，仅仅将人简单地看作数字和容器等方法进行了严厉地批判，他认为："文学在它的结构和表达方式中表达了一种与政治经济学文本包括的世界观不同的生命感受；而且，伴随着这种生命感受，文学塑造了在某种意义上颠覆科学理性标准的想象与期望。"② 文学是有温度的学科，人是独立的个体，通过文学阅读扩大知识经验边界，发现人与人之间质性的差别。在所有的文学体裁中，努斯鲍姆认为小说具有最能召唤读者强有力情感的能力，"小说是对平等和所有人类生命尊严这一启蒙理想的捍卫者，而不是未经反思的传统主义的捍卫者。"③ 凭借生活经验的丰富性和对时代变化的特有敏感性，以及悲悯的社会责任感和对公共生活的积极参与，毕淑敏始终借助具有独特生命力的小说提高读者感受和想象他人处境的能力，表达对普通人的关注，对良好人性的渴求，并且执着探求人们的信念与尊严，使公共生活焕发出活力和光彩。

参考文献

[1] 毕淑敏. 毕淑敏文集：倾诉 [M]. 北京：群众出版社，1996：24.

[2] 毕淑敏. 毕淑敏自选精品集·小说卷 [M]. 北京：中国社会出版社，2002：419，436，446.

[3] 毕淑敏. 我的五样 [M]. 南京：江苏文艺出版社，2006：13.

[4] 毕淑敏. 红处方 [M]. 南京：江苏文艺出版社，2012：398.

[5] 毕淑敏. 拯救乳房 [M]. 南京：江苏文艺出版社，2012：358.

[6] 毕淑敏. 女心理师：完整收藏版 [M]. 重庆：重庆出版社，

① 毕淑敏. 毕淑敏自选精品集·小说卷 [M]. 北京：中国社会出版社，2002：446.

② 玛莎·努斯鲍姆. 诗性正义：文学想象与公共生活 [M]. 丁晓东，译. 北京：北京大学出版社，2010 年：12.

③ 玛莎·努斯鲍姆. 诗性正义：文学想象与公共生活 [M]. 丁晓东，译. 北京：北京大学出版社，2010 年：73.

2015：497.

[7] 毕淑敏. 毕淑敏小说精选集：紫花布幔 [M]. 北京：新星出版社，2017：95.

[8] 毕淑敏. 毕淑敏小说精选集：女工 [M]. 北京：新星出版社，2017：157，167.

[9] 何伦，王小玲. 医学人文学概论 [M]. 南京：东南大学出版社，2002：105.

[10] 舍温·努兰. 外科医生手记——死亡的脸 [M]. 杨慕华，译. 海口：海南出版社，2008：78.

[11] 亚当·斯密. 道德情操论 [M]. 韩巍，译. 北京：西苑出版社，2005：78.

[12] 玛莎·努斯鲍姆. 诗性正义：文学想象与公共生活 [M]. 丁晓东，译. 北京：北京大学出版社，2010：12–13，73.

[13] 向荣. 诗性正义：文学在消费时代重建社会关系的首要价值 [J]. 社会科学战线，2012（8）：139–147.

[14] 何昕. 疾病叙事的生命伦理研究 [D]. 南京：东南大学，2015.

夜车上的性别寓言[*]

——评张天翼《我只想坐下》

    2018 年底，学者张莉发起过两次大规模针对当代作家性别观及其写作的问卷调查，这是继 1980 年后丁玲、茹志鹃、张洁、王安忆等人在出国访问中第一次被问及"性别问题"及 1995 年北京世界妇女大会召开使"女性写作"受到空前关注之后，中国当代作家第三次如此密集地遭遇"性别问题"。在前两次的公开问答中，作家的答案具有明显的异质性，尤其是众多女性作家试图在概念上否认"女作家"的特殊化命名，但同时也承认自身在创作实践中，无法抹除性别差异的影响。由此可见，作家对于"女性书写"的排斥，源自传统意识中认为男性的创作是更为高级的标准，而这种守旧失衡的评价机制，也造成了当代文坛刻意屏蔽了属于女性独特的视角、感受与立场的问题。因此，将文学划分"男女"，有助于重塑"私人领域"与"公共空间"的关联，并扩展女性"自我"之维度，达成对具体日常中无数的"个人"的关注与理解，建立起文学意义上的"女性共同体"，将女性与其生活与生存的问题，放置于阶层、社会、世界、自然等范畴，从而孕育出无穷的"新女性写作"动力。

    2019 年 10 月，《十月》杂志与张莉向不同代际的女性作家发出邀请，并在 2020 年第 2 期《十月》推出了"新女性写作专辑"，这一专辑内部收入了张天翼、孙频、文珍、金仁顺、蔡东、淡豹、翟永明、林白等十三位女性作家的作品。张莉表示，疫情打破了世界平静，抗疫中女性力量的崛起，使得中国社会的性别观念得到进一步推进，社会的秩序与人的内心发生了巨大的改变。因此，她提倡一种"新女性写作"，呼吁女性作家尝试探索女性及性别问题的复杂性，并接连起女性与女性、女性与男性、人与现实与自然的关联。在此专辑中，不同的女性作家以不同的文学气质书写了日常与现实，并将女性还原为复杂社会关系中的"结点"，使得理想中的"新女性写作"打开了文学通往整体性的

---

   * 王文林（1993—），女，山东济南人，2020 年中国现当代文学方向博士研究生。

大门。

其中，张天翼创作的《我只想坐下》在整部专辑中具有独特的地位，给予读者以真实自然的阅读体验。这位曾经以"纳兰妙殊"为笔名的女性作家，创作过诸多奇幻诡谲的故事传奇，拥有被评论家称为"无边界感作者"的赞誉。她的叙事风格具有明显的女性色彩，温和却不失重，始终保持着深重的感情，对善、好无条件地信任，并怀揣着不乏温度的情感描绘与塑造小说中的故事与人物。如今，她将笔触回归到现实与日常，重新关注与理解女性的真实境遇，并在《我只想坐下》一文中，通过书写女孩詹立立在具有"流动的现代性"隐喻的火车中的奇遇，揭示了并非所有的性别权利都可被命名为"传统"，性别的制衡，同样存在于"现代"的场域之中，而在这篇小说的背后，为这种温情与感染力提供支撑的是张天翼对于现代女性所处现实困境的深刻反思及具有人性力量的共情。因此，本文将以"新女性写作专辑"中，张天翼创作的《我只想坐下》为观察对象，探讨此文本呈现出的当下女性写作的新变。

一、重返日常，女性是社会关系的总和

关于理解"新女性写作"的内涵，需要将其放置于中国社会世俗化转型的语境中去理解，在当下环境中，宏大的主题逐渐隐退，女性作为个体获得了选择的可能，但仍然是戴着镣铐起舞。所以，不难理解为何"新女性写作专辑"中，文本的艺术特性收敛，激进因素也开始消退，以及对于女性自我的建构中出现较为"实际"的倾向。贺桂梅认为："从 80 年代中期提出'女性主义'，到 80 年代后期注重反叛父权制社会的'女性真相'，都在指向一种经验化、本质化的女性想象与认知。"[①] 把这种想象与认知视为一种无意识显露的束缚，反映出的是女性主体建立之时可供调用资源的匮乏。21 世纪以来的"女性写作"显然一直在挣脱这种束缚，也显示出一定成效。如张莉所提出的，2010 年来的"非虚构女性写作"从"我的世界"转换为"我眼中的世界"，在"个人记忆"与"集体记忆"的同构中，重塑了"私人领域"与"公共空间"的关联。不过较之"非虚构女性写作"向公共空间的突围，"新女性写作专辑"中的文本则更多是从日常生活的书写中扩展女性自我的维度，由此达成对具体现实中女性抑或人的关注与理解。如此而言，描写日常生活成为性别政治最大也最难以察觉的存在场域。

---

① 贺桂梅. 女性文学与性别政治的变迁［M］. 北京：北京大学出版社，2014：166.

张天翼的《我只想坐下》是以中国特有的"春运大潮"为叙事背景，女大学生詹立立和同学孙家宝结伴乘车回家，只买到站票的立立一路蹭座，各种为难。期间，遇到帅气的列车员左一夏，两人互生好感。终于，当立立有机会坐进乘务室里歇脚时，迎接她的却是左一夏强势的欲望表达与令人屈辱气愤的"抚摸"。小说以乘车返乡占座的生活细节，构建起了女性与女性、女性与男性之间博弈的世界，二者因掌握金钱的载体（车票）与身份职能（乘客与乘务员）的不同，暗自形成了稳固的权力结构。对于男女两性而言，日常生活中的性别政治并非一个具有同一性的问题，如同詹立立在火车上的遭遇，问题不在于女性以为的"善意"背后，究竟隐藏着多少男性认为的"理所当然"，更在于作为女性的詹立立为何不能买一张卧铺票，又为什么会失去同学孙家宝让给她的座位？张天翼在拥挤的车厢中给出了确切的答案，立立因父母的重男轻女思想，只得买站票归家，在蹭坐的过程中又因爱面子与女性的弱势力量被无赖乘客所欺辱，这一串最为日常的经历，正是揭开现实中的浪漫面纱，直指日常经验中所存在的性别政治的尖锐之处。

在《重提一种新的女性写作》一文中，张莉这样界定"新女性写作"的概念："强调写作者的社会性别，它将女人和女性放置于社会关系中去观照和理解而非抽离和提纯。它看重在日常生活中发现隐秘的性别关系，它认识到两性之间的性别立场差异其实取决于民族、阶层、经济和文化差异，同时，它也关注同一性别因阶级/阶层及国族身份不同而导致的立场/利益差异。"① 在这一方面，张天翼的《我只想坐下》做出了实质性的创作实践，在"车厢"这样一种日常与微型的社会组织中，她发现了在现实生活与人际关系中的有形或无形的性别权力是普遍存在的，有票与无票，羸弱与健硕，男性与女性，被管理者与管理者之间，永远存在着性别政治与权力关系。张天翼用一个不到一米长的火车"座位"，揭示了女性在社会空间与关系内所遭遇的问题与不利处境，而重返生活的日常，意识到女性是社会关系的总和，并将女性的日常与生存放置在广阔而多维的关系中去认识，这是张天翼创作的《我只想坐下》的突破之处。

二、权力隐喻，夜车上的性别寓言

张天翼在有关"性别观"的访问中，曾将她所关心的女性处境命名为"糖果深渊"："她们觉得眼前都是静好的岁月，都是糖，其实已身在深渊之中，就

---

① 张莉. 重提一种新的女性写作［J］. 十月·新女性写作专辑，2020（2）：35.

像儿童游乐场里彩色球的沼泽，挣扎不出去，躺下来哈哈大笑。"① 《我只想坐下》就是女性在"糖果深渊"里的遭遇映射到现实的景象。

在 20 年前没有高铁与动车的中国，绿皮火车曾是大部分中国人长途旅行时的交通工具。人们因自身的财力基础选择乘坐何种交通工具出行，因此，交通工具，作为一种具象的载体将不同阶层的人彻底区隔。20 世纪 70 年代，西方文化界兴起了关于"空间转向"的讨论，福柯（Foucault）认为当今时代已经进入了"空间"的纪元，人类对于生存的焦虑与对空间的焦虑形成了一种呼应。传统的美学研究层面同时关注着时间维度与空间维度的并行发展，并将这一关注反映在当代文学的创作与审美中。在《我只想坐下》中，张天翼选择的"社会"空间中的微观视角是：一列返乡的春运火车，"火车"也就成为小说的叙事空间。在密闭的车厢内，人类秩序被压缩成为若干个板块，并被无形的权力所操控。列车厢中有管理者（列车员）与被管理者（乘客）、女性与男性、有票与无票、羸弱与强壮等明显的对立关系，这一切都昭示着"火车"空间中权力与秩序的存在，而詹立立作为一个处于秩序下层的"站票者"，她为之奋斗的"座位"，则象征着女性为了获得社会位置所需要付出的艰难努力。原生家庭"重男轻女"的思想及没有幸运因素的加持，使得詹立立从买票的那一刻起就注定成为车厢座席中被过滤掉的人，反观肤白丰腴的同学孙家宝则因为父母的"疼爱"而在处理车厢中的人际关系上显得游刃有余、勇敢自信。

"火车"所独具的水平方位，表面上可呈现出缓和阶级冲突的功效，每个人都在二维平面内找到自己的归属，但在这一平面内，我们又可以通过小说人物之间的对话与行为，清晰地感受到横向空间中所藏匿的纵向的隐形结构：社会秩序下权力与等级的存在。作为"站票者"的詹立立，她弱势、孤立无援，同时需要克服女性身体或生理层面的不适，春运中"无座"的处境构成了她生命碎片中的一个绝境，而和善、帅气的乘务员左小夏总不时地在她需要的时刻现身，成为詹立立虚构的"依仗"，当一个正义的化身总是不期而遇时，女性似乎很容易将他视为冥冥中所指派的搭救。但夜车上的纯真幻想，最终被一次失控的"性骚扰"击碎，我们不知道乘务员为她营造一处栖身之所进而有了之后的侵犯是他临时起意还是预谋已久，而小说却戛然而止了。列车员作为火车上的"最高权力者"，让无座的詹立立看到了特权的存在，她享受着这份特权的照顾，担心自己被赶出，重新回到秩序末端的"无座"处境。如果詹立立不较真儿，继而享受这份特权的眷顾，"性骚扰事件"甚至可以成为日后的一个谈资。但如

---

① 第一次对 34 位新锐女作家的关于"她们与我们时代的女性写作"的调查.

果她正视那一刻对女性意味着什么，它将作为一个严重时刻、一道分界线永远地改变着她对异性的感知，亦改变她重回无座的境地，以及她此后人生对女性生命处境的理解。可是，小说的残忍之处在于，张天翼似乎并不打算给出一个光明的结局，"老娘卖半条腿，换个包厢软座，值了。""她啪嗒一声关闭眼皮，犹如一个冷酷的旁观者，看着外面一桩唯她可见的暴行，啪嗒一声合拢了窗帘。"① 可见，詹立立在"火车空间"的权力格局中，选择了社会所发明的一种使女性心甘情愿接受压抑的修辞："只要值，就换"，这也成为女性心照不宣的社会潜规则，它揭示了女性有时因为自身性别而获得"特权"，但这种"特权"永远需要女性付出相应的代价作为交换。这里，张天翼没有在小说中构建出多么庞大的叙事背景，仅是在一列返乡的夜车上，就书写出了关于男女的性别寓言。

三、新女性写作，展现女性的力量限度

我们可以看到，当下的"新女性写作"，作家已不再书写那些曾在 90 年代风靡一时的"奇女子"，也不再强化女性的浪漫气质，而是在尴尬的现实映照下揭示浪漫幻想的虚假。"新女性写作"开始引导读者思考属于女性的大问题：我们应该如何深入地理解自身的处境，无论是带着批判，还是带着体谅，都不要假装轻松地以自我戏谑的方式，完成对自身所承受压迫记忆的重塑。这样看来，张天翼的《我只想坐下》就如同寓言一般，微缩了一位女性遭遇绝境的可能世界，又预言了她们在"弱"的限制里，俯就于曾经不屑的准则。她们暂时地被囚禁在"火车"上，天空也只有到天花板的高度，这个局促的空间规定着她们的需要，又切割着她们的视线，限制了她们作为女性应该具备的力量。

"新女性写作"没有回避现实中的两性困境，张天翼的《我只想坐下》更是把性别寓言的主题放置在明显之处，供读者与研究者去探讨。任何人都无法回避性别问题，就像任何人都不能回避日常生活，所以无论是创作者、评论家，抑或读者都要格外注意日常生活中的性别政治，尊重与理解性别的差异，并探索那些在生活的细枝末节中藏匿的基于性别差异所造成的问题，从而才能理解具体情境中的人类——她们的生存与困境。《我只想坐下》结尾处略显冷酷，它揭示出在某些人的善意/风月的背后都有一双令人厌恶的手，认为所有善意/风月都有可能陷入性别立场上的怀疑，这是女性作家张天翼对公共议题的回应，

---

① 张天翼 . 我只想坐下 ［J］. 十月·新女性写作专辑，2020（2）：128.

是女性有关"自我"的书写再次折返现实，回归日常，并使其复杂幽微之处得到了呈现。

伍尔夫（Woolf）在谈论关于小说创作与生活的关系时曾说："小说就像一张蛛网，即便只是轻轻相连，那网的四角也连接着生活。"① 无论我们身处任何时代、选择书写何种题材，现实世界都必然作为一个庞大的幕布或出现、或隐匿在文本之中。因此，"新女性写作"注定以彰显女性独特的感受与思想为立场，并接连着鲜活的世界，使得现实中的性别政治能从日常生活中寻找产生变动的可能，从而建立起文学意义上的"女性共同体"，避免再次坠入"私人化"写作的窠臼。同时应该注意的是，在文学中重提性别议题，关注女性书写及其权益，并非为了制造对立，而是为了形成更有效的对话，从而以平和的方式解决性别的困境。

参考文献：

[1] 贺桂梅. 女性文学与性别政治的变迁 [M]. 北京：北京大学出版社，2014：166.

[2] 张莉. 十月·新女性写作专辑 [M]. 北京：十月杂志社，2020（2）：35.

[3] 第一次对34位新锐女作家的关于"她们与我们时代的女性写作"的调查.

[4] 张天翼. 十月·新女性写作专辑 [M]. 北京：十月杂志社，2020（2）：128.

[5] [英] 弗吉尼亚·伍尔夫. 自由 [M]. 吴晓蕾，译. 北京：中信出版社，2019：2.

---

① [英] 弗吉尼亚·伍尔夫. 自由 [M]. 吴晓蕾，译. 中信出版社，2019：2.

叶兆言散文中的南京想象*

　　城市是人类生活聚居的地理空间，既包括看得到的人口、交通等客观存在的一面，即"事实城市"；同时也是人类文明憧憬的想象空间，包含着看不到的情感、欲望等精神文化的一面，即"感觉城市"。而看不到的"感觉城市"，则更多通过文学作品表现出来，文学与城市互动互证，阅读文本"成为阅读城市的方式之一"①。"文学中的城市"既是对现实城市的再现，又投射着特殊的文化期待，建构成"这一个"的独特想象，使得每个城市散发着其独有的魅力。

　　南京作为"文学之都"②，有着悠久的历史传统、深厚的文化底蕴，滋养出一大批优秀的作家及文学作品，叶兆言及其散文是其中不可忽视的一脉。作为一个土生土长的本地作家，叶兆言与南京联系紧密，对南京有高度的文化和心理认同，其小说多以南京为背景，散文更是下笔直书南京城生活百态，南京城便是叶兆言的文学"根据地"，投射了作者特殊的情感与思考，因而也构建了更加独特而地道的南京想象，为"文学中的城市"提供了新的创作思路。

一、叶兆言散文中的典型南京形象

　　南京作为城市建制已经有着悠久的历史，叶兆言作为一位"50 后"作家，更是与南京有着较长时间的同生同构关系。他长时间的生活都与南京紧密相连，并通过散文记录了下来，其散文构筑了文学中的南京想象。他在散文中构建的南京往往是站在当下时间坐标的末端回望历史起点，因而其构建的南京有着明显的阶段性格和典型形象。

---

*　作者简介：李梦琳（1996—），女，山东省淄博市人，2019 级中国现当代文学专业硕士研究生

①　理查德·利罕. 文学中的城市：知识与文化的历史［M］. 吴子枫，译. 上海：上海人民出版社，2009：9.
②　2019 年 10 月 31 日，联合国教科文组织官方宣布，批准 66 座城市加入联合国教科文组织"创意城市网络"，南京被列入"文学之都"，成为中国第一个获此称号的城市。

（一）六朝烟雨中的金陵古城

六朝金粉地，十里秦淮河。金陵是南京旧称，公元前 333 年，楚威王熊商于石头城筑金陵邑，金陵名源于此。后吴大帝孙权建都于此，金陵开始崛起，成为六朝重要的政治、经济、文化重镇。叶兆言散文回溯的南京之起点便在此，作为六朝古都的金陵成为其南京想象的一个典型。

在叶兆言的散文中，关于金陵的再现与想象，往往依托着真实存在的秦淮河与夫子庙展开。以夫子庙为中心，描绘了包括夫子庙、瞻园、中华门，还包括从桃叶渡到镇淮桥一带的秦淮风景和楼阁景观，融古迹、园林、画舫、市街等风貌于一体的画卷徐徐展开。而秦淮画舫、桨声灯影里才子与佳人的传奇故事却充满了作者的文学想象，"那秦淮到了有月色的时候，越是月色已深，越有那细吹细唱的船来，凄清婉转，动人心魄……还有那十六楼官妓女，新装艳服，招接四方之客，这就是南京当年的写照，这样的文字曾经令许多外的人心脏发颤，魂牵梦绕地一定来一趟南京，去一趟秦淮河。"① "读书人住在秦淮河边，天长日久，便生出了一些风花雪月的故事。有才子，自然就有佳人。才子和佳人碰到一起，没有故事，也会生出一些故事。"② "秦淮八艳"艳情风流的传奇，才子们红袖添香的韵事，随着流淌着的秦淮河水，使得叶兆言散文中的南京氤氲在一片充满脂粉与烟水气的温柔乡里。

一个以秦淮河与夫子庙等地理场景为中心，充满脂粉烟水气与颓废风流气的金陵城成为叶兆言散文中南京想象的典型。这是其散文构建南京想象的历史起点，这一南京想象典型将六朝烟雨中的金陵城重新发掘，寄予它"传统城市"定位下的生机与活力。

（二）时代纷争中的民国首府

龙盘虎踞，帝王之州。南京历来因为它的"王气"被重视，也被压制。结束了作为古都的时代，历经多年，南京终于又成为民国首府，再次验证了它的"王气"。1912 年元旦，中华民国临时政府在南京国民政府成立，1927 年南京国民政府成立，置首都特别市。南京迎来了黄金十年，大规模的首都建设，人口数量激增，一跃成为中国六大城市之一。南京由此开启现代城市进程，作为民国故都的南京成为叶兆言散文中南京想象的又一典型。

在叶兆言的散文中，对作为民国故都南京的再现，主要围绕着这一时期的城市建设与城市政策展开。叶兆言重视对南京地方志的搜集与整理，以翔实可

---

① 叶兆言. 南京人 [M]. 南京：南京大学出版社，2007：49.
② 叶兆言. 南京人·续 [M]. 南京：南京大学出版社，2011：186–187.

靠的史料再现了民国时期的南京。从其散文中我们可以看出，民国时的南京想象极力抓住发展的机会：一方面，南京大兴土木工程，"民国期间的南京是大兴土木的岁月。旧官僚、新权贵，纷纷云集南京……形状各异的小楼，仿佛雨后春笋，一幢接一幢地竖立了起来，大家都不喜欢雷同。"① 另一方面，南京积极进行现代化改革，如新生活运动、禁娼运动、庐山谈话会等。依托历史上真实发生的城市建设与政治活动，叶兆言用其散文再现了一个逐渐走入现代化城市建设的南京。然而在其叙述的字里行间又不难看出他对这些建设的怀疑态度，对这一时期南京的回光返照和虚假繁荣充满忧虑与讽刺。"一座座小洋楼使得这一带道路纵横，以极不规则的方式交叉拐弯，结果这一带变得像迷宫一样复杂。许多人即使到了今天，仍然会在这里晕头转向。"② 民国时期的南京，表面上充满着重建的斗志与新生的激昂，然而这光鲜的背后实则是混乱和无序的深渊。

一个以新生政权为依托，大兴土木，试图建设现代化城市，而实际充满混乱的民国首府成为叶兆言散文中南京想象的典型。这是叶兆言以翔实准确的史料，辅以日常生活的经验"复活"的民国南京，充满了对其现代性建设的思考与担忧。

（三）城市化进程中的当下南京

人家烟火气，最抚凡人心。进入八十年代，改革开放的春风也吹进了南京城，南京真正开始作为现代都市发展起来，南京人真正成为小市民，过着他们的市井生活。南京也逐渐被经济社会飞速发展的大都市同化，变得模糊不清，没有个性，南京被世俗生活解构。日常生活既充满了琐屑与无聊，又日新月异，挑战着习惯于慢节奏的南京。这一处在城市化进程中的，开放的、面向未来而充满不确定性的南京城具体成为一座世俗城市，成为叶兆言散文构建的南京想象的又一典型。

叶兆言的散文对当下城市化进程中的南京，在时间概念上采取了在场式的表达。通过对日常生活琐事和当下南京城市景观的描摹，从日常视角考察当下，囊括人们的衣食住行、婚姻家庭、消费方式、社会交往、文化娱乐等琐碎人生细节的方方面面。一方面，将南京的地理、政治、人文艺术、吃喝玩乐等一网打尽，是历史纪实和知识考古式的南京书写③；另一方面，也把当下南京发展中

① 叶兆言. 旧影秦淮 ［M］. 南京：南京大学出版社，2011：215.
② 叶兆言. 烟雨秦淮 ［M］. 广州：南方日报出版社，200：99.
③ 沈杏培. 没落风雅与乱世传奇：叶兆言的南京书写——兼论长篇新作《很久以来》［J］. 当代作家评论，2014（3）：115－121.

出现的问题——列出，畅谈教育竞争、住房难题、景区建设、城市交通等各方面的问题。城市化进程中的南京日新月异，也变得随波逐流，品尝着城市化进程的阵痛，平凡琐屑的世俗南京既令人满足又显得无聊。

一个在城市化进程中发展着的南京，以它最亲切、最真实的日常生活细节，庸常平静的形象建构了叶兆言散文中的又一南京想象典型。这是叶兆言作为一个老市民，以其亲历的生活经历与体验感受编织的当下南京，充满了对当下南京城市化发展的关切与思考。

二、叶兆言散文中南京形象的特点

正如小说中的人物形象各有各的性格特点，"每一个城市都有自己特定的'场所精神'，它是一个地方的自然、历史、事件、人文、建筑、居民等方方面面的长期积淀和不断融合的体验，是一种与生俱来的存在方式，是一种潜在的却能决定城市命运的力量"。[①] 叶兆言散文中构建的南京形象所表现出的特点，实际上就是其通过体验与想象而精神化的南京。

（一）"水的智慧"：吞吐包容

"上善若水，水善利万物而不争。"叶兆言散文构建的南京深谙"水的智慧"，从古至今都极具包容性。南京的包容性在其散文中主要有两方面的体现，一是对人的宽容，二是对历史的宽容。

对异乡人，南京是包容的，在《南京的外地人》中，叶兆言曾谈道："南京以它的宽容留下了无数的异乡人。南京在接纳的过程中，改造着南京的外地人，正如南京的外地人改造了南京一样。"[②] 古往今来，南京一直接纳着外来客，无论是颓废南渡的北方文人，还是强势攻打的兵将，南京始终如水一般地吞吐包容。并且很智慧地学习外来者的优长，将外来文化充分地本土化，把其化为南京内在的发展力量。对于历史，南京同样是包容的，《南京，历史和文人》中写道："南京这个城市是宽容的，它珍惜历史留下的每一个细节，保护历史留下的每一处遗产。"[③] 南京城有着悠久的历史，从六朝古都到民国首府，南京留下了太多历史遗迹。其中有一些是非常影响当下南京城市规划建设的，很多影响了交通发展，有的甚至是违章建筑。然而在追求高速发展的城市化进程中，南京

---

① 杨建军. 场所精神与城市特色初探——以苏州为例［J］. 华东交通大学学报，2006
　　（5）：48－50.
② 叶兆言. 南京人［M］. 南京：南京大学出版社，2007：152.
③ 叶兆言. 南京人［M］. 南京：南京大学出版社，2007：174.

仍然选择保留这些"前朝遗物",这种对历史遗迹的保护实际也是对历史的包容。

在叶兆言的散文中,秦淮河水流过南京城,"水的智慧"也潜移默化地流遍南京,熔铸成了南京城的城市精神,极大的包容性成为南京形象的一大特点。

(二)"所见皆历史":深厚的历史感

"春归秣陵树,人老建康城",从秣陵的一棵小树到如今的南京城墙,叶兆言散文构建的南京所见皆是历史,扑面而来的历史感是南京形象的又一特点。南京的历史感主要来自叶兆言对南京城市景观与人文现象的掌故讲述,这些具体而微的描摹再现了当下遗迹的生动历史,使得南京的事事物物几乎都充满了历史感。

南京是一个有着悠久历史的城市,作为一个老南京人,叶兆言对南京非常熟悉,在其散文中对南京的描摹是细致入微的。最具代表性的是再版后的《旧影秦淮》,这本书包含三百多张黑白老照片,以图文结合的形式再现了南京历史。不仅有人们熟知的秦淮河、夫子庙、玄武湖、中山陵等历史名胜,照片中的街道、房屋、商店等更真实地还原着某一段历史,真实地再现了一个家庭、一个行业、一种生活方式曾经的样子。叶兆言从晚清民国一直说到了1949年之后,既讲述了和政治相关的城市变革史,也讲述了看起来和政治没有太多关联的城市日常生活史。南京方方面面的历史已被融入日常生活之中,目光所及之处都透露着浓浓的历史气息。

叶兆言依托客观存在的物质南京,根据史料和体验具体而微地再现了历史的南京,赋予南京的万事万物以深厚的历史感,形成"所见即历史"的氛围,南京深厚的历史感也成为其散文构建的南京形象的特点之一。

(三)"南京大萝卜":中庸敦厚

"任何一个城市都有一种公众印象。它是许多个人印象的叠合。或者有一系列的公众印象,每个印象都是某些一定数量的市民所共同拥有的。"① "南京大萝卜"正是人们对南京、南京人的一种集体评价,因为性格里的敦厚、老实、中庸、守旧等共同特点,南京人一直以来都有着"大萝卜"的外号。

"南京大萝卜"的特点是一种顺其自然、调和中庸的南京精神。叶兆言散文中构建的南京确有很明显的偏安一面,他在《六朝人物与南京大萝卜》中有言:"南京大萝卜在某种意义上来说,是六朝人物精神在民间的残留,也就是所谓'菜佣酒保,都有六朝烟水气'。自由散漫,做事不紧不慢,这点悠闲,是老祖

---

① 凯文·林奇. 城市的印象 [M]. 项秉仁,译. 北京:中国建筑工业出版社,1990:41.

宗留下来的。"① 这种散漫与自由的习气，一方面，是一种自得闲适的乐观通达之状态；另一方面，又是一种不思进取的懒散空谈之风气。这是一种调和中庸的南京精神，吴炫就在《南京文化局限分析》中谈道："南京人说俗并不俗气，说雅也并不雅致，说土也不土里土气，说洋也不洋里洋气；南京人说不上奸，也说不上滑，说不上憨，也说不上傻；这使得南京人在根本上就是'四不像'人，而'四不像'人因为无法描绘，所以也可以说是'无形'之人。无形之人在什么方面都不会太过分，但在什么方面也都不会到位。"② 在叶兆言的散文中，"大萝卜"气质体现在方方面面，从南京人的性格来看，质朴真诚，知足保守；从南京城市化建设来看，亦城亦乡，城市化进程相对缓慢；从现代生活节奏来看，竞争压力较小；等等。还有六朝两宋的偏安、革命运动中的保守、现代化进程中的怀旧都是其"大萝卜"特点的体现。

在叶兆言的散文中，"南京大萝卜"的特点主要通过对南京人和南京城的总体性描述表现出来，人与城融合起来从而形成这种兼具优劣两面的南京印象。"南京大萝卜"也作为南京精神的一方面，成为其散文构建的南京想象的一大特点。

三、叶兆言散文建构南京形象的方法

叶兆言散文构建的南京形象，主要有物质南京、精神南京和世俗南京三个层面。其对各个维度上的南京的构建总体上采取了"回头看"的方式，始终隔着历史滤镜回望南京。但具体来看又是不尽相同的，以对南京风貌与人的摹写构建了物质的南京，以回忆与现实的交织再现了精神的南京，又以南京与其他城市的比较激活了当下的世俗南京。

（一）物质南京的建构——南京风貌与人的摹写

一个实体的城市由它的建筑、交通和人口构成，其中城市风貌与人最能体现城市的特色。叶兆言散文构建的物质南京便是由一系列的城市风貌和人物具体展开的，在其散文中城市风貌与人和谐融洽，作者以人与城互证构建了物质南京。

叶兆言散文中对南京的地标性建筑常有描写，这是物质南京最直接的再现，而其中往往又有与之相关的人紧密联系着。秦淮河畔的歌女，夫子庙旁的书生，中山陵边的先驱，总统府里的枭雄……这些地点与人物几乎是一一对应的，这

---

① 叶兆言．南京人［M］．南京：南京大学出版社，2007：69.
② 王干．城市批评·南京卷［M］．北京：文化艺术出版社，2002：35.

些地理风貌因为特定的人而更加完整、更加生动，人的存在使城市活了起来。单独的秦淮河虽然流淌着，但只是大水系里一条小流，而与歌女联系起来的秦淮河似乎还传来婉转的歌声，更似有缥缈的画舫徐徐飘向岸边的动感。人与城互相印证、互相补充，从而刻画了物质的南京。

（二）精神南京的构建——回忆与现实的交织

作为土生土长的本地作家，叶兆言的生活成长史与这座城市的发展史有着很长一段时间的重叠，在其经历中既有关于过往南京的回忆又有关于当下南京的体验。其散文在构建南京形象时，作者将回忆与现实交织，从过去与现在的融合中提炼出精神的南京。

"在南京这样的城市里，太容易产生怀旧的情绪。"① 正如叶兆言站在今天回望历史，怀旧即通过回忆对历史和传统进行再现与重构，"将'记忆'从名词转为动词，意味着一个人物、一件史事或一座城市有可能从此获得新生。"② 正是通过作者的回忆，今时之物上承载的鲜活历史重生了，物是人非的变化也常常令人唏嘘。例如，对秦淮河的追忆，记忆中清澈的河水、浣衣的少女与如今臭气熏天、污染严重的情景形成极大的落差，回忆自然也充满了惆怅。在叶兆言散文中，回忆与现实的交织往往产生今不如昨的失落，构建了惆怅失意的精神南京。

（三）世俗南京的建构——南京与其他城市之比较

每个城市的形象，自有其标志性的特征，这些标志性的特征使得它的面孔具有辨识度。南京自有南京的独特标识，而这种独特在叶兆言的散文中常常以对比的方式展现出来。在与其他城市的对比中，世俗的南京被建构起来。

叶兆言对南京的关切是很深的，这在他的一些游记类散文里常有体现，他在其他城市游览观光时也不忘提及南京，在对比中为我们展现着不同城市的风采。最常与南京共同提及的城市是北京与上海，这三座城市是很有可比性的，同为帝都的南京与北京，都拥有着悠久深厚的历史文化底蕴；紧密相连而同时进入现代化进程的南京与上海，都品尝着现代化进程的喜与忧。叶兆言曾谈道："有一种流行说法，要做官去北京，因为那里是北洋政府所在地，要发财去上海，因为那里是十里洋场，而真要读书，就到南京来，因为这里除了能读些书，什么也得不到。"③ 世俗南京的朴实与保守形象在与北京和上海的对比中凸显出

---

① 叶兆言. 南京人 [M]. 南京：南京大学出版社，2007：14.
② 陈平原. 北京记忆与记忆北京 [J]. 北京社会科学，2005（1）：3 – 11.
③ 叶兆言. 旧影秦淮 [M]. 重庆：重庆大学出版社，2014：108.

来。除此之外在对山东、哈尔滨等城市的基础设施和城市性格等的叙述中也提及了南京，南京从交通建设、房屋构造到城市性格都在对比中呈现出来，一个世俗的南京形象树立了起来。

四、叶兆言散文建构南京形象的意义

赵园曾这样说过："能找到理想的'人'的城想必是自觉幸运的。并非任何一个历史悠久富含文化的城，都能找到那个人的。"① 南京是幸运的，叶兆言也是幸运的，叶兆言成为南京的"代言人"，南京也为叶兆言的文学创作提供了丰富的素材，他们彼此成就。叶兆言散文构造的南京形象是成功的，这些作品丰富了"文学中的南京"的写作空间，探讨了城、人与文学之间的关系，为南京乃至全国、全球城市发展提供了新思路。

（一）丰富"文学中的南京"之书写空间

自"文学中的城市"这一课题在国内开始研究以来，北京、上海等城市的研究火热，而南京城似乎遭到冷遇。"20 世纪中国文学多以北京、上海划分天下，一个近官，一个言商，走的是两种极端……除此之外，人们好像很少顾及第三条道路、第四条道路，或者更多种文学道路的选择。"② 南京与北京、上海相比，既没有北京传统气味浓厚，又没有上海现代化发展迅速，调和中庸的南京始终不能拔得一个头筹。虽然也有汪曾祺、苏童、范小青等江苏作家对南京有所描摹，但关于南京的书写始终未能形成规模与风气。叶兆言不但在小说中将南京融为背景，更在散文中直接构建描摹物质、精神等各个层面的南京，从衣食住行到吃喝拉撒全都纳入书写范畴。历史中的南京与当下的南京交织在一起，同轨并行、同步放映，南京独树一帜，体现出了它的独特魅力。

（二）对城、人、文学关系的示范

南京、叶兆言、散文，这三者完美地融合在一起，和谐共生，是对城、人、文学三者之间关系的示范。城市不但为作者提供了创作的素材，另一方面还影响着作家的审美观念、价值观念、创作风格等，从而影响着文学作品的呈现面貌与精神内核。作家也发挥着主观能动性，以城市作为审美观照的对象，既能入其中，又能出其外。在城、人、文学三者中，作家通过对城市的想象，塑造了城市形象，将城市展现在其文学作品中，使三者融为一体。这就需要城的气场与人的气质和文学的风格相契合。南京深厚的历史气与叶兆言浓郁的书生气

---

① 赵园. 北京：城与人 ［M］. 北京：北京大学出版社，2001：7.
② 杨扬. 江南文学絮语——关于叶兆言的小说 ［J］. 扬子江评论，2007（4）：38－39.

以及其散文平和冲淡的风格便能融合得非常紧密而和谐，叶兆言善于从南京人的生活琐碎中挖掘出一种文化精神，将其笔下的南京与散文的风格统筹起来，使叶兆言构建的南京更可靠，也使得在南京的叶兆言风格更加分明。

（三）为城市发展提供新思路

叶兆言在构建南京时常常采用"回头看"的方式，隔着历史的滤镜看过去、现在和未来，这实际为城市发展提供了一种新思路。在其散文描述中，叶兆言更倾心于对老南京的建构，他对传统有着很深的情感，在传统与现代之间更倾向于传统。这实际对当下以现代化水平为主要标准的城市发展策略有着补充作用，对像南京这样历史悠久、传统深厚的城市的发展提供了现代化之外的新发展思路。南京作为中国的一个城市，必然与整个国家同呼吸共命运，叶兆言以散文构建了南京，以南京为切点，其实可以窥见整个中国。"南京为他提供了一个讲述中国历史的平台，它不断被破坏、被伤害，又不断重生、发展；它在每一个历史转折点上都浓墨重彩，又以失意者退场；它清晰地展现了中国历史的沧桑。"① 叶兆言以南京为着眼点，而实际野心却在整个中国甚至是全世界，他在探讨的是一个关于传统与现代关系的大问题，包含城市发展、文学创作、文化发展等各方面的问题。在追求现代的大潮中，他关注传统的一面，为传统提供了发声的可能，也对城市发展提供了新的思路。

结　语

叶兆言散文中建构的"文学中的南京城"独具风格、内涵丰富，对城市与文学研究有一定代表性。叶兆言通过构建六朝古都、民国首府和城市化进程中之南京等典型南京形象，展示了南京如水般吞吐包容、充满历史感且从容守旧等城市形象特点。并通过回溯历史的方法建构了"物质的南京""精神的南京""世俗的南京"不同层面的南京形象，丰富了南京书写空间，展示了城、人、文学三者的和谐关系，对南京城市发展及构建"文学中的南京"这一议题提供了不同的思路与方法。

参考文献

［1］赵园. 北京：城与人［M］. 北京：北京大学出版社，2001：7.

［2］王干. 城市批评·南京卷［M］. 北京：文化艺术出版社，2002：35.

---

① 何映宇. 叶兆言：南京人立《南京传》［J］. 新民周刊，2019（33）：72 – 75.

［3］凯文·林奇. 城市的印象［M］. 项秉仁, 译. 北京: 中国建筑工业出版社, 1990: 41.

［4］理查德·利罕. 文学中的城市: 知识与文化的历史［M］. 吴子枫, 译. 上海: 上海人民出版社, 2009: 9.

［5］叶兆言. 烟雨秦淮［M］. 广州: 南方日报出版社, 2002: 99.

［6］叶兆言. 南京人［M］. 南京: 南京大学出版社, 2007: 14, 49, 69.

［7］叶兆言. 南京人·续［M］. 南京: 南京大学出版社, 2011: 152, 174, 186 – 187.

［8］叶兆言. 旧影秦淮［M］. 南京: 南京大学出版社, 2011: 215.

［9］叶兆言. 老南京——旧影秦淮［M］. 重庆: 重庆大学出版社, 2014: 108.

［10］叶兆言. 南京传［M］. 南京: 译林出版社, 2019.

［11］陈平原. 北京记忆与记忆北京［J］. 北京社会科学, 2005（1）: 3 – 11.

［12］杨建军. 场所精神与城市特色初探——以苏州为例［J］. 华东交通大学学报, 2006（5）: 48 – 50.

［13］杨扬. 江南文学絮语——关于叶兆言的小说［J］. 扬子江评论, 2007（4）: 38 – 39.

［14］沈杏培. 没落风雅与乱世传奇: 叶兆言的南京书写——兼论长篇新作《很久以来》［J］. 当代作家评论, 2014（3）: 115 – 121.

［15］何映宇. 叶兆言: 南京人立《南京传》［J］. 新民周刊, 2019（33）: 72 – 75.

［16］陈秋霞. 论叶兆言作品中的南京想象［D］. 广州: 暨南大学, 2014.

［17］黄凡榕. 论叶兆言的南京书写［D］. 南京: 南京师范大学, 2018.

基于 CCL 语料库的副词
"一律""全都"对比研究*

一、问题的提出

"一律""全都"是现代汉语中使用频率较高的副词，在语义、句法和语用方面既有相似之处，也有不同之处。在具体运用中二者有时可以互相替换，如下面的例（1）（2）：

（1）渔姑们一律/全都裹着头巾，打赤脚挽着裤腿，远远望去衣裙飘举，五颜六色，如天女散花一般。

（2）柜台上的蔬菜水果新鲜干净，全都/一律明码标价。

但有时候，"一律""全都"又各有自己的使用环境，不能随意替换。如下面的例（3）、（4）：

（3*）家庭电话一律/全都不得用单位账户付款。

（4*）很快，它们也不叫了，一片寂静，连一声鸟叫都听不见，鸟儿全都/一律休息了。

例（3）的"一律"不能替换为"全都"，例（4）的"全都"不能替换为"一律"。通过考察词典对"一律""全都"的解释，我们发现这两个词互释程度较高，词典对其各自的特征和功能描述并不清晰，因此，我们选取副词"一律"和"全都"进行对比研究。

从文献来看，以"一律"为关键词在中国知网中进行检索，共有11篇相关论文。在副词"一律"的研究中，以往的研究多集中在"一律"的词汇化、语法化演变过程的认知研究和副词"一律""一概"的对比研究等方面。与副词"一律"相比，学界对"全都"的研究还不是很充分，以"全都"为关键词在

---

* 作者简介：魏婵媛（1993—），女，山东省德州市人，2018级语言学及应用语言学专业硕士研究生。

中国知网中进行检索，共有 3 篇相关论文。在"全都"的研究中，以往的研究多集中在"全都"的认知语用研究和"全""都""全都"的对比研究等方面。我们看到，目前"一律""全都"的对比研究尚为空白，对副词"一律""全都"的研究多是举例分析，基于语料库进行统计分析的文章还没有见到，在二者的对比研究中还存在薄弱环节，在广度与深度上还有待进一步探索。

在现代汉语中，"一律""全都"在语义、语用等方面究竟有什么样的表现和特点？在什么条件下二者可以互换？这些问题还有待研究。为此，我们以北京大学语料库为基础，对"一律""全都"两个副词进行语料统计。随机搜索有关"一律""全都"的语料各 5000 条，删除不符合规定的语料（词性错误、思想内容偏激的）。最后，得到有关"一律"的有效语料有 1179 条，得到"全都"的有效语料有 1312 条，在"一律""全都"的有效语料中，各随机选取 1000 条语料建成"一律""全都"研究的封闭语料库。文章拟在语料统计分析的基础上，对副词"一律""全都"的功能和特点进行梳理和研究。

二、副词"一律""全都"的语义指向分析

"语义指向是指句法结构中的某一成分跟其他成分之间在语义上的联系。"① 语义指向的对象有些必须出现在句中，但也有一些可以出现在句外，也就是说，指向的对象可以隐含，但根据上下文的语义可以补出来。

（一）"一律"的语义指向

"一律"的语义指向成分隐含的语料有 179 条，占总语料的 17.9%；语义指向成分显现的语料有 821 条，占总语料的 82.1%。

1. "一律"的语义指向成分隐含

"一律"的语义指向成分可以隐含的语料有 179 条。例如：

（5）除个别的有特殊困难外，一律退出……

例（5）中"一律"的语义指向成分是省略的主语，它没有出现在句中，不过可以根据句意补充完整，如：除个别的有特殊困难外，没有困难的一律退出。句中的"一律"表示全部义，对被省略的主语进行范围上的总括。

2. "一律"的语义指向成分显现

"一律"的语义指向成分显现的语料有 821 例，其中，语义指向是主语的语料有 563 条。例如：

---

① 邵敬敏. 现代汉语通论（下）·第 3 版［M］. 上海：上海教育出版社，2016：51.

（6）……它们一律安装了大功率喇叭，而且午夜两点仍在啊啊大唱。

（7）沿途各省市的公路收费站一律让救灾车队免费通行。

当"一律"语义指向对象是主语时，主语可分为两类：一类是施事主语。如例（6）"它们"是"安装"的施事，主语是人称代词，具有复数特征；例（7）中"一律"在语义上指向主语"沿途各省市的公路收费站"，"沿途各省市的公路收费站"是"让救灾车队免费通行"的施事，该句是主动句，主语是复数的名词性短语。

（8）日本留学生一律被安排在国子监学习。

（9）各地政治分会，限于本年年底，一律取消。

（10）……有关棋类方面的书家里一律没收。

第二类是受事主语。如例（8）中"被"字表明本句是典型的被动句，"日本留学生"是"安排"的受事，所以主语"日本留学生"是受事主语，也是复数的名词性短语；例（9）是省略"被"的被动句，该句表达的本义是"各地政治分会一律被取消"，"各地政治分会"是"取消"的受事，所以"各地政治分会"是受事主语，也是复数的名词性短语；例（10）的正常语序是"家里一律没收棋类方面的书"，"一律"指向正常语序的宾语"棋类方面的书"，但在表达时，一般把宾语放在"一律"的前面做主语，所以在例（10）中"一律"指向受事主语"棋类方面的书"。在例（7）—（10）中，主语都是复数的名词性成分，例（6）的主语也是复数的人称代词，所以从语义指向的角度看，"一律"表示全部义，在范围上对主语进行总括。

"一律"语义指向成分是介词宾语的语料有258条。例如：

（11）……将这类单位一律纳入劳动行政部门的工资管理范围。

（12）……对投降者一律宽大处理。

当"一律"语义指向动词的受事对象时，可以利用介词将受事对象提前，变成介词宾语。例（11）中"一律"的语义指向是介词"将"的宾语"这类单位"；例（12）"一律"的语义指向是介词"对"的宾语"投降者"，例（11）（12）的介词宾语都为复数的名词性成分。当所指对象是复数的介词宾语时，"一律"也表示全部义，对介词宾语的内容进行范围的总括。

表1 副词"一律"语义指向句法成分的情况统计

句法成分		数量	比例（%）
指向成分隐含		179	17.9
指向成分显现	主语	563	56.3
	介词宾语	258	25.8
合计		1000	100

（二）"全都"的语义指向

"全都"的语义指向成分隐含的语料有127条，占总语料的12.7%；语义指向成分显现的语料有873条，占总语料的87.3%。

1. "全都"的语义指向成分隐含

"全都"的语义指向成分可以隐含的语料有127条。例如：

（13）在开校友会时，发现全都是短期留学的人。

（14）我想当然地认为你全都知道。

例（13）中"全都"的语义指向对象是省略的主语，但能从语境中补充进来，如：这些人全都是短期留学的人。例（14）"全都"指向的成分是省略的介词宾语，也可以根据句意补全，如"我想当然地认为你对这件事全都知道"。在句中"全都"是对隐含的主语和介词宾语进行范围总括，具有全部义。

2. "全都"的语义指向成分显现

"全都"的语义指向成分显现的语料有873例，其中，语义指向是主语的语料有640条。例如：

（15）他们全都具有博士学位，其中正在国外工作的占三分之一。

（16）涌进屋子里的人全都惊呆了……

当"全都"语义指向对象是主语时，主语可分为两类：一类是施事主语。如例（15）中"他们"是"具有"的施事，"他们"是施事主语。例（16）中"全都"语义指向施事主语"涌进屋子里的人"，"涌进屋子里的人"是"惊呆"的施事，该句是主动句。"涌进屋子里的人"属于名词性短语，具有复数的特征。

（17）……所有的家畜、衣物和粮食，全都弄走了。

（18）……句子我全都听懂了。

还有一类是将动作的受事提前变成受事主语。如例（17）"全都"语义指向对象是受事主语"所有的家畜、衣物和粮食"，该句是一个隐含的被动句。主语"所有的家畜、衣物和粮食"是复数的名词性短语。例(18)"全都"语义指向对象是主语"句子",该句的正常语序是"我全都听懂句子了",但是在表达中,一般把正常语序中的宾语"句子"提前,放在"全都"的前面做主语,"我全都听懂了"是主谓结构,做整个句子的谓语。例(16)—(18)中,主语是复数的名词性成分,例(15)的主语也是复数的人称代词,"全都"对主语在范围上进行总括,表全部义。

(19)这一下我的睡意全都被赶跑了。

(20)……所有的心血全都白费了。

例(19)中"全都"的语义指向是受事主语"我的睡意","我的睡意"是"赶跑"的受事,该句是典型的被动句。例(20)中"全都"的语义指向对象是受事主语"所有的心血"。在例(19)和(20)中"我的睡意""所有的心血"都属于抽象的非复数名词短语,这两句话中的"全都"可以替换为"彻底",所以我们认为这里的"全都"更倾向表示程度义。

"全都"语义指向对象是介词宾语的语料有233条。例如:

(21)……三步两步地冲到讲台前,把钱全都掏了出来。

(22)下了山后,他们便将两辆车全都开走了。

(23)当时您父亲把什么全都对我说了。

当"全都"语义指向动词的受事对象时,也可以利用介词将句子正常语序的宾语提前,如(21)的正常语序是"全都掏出来钱",句意不通顺,利用介词"把"将宾语"钱"提前之后,"全都"语义指向的成分是介词"把"的宾语"钱";例(22)"全都"语义指向介词"将"的宾语"两辆车"。例(21)(22)中的介词宾语都是复数的名词性成分,"全都"对介词宾语在范围上进行总括,具有全部义;在"全都"指向介词宾语的语料中,还发现3例"全都"指向对象是疑问代词的特殊语料,如例(23)"全都"的语义指向对象是介词宾语"什么"。

(24)……但是那难闻的气味儿把人的兴趣和灵感全都赶跑了。

(25)就会将所有的忧愁烦恼全都忘记。

例(24)"全都"的语义指向对象是介词"把"的宾语"人的兴趣和灵感";例(25)"全都"的语义指向对象是介词"将"的宾语"所有的忧愁烦恼"。"人的兴趣和灵感""所有的忧愁烦恼"都是抽象的非复数名词性短语,这两句话中的"全都"也可以替换为"彻底",所以我们认为这里的"全都"更倾向表示程度义。

表2　副词"全都"语义指向句法成分的情况统计

句法成分			数量	比例（%）
指向成分隐含	主语		90	9
	介词宾语		37	3.7
指向成分显现	主语	表全部	580	58
		表程度	60	6
	介词宾语	表全部	190	19
		表程度	43	4.3
合计			1000	100

三、副词"一律""全都"的语境选择分析

通过对语料的观察，本文将语境按照时间的发展划分为两段：未然、已然。未然语境指"还没有成为事实"①；已然语境指"已经这样，已经成为事实"②。根据文本特征的实际情况，将语料分为事务语体和文艺语体，利用语料的文本特征，来辅助分析副词"一律""全都"对语境的选择。

（一）"一律"的语境选择

副词"一律"出现在未然语境的语料有908条，占总语料的90.8%；出现在已然语境的语料有92条，占总语料的9.2%。

1. "一律"高频适用于未然语境

"一律"分布在未然语境中的语料共有908条。例如：

（26）没收的财物收入，<u>一律</u>上缴国库。

（27）未提供证件的，销货方<u>一律</u>不得开具专用发票。

（28）未通过水资源论证的，将<u>一律</u>不予审批。

我们对未然语境中语料的语体特征进行了观察，"一律"高频出现在法律、法规等公文中，我们把这类语料的特征称为事务语体。在未然语境中，属于事务语体的语料有908条。例（26）是肯定陈述句，该句出自法律条文，我们把它归入了事务语体中。这是对还没有发生的事情进行的一种强制性的规定，属

---

① 中国社会科学院语言研究所词典编辑室. 现代汉语词典·第7版［M］. 北京：商务印书馆，2016：1367.

② 中国社会科学院语言研究所词典编辑室. 现代汉语词典·第7版［M］. 北京：商务印书馆，2016：1548.

于未然的语境。例（27）（28）都是否定陈述句，出自各个单位的相关规定，我们把这种规定类的语料也归入事务语体。例（27）是对违规行为的主观强制的规定，也是今后应对这种行为的措施，也属于未然语境。例（28）时间副词"将"是一个明显的时间标志词，表明事情还没有发生，这只是对未来发生事情的一种展望或规划，属于未然语境。

2. "一律"低频适用于已然语境

"一律"分布在已然语境中的语料共有92条。例如：

（29）除了播种，其他的农活我一律能做，并且由于积极肯干，当了生产队的会计。

（30）领导干部的兼职，已一律免去。

例（29）是对我过去经历的描述，所以这是已然语境，是文艺语体。例（30）是对免去领导干部兼职这一现象的汇报，并且句中的"已"也表明这件事情发生在过去，本句更侧重一种行政的统一性，是政策执行力度的体现，所以也是已然语境，属于事务语体。说明"一律"在已然语境中，既适用于文艺语体，也适用于事务语体。

表3　副词"一律"语境选择的情况统计

语境	已然		未然	
	数量	比例（%）	数量	比例（%）
事务语体	31	3.1	908	90.8
文艺语体	61	6.1	—	
合计	92	9.2	908	90.8

（二）"全都"的语境选择

副词"全都"出现在已然语境的语料有899条，占总语料的89.9%；出现在未然语境的语料有101条，占总语料的10.1%。

1. "全都"高频适用于已然语境

"全都"在已然语境中的语料共有899条，在已然语境中，有关"全都"的语料大多出现在小说、期刊、戏剧或人与人的对话中，我们把这类语料称为文艺语体。"全都"在已然语境中时，大多用在对客观事物进行叙述的语料中，属于文艺语体的语料最多，使用最为频繁。例如：

（31）他的青春，他的生命，他的爱与梦全都融进他的手指，手指下的琴键。

在已然语境中，属于文艺语体的语料可分为两类。第一类是：句子中没有任何标记，通过句意可以判定为已然语境。如例（31）是对客观事实的描写，所以是已然语境。根据句意明确表明已然语境的语料有 359 条。

第二类是借助"了、着、过"或时间词表明语境，如（32）—（35）。

（32）一个月的功夫，他们的模样全都变了。

（33）别人都屏气静声，全都看着张全义，等他发话。

（34）那里的人几乎全都看过这张剧照，有的人还不止一次看到。

（35）魏子云道："我已将禁城的四门全都封锁，从现在起，绝不会再有人进来。"

例（32）是对人模样变化的客观描述，句中的"了"表明事情已然发生，是对已然状态的描述，所以这是已然语境。在已然语境的文艺语体中，出现"了"的语料有 467 条；例（33）是对人们的状态做已然描述，在句子中借助"着"表明这是已然语境。在文艺语体中，出现"着"的语料有 29 条；例（34）是对这张剧照人们全都看过这个现象的描述，借助"过"也表明这是已然语境。借助"过"表明是已然语境的语料有 8 条。例（35）出自小说，属于文艺语体。"已"是明显的时间标志词，表示封锁禁城四门的行为已经完成，"从现在起"也表明之前的行为已经完成。这是对过去事情的客观描述，所以这是已然的语境。出现时间词表明语境的语料有 36 条。说明在已然语境中，"全都"和"了"常搭配使用。

2. "全都"低频适用于未然语境

"全都"在未然语境中的语料共有 101 条，其中，属于文艺语体的语料有 82 条。例如：

（36）长大后，我也要当一名警察把坏人全都抓起来。

（37）如果把纸全都放到碱水里，整个都会变红。

例（36）（37）属于文艺语体。例（36）"长大后"是明显的时间标志词，表示未来，"当警察，抓坏人"是对未来进行许诺的言语行为。例（37）是对还没有发生的事情所做的一种假设，所以例（36）（37）都属于未然语境。

"全都"在未然语境中，属于事务语体的语料有 19 条。例如：

（38）整个东三省，一切娱乐全都不许。

例（38）是否定形式的陈述句，是对东三省人民的规定，是事务语体。也是面向未来，对没有发生事情的命令和禁止，所以是未然语境。

表4　副词"全都"语境选择的情况统计

语境	已然		未然	
	数量	比例（%）	数量	比例（%）
事务语体	—		19	1.9
文艺语体	899	89.9	82	8.2
合计	899	89.9	101	10.1

四、副词"一律""全都"的替换条件分析

通过分析"一律""全都"的语义指向和语境选择发现，"一律"高频用于未然语境，适用于事务语体，低频用于已然语境，主要表示全部义，对指向对象进行范围总括。"全都"高频用于已然语境，适用于文艺语体，低频用于未然语境。对语义指向对象可以进行范围上的总括，表示全部义，也可以表示程度义。当"全都"表程度义时，只能用于已然语境。当"全都"表示全部义时，既可用于已然语境，也可用于未然语境。本节主要从语义和语境两个角度考察"一律""全都"的替换条件。

当"一律"在"已然"语境中，表示全部义，"一律"大多可以替换成"全都"。例如：

（6'①）……它们<u>一律/全都</u>安装了大功率喇叭，而且午夜两点仍在啊啊大唱。

（29'）除了播种，其他的农活我<u>一律/全都</u>能做，并且由于积极肯干，当了生产队的会计。

（30*②）领导干部的兼职，已<u>一律/全都</u>免去。

例（6）（29）的"一律"是对语义指向对象的范围进行总括，使用于已然语境中，表示全部义，一般可以替换为"全都"，不仅语义通顺，语境也符合。例（30）中如果把"一律"替换成"全都"，就变成了一种客观告知，在事务语体中，已然语境的"一律"也通常能进行替换，但替换后在语义上没有问题，在语用层面上是有差异的。

当"一律"在"未然"语境下，它表示全部义，是对语义指向对象进行范围的总括，"一律"的主观规定性、处置性比"全都"更强。例如：

---

① "'"表示在该句中"一律""全都"二者可以替换，全文同。

② "*"表示在该句中"一律""全都"二者不可以替换，全文同。

（26*）没收的财物收入，<u>一律/全都</u>上缴国库。

例（26）中"一律"表示全部义，对主语进行范围总括。例（26）原句是带有规定性、强制性的法律公文，是事务语体，"一律"使得整个语境的规定性、强制性意味更加浓厚。虽然"一律"可以用"全都"替换，在语义上是通顺且没有问题的，但是从语境层面考虑是有差异的。例（26）换成"全都"变成例（26*），整个句子的规定性意味就很弱了，句子在表达上还出现了歧义，一是表达规定性，一是表达客观描述。所以，法律条文、通知规定等事务语体中用"一律"更符合语言习惯，更有强制意味。

当"全都"在"已然"语境中，主要对语义指向的对象进行范围总括，这时"全都""一律"的替换条件比较复杂。例如：

（33*）别人都屏气静声，<u>全都/一律</u>看着张全义，等他发话。

（35'）魏子云道："我已将禁城的四门<u>全都/一律</u>封锁，从现在起，绝不会再有人进来。"

例（33）（35）"全都"均用于已然语境。例（33）的语境不能统一规范，只是一个客观的状态，"全都"适用于主观处置性较弱或没有主观处置性的语境中，"一律"一般用于主观处置性较强的语境。如果替换成"一律"，在语感上很不舒服。例（35）中"全都"表示全部义，是对"禁城的四门"进行范围上的总括，主要是对我所完成事情的描述，如果替换成"一律"，语义语感都可以，只是使用"全都"表达更加口语化，"一律"有书面语倾向。

此外"全都"还可以表示程度义，这时的"全都"如果替换成"一律"，在语义语感上都是不通的。例如：

（19*）这一下我的睡意<u>全都/*一律</u>被赶跑了。

（23*）当时您父亲把什么<u>全都/一律</u>对我说了。

例（19）"全都"语义指向对象"我的睡意"是抽象的非复数名词性短语，此时的"全都"具有程度义，因为这里"全都"的语义是"彻底"。如果把"全都"替换成"一律"，在语感上是不通的，因为"一律"没有这种程度义。例（23）"什么"是疑问代词。"一律"的语义指向一般不指向疑问代词，即使强制进行替换，在语义和语感上也是不通的，所以"全都"不能替换成"一律"。

当"全都"在"未然"语境中，可以替换成"一律"。例如：

（36'）长大后，我也要当一名警察把坏人<u>全都/一律</u>抓起来。

（38'）整个东三省，一切娱乐<u>全都/一律</u>不许。

例（36）（38）都是未然语境，"全都"具有全部义，是对主语在范围上进行的总括。例（36）描述了我进行许诺的这个言语行为，是对未来状态的一种假设，如果替换成 "一律"，"一律" 高频用于未然语境，可以对介词宾语 "坏人" 进行范围总括，表示全部义，在语义上是通顺的，在语境上也是符合的。例（38）原句想表达的是一种规定，如果替换成 "一律"，在语境上是符合的，在语义上也是通顺的，并且强制性、规定性的意味更浓。

综上所述，在已然语境中，"一律" 是对语义指向对象进行范围上的总括，具有全部义，"一律" 大多能替换成 "全都"，如果在处置性较强的语境中，在语义上可以，在语用层面上会产生差异。当 "全都" 在已然语境中表示全部义时，"全都" "一律" 的替换条件会比较复杂，只在极少数情况下可以进行替换。如果在处置性较弱或没有处置性，只是进行客观描述的语境中，"全都" 替换成 "一律" 在语义和语感上是不通的或者在语义上没有影响，只是在语言风格或语体特征上有差异。当 "全都" 表示程度义时，如果替换成 "一律" 在语义和语感上都是不通的。在未然语境中，"一律" 表示对语义指向对象进行范围上的总括，如果替换成 "全都"，在语义上是可以的，在语用上不适用。"全都" 在未然语境中也表示对语义指向对象进行范围上的总括，具有全部义，如果替换成 "一律"，在语义和语境上是符合条件的。

概括而言，"一律" 多用于法律条文中，表示规定性，强调整齐划一性。而 "全都" 的语义更为丰富，不仅可以表示范围，还能表示程度，适用范围更广泛。"一律" "全都" 有少量可以替换使用的语境，但总体上来说，它们各有自己的适用范围，基本成互补分布。

参考文献：

［1］毛远帆. "一律" 和 "全部" 的比较及其对外汉语教学策略［D］. 南京：南京师范大学，2014.

［2］明琴. 试论现代汉语范围副词的分类及语义指向［D］. 成都：四川师范大学，2007.

［3］施诗. 总括性范围副词的语义指向研究［D］. 保定：河北大学，2015.

［4］王丽香. 现代汉语 "全都" 类总括副词研究［D］. 杭州：浙江大学，2013.

［5］张谊生. 现代汉语副词探索［M］. 北京：商务印书馆，2004.

［6］朱德熙. 语法讲义［M］. 北京：商务印书馆，1982.

构式语法视角下的网络语言变异研究[*]

导 言

随着信息时代的到来，网络给社会形势和大众生活带来巨大的变化，影响着人们的价值观和思维方式，一些新兴的语言形式在互联网的影响下迅速传播，推动汉语语法体系不断发展。这些语言变异现象的出现，一方面反映了汉语是基于使用的语言，语言的变异反映了新的社会生活的变化，另一方面也反映了在信息时代大众追求表达新异性的认知心理以及语言修辞审美的变化。

语言变异是一种正常存在的语言现象，是社会变革和发展的结果，没有社会的发展，也不会有语言的变异，没有语言的变异就没有语言的发展。通过语言变异的研究可以梳理语言变化的过程，为社会和语言发展提供参考。认知语言学研究基于使用的语言，从认知机制出发，研究语言理解机制，对语言变异的出现与接受性提供认知理据，扩展了语言变异研究侧重外在社会因素影响的视角，能够为语言变异研究提供更多的理论与实证支持。

本文以网络新型构式为研究对象，以构式语法理论为基础，对语言变异现象进行探讨，分析新型构式的特点和认知理据，并对语言变异的规范性提出建议。

一、语言变异研究综述

20 世纪 60 年代，以美国社会语言学家威廉·拉波夫（W. Labov）为代表的"变异学派"提出了语言的"有序异质"理论后，语言变异研究才受到重视。洪堡特（Humboldt，1999）指出语言随着民族的成长而发展，是民族精神的外在表现，同时它又承载着民族的历史和文化。语言要与历史文化、风俗习惯的

---

* 作者简介：陈慧（1981—），女，河北省邢台市人，2019 级语言学及应用语言学专业博士研究生。

152

研究相结合。爱德华·萨丕尔（Edward Sapir，2003）认为语言是一个集体的历史遗产，是长期相沿的社会习惯的产物。布莱特（Bright，1971）提出语言和社会结构共变理论。罗纳德·沃德华（Ronald Ward，2005）认为语言的变异存在一定的规范和界限，而这些界限能够被人们认识并且进行准确描述。霍珀（Hopper，2005）认为语言变化具有不稳定性和非预测性。

我国学者对语言变异的研究始于 20 世纪 80 年代。陈原（1983）认为变异是普遍存在的一种社会现象，没有变异就没有语言的发展，并针对词汇变异提出"四分法"，为汉语变异研究打下基础。赵世开（1980）指出政治、经济、文化等外在因素是影响语言变异的主要因素。郭风岚（2007）认为语言变异是言语交际活动中异质的非语言要素即外因和同质的语言要素即内因的制约而导致的交际者语言使用上的差异。除了对语言变异理论层面做出探讨，国内学者对汉语变异现象做了相关案例研究。朱永楷、林伦伦（1999）对改革开放之后近二十年中国大陆的新词语特点进行考察，指出大陆夹用外文字母或全面使用外文的词语越来越多。张志毅、张庆云（2009）对现代汉语大量缩略语进行研究，提出缩略语造词已成为现代汉语的一种重要的造词方式。何洪峰、彭吉军（2012）研究"新兴'被 X'"结构的语义关系做出了解析，提出该结构具有一些语用特征，并反映出一定的社会意义。

目前，变异学派侧重社会等外在因素对语言变异的影响，缺少对语言变异内部因素的研究；同时，大部分研究者重点研究新词语的来源、特征，对语言变异的规范性尚待进一步探索，这些为本文的研究明确了方向。

二、理论基础

本文以构式语法为理论基础，结合概念隐喻和转喻在语法中的作用，对网络语言变异产生的新型构式进行形式与构式义分析，对新型构式产生的认知、修辞和语用动因进行阐释。

（一）构式语法

本文以戈德堡（Goldberg，1995）的认知构式语法研究为主要理论指导基础。戈德堡对构式的定义为："'C'作为一个独立构式，是形式 Fi 和意义 Si 的匹配体，其形式 Fi 和意义 Si 的相关内容不能从 C 的组成部分预测出来，也不能从已有的其他构式中获得。"构式语法强调构式是形式和意义的匹配体，构式具有固定的模式及用法。

语言在人的交际和使用过程中会产生意义和功能的变化和扩展，研究构式之间的联系并进行构式概括是构式语法的重要研究任务。戈德堡指出："我们将语言中整个构式的集合看作一个网络结构，其中单个的构式以特定类型的非对称正常模式进行承继链接；由此可得出对构式之间联系的概括。如果构式 B 的相关信息被构式 A 所承继，则构式 B 是构式 A 存在的理据。"承继关系强调两个构式在某些方面存在共性，而在其他方面存在差异。

（二）概念隐喻与转喻

自 20 世纪 80 年代莱考夫和约翰逊（Lakoff & Johnson，1980）提出概念隐喻、转喻理论以来，隐喻、转喻研究一直是认知语言学研究的核心之一。认知语言学认为，隐喻、转喻不仅是一种语言现象，更重要的是人类的基本认知机制；概念隐喻、转喻在人们生活中无处不在。

近几年，转喻和隐喻与语法结构的关系逐渐受到国内外学者的关注。2009年《语法中的隐喻和转喻》从理论构架和语言事实分析两方面展示了语法中的隐喻和转喻研究的新成果和新动向。认知语言学重视人类认知机制对语言机制的作用，认为句法不是一个自足的体系，由句法之外的因素促动。兰盖克（Langacker，1991）认为语法形式和语义结构之间具有映射关系，语法规则是现实规则通过认知在语言中的投射，以语义和概念为出发点对句法进行研究，隐喻和转喻在其中发挥重要作用。

总之，认知语法研究可以对语法现象做出更为深刻的解释，汉语认知语法研究需要加强与汉语世界结合，加强具体、个案研究，在充分描写的基础上进行充分解释，对汉语语法现象进行系统的认知研究。

为此，本文以构式语法研究为基础，从新型构式特点、概念隐喻和转喻对新兴网络语言产生的影响等方面，对语言变异尤其是网络语言变异现象进行探讨。

三、汉语网络语言变异特点

网络语言的传播为新型构式的传播与发展提供平台。美国语言学家 Bright（1971）指出，当社会生活渐变或激变时，作为社会现象的语言随着社会生活进展的步伐而产生变化。因此，随着网络时代的到来，网络语言必然为现代汉语的发展注入新鲜血液。例如：

（1）每年的贺岁档，从来不缺乏星光异彩的明星们坐镇银幕，而今年大年初一的影院片单则被网友们戏称"神仙打架"，不仅是因为影片本身的题材和质量颇为亮眼，一众风格各异、口碑非凡的电影人于台前幕后集中

竞技，也成为观众们热血期待的重要原因。（2019 年 1 月 27 日《经济日报》）

"神仙打架"是网络用语，指几个很优秀的、高水平的人或者物之间的竞争。把高水平的人和神仙进行跨域映射，利用隐喻机制使形象更加生动。

（2）从"爆款文"的设置来看，所谓"车厘子自由"，属于从日常饮食消费向享受型消费晋级的过渡环节，不得不说，这是个很巧妙的设置。（2019 年 3 月 8 日《中国青年报》）

"车厘子自由"也是网络用语。指个人收入较为可观，可以随心所欲地购买车厘子。按照意愿购买车厘子成为富有的一个典型标志，这是一种转喻的用法，含调侃的意味。

类似的网络热词还有很多，如"妈妈粉"，是对年纪较大或已生育子女的女粉丝的戏称；"丑橘男"形容像丑橘一样的男性，外表又黄又丑，但内心却很甜蜜。这些网络热词基于隐喻、转喻等认知机制，引起受众共鸣而得到广泛传播。结合语料分析，网络语言变异具有以下特点。

第一，在词原义基础上扩展出超乎常规的新义。如"小强"不是指某个人的名字，而是蟑螂的代名词；"沙发"不是椅子的一种，在网络中指"第一个回帖的人"等。

第二，错别字成为一种有趣、个性的表达。如"同学"写成"童鞋"；"主角"写为"猪脚"等。

第三，语法上出现不合常规的新式表达。如上文提到的词类活用现象；语序倒装句如"你走先"成为时髦用法；各种语言混杂现象如"你 out 了"成为一句流行语。

对待网络语言的变异现象，要研究哪些是积极的变异，哪些是消极的变异。吸收那些有利于语言发展的积极变异，引导人们摒弃不利于语言发展的消极变异。

通过上述分析发现认知机制在语言变异现象中产生重要作用，推动语言变异的发展。以往的研究侧重词汇层面的研究，本文尝试以认知构式语法为依据，对新型网络构式进行案例分析，探索认知语法对语言变异现象的研究路径。

四、新型"V 的不是 X，是 Y"构式认知分析

本文以新型"V 的不是 X，是 Y"构式为网络语言变异案例，运用构式理论进行分析。"V 的不是 X，是 Y"构式因为网络传播而受到关注，源头始于一张图文照片："哥吃的不是面，是寂寞。"随后在报纸杂志和网络媒体流行一种

新型的构式，如：

（3）刘翔<u>跨</u>的<u>不是栏，是寂寞</u>。

（4）我们<u>看</u>的<u>不是电影，是童年</u>。

（5）女人<u>逛</u>的<u>不是街，是爱情</u>。

这种新型"V 的不是 X，是 Y"构式与传统"V 的不是……是……"结构存在差异。

（6）奶奶<u>买</u>的<u>不是土豆，是红薯</u>。

如例（6）所示，传统结构中的否定词"不是"在语义上是真值否定，是真正否定前者而肯定后者。其中"土豆"和"红薯"是具体名词，属于同一范畴，同一层次。而"V 的不是 X，是 Y"构式中 X 与 Y，如"栏"和"寂寞"，"电影"和"童年"，以及"街"和"爱情"属于不同的范畴或不同的层次。

沈家煊（1994）指出，语言中有两种不同性质的否定，一种是语义否定，一种是语用否定。语义否定是对句子真值条件的否定，如传统结构中"不是"在语义上是真值否定；语用否定是对语句表达的适宜条件的否定。根据沈家煊的研究，新型"V 的不是 X，是 Y"构式属于语用否定范围。在此研究基础上，一些研究对"V 的不是 X，是 Y"构式进行进一步界定，认为该构式属于特殊的语用否定，将其定义为"隐喻式否定"（温锁林 2010）或"假性否定"（邵敬敏、王宜广 2010）。对这一新型构式的研究吸引一批研究者从不同维度对其进行研究，如余晓环（2004）探讨"不是 X 是 Y"中 X 与 Y 的关系，指出表示并列关系属于语义否定，表示递进关系属于语用否定；卢英顺（2010）探讨"不是 A 是 B"的特征和结构义；陈文博（2013）讨论"不是 A 是 B"构式的修辞动因。

以往研究从理论层面对"V 的不是 X，是 Y"构式进行分析，讨论 X 与 Y 的关系，研究该构式的构式义及产生的修辞、认知与语用动因，但由于新构式形式与传统旧构式形式上一样，已有的研究没有深入探讨该新旧构式之间的联系，对于 X 与 Y 之间的关系也没有统一界定，因此，值得进一步探讨。

（一）新旧"V 的不是 X，是 Y"构式区别

为了研究方便，本文把新旧构式统一用"V 的不是 X，是 Y"表示，根据构式特点分为旧构式，是语义否定；新构式为语用否定，其中隐喻/转喻式否定为本文研究的重点。

首先，新旧构式在语义上存在区别。旧构式属于语义否定，而新型构式属于语用否定。语义否定指如果 X 和 Y 只具有相同的词汇性质和语法功能，而无词义上的联系，那么，所构成的否定只能是语义否定。语义否定的命题中，X

和 Y 之间多是一种并列式反对关系，而且两者包含于同一个属概念之中；一般语用否定不否定 X 的词义，否定的是 X 的恰当性，说明 Y 比 X 更恰当、更准确。一般语用否定包括隐喻/转喻式否定，新型构式"V 的不是 X，是 Y"更多的属于隐喻/转喻式否定，强调被否定的命题实质上是事物的自然意义，肯定的命题是一个本质为假的虚拟值，是说话人临时给出的并着意凸显的事物的非自然意义。

(7) 我批评的不是你，而是官僚主义！（一般语用否定）

(8) 他爱的不是女人，是狐狸精。（隐喻式否定）

其次，新旧构式在语用效果上存在区别。语义否定命题往往只是对某一事物从肯定和否定两方面进行断定，是一种纯粹的命题判断。语用否定命题并非如此，该命题在逻辑上具有矛盾性，但语用上产生和谐性。一来显示话语的使用技巧，产生幽默性效果；二来获得更高程度的修辞性效果；三来获得更高程度的焦点强调性效果。

总之，新型构式表示非真值否定，与传统结构表达含义不同。新型"V 的不是 X，是 Y"由于前后分句合在一起共同表达一个完整的意义，而且无法从其他构成成分和成分间的结构关系直接推导出来，因此在句法上是一个语义独立完整的构式。

（二）新型"V 的不是 X，是 Y"构式中 X 与 Y 关系

新型"V 的不是 X，是 Y"构式中，X 成分表示具体事物的名词性成分，Y 有两种：一种是形容词，一种是抽象名词性成分，但有些 Y 的词性很难有明确界定，本文不做详细界定，因为不管是形容词还是抽象名词，与 X 都有区别。当 Y 为形容词时，X 与 Y 不属于同一范畴；当 Y 为抽象名词时，X 与 Y 可能属于同一范畴但不属于同一层次范畴。如：

(9) 上的不是课，是郁闷。

(10) 比利时卖的不是巧克力，是文化。

例子中 X（课、巧克力等）属于名词的基本层次范畴，是有效反映客观外界生活的基本词汇。Y（郁闷）为形容词，多表示抽象的情感状态；Y（文化等）为抽象名词时，属于名词的抽象概念。人们能够以基本层次为出发点，激活与之相关的成员和其他概念范畴，在此基础上，可以向上层形成上层范畴，通过隐喻认知模型发展其他具体或抽象的概念。从 X 成分到 Y 成分的认知是从物理层面扩展到心理层面，从具体到抽象概念的过程。

认知心理学家科林斯和洛夫特斯（Collins & Loftus）在 1975 年提出激活扩散模型，认为大脑在贮存信息时，是以语义联系或语义相似性将概念组织起来。

一个概念的启动会导致相关联的概念激活，人们在交际中，说话者只需要选取概念系统中的激活点去触动听话人在概念系统的网络，以点带面，无须面面俱到地将相关的概念系统的细节一一道出。在这个过程中，即涉及相同概念域的映射，即转喻思维，也涉及不同概念域的映射，即概念隐喻思维。

新型构式中 Y 能被听众理解与接受，与隐喻与转喻的认知功能分不开。隐喻与转喻在新词、新构式中发挥重要作用，值得进一步探讨。

（三）新型"V 的不是 X，是 Y"构式义

新型"V 的不是 X，是 Y"的构式意义就是人们在交际过程中对事物从表层到深层、由现象到本质的认知图式被激活后经过概念整合而产生新创递进义（陈文博 2013：11）。新型"V 的不是 X，是 Y"构式义肯定 X，凸显 Y。新构式义根据 Y 所表示的状态或情感有所不同。当 Y 表示的状况是积极的，通过递进义，获得 Y 表示的状态；当 Y 为消极的，该构式义即可通过递进表示克服或消除该状态。如：

（11）买的不是保险，是安心。

例（11）中，"安心"表达积极情感，因此该句通过递进义获得 Y 的状态，传达通过买保险达到安心的目的。

（12）哥炒的不是股票，是寂寞。

例（12）中，"寂寞"表达消极情感，因此该句通过递进义消除 Y 的状态，表示通过炒股票来消除寂寞。

（四）新旧"V 的不是 X，是 Y"构式的联系

旧构式对语义的真值否定，其中的"不"是实实在在的否定，也是"V 的不是 X，是 Y"构式的最基本的用法，使用频率也比新构式高。

泰勒（Taylor，2000）指出，句法结构也存在原型性问题，有典型和非典型和之分。根据克罗夫特（Croft）等（2006：78）提出的典型成员的特征，尤其是频率和提取顺序以及习得顺序特征，可以判定旧构式为"原型构式"。在原型构式中，"不"是真正的否定，前后分句表示转折，而在新构式中，"不"是假性否定，前后分句表示递进，两个构式表达的重点都在后半部分，为了凸显 Y。另外，新型构式是对旧构式的承继，同一结构具有不用含义，符合语言表达经济性原则。

新型构式可以达到特定的修辞与语用效果。如通过前后冲突，制造话语陷阱，获得幽默性效果，在共同认知体验的基础上，通过概念隐喻或转喻激活认知模型，使受众理解并接受，这是一定认知修辞动因对语法结构重新塑形的结果。

同时，该新型构式反映了当时社会人们的心理状态，尤其是经常使用网络的青少年，寂寞的状态成为常态而引起受众共鸣，才会使新型构式得以广泛传播，甚至出现滥用的现象，变成凡事都可以与"寂寞"挂钩，反而失去了这一新型构式的创新性。如：

（13）吸的不是烟，是寂寞。

（14）发的不是帖，是寂寞。

（15）挤的不是公交，是寂寞。

对于这种盲目仿效的情形要加以规范，才能够获得新型构式产生的积极效果。准确使用新型构式需要加深对该语言变异现象的了解，以便更好地促进语言的发展。

五、语言变异的规范性思考

冯志伟（2000）谈道"语言的变异不断冲突着现存的规范，在它的冲击之下，大部分原有的规范总是保存着，否则，人们就无法彼此交流思想，可是一部分旧的规范被突破了，更多的新规范出现了，语言也就因之而向前发展了。但具体分析起来，有的变异是积极因素，有的变异是消极因素，还有的变异纯属语言错误。我们应肯定积极的变异，而指出消极的变异，对那些语言使用中的错误则必须予以纠正。"语言规范化工作主要是对语言的变化加以恰当的分析和选择，对语言的发展加以合理的承认和阐述，同时排除那些不健康甚至错误的东西。

语法变异要求合理的句法结构适合于现代汉语句法结构体系、适合于表情达意的需要，能被人们接受并广泛使用。句法简略体现了适于表情达意的演变。形式简明或表达鲜明生动的句法结构更便于交流，富有活力，更具有生命力，如"V 的不是 X，是 Y"构式。汉语是基于使用的语言。被大家接受的构式，可以确认为规范用法；有的虽然已经流行，但还没完全站住脚跟；有的刚刚有热度，走向不明，应对上述情况的可接受度进行研究，让读者了解不同构式的可接受度的差异。

构式的发展演变可能有充分的理据，也可能没有太多理据，但被广泛使用的构式具有自身的特点，根据构式语法，可以衍生出新的句法结构，从而成为新的构式的理据和发展来源。可以通过构式压制产生新的句法结构，如"V 的不是 X，是 Y"构式；也可以由原有构式形式部分变动而出现新的构式，如仿照"副词＋形容词"构式出现"副词＋名词"构式。

总之，新型构式的适用性、理据性、高频使用度、经济性原则等都是语法变异规范性的基础，对新型构式的特点、认知理据等进行分析，会为语法变异的合法性和规范性提供理论支持。语言的研究不应局限于语言本身，也要研究人们怎么使用语言，研究语言在人类生活中的作用。我们应该对语法变异进行规范，不扼杀新的适用于交际的形式，也不放过影响交际的形式，以便促进语言的合理发展，增强语言的交际效能，帮助人们更好地使用语言。

结　语

本文尝试从认知构式语法视角，探讨语言变异现象，尤其是网络流行语中的新型构式。以新型"V 的不是 X，是 Y"构式为例，探讨新旧构式区别与联系，分析新型构式语义与构式义特点，结合概念隐喻与转喻认知机制，探讨新型构式产生的修辞与语用动因。新型"V 的不是 X，是 Y"构式属于语用否定的一种，与旧构式对语义真值的否定不同，X 与 Y 之间的关系，通过隐喻与转喻整合得以理解，新型构式具有递进义的构式义，是在旧构式原型基础上的承继，该变异符合语言经济性原则，反映了社会的现状，基于受众的认知体验，具有幽默、调侃等修辞效果而得到广泛传播。但基于一些新型构式滥用现象，需要对语言变异现象进行规范。

本研究探索语言变异现象的内部认知因素，同时结合外部社会因素，能够为语言变异研究提供一些理论参考。在此基础上，还可以考察新型构式等语言变异现象的心理加工机制，为语言变异研究提供实验数据，进一步丰富该领域的跨学科研究。

参考文献

[1] 冯志伟. 论语言文字的地位规划和本体规划 [J]. 中国语文，2000 (4)：363 - 377.

[2] 何洪峰，彭吉军. 论 2009 年度热词"被 X"[J]. 语言文字应用，2010 (3)：81 - 88.

[3] 梁晓波. 否定的认知分析 [J]. 外语研究，2004 (5)：12 - 18.

[4] 卢英顺. 一种新的"不是 A 是 B"构式 [J]. 当代修辞学，2010 (2)：50 - 54.

[5] 邵敬敏，王宜广. "不是 A，而是 B"句式假性否定的功能价值 [J]. 世界汉语教学，2010，24 (3)：325 - 333.

[6] 沈家煊. "语用否定"考察 [J]. 中国语文，1993 (5)：321 - 331.

［7］温锁林．一种特殊的语用否定：隐喻式否定［J］．当代修辞学，2010（3）：49 – 56.

［8］徐晓东，刘昌．句子理解的关键：对句法和语义关系的再探讨［J］．心理科学进展，2008，16（4）：532 – 540.

［9］余晓环．"不是……而是……"格式新论［J］．南京邮电学院学报（社会科学版），2004，6（1）：43 – 46.

［10］朱永锴，林伦伦．二十年来现代汉语新词语的特点及其产生渠道［J］．语言文字应用，1999（2）：3 – 5.

［11］爱德华·萨丕尔．语言论［M］．北京：商务印书馆，2003.

［12］陈原．社会语言学［M］．上海：学林出版社，1983.

［13］郭风岚．语言变异与语言应用研究［M］．北京：北京语言大学出版社，2007.

［14］洪堡特．论人类语言结构的差异及其对人类精神发展的影响［M］．北京：商务印书馆，1999.

［15］霍珀．语法化（第二版）［M］．北京：北京大学出版社，2005.

［16］罗纳德·沃德华．社会语言学引论［M］．上海：复旦大学出版社，2009.

［17］张志毅，张庆云．语言学论集［N］．北京：商务印书馆，2009.

［18］赵世开．语言论［M］．北京：商务印书馆，1980.

［19］GOLDBERG A. Construction at Work［M］. Chicago：Chicago University Press，1995.

［20］WILLIAM C，CRUSE A. Cognitive Linguistics［M］. Beijing：Peking University Press，2006.

［21］LANGACKER，R W. Foundations of Cognitive Grammar［M］. Stanford：Stanford University Press，1991.

［22］LAKOFF G，JOHNSON M. Metaphors We Live By［M］. Chicago：Chicago University Press，1980.

［23］TAYLOR，J R. Linguistic Categorization：Prototypes in Linguistic Theory［M］. Beijing：Foreign Language Teaching and Research Press，2000.

［24］BRIGHT W. Sociolinguistics［M］. Berlin：Mouton de Gruyter，1971.

邹平方言清入字的声调变异与归并研究[*]
——基于邹平方言单字调实验数据的分析

一、引言

国家通用语言文字在民族地区、汉语方言地区不断推广和普及，从课堂教学语言到电视节目用语，无一不使用普通话，因此，人们在日常生活中受普通话的影响日益增加。普通话在带给我们便利的同时，也对当地方言造成了一定的影响，最显著的影响表现在语音方面。

邹平是山东省的一个县级市，由滨州市代管，位于山东省中部偏北，西北临黄河，地处鲁中泰沂山区与鲁北黄泛平原的叠交地带，其方言属于冀鲁官话区。根据钱曾怡（2001：92）和《邹平县志·方言篇》（2010：688）的记载，邹平方言具有平声、上声、去声、入声四个调类。邹平方言作为北方方言中少有的入声型方言，体现了邹平方言的保守性，对于研究北方汉语入声的消失具有重要意义。

当前学界已有学者对邹平方言展开了较深入的研究，如艾红娟（2008）、刘白鸽（2012）、王小梅（2017）、王晓莹（2016）、林珈亦（2017）等。艾红娟（2008）运用现代语言学和传统音韵学的理论、方法分析了现代长山方言语音和300年前反映长山方言的韵书《韵略助集》，从共时角度，把现代长山方言和普通话及其他方言进行比较；从历时角度，把现代长山方言和300年前的长山方言进行比较，解释了现代长山方言的成因，描写了长山方言从中古到清代再到现代的发展变化。[①] 王小梅（2017）、王晓莹（2016）、林珈亦（2017）都将邹

---

* 作者简介：高子淇（1997—），女，山东省邹平市人，2020级语言学及应用语言学专业硕士研究生。

① 艾红娟. 山东长山方言语音研究［D］. 杭州：浙江大学，2008.

平作为论文中所需调查的众多方言点中的一个，分别对邹平方言的音系、文白异读情况以及子尾音变进行了研究。刘白鸽（2012）将邹平方言的第一人称代词作为研究对象，对邹平方言第一人称代词"我"和"俺"的语用条件、句法表现及社会使用因素进行考察。①

经过文献梳理，我们注意到当前邹平方言的研究存在以下两方面问题：

一方面，当前研究多从共时层面对其语音系统进行描述，将邹平方言作为一个点，简单对其音系进行共时层面的描写，没有对其发展变化情况给予过多关注。语言是不断发展的，甚至在同一时间不同的社会成员对同一词语也会有不同语音形式的表达，仅从共时层面对邹平音系进行描述不能反映邹平音系的全貌。如王洪君（1985）指出"天亮了"在闻喜说"天明了"，这一当地特有说法中的"明"，闻喜城关老年人、中年人用［liɛ］，少年人用［miɛ］，声母换成了文读。②

另一方面，当前研究多采用传统的田野调查的方法，通过听以及音韵学知识来记录和推理邹平方言的音系格局，而利用 praat 语音处理软件、采用实验语音学方法进行的研究相对较少，这在一定程度上影响了记音的准确度和精确度，在研究方法方面具有一定的保守性。另外，当前对邹平方言的研究虽然涉及了语音、语义等诸方面，但总体来看数量还较少，在研究的深度和广度方面尚存在挖掘空间。

针对上述情况，本文以邹平焦桥镇为方言点，选取 8 名发音人，通过田野调查记音和录音，收集邹平方言的第一手语料，运用 Adobe Audition CC、praat 语音处理软件以及 Excel 数据分析软件，采用实验语音学的方法对其进行处理，力求通过数据更加准确地记录邹平方言的声调格局，揭示邹平方言中声调调值受普通话影响向普通话靠近的趋势，并对在邹平方言中读阴平调的清入声字的声调变异情况进行描述。

二、田野调查基本情况

（一）调查方言点的基本情况

邹平位于山东省中部偏北，东接淄博，西邻济南，南依胶济铁路，北濒黄河，济青高速横穿全境 26 千米，拥有全国知名的棉纺织企业山东魏桥创业集

---

① 刘白鸽. 山东邹平话第一人称代词的功能考察［D］. 上海：上海外国语大学，2012.
② 王洪君. 文白异读与叠置式音变——从山西闻喜方言的文白异读说起［D］. 北京：北京大学，1985.

团，便利的交通和大量外地劳动力的引进在促进邹平经济发展的同时也给邹平方言带来了潜移默化的影响。

邹平方言是邹平当地人所说的方言土语，属于山东方言的次方言。钱曾怡在《山东方言研究》（2001：22）中对山东方言进行划分，将邹平方言划归到西齐片，属冀鲁官话区，并在其中提出邹平方言属于有四个声调的入声型方言。根据王小梅（2017）的调查和《邹平县志·方言篇》（2010：688）中记载，邹平方言县城区有平声、上声、去声、入声四个调类，调值分别为213、45、41、55。笔者参照《邹平县志·方言篇》（2010：688）中邹平方言调类与古调类的对应情况，整理出邹平方言、普通话与古声调的对应关系，如表1所示。

表1　邹平方言、普通话声调与中古声调对应表

中古声调	平声		上声			去声		入声		
	清	浊	清	次浊	全浊	清	浊	清	次浊	全浊
邹平方言声调	阴平①		上声			去声		入声	去声	上声
普通话声调	阴平	阳平	上声			去声		各调类都有	去声	阳平

从表1可以看出，清声母平声字在普通话与邹平方言中都归并为阴平调，全浊声母上声字和去声字以及次浊声母入声字都归并为去声调。但是，在普通话中，浊声母平声字归并为阳平调，清声母上声字和次浊声母上声字归并为上声调，而在邹平方言中这三类均归并为上声调；清声母入声字在邹平方言中保留在入声调，而在普通话中，这些字派到了阴平、阳平、上声、去声四个调类里面；全浊声母入声字在普通话中归并为阳平调，而在邹平方言中归并为上声调。

（二）发音人情况

由于各年龄段清入字的归属不同以及新派方言的不稳定性，本文选取一名老年人、六名年轻人分别作为老派邹平方言和新派邹平方言的代表并按照年龄段对其进行分组及编号，发音人均为邹平人，且无长时间的外出经历，另外选取了一名普通话一级乙等的发音人为普通话代表，发音人情况如表2所示：

---

① 邹平方言的平声来自古清声母平声字，所以将其命名为阴平更为合适。

表 2　发音人基本信息

	分组	编号	姓名	性别	年龄	职业	学历
老派	A（60 岁以上）	A1	曹秀东	男	84	退休	完小
新派	B（40－60 岁）	B1	高文	男	51	警察	高中
		B2	朱美丽	女	49	无业	初中
	C（20－40 岁）	C1	何健森	男	25	职员	中专
		C2	何佳静	女	24	幼师	大专
	D（20 岁以下）	D1	王浩宇	男	11	学生	小学
		D2	王若彤	女	11	学生	小学
普通话	E	E1	刘玉增	男	27	职员	本科

（三）调查字表

在进行实验之前，先运用传统田野调查的方法调查邹平方言中的声调调类，以获得邹平方言各个调类与普通话调类的对应关系，此项调查选取老派发音人 A 作为代表，所选例字涵盖各个古音类，具体例字如附录 1《声调调类调查表》表所示。

本次实验分为两个部分：

一是探究新派方言是否有受普通话影响，在调值、调型上向普通话靠近的趋势。本文参照《方言调查字表》（1981），邹平方言和普通话的每个调类各选取 7 个汉字作为例字，引导发音人说此例字，将其作为语料，再运用实验语音学的方法，画出老派邹平方言与新派邹平方言的声调格局图，将其与普通话声调格局做比较，以此观察邹平方言在普通话影响下的声调变化。本文实验中使用的方言例字、普通话例字，如表 3、表 4 所示。

表 3　声调格局实验例字表

调类	例字						
阴平	租	该	开	高	他	哥	杯
上声	达	皮	古	土	苦	讨	赌
去声	快	去	地	抱	布	计	败

表4 普通话例字表

声调	例字						
阴平	摘	该	开	哭	拍	拆	八
阳平	白	皮	毒	急	达	格	抬
上声	古	苦	讨	百	土	笔	考
去声	四	去	地	大	治	浙	册

二是探究清入字在新老派邹平方言中的归并情况。本文调查中参考《方言调查字表》（1981），按照普通话阴平、阳平、上声、去声四个调类（由于邹平方言的上声调对应普通话的阴平与上声调，所以阳平调与上声调作为一组选择例字），每个调类选择7个汉字作为例字（例字选择情况如表5所示），分别测试并记录发音人关于这些字的文白读音，再利用实验语音学的方法画出每个样本的声调图，看每个字的归属情况。

表5 清入声字归属实验例字表

调类	例字						
阴平	磕	割	哭	拍	拆	摘	跌
阳平、上声	答	急	橘	格	谷	百	窄
去声	速	克	浙	刻	魄	客	室

为了实验结果的准确性，在实验研究中去除每个调类所选例字的首字和尾字，仅选中间五个字作为实验分析的材料；为了实验过程中处理数据的便利性，例字尽量选择方言中的常用字与单音字，不选择声母是擦音、鼻音、边音和零声母以及有韵头和鼻韵尾的字。

（四）调查的工作程序及方法

本文使用新科数码专业录音笔进行录音。采集语音样品时，让发音人将表3、4中的每个字读两遍，将表5中每个字的文白音各读两遍。用 Adobe Audition CC 将音频处理为单声道，采样率为11025Hz，16 位，去除读错的字例，选取读得较为清晰的字例；用 praat 去掉弯头降尾，选取比较稳定的一段，对每个字的声调段进行标注，并采用传统的测量谐波的方法手工修复出现的嘎裂音，提取每个单字音在 10 个固定测量点的基频数据；以该声调所选的 5 个字的平均基频

值作为该声调的基频值，再利用石锋（1986）提到的 T 值公式 T = ［（lgX −
lgb）／（lga − lgb）］ ∗5，其中，a 为调域上限，b 为调域下限，x 为 a 和 b 之间
的测量点。① 对基频数据进行归一化处理，使数据具有可比性，由此得出老派、
新派邹平方言与普通话的声调格局图以及每个清入字样本的声调。

三、调查结果与分析

（一）邹平方言的声调系统

通过田野调查的方法，笔者在此次的田野调查中发现：现阶段邹平方言中
有阴平、上声和去声三个调类，并未发现邹平方言中还保存有入声调，其原属
于入声的清入声字在本次调查中分布到了阴平、上声和去声三个调类中。据本
文的调查情况，可总结出邹平方言与普通话声调的对应关系，如表 6 所示。

表 6　邹平方言、普通话声调与中古声调对应表

古声调／现声调／古声母	平声		上声			去声		入声		
	清	浊	清	次浊	全浊	清	浊	清	次浊	全浊
邹平方言声调	阴平		上声			去声		各调类都有	去声	上声
普通话声调	阴平	阳平	上声			去声		各调类都有	去声	阳平

（二）邹平方言的声调格局及其变异

根据前述实验方法，让 A 组发音人作为老派方言的代表，将表 3 中的例字
读两遍，选择较为清晰的一遍作为实验材料，提取每个单字音在 10 个固定测量
点的基频数据，以该声调所选的 5 个字的平均基频值作为该声调的基频值，再
利用 T 值公式，对基频数据进行归一化处理，得到老派邹平方言的调值如表 7
所示，声调格局图如图 1 所示。

表 7　老派邹平方言声调音高表

调类	阴平	上声	去声
调值	212	54	31

---

① 　石锋. 天津方言双字组声调分析［J］. 武汉：华中科技大学，1986（1）：78.

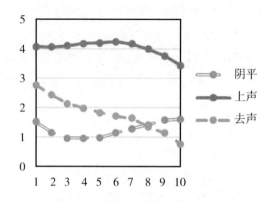

图1 老派邹平方言声调格局图

观察图1，我们可以发现老派邹平方言的阴平调是一个比较平的曲折调，其声学空间大致在0.9~1.6之间，可将其调值记为212；其上声调呈下降的趋势，其声学空间大致在4.2~3.4之间，可将其调值记为54；去声是一个中降调，其声学空间大致在2.7~0.7之间，可将其调值记为31。

综上，我们可以将老派邹平方言与普通话调值的异同整理为表8。

表8 邹平方言与普通话声调调值对应表

普通话	调类	阴平	阳平	上声	去声
	调值	55	35	214	51
邹平方言	调类	阴平	上声		去声
	调值	212	54		31

接下来，我们通过邹平方言新派和老派的语音实验的对比研究，来观察邹平方言声调的变异情况。由于新派方言的不稳定性，我们选取6名新派发音人声调的T值均值作为新派邹平方言的基频值，调值如表9所示。并结合上述老派邹平方言和普通话的声学数据，得出新老派邹平方言与普通话声调格局对比图，如图2所示。

表9 新派邹平方言声调音高表

调类	阴平	上声	去声
调值	34	55	41

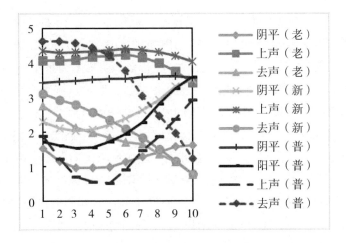

图 2　新老派邹平方言、普通话声调格局对比图

　　为了更加清晰地反映出新老派邹平方言的变异情况，我们将图 2 中各个声调拆分开分别进行比较，如图 3—图 5 所示。

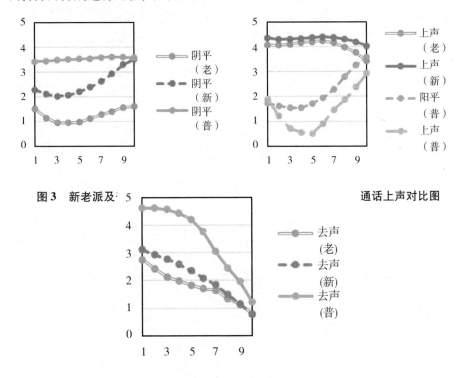

图 3　新老派及

通话上声对比图

图 5　新老派及普通话去声对比图

通过上述图3—图5可以看出，新派的声调都发生了一定的变化，其变化均体现出邹平方言受普通话影响的一面。其中变化最大的是阴平调，根据图3，老派阴平调的调值是212，略平的曲折调，而新派的阴平变为了中升调34。虽然新派的阴平调曲线在第3个点之前还是略带曲折，但是总体来说是升调，在调值方面显示出向普通话阴平调55靠近的趋势。从图4可以看出，老派的上声调由降调54向新派的上声调55转化。新派上声调在第7个点之后还略微有降的趋势，但是整体降的幅度不大。在调型方面，老派上声调向新派上声调的变化显示出邹平方言上声调向普通话中阳平调和上声调后半段靠近的趋势。从图5可以看出，新派的去声调型与老派的去声调型相同，但其调值由原来的31变为41，降幅增大，显示了其受普通话高降调51的影响而向普通话靠近的趋势。

（三）清入字文白异读情况分析

为了更加直观地观察清入声字在邹平方言中所属调类的变化情况，考察邹平方言受普通话影响的情况，本文根据邹平方言与普通话调类的对应关系从《方言调查字表》（1981）中按照普通话调类，每个声调选取7个例字，对15个清入声字分别进行了白读音和文读音的调查分析。调查结果如表10所示，这些字在每个发音人身上的声调表现，见附录2《清入字声调实验结果》。

表10　清入声字文白读音调查结果①

声调 读音 发音人		读音	阴平					阳平、上声					去声				
			割	哭	拍	拆	摘	急	橘	格	谷	百	克	刻	浙	魄	客
A		白	1	1	1	1	1	1	1	1	1	1	1	1	1	1	1
		文	1	1	1	1	1	1	1	1	1	1	1	1	1	1	3
B	B1	白	1	1	1	1	1	2	1	1	1	1	3	1	1	3	1
		文	1	1	1	1	1	1	1	1	1	1	3	1	3	3	3
	B2	白	1	1	1	1	1	1	1	1	1	1	1	3	1	1	3
		文	1	1	1	1	1	2	1	1	2	1	1	3	1	3	3

_____

① 表中的1代表邹平方言中的阴平调，2代表邹平方言中的上声调，3代表邹平方言中的去声调。

续表

声调读音		音	阴平					阳平、上声					去声				
发音人			割	哭	拍	拆	摘	急	橘	格	谷	百	克	刻	浙	魄	客
C	C1	白	1	1	1	1	1	2	1	2	2	2	3	3	3	3	1
		文	1	1	1	1	1	2	2	2	2	2	3	3	3	3	3
	C2	白	1	1	1	1	1	2	1	2	2	2	3	3	3	3	3
		文	1	1	1	1	1	2	2	2	2	2	3	3	3	3	3
D	D1	白	1	1	1	1	1	2	2	2	2	2	3	3	3	3	3
		文	1	1	1	1	1	2	2	2	2	2	3	3	3	3	3
	D2	白	1	1	1	1	1	2	2	2	2	2	3	3	3	3	3
		文	1	1	1	1	1	2	2	2	2	2	3	3	3	3	3

　　为了更加清晰地反映邹平方言的历时变化，描述其读阴平的清入声字变为上声或去声的变异情况，本文引入变异率的概念。变异率即发生变异的样本数与该组样本数的比值，可用以下公式来表示：

$$变异率 = \frac{变异样本数}{该组样本数} \times 100\%$$

　　通过变异率的计算，能观察邹平方言中读阴平的清入声字在普通话各调类以及年龄段的变化程度。据上述公式，可以将表10中每组的变异情况进行量化，其计算结果如表11、表12所示：

表11　普通话阴平、阳平上声和去声组的清入字的变异情况

组别 数量 项目	阴平（a组）		阳平、上声（b组）		去声（c组）	
	白	文	白	文	白	文
变异样本数	0	0	20	23	23	28
该组样本数	35	35	35	35	35	35
变异率（%）	0	0	57.14	65.71	77.14	80

表 12　每个发音人的清入字变异情况

项　　目 \ 数量 \ 组别			变化样本数	该组样本数	变异率（%）
A 组	A	白	0	15	0
		文	1	15	6.67
B 组	B1	白	3	15	20
		文	5	15	33.33
	B2	白	3	15	20
		文	5	15	33.33
C 组	C1	白	8	15	53.33
		文	10	15	66.67①
	C2	白	9	15	60
		文	10	15	66.67
D 组	D1	白	10	15	66.67
		文	10	15	66.67
	D2	白	10	15	66.67
		文	10	15	66.67

表 13　清入字白读音变异情况调查结果②

项　　目 \ 数量 \ 发音人		B		C		D	
		B1	B2	C1	C2	D1	D2
阴平	变异样本数	0	0	0	0	0	0
	总样本数	5	5	5	5	5	5
	变异率（%）	0	0	0	0	0	0

---

① 因为阴平组的 5 个样本不会发生变化，所以 15 个样本全部完成变异后，其变异率最高为 66.67%，而不是百分之百。

② 本次实验是以老派邹平方言为变化的起点，观察清入字在新派邹平方言中的调类归属情况，所以在本表中不涉及对老派发音人清入字白读变异情况的统计。

项 目 \\ 发 音 人 数 量		B		C		D	
		B1	B2	C1	C2	D1	D2
阳平、上声	变异样本数	1	1	4	4	5	5
	总样本数	5	5	5	5	5	5
	变异率（%）	20	20	80	80	100	100
去声	变异样本数	2	2	4	5	5	5
	总样本数	5	5	5	5	5	5
	变异率（%）	40	40	80	100	100	100

从整体上观察表 10—表 13，可以发现：①A 组读阴平调的比例最大，D 组读阴平调的比例最小。②a 组字的读音比较稳定，在 A、B、C、D 四组人中均未发生改变；b 组字中白读音有 20 个实验样本发生变化，文读音有 23 个实验样本发生变化，且变化样本均由阴平调变为上声调；c 组字中白读音有 23 个实验样本发生变化，文读音有 28 个实验样本发生变化，且变化样本均由阴平调变为去声调。③清入字的变异情况在每个年龄段中的表现并不相同，随着年龄的减小，变异率呈增加的趋势。④相同年龄段，去声组的变异率总是不低于阳平与上声组的变异率。⑤每个组文读音的变异率均不低于该组白读音的变异率。

基于调查材料的分析，我们发现，随着年龄的增长，清入字中读阴平的数量在减少。在老派邹平方言中读阴平的清入字发生变异时，其变异的方向是朝着与该字所属的普通话的调类对应的邹平方言调类变化的，例如，邹平方言的清入字"客"，普通话中是去声调，如前所述，普通话去声类对应邹平方言去声调，邹平方言的清入字"客"的变异方向则是邹平方言去声调。不仅如此，我们还发现，属于普通话去声调的字比属于普通话阳平和上声调的字变化速度快，年龄越小的人其清入字的归属越靠近普通话中清入字的归属情况。

为了进一步验证上述观察结果，我们对《方言调查字表》（1981）中所列的 184 个清入字（例字选择情况见附录 3《清入字调查表 1》①，其中属于普通话阴平调的字 75 个，属于普通话阳平、上声调的字 62 个，属于普通话去声调的字 47 个）进行老派白读音的田野调查，调查结果如表 14 所示。

---

① 去掉《方言调查字表》（1981）所列清入字中不常见于邹平方言的字之后，共剩余 184 个。

表14　清入字在老派邹平方言中的归并情况

项目　调类数量	阴平	上声	去声
数量（个）	171	8	5
百分比（％）	92.93	4.35	2.72

由统计结果可知，在老派邹平方言中，绝大多数的清入字归并为阴平调，极少数的归并为上声调和去声调。钱曾怡（2001：12）研究发现，清入字在山东方言整个西区大多数归阴平，东区大多数归上声。邹平属于西区，本次调查结果与钱曾怡调查结果一致。为了探究清入字在邹平方言中所属调类的变异情况，笔者从年龄、普通话调类等方面着手，每个年龄段随机选取一名发音人，对清入字①的归并情况进行了调查统计，统计结果如表15所示。

表15　清入字在各个年龄段的归并情况

调类　发音人数量	A（60岁以上）		B1（40－60岁）		C2（20－40岁）		D2（20岁以下）	
	个数	比率	个数	比率	个数	比率	个数	比率
阴平	166	100	147	88.55	81	48.8	75	45.18
阳平、上声	0	0	7	4.22	47	28.31	51	30.72
去声	0	0	12	7.23	38	22.9	40	24.1

由表15可知，原属于入声调的清声母入声字在不同年龄段的人身上所体现的归属不同。选取的166个清入声字中，老年发音人把166字均读作阴平调，占100%。而中年发音人则把其中的147字读作阴平调，占88.55%，青年发音人将其中的81字读作阴平调，占48.8%，20岁以下的将其中75字读为阴平调，占45.18%。由此可见，随着年龄的减小而这些字读作阴平调的比例在降低。证

---

① 由于在老派方言中，清入字大部分归属于阴平，极少数归属于上声调或去声调的字也属于普通话的非阴平调类，且在新派邹平方言中依然隶属于上声调或去声调，没有发生变化，因此，在接下来的研究中我们只对老派方言中读阴平调的清入字进行调查，看其在新派方言中的归并情况。其中，有"拙""剔"等几个字不符合前面所说的依照普通话调类归并调类的情况，这几个字属普通话阴平调，但在方言中从阴平调变为非阴平，通过调查得知，造成这种情况的原因是发音人记错了该字所属的普通话调类导致的，所以这种情况不算在调查内。去掉各种情况，共剩余166个清入字，下文即对该166个清入字进行进一步考察，清入字字表如附录4《清入字调查表2》所示。

明上述实验中出现的年龄大的人倾向于将清入字读为阴平字，随着年龄的减小而读为阴平调的倾向逐渐减小的现象不是因为选字原因而导致的偶然现象。

调查还发现，在青年人身上这些清入字的读音是按照这些字在普通话调类中的归属而归属的。将邹平方言中原属于阴平的清入字的变异情况用变异度来进行量化，得到表16—表18。

表 16　普通话阴平、阳平上声和去声组的清入字的变异情况

项目 ＼ 调类数量	阴平	阳平、上声	去声
变异样本数	0	105	90
该组样本数	276	224	164
变异率（%）	0	46.9	54.88

表 17　每个发音人的清入字变异情况

项目 ＼ 发音人数量	A	B1	C2	D2
变化样本数		19	85	91
该组样本数		166	166	166
变异率（%）		11.45	51.2	54.82

表 18　清入字白读音变异情况

项目 ＼ 发音人数量		B1	C2	D2
上声	变异样本数	7	47	51
	总样本数	56	56	56
	变异率（%）	12.5	83.93	91.07
去声	变异样本数	12	38	40
	总样本数	41	41	41
	变异率（%）	29.27	92.68	97.56

从以上表格中也可以看出，随着年龄段的减小，清入字的总变异率以及其变为上声调和去声调的比例都在增加；变为去声调的比重在每个年龄段都高于变为上声调的比重；且从整体来看，属于普通话去声组的清入字变异速度始终快于普通话阳平、上声组的速度。证明上述实验中出现的去声字的变化快于阳平、上声字，不是因为随机选择例字的原因导致的，而是普遍存在的一种现象。

本文认为，邹平方言清入字声调变异是受作为文读音的普通话的影响而造成的。结合表10—表12可知，文读音的变异率总是高于白读音，且年龄较大一组的文读音总是或多或少地成为年龄较小组的白读音。例如，普通话去声调类的"克［$k^h\gamma^{51}$］"字，B2的文读音是阴平调［$k^h\partial^{34}$］，C、D两组的发音人白读音文读音皆是去声调［$k^h\partial^{41}$］；又如普通话去声调的"魄［p^ho^{51}］"字，A的白读音将其读为阴平调［p^hei^{212}］，C、D两组发音人加上B1的白读音是去声调［$p^h\partial^{41}$］；再如普通话上声调的"谷［ku^{214}］"字，B2的白读音为阴平调［ku^{34}］，文读音为上声调［ku^{55}］，C、D两组的发音人白读音、文读音都读为上声调［ku^{55}］。王洪君（1985）将这种弱势方言在同一空间借助汉字或双方言者，通过对应规律接受强势方言的影响，形成音类的叠置（即文白异读）的现象称为"叠置式音变"。由此情况，我们可以预测邹平方言未来的发展趋势是文读音取代白读音，向靠近普通话声调系统的方向发生变化，即在老派方言中读阴平的属于普通话阴平调的清入字会继续保留在阴平中，在老派方言中读阴平的属于普通话阳平或上声调的清入字会读上声调，在老派方言中读阴平的属于普通话去声调的清入字会读去声调。

从演变方式来看，我们观察到，清入字在邹平方言中由阴平调变为非阴平调并不是在同类的词中同步完成的，而是以Wang（1969）提出的"词汇扩散"的形式发生变化的。比如，在普通话中读去声在老派方言中读阴平的清入声字，已经呈现出从阴平调212向去声调41的变化趋势，对于一个具体的字来说，要么读阴平212，要么读去声41，要么两读。但是这种变化在普通话中读去声在老派方言中读阴平的字中不是同步进行的，而是有的字变了，有的字没变，有的字两读。由于B组发音人明显处于过渡的状态，而C、D组发音人几乎已经完成变异，所以我们以B组发音人为调查对象，调查其读表5例字的白读音情况。调查结果如表19所示。

表 19　词汇扩散表

	普通话阴平调				普通话阳平调、上声调				普通话去声调				
阴平	割	哭	拍	拆	摘	橘	格	谷	百	浙			
两读											克	刻	魄	客
上声或去声									急				

　　观察表 19 可以发现，属于普通话阴平调的"割、哭、拍、拆、摘"，其声调没有发生变化，依然是读阴平；属于普通话阳平调、上声调的"橘、格、谷、百"依然读阴平，但是"急"受普通话影响变化由阴平调变为上声调；属于普通话去声调的"浙"依旧读阴平，但是"克、刻、魄、客"处于读阴平或去声都可以的两读的阶段。由此发现，同一组的字的声调不是一起完成从阴平到上声或去声的变化的，而是有的字先变，有的字后变。

　　这些清入字并不是由 A 组发音人全部读阴平的情况一下变到 D 组发音人将 b 组字全部读上声、c 组全部读去声这种情况，而是中间经历了 B 组和 C 组发音人将 b 组 c 组中的某些字读上声或去声，但也保留部分字读阴平的过渡阶段。从此次调查结果来看，从 A 发音人（84 岁）将清入字基本读阴平的情况到 D 组发音人（11 岁）基本完成向普通话调类靠近的转换，也不过七八十年的时间。由此可以看出，普通话作为强势语对方言的影响还是非常大的。

四、邹平方言声调变异的不平衡性及其原因探析

　　虽然在此次调查中，就每个字而言，其发生变化的先后顺序杂乱无章，但是通过前面的分析，我们可以发现，属于普通话去声调的字要比属于普通话阳平和上声调的字变异率高，而且变化开始的时间较早，如"客"字在 A 组文读音中就已经开始读去声调 $[kə^{31}]$ 了。阴平调变为去声调的速度比阴平调变为上声调快，我们认为可以从相似度方面进行解释。

　　本文采用杜兆金（2013）调值相似度的公式来计算各个调值之间的相似度，即以 K、A 分别代表 x、y 所在直线的斜率和（Y 轴）的截距，那么：

$$(1)\ S_{(x,y)} = \frac{(|Ax + Ay| + |Kx + Ky|) - (|Ax - Ay| + |Kx - Ky|)}{(|Ax + Ay| + |Kx + Ky|) + (|Ax - Ay| + |Kx - Ky|)}$$

（其中 Ax、Ay 分别是 x、y 的截距，Kx、Ky 分别是 x、y 的斜率，且 Kx、Ky 同为正数、负数或 0）

（2）$S_{(x,y)} = \dfrac{|Ax + Ay| - |Ax - Ay|}{|Ax + Ay| + |Ax - Ay| + 2 * |Kx - Ky|}$

（其中 Ax、Ay 分别是 x、y 的截距，Kx、Ky 分别是 x、y 的斜率，且 Kx、Ky 中有一个为 0，或一斜率为正，一斜率为负）[1]

邹平方言清入字声调变异的总过程可做如下描述：在老派邹平方言中原来读阴平调 212 的清入字，有的在普通话阴平 55 的影响下变为 34，有的在普通话阳平 35 或上声调 214 的影响下变为上声调 55，有的在普通话去声 51 的影响下变为去声调 41。从与普通话接触的角度来看，邹平方言发生变化是受来自普通话的文读音的影响。换句话说，邹平方言中的读阴平的清入字变为上声调是受普通话阳平调和上声调的影响，邹平方言中的读阴平调的清入字变为去声调是受普通话去声调的影响。我们可以将此过程细化为两部分：

（1）从变异开始的原因来看，老派方言中读阴平调 212 的清入字，一部分受普通话阳平调 35 或上声调 214 的影响，一部分受普通话去声调 51 的影响。

我们可以利用上述公式，分别计算出邹平方言中阴平调 212 与普通话阳平调 35、上声调 214 之间的相似度，以及邹平方言中阴平调 212 与普通话去声调 51 之间的相似度。

邹平方言阴平调与普通话阳平调的相似度：

$S(21, 34) = \dfrac{|Ax + Ay| - |Ax - Ay|}{|Ax + Ay| + |Ax - Ay| + 2 * |Kx - Ky|} = \dfrac{|2 + 3| - |2 - 3|}{|2 + 3| + |2 - 3| + 2 * |-2 - 2|} = 0.286$

$S(12, 45) = \dfrac{(|Ax + Ay| + |Kx + Ky|) - (|Ax - Ay| + |Kx - Ky|)}{(|Ax + Ay| + |Kx + Ky|) + (|Ax - Ay| + |Kx - Ky|)}$

$= \dfrac{(|1 + 4| + |2 + 2|) - (|1 - 4| + |2 - 2|)}{(|1 + 4| + |2 + 2|) + (|1 - 4| + |2 - 2|)} = 0.5$

$S(212, 35) = [S(21, 35) + S(12, 35)] / 2 = 0.393$[2]

邹平方言阴平调与普通话上声调的相似度：

$S(21, 21) = \dfrac{(|Ax + Ay| + |Kx + Ky|) - (|Ax - Ay| + |Kx - Ky|)}{(|Ax + Ay| + |Kx + Ky|) + (|Ax - Ay| + |Kx - Ky|)}$

$= \dfrac{(|2 + 2| + |-2 - 2|) - (|2 - 2| + |-2 + 2|)}{(|2 + 2| + |-2 - 2|) + (|2 - 2| + |-2 + 2|)} = 1$

$S(12, 14) = \dfrac{(|Ax + Ay| + |Kx + Ky|) - (|Ax - Ay| * |Kx - Ky|)}{(|Ax + Ay| + |Kx + Ky|) + (|Ax - Ay| + |Kx - Ky|)}$

$= \dfrac{(|1 + 1| + |2 + 6|) - (|1 - 1| + |2 - 6|)}{(|1 + 1| + |2 + 6|) + (|1 - 1| + |2 - 6|)} = 0.429$

---

[1] 杜兆金. 维汉接触中的母语干扰机制研究——基于标记理论和维汉语音类型学特点差异 [D]. 北京：北京大学，2013.

[2] 曲折调的相似度取两段的均值。

S (212，214) ＝ ［S (21，21) ＋S (12，14)］ /2＝0.7145

邹平方言读阴平的清入字受普通话阴平和上声变为上声调，在此我们选取 S (212，35) 与 S (212，214) 中相似度较小的一个值作为邹平方言阴平调与普通话阳平、上声的相似度，即 S (212，35)，0.393。

邹平方言阴平调与普通话去声调的相似度：

$$S (21，53) ＝ \frac{(\mid Ax＋Ay \mid＋\mid Kx＋Ky \mid)－(\mid Ax－Ay \mid＋\mid Kx－Ky \mid)}{(\mid Ax＋Ay \mid＋\mid Kx＋Ky \mid)＋(\mid Ax－Ay \mid＋\mid Kx－Ky \mid)}$$

$$＝ \frac{(\mid 2＋5 \mid＋\mid -2－4 \mid)－(\mid 2－5 \mid＋\mid -2＋4 \mid)}{(\mid 2＋5 \mid＋\mid -2－4 \mid)＋(\mid 2－5 \mid＋\mid -2＋4 \mid)} ＝0.444$$

$$S (12，31) ＝ \frac{\mid Ax＋Ay \mid－\mid Ax－Ay \mid}{\mid Ax＋Ay \mid＋\mid Ax－Ay \mid＋2*\mid Kx－Ky \mid} ＝ \frac{\mid 1＋3 \mid－\mid 1－3 \mid}{\mid 1＋3 \mid＋\mid 1－3 \mid＋2*\mid 2＋4 \mid} ＝0.111$$

S (212，51) ＝ ［S (21，53) ＋S (12，31)］ /2＝0.2775

由此可见，新派邹平方言中的阴平调与普通话去声调的相似度比与阳平、上声调小，即新派方言中阴平调与普通话去声调的相似度较小，区别度较大。温宝莹 (2005：3) 提到的新迁移理论认为两种语言语音的差异越小，学习者的困难也就越大；并认为相似的语音难以习得是因为学习者会认为这些语音与他们母语中相对应的语音是相同的，而"新的"语音容易习得是因为学习者可以轻易认识到它们与其母语之间的差异。类比邹平方言中清入字声调变异的情况，我们认为由于邹平方言中阴平调 212 与普通话去声调 51 的相似度小于与阳平 35、上声调 214 的相似度，所以人们更易感到两者之间的区别，也更易受到普通话的影响，所以发生改变的速度快于上声调，即相似度越低越容易发生改变。综上所述，原来读阴平的清入字在发生改变时，变为去声调更为容易一些，变为去声调的速度要快于变为上声调。

(2) 从变异后的结果来看，发音人在读清入字时用邹平方言中的上声调 55 匹配普通话中的阳平调 35 和上声调 214，用邹平方言中的去声调 41 匹配普通话中的去声调 51，且变为去声调 51 的速度要比变为 55 的速度快。

利用上述公式，我们分别计算邹平方言上声调 55 与普通话阳平 35、上声 214 之间的相似度，以及邹平方言中去声调 41 与普通话去声 51 之间的相似度，并进行比较。

邹平方言上声调与普通话阳平调的相似度：

$$S (55，35) ＝ \frac{\mid Ax＋Ay \mid－\mid Ax－Ay \mid}{\mid Ax＋Ay \mid＋\mid Ax－Ay \mid＋2*\mid Kx－Ky \mid} ＝ \frac{\mid 5＋3 \mid－\mid 5－3 \mid}{\mid 5＋3 \mid＋\mid 5－3 \mid＋2*\mid 0－2 \mid} ＝0.4286$$

邹平方言上声调与普通话上声调的相似度：

$$S (55，21) ＝ \frac{\mid Ax＋Ay \mid－\mid Ax－Ay \mid}{\mid Ax＋Ay \mid＋\mid Ax－Ay \mid＋2*\mid Kx－Ky \mid}$$

$$= \frac{|5+2|-|5-2|}{|5+2|+|5-2|+2*|0-(-2)|} = 0.286$$

$$S\ (55,\ 14)\ = \frac{|Ax+Ay|-|Ax-Ay|}{|Ax+Ay|+|Ax-Ay|+2*|Kx-Ky|} = \frac{|5+1|-|5-1|}{|5+1|+|5-1|+2*|0-6|} = 0.091$$

$$S\ (55,\ 214)\ = [S\ (55,\ 21)\ +S\ (55,\ 14)]\ /2 = 0.1885$$

邹平方言读阴平的清入字受普通话阴平和上声调影响变为上声调，在此我们选取 S（55，35）与 S（55，214）中相似度较大的一个值作为邹平方言上声调与普通话阳平、上声调的相似度，即 S（55，35），0.4286。

邹平方言去声调与普通话去声调的相似度：

$$S\ (41,\ 51)\ = \frac{(|Ax+Ay|+|Kx+Ky|)-(|Ax-Ay|+|Kx-Ky|)}{(|Ax+Ay|+|Kx+Ky|)+(|Ax-Ay|+|Kx-Ky|)}$$

$$= \frac{(|4+5|+|-3-4|)-(|4-5|+|-3-(-4)|)}{(|4+5|+|-3-4|)+(|4-5|+|-3-(-4)|)} = 0.7778$$

整理以上数据可知所计算各声调的相似度如表 20 所示。

表 20　调类相似度

声调（普）〤声调（焦）	阳平 + 上声	去声
上声	0.4286	
去声		0.7778

由表 20 可知，邹平方言去声调与普通话去声调的相似度高于邹平方言上声调与普通话阳平、上声调的相似度。杜兆金（2013）研究发现，维汉声调匹配受调值相似度大小的制约，即倾向选择维语中与受配调类相似度最大的维语固有词调值来参与匹配。① 类比到邹平方言中清入字的声调变异情况，邹平方言去声调 41 与普通话去声调 51 的相似度更高，所以邹平方言去声调 41 更易与普通话去声调 51 匹配，更易受普通话的影响，向普通话方向发生变化。

综上所述，邹平方言中读阴平的清入字受普通话影响变为去声的速度要快于变为上声的速度。

五、总结

随着国家对国家通用语言文字的推广，人们通过电视、网络等途径接触普

---

① 杜兆金. 维汉接触中的母语干扰机制研究——基于标记理论和维汉语音类型学特点差异 [D]. 北京：北京大学，2013.

通话的机会增多，甚至中小学生在接触有些字时，首先接触的就是普通话。受普通话影响，原方言发生了不同程度的变化，呈现出向普通话靠近的趋势。

　　本文运用田野调查结合实验语音学的方法，通过对比新老方言的声调格局，证明了邹平方言调值、调型向普通话靠近的趋势；从读阴平调的清入字的变化角度描述了这些字在朝着其在普通话调类中的归属的方向发生变化，且这种变化不是一蹴而就的，而是遵循"词汇扩散"原则，同组的词有些先发生变化有些后发生变化，但是，从整体上来看，去声组的字比阳平、上声组的字变化速度快一些，本文尝试从相似度的角度对这种变化的有阶性给予了解释，并预测出未来邹平方言的变化趋势是文读音取代白读音，受普通话影响的程度会逐渐加深。

　　现阶段，正是国家施行《国家通用语言文字法》的第 20 个年头，此研究结果反映了国家推广通用语言文字的成果，也展示出在普通话这种强势语言的影响下，方言变化速度快的特点，从这个角度看，探索语音变化规律对于方言保护、语言规划具有重要意义。

参考文献

［1］钱曾怡. 山东方言研究［M］. 济南：齐鲁书社，2001：92.

［2］中国社会科学院语言研究所. 方言调查字表［M］. 北京：商务印书馆，1981.

［3］朱晓农. 语音学［M］. 北京：商务印书馆.2018

［4］邹平县地方史志办公室. 邹平县志［M］. 邹平：邹平出版社，2010：688.

［5］石锋. 天津方言双字组声调分析［J］. 语言研究，1986（1）：77.

［6］艾红娟. 山东长山方言语音研究［D］. 杭州：浙江大学，2008.

［7］杜兆金. 维汉接触中的母语干扰机制研究——基于标记理论和维汉语音类型学特点差异［D］. 北京：北京大学，2013.

［8］林珈亦. 山东方言子尾音变研究［D］. 济南：山东大学，2017.

［9］刘白鸽. 山东邹平话第一人称代词的功能考察［D］. 上海：上海外国语大学，2012.

［10］王洪君. 文白异读与叠置式音变——从山西闻喜方言的文白异读说起［D］. 北京：北京大学，1985.

［11］王小梅. 山东滨州方言语音研究［D］. 济南：山东大学，2017.

［12］王晓莹. 滨州方言文白异读地理语言学研究［D］. 昆明：云南师范

大学，2016.

［13］温宝莹.汉语普通话元音习得的实验研究［D］.天津：南开大学，2005.

［14］WANG S Y. Competing Changes as a Cause of Residue［J］. America. Language，1969，45（1）：9－25.

附　录

附录1　声调调类调查表

古调	古声	例字	描写	调类调值
平	全清	东该灯风方		
	次清	通开天春		
	次浊	门龙牛油		
	全浊	铜肠田皮糖房红		
上	全清	懂古鬼九		
	次清	统苦讨草		
	次浊	买老五有		
	全浊	动罪近后		
去	全清	冻怪半四		
	次清	痛快寸去		
	次浊	卖路硬乱		
	全浊	洞地饭树		
入	全清	谷通百梗搭咸节山急深		
	次清	哭通拍梗塔咸切山刻曾		
	次浊	六通麦梗叶树月山		
	全浊	毒通白梗盒咸罚山		

附录2 清入字声调实验结果

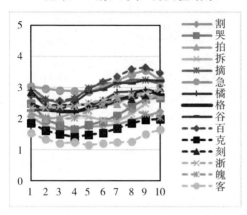

图1 A 白读音

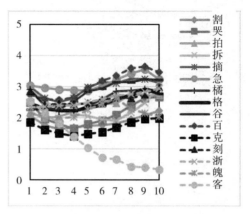

图2 A 文读音

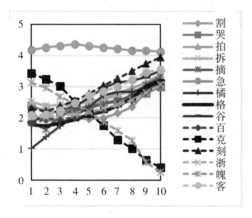

图3 B1 白读音

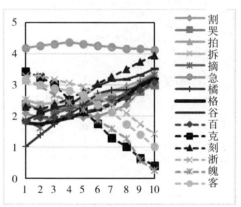

图4 B1 文读音

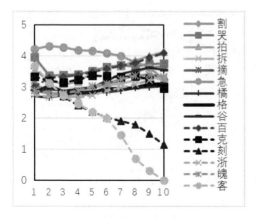

图5 B2 白读音

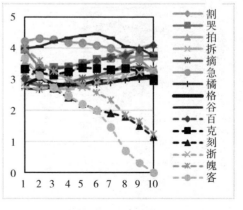

图6 B2 文读音

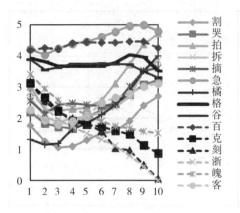

图7　C1 白读音

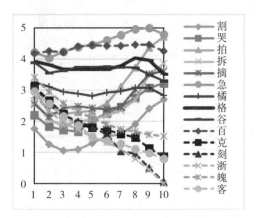

图8　C1 文读音

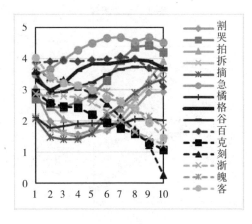

图9　C2 白读音

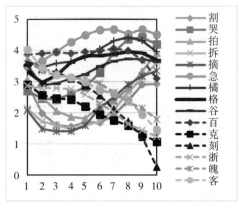

图10　C2 文读音

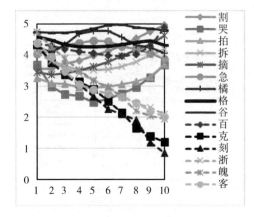

图11　D1 文白读音

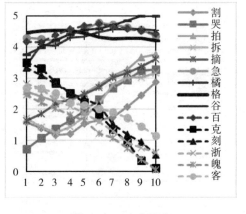

图12　D2 文白读音

附录3　清入字调查表1

搭 鸽 喝 溻 磕 插 掐 鸭 押 接 腌 跌 贴 汁 湿 吸 擦 割 八 杀 瞎 薛 蛰 憋 切
噎 拨 泼 脱 挖 刷 刮 拙 缺 说 七 漆 膝 失 一 窟 黑 逼 熄 织 拍 拆 摘 积 惜 劈 滴
踢 剔 锡 激 吃 秃 哭 屋 督 缩 粥 叔 出 屈 托 搁 胳 削 约 郭 桌 戳 捉 答 合 劫 急
级 察 别 哲 折 节 洁 吉 德 则 壳 即 媳 职 格 责 革 隔 福 竹 菊 足 菊 博 阁 卓 啄
塔 眨 甲 褶 法 给 撒 渴 葛 撇 铁 雪 哕 血 笔 匹 乙 骨 忍 北 百 柏 窄 脊 尺 谷 嘱
索 脚 角 饺 踏 恰 帖 浙 设 屑 括 阔 豁 室 握 确 刻 克 侧 测 色 式 饰 迫 魄 客 策
册 迹 适 释 绩 速 沃 腹 肃 祝 蓄 束 促 作 各 恶 雀 鹊 扩 撤 蒜 吓 壁 错

附录4　清入字调查表2

搭 喝 溻 磕 插 掐 鸭 押 接 腌 跌 贴 汁 湿 吸 擦 割 八 杀 瞎 薛 蛰 憋 切 噎
拨 泼 脱 挖 刷 刮 缺 说 七 漆 膝 失 一 窟 黑 熄 织 拍 拆 摘 积 惜 劈 滴 踢 锡 激
吃 秃 哭 屋 督 粥 叔 出 屈 托 搁 胳 削 约 郭 桌 捉 答 急 级 察 哲 折 节 洁 吉 德
则 壳 即 媳 职 格 责 革 隔 福 竹 菊 足 菊 博 阁 卓 啄 塔 眨 褶 法 撒 渴 葛 撇 铁
雪 哕 血 笔 匹 乙 骨 北 百 柏 窄 脊 尺 谷 嘱 索 脚 角 饺 踏 恰 帖 浙 设 屑 括 阔
豁 室 握 确 刻 克 侧 测 色 式 饰 迫 魄 客 策 册 迹 适 释 绩 速 沃 肃 祝 蓄 束 促
作 各 恶 雀 鹊 扩

民国时期应用类工具书出版概况*

一、引言

晚清民国时期，社会急剧变迁，随着西学东渐的影响，大量新思想、新知识不断涌现，明清时期的传统类书已经不能满足人们的查检需求。在新型字典、词典编纂过程中，学者们也尝试使用新的编纂原则，借鉴西方人的经验编纂新型工具书，推动了一批具有时代特色的应用类工具书①在这一时期的大量出版，但此类研究并没有得到充分重视。我们搜集到这一时期应用类工具书共 200 部，并建立了一个小型语料库，以此对民国时期该类工具书的时代特征、编纂背景和代表成果进行阶段性梳理，这对于我们了解这一时期工具书编纂的整体面貌与时代发展概况具有重要意义。

民国时期是中国社会处于急剧转型的一个时期，社会政治结构、经济结构、思想文化结构都发生了很大的变化。五四运动、新文化运动的兴起，极大地促进了人们思想解放。在民主科学思想的影响下，新式教育兴起，新式教育理念方法以及新式公文不断改革，为新型应用类工具书的编纂奠定了良好的基础。这一时期工具书在不同阶段又呈现出不同的特征，大体可分为三个阶段：（1）起步阶段（1912—1919）；（2）上升阶段（1920—1937）；（3）动荡阶段（1938—1949）。各阶段出版情况如图 1 所示：

---

* 作者简介：李莹莹（1997—），女，山东菏泽市人，2020 级语言学及应用语言学专业硕士研究生。本文为国家社科基金项目"民国时期汉语语文辞书研究及其数据库建设"（项目编号 18CYY049）的阶段性成果。

① 我们根据前人已有的辞书索引，在整理民国时期的辞书出版资料时分别将字典和词典进行了分类，字典和词典从收录的语言单位上是比较容易区分开的，但是还存在一类辞书，如果单纯称为语典的话，略显狭隘，因为里面包含了公文类、作文类等工具书，因此，我们就宽泛地将收集到的这些辞书统称为应用类工具书。其中符合辞典体例的我们称为语典类工具书，不符合辞典体例的我们又分为作文类、公文类、书信类等工具书。

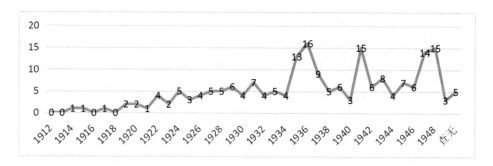

图1　应用类工具书的年度出版概况分布图

二、起步阶段（1912—1919）

1912 年，孙中山成立中华民国临时政府，不管是政界商界还是学界都进行了一次重大变革，时局日新，旧有工具书内容陈旧，已经不再适用于新时代的发展要求。为满足人们日常所需，更多新式工具书在这一时期编辑出版，如新式公文的颁布催了公文类工具书的编纂，新式学堂兴起促进了便于学生学习的作文类工具书的编纂等，"新式教科书和工具书的编辑出版是清末民初文化教育建设的主要需求"①。总体来看，这一阶段工具书的编纂还处于起步阶段，编纂成果也比较少。

这一时期的出版成果仅有五部著作，其中三部为书信类工具书。明清时期日用类书中的书札范本就辑录了适用于不同场合、身份的尺牍范本供人模仿学习，"随着初学尺牍范本的不断出版，'初学者'的概念也不断地具体化"②，适用于特定不同人群的尺牍工具书得以编辑出版，"至其用途广者，则莫如尺牍，无论士绅商贾、农工妇女，非此不足以达其词意也，无论遐方僻壤，异域殊方，非此不足以通其音息也"③。1914 年中华书局出版的《尺牍大全》收录了各界适用尺牍，兼容并包，不仅有格式模拟之作，而且辑录了辞藻应用的方法；1919年群学社出版的《分类尺牍全书》也是一部综合性的尺牍类工具书，全书约四百余篇，分为四十二门；另外 1917 年上海文明书局出版的《政界尺牍大观》，是一部专供政界使用尺牍类书籍。1915 年商务印书馆出版的《酬世文柬指南》，

---

① 刘善涛，王晓. 民国辞书编纂与社会文化互动［J］. 中国出版史研究，2020（2）97 -
110.
② 蔡丹妮. 民国学生的书信教育研究［D］. 厦门：厦门大学，2014.
③ 袁韬壶. 分类尺牍全书［M］. 上海：群学社，1919.

由徐珂主编，本书收录各类交际用语，分婚、丧、喜庆、书信、契约、簿据等八类，"平日披览，既以籍增常识"（编辑大意），也是一部生活百科类书籍。另还有 1919 年中华书局出版的《中华应用文件大全》，但已佚失。

三、缓慢上升阶段（1920—1937）

1916 年 10 月，中华民国国语研究会成立，以"研究本国语言，选定标准，以备教育界之采用"为宗旨，并在第一次大会中提出编辑语法、辞典等书籍和用标准语编辑国民学校教科书及参考书等任务，在一定程度上推动了本时期工具书的出版。另外，新文化运动的推广、新文化创作方式的需求、新词新语的发展、新式教育理念方法以及新式公文的改革等，都是推动新式工具书出版的重要因素，再加上这一时期国内局势相对稳定，为工具书的编纂提供了良好的环境。这一系列因素促进了工具书编纂事业的发展，应用类工具书尤其是以注重国民教育为目的的工具书编纂数日明显增多，并在 1936 年出现第一个编纂小高峰，应用类工具书的编纂达到顶峰时期。"五四运动到 1937 年全面抗战爆发前，整个辞书出版行业呈现良好的发展势头"①，工具书的出版亦是如此，这一时期出版工具书不仅数量可观，而且呈现多元化发展趋势，尤以公文类、书信类、作文类为最多。

公文在我国具有悠久的历史，"《尚书》记言，多载典谟训诰誓命之文，是与教、令皆古之公文也"②，但传统公文制度效率低下且隐含封建的尊卑等级观念，日益引起大众不满。1912 年南京临时政府成立，在民主科学思想观念的影响下，中国公文开始了近代化转型之路。自临时政府成立以后，政府每遇重大政治制度改革和行政调整，都会对公文进行改革。1927 年至 1928 年间，南京国民政府连续三次颁布、修订《公文程式条例》，"并于 1933 年在全国范围内掀起了一场颇具影响的文书档案改革运动"③。1927 年上海中央书店出版《公文程式全书》，作者批判以前公文内容阿谀、陈腐，具有阶级性，他认为"故国民政府治下现行之一切公文，虽其程式未有确定，然处处为民族民权民生三主义真精神之表见"（弁言），也是本书的精神所在。1928 年上海民益图书局出版《公文程式全书》，同年中华法学社出版《国民政府公文程式全书》，1929 年上海世界

---

① 杜冰心．民国时期辞书出版发展概况及特点研究［J］．编辑之友，2019（11）：88 – 94，104.

② 傅振伦，龙兆佛．公文档案管理法［M］．北京：档案出版社，1988：5 – 6.

③ 袁晓川．政治秩序与行政效能：南京国民政府时期公文制度研究［D］．山东：山东大学，2016.

书局出版《新公文程式大全》、上海泰东图书局出版《普通公牍指南》、上海大东书局出版《（最新分类）国民政府公文程式大全》等，都是为方便公务人员学习模仿公文写作编著的，具有实用性。1933 年以后，行政院推行语体文和新式标点，规定以后各机关行文，都应采用新式标点，1933 年上海大光明书局出版了《最新标点公文程式大全》，对公文的定义、特质、公文程式的意义及分类、公文程式的演进及现行公文的精神等进行了系统的分析，以适应公文革新的宗旨。

尺牍类工具书在社会生活中的应用更加广泛，出版数量更多，1924 年中华书局出版《（注音）实用尺牍大全》，1928 年上海文明书局出版《分类实用白话尺牍大全》，1929 年上海广益书局出版《现代分类尺牍大全》，1930 年上海广益书局出版《（最新各界适用）白话尺牍大观》等，都为综合性的尺牍工具书，分门别类，适用于社会各界。另外，1929 年上海真美书社出版《党政军尺牍大全》，1935 年上海南方书店出版《（分类广注）军警尺牍指南》等，都是专用型的尺牍工具书，只适用于特定领域。尺牍工具书既具有实用性，呈现出反对辞藻堆砌，讲究实际的特征，"既不偏重一类且无堆砌辞藻之弊，务以适用为主"（《（注音）实用尺牍大全》中华书局 1924 年版）；但同时又不可避免地继承了传统尺牍的旧例，如旧式称谓"尊前""台鉴""阁下"等类的使用。

清末，科举制被废除，民国时期初等教育得到普及，各个年龄段的学生能够在学校接受写作指导，白话文写作和白话文教学得以提倡，出现了写作大众化的趋势，更多供中小学使用的作文类工具书大量编纂出版。1930 年上海南强书局《新文艺描写辞典》，1931 年又出版了《新文艺描写辞典续编》，1930 年辽宁太古山房由高殿澍主编的《写景丽言》，1931 年上海文艺书局出版的《文学描写手册》，随后几年又不断出版了《青年创作辞典》（上海光明书局 1932）、《中学生作文典》（文艺书局 1932）、《作文描写类典》（普益书局 1933）、《学生作文描写辞典》（上海华成书局 1934）、《作文描写辞源》（中原书局 1934）等，这些工具书专门用来辑录写作语句和汇集名家作品以用于日常写作，大多是先介绍写作的理论和方法，再记录名家语句，和理论形成照应。另外还有一类日常生活中所使用的应用类作文工具书，1932 年上海中西书局出版的《日用文件写作法大全》和 1935 年上海大东书局出版的《应用文程式集成》，1936 年上海世界书局出版的《大众应用文件集成》，共七编，从当时近百种书报中选各类文件 1900 余例，"为适应大众撰拟文件时参考之需要"（引言）。应用类作文工具书是对社会各界适用的作文程式辑录，与第一类有很大不同。

另外，语典类、格言类、契约类、交际用语类和楹联类工具书也相继出版，其中语典类工具书根据所收录内容的不同，又可分为成语类、俗语类、惯用语类、谚语类、歇后语类和隐语类六种。1924 年上海南华书局出版的《成语汇编》是一部收录四字成语的语典，共分为 130 类，每则成语详载出处。还出版了特定领域使用的成语类工具书，如 1921 年上海国华书局出版的《尺牍辞典》、1924 年中华书局编辑部出版的《尺牍辞源》和 1926 年上海世界书局出版的《（分类）尺牍辞海》等都是专门收录尺牍专用成语的工具书。这一时期还出版了几部比较有影响的俗语类工具书，1922 年上海广益书局出版《俗语典》，由胡朴安及家人集体编纂而成，全书分十二集，搜罗范围十分广泛，包含成语、谚语、歇后语、惯用语等，本书对每一个条目进行源流的考辨、考释，并尽可能标注条目的出处。1925 年南通翰墨林出版的《通俗常言疏证》，作者孙锦标，本书所收条目亦十分广泛。另外，1926 年商务印书馆出版的《民谚》和 1927 年上海中华书局出版的《中华谚海》是两部收录颇丰的谚语类工具书，《中华谚海》共收谚语 12000 多条，大多采录下列各书：胡德《沪颜》、王文濡《谚语》、顾颉刚《吴谚集》等 34 种谚语方面的书，全书依首字部首排列，同部首的以笔画为序。1924 年商务印书馆出版的《上海商业习惯用语字汇》是一部行业惯用语工具书，依据行业不同共分为 8 类。1933 年启明学社出版《歇后语选录》，收录歇后语 1700 余条。另外，1923 年东陆图书公司出版《（全国各界）切口大词典》，是我国第一部汉语隐语大词典，共辑录社会各界隐语共 18 大类 370 小类，为解决各行各业因术语差异致使交流困难而作。"《切口》完结了无汉语隐语类辞书的历史，同时也开启了现代汉语隐语类辞书的新时代"[①]，为隐语类工具书的编纂奠定了编排和释义标准的基础。

格言类工具书包括格言和名言两类，1929 年世界书局出版《世界格言大全》，1935 年正心出版社出版《不惑集》，收格言五千多条，1926 年上海群学社出版《名言大辞典》，收录名人名言 1 万多条，多数条目注明出处，但此书没有条目索引，查找不太方便。1927 年由上海广益书局出版江忍庵主编的《分类楹联宝库》是一部楹联类工具书，收录对联约一万三千条，广收博采。当时社会各界提倡白话文，但往往"矫枉过正，毁方为圆，反谓辞章之学，深晦而不切于时，几欲以白话夺文言之专席，是未免失之太过矣"，作者认为楹联作为一种国粹，应该保存下来，才是契合于时代所需。1931 年上海中央书店出版《契约程式大全》、上海春明书店出版《实用契约全书》。

---

① 邵燕梅.《全国各界切口大词典》相关文化问题考辨 [J]. 文化学刊, 2015（12）：143 - 149.

四、曲折发展阶段（1938—1949）

1937 年，全面抗战爆发，时局动荡，本来良好的编纂势头进入曲折发展阶段。由于战事频发，不管是全国性的出版中心还是区域性的出版中心都处在动态游移的过程中，"虽然动态游移对出版业的发展不利，但这种出版中心在城市、城镇间的快速转换为当时和之后的中国出版格局带来了另一种变化——它将出版业的触角扩展探伸到我国的广大地区，带动和扶持了出版落后地区出版事业的快速发展和繁荣"①。此期间虽正值战乱、条件艰苦，但工具书出版总量超过了前两个时期，呈上升趋势，尤其是 1941 年、1947 年、1948 年这三个年份平均每年出版 15 本左右，成果颇丰。本时期共出版应用类工具书 106 部，尤以书信类、公文类、作文类、交际用语类工具书所占数目最多，还有少数格言类、成语类工具书。但由于新式应用类工具书在前期打下了良好的基础，辞书编纂理念也已经得到学界的广泛认可，从出版实践上来看，前期也出版了各种不同类型的工具书。因此，到了这一时期工具书多为翻版增订、扩容，从质的方面来说，1937 年以后辞书创新发展整体呈现下降的态势。

这一时期代表性的成果有 1939 年上海大方书局出版的《（分类详注）现代交际尺牍大全》，本书共分为 16 类，搜材丰富、文字简雅、言辞真挚，专供"现代"交际之用；1941 年桂林实学书局出版《最新日用书信大全》，可供高年级的小学生和初中学生、店员、小学教师、公务人员、军队官兵，以及其他各界民众研读参考之用。1940 年重庆华中图书出版社出版《处理公文手册》，供当时一般公务人员与一般主管官处理公务参考，"本书为适应各级公务人员，及各级主官之需要而作，除公文程式及用语，经过精密之搜选外，尤特别注重处理一项，以备实际之应用"（编辑大意）；1941 年桂林实学书局出版的《最新公文程式大全》专供中小学教师及地方行政人员办理公文书牍者使用。1941 年上海博文书店出版的《小品文描写辞典》比当时石华军所编的《小品文讲话》②更加完备，相比石华军的小品文讲话，《小品文描写辞典》的理论更加精简，因此将"理论"的篇幅节省下来，以便多容纳一些范例；还有为初学写景文人编著的《描写文辞典》（上海博文书店 1941）；为启发中小学学生写作思维，提高写作技术，培养良好的选材眼光和能力的《文艺类典》（北京中华图书文具社

---

① 吴潮，赵晓兰. 抗战时期我国出版格局演变及特点 ［J］. 中国出版，2015（7A）：9 - 13.

② 石苇. 小品文讲话 ［M］. 上海：光明书局，1932.

1941）。1942 年重庆农林出版社出版《山林名言录》，收录自上古至民国（孙中山）有关记载山林的名言，分为林政、林业、林学三方面。还出版了一部歇后语工具书《言子选辑》（重庆指南编辑社 1942），收录了四川和周边地区歇后语、俏皮话 360 条，郭沫若曾高度评价此书："这里面的词句都是照实笔录，庄谐并存，雅俗共赏，似可称为集口头谜语之大成。虽小，我看是不失为富有兴趣的读物。就是对于写小说戏剧的人，对于研究语言学的人，也怕不无裨益。"① 1946 年上海新鲁书店出版《分类成语手册》，共收成语 6000 余条，按成语含义或描写对象分成四门 66 类，注释简明，不举出典或引证。

总的来看，这一时期的工具书出版数量上虽多，但由于当时战乱条件限制、资料收集困难、工具书编纂艰难，这一时期工具书的规模比较小且创新度不高，大多数还是沿用前人的编纂方法。工具书出版的种类也相对减少，主要集中在公文类、交际用语类、书信类和作文类工具书的出版方面等。

民国时期作文类工具书取得了很多很好的成果，工具书出版具有类型多元化、内容紧随时代发展、注重实用等特点，不仅满足了当时人们的需求，对于后来工具书的编纂也产生了深远影响，但也存在各类工具书出版不平衡的弊端。此外，当时的辞书学理论并不成熟，导致辞书体系比较混乱，没有统一的标准。因此，当时的工具书编纂也存在很多问题，这也为新中国成立后的辞书发展提供了借鉴。

参考文献

[1] 龚明德. 郭沫若乐意介绍的《言子选辑》[J]. 郭沫若学刊, 1997 (1)：90 - 91.

[2] 吴潮, 赵晓兰. 抗战时期我国出版格局演变及特点 [J]. 中国出版, 2015 (7A)：9 - 13.

[3] 邵燕梅.《全国各界切口大词典》相关文化问题考辨 [J]. 文化学刊, 2015 (12)：143 - 149.

[4] 杜冰心. 民国时期辞书出版发展概况及特点研究 [J]. 编辑之友, 2019 (11)：88 - 94.

[5] 刘善涛, 王晓. 民国辞书编纂与社会文化互动 [J]. 中国出版史研究, 2020 (2)：97 - 110.

---

① 龚明德. 郭沫若乐意介绍的《言子选辑》[J]. 郭沫若学刊, 1997 (1)：90 - 91.

［6］蔡丹妮．民国学生的书信教育研究［D］．福建：厦门大学，2014.

［7］袁晓川．政治秩序与行政效能：南京国民政府时期公文制度研究［D］．山东：山东大学，2016.

［8］袁韬壶．分类尺牍全书［M］．上海：群学社，1919.

［9］石苇编．小品文讲话［M］．上海：光明书局，1929.

［10］傅振伦，龙兆佛．公文档案管理法［M］．北京：档案出版社，1988.

从和《广韵》的比较看雪野方音的声韵特质*

摘要：本文以济南市莱芜区雪野镇雪野方音为探究主体，首先以高本汉中古《广韵》三十五声母为出发点，并与现代汉语普通话声母加以比较，发现雪野方音的声母特质，即有着现代汉语普通话所没有的声母 ng［ŋ］，普通话合口零声母 w［w］在雪野方音中读为 ʋ［ʋ］，与普通话所对应的声母相比，声母 n［ɲ］、z［tθ］、c［tθh］、s［θ］、zh［tʃ］、ch［tʃh］、sh［ʃ］、r［ð］发音时舌位更为低缓，发音更为平直，还存在尖团音合流及知庄章、精组的特殊合流现象；再从中古《广韵》十六摄二百零六韵入手，发现雪野方音中的韵母特质，即 e［ɣ］、o［o］、ie［iɛ］、ai［ai］、ei［ei］、ao［au］、iao［iɑu］、ia［iA］、uai［uai］、uan［uan］、en［ən］诸韵都存在变读现象，在《广韵》韵部中都有规律可循。

关键词：《广韵》；雪野；方音；声母；韵母

计算机时代"互联网＋"的发展日新月异，更为迫切地要求人们去寻觅语言的奥秘；另一方面，对传统文化不断追溯的寻根热情，也砥砺华夏后人通过文字典籍去积极探索先辈们世代积累的文化宝库。无论顺应科技日新月异，抑或溯源古典瑰宝，都不可忽视古代典籍。推演汉字发展脉络，是阅读古籍的首要一步，而汉字作为音形义的结合体，"音"的重要性可谓举足轻重。不同地区的方音有着不同的语音魅力，并在不同程度上反映了古音的遗留，是探究语音脉络的"活化石"。

自 20 世纪 20 年代起，现代汉语方言调查逐渐掀起热潮，经过方言学家们的几代研究，对山东方言的调查成果较为丰硕，如殷焕先先生主编的《山东省志·方言志》等。进一步具体到莱芜境内方言语音的一些专论，有吴建伟的

---

* 作者简介：王海燕（1997—），女，山东省济南市莱芜区人，2019 级汉语言文字学专业硕士研究生。

《莱芜方言中的儿尾音》，亓海峰的《莱芜孔家庄话声调的年龄差异及其变化》《莱芜方言儿化的特点与内部差异》《莱芜方言儿化音初探》等。相关硕士论文有浙江大学房婷婷的《莱芜方言语音研究》，河北大学赵爱芸的《山东莱芜方言语音调查研究》，均较为全面地概述了莱芜方言语音现象，也是我们重要的参阅资料。综观而言，研究莱芜方言的相关成果还是比较丰富的，但针对莱芜北部雪野方言的细致研究还没有。由于北部山区与外界交流甚少，更为完整地保留了当地方言的语音面貌，因此值得探究。本文首先从历时的角度对雪野方音进行研究，通过《广韵》三十五声母来比较雪野方音中的声母特点，推演雪野方音中声母的变化脉络，并通过与中古《广韵》十六摄二百零六韵的比较来探究雪野方音中韵母的音变情况。进一步从共时角度，将雪野方音与现代汉语普通话进行比较，并分析雪野方音今读中存在的特殊合流现象，以此发掘雪野方言语音特色，传承当地方音文化，以期进一步丰富莱芜方言的相关研究成果，更好地保存当地方言资料。

一、《广韵》三十五声母在雪野方音的今读

雪野系属山东省济南市莱芜区，为济南下辖乡镇，距济南46千米、莱芜20千米，北与济南接壤，东与淄博交界，西与泰安为邻，雪野方言属冀鲁官话聊泰小片。山东省地形特点整体呈中高周低状，莱芜位于其中部地形突起带，以山地为主体，境内多低山丘陵，地势南缓北陡，造就方音形成南、北两小片区，雪野镇正位于莱芜北部山区，不同于南部平原，雪野丘陵地形较为闭塞，与外界联系甚少，更为良好地保存其当地语音特色，具有更高的研究价值。现以高本汉构拟《广韵》三十五声母为纲，并以现代汉语普通话声母为参照对象，具体探究莱芜方音的声母今读现象。

（一）唇音声母

高本汉在中古三十六字母的基础上，立足《广韵》，构拟出三十五声母①，其结论得到学界广泛接受，这三十五声母中唇音声母是"帮滂并明"四个，重唇、轻唇不分，唐五代后轻、重唇开始分化，全浊声母消失。在雪野方音中表现为："帮滂并明"分化为"帮滂并明非敷奉微"，今读为 b [p]、p [pʰ]、m [m]、f [f]、υ [υ]，具体对应情况如下：

帮母，今读 b [p]，与普通话同，例字：搏、摆、布、碑。

---

① 张诒三. 汉语音韵学论纲 [M]. 北京：中国广播电视出版社，2004：128.

滂母，今读 p [pʰ]，与普通话同，例字：普、派、玻、品。

并母，古仄声今读 b [p]，与普通话同，例字：泊（入声）、拔（入声）、倍（上声）、办（去声）；古平声今读 p [pʰ]，与普通话同，例字：陪、菩、牌、旁。

明母，今读 m [m]，与普通话同，例字：马、漠、苗、馒。

非母，今读 f [f]，与普通话同，例字：法、肤、飞、否。

敷母，今读 f [f]，与普通话同，例字：符、肺、泛、访。

奉母，今读 f [f]，与普通话同，例字：乏、佛、芙、饭。

微母，今读 ʋ [ʋ]，发音时，上齿龈与下唇接触，舌面贴近软腭，对应普通话合口零声母 w [w]，例字：芜、外、薇、晚。

从唇音声母来看，中古帮母、滂母、明母、非母、敷母、奉母，在雪野方音声母系统中分别读 b [p]、p [pʰ]、m [m]、f [f]，与现代汉语普通话声母读音一致；中古并母在雪野方音中，古仄声读 b [p]，古平声读 p [pʰ]，与现代汉语普通话声母读音一致；中古微母，在雪野方音中读为 ʋ [ʋ]，对应现代汉语普通话合口零声母 w [w]。

（二）舌音声母

《广韵》三十五声母中唇音声母有"端透定泥来知彻澄"八个，在雪野方音今读为：d [t]、t [tʰ]、n [n]、ŋ [ŋ]、l [l]、zh [tʃ]、ch [tʃʰ]。具体对应情况如下：

端母，今读 d [t]，与普通话同，例字：答、德、多、肚。

透母，今读 t [tʰ]，与普通话同，例字：他、忒、妥、梯。

定母，古仄声今读 d [t]，与普通话同，例字：沓（入声）、达（入声）、夺（入声）、读（入声）①；古平声今读 t [tʰ]，与普通话同，例字：陀、题、徒、台。

泥母，在开口呼、合口呼这样的洪音韵母前，今读 n [n]，与普通话同，例字：拿、挪、奶、农；在齐齿呼、撮口呼这样的细音韵母前，今读 n [ŋ]，舌位低，发音时，舌尖抵住下齿背，例字：泥、娘、捏、女。

来母，今读 l [l]，与普通话同，例字：罗、路、老、朗。

知母，今读 zh [tʃ]，卷舌程度小，发音时，舌尖抵住下齿背，对应普通话声母 zh [tʂ]，例字：桌、猪、转、珍。

彻母，今读 ch [tʃʰ]，卷舌程度小，发音时，舌尖抵住下齿背，对应普通

---

① 丁声树，李荣. 古今字音对照手册 [M]. 北京：中华书局，1981：66.

话声母 ch［tʂʰ］，例字：戳、忕、琛、畅。

澄母，古仄声承知母，即今读 zh［tʃ］，例字：丈（上声）、杼（上声）、篆（上声）、鸩（去声）；古平声承彻母，即今读 ch［tʃʰ］，例字：除、椽、陈、肠。

从舌音声母来看，中古端母、透母、来母，读为 d［t］、t［tʰ］、l［l］，在雪野方音中的发音与现代汉语普通话声母发音一致；中古定母，古仄声今读 d［t］，古平声今读 t［tʰ］，在雪野方音中的发音与现代汉语普通话声母发音一致；中古泥母，雪野方音在洪音韵母前，读 n［n］，在细音韵母前，今读 n［ŋ］，在现代汉语普通话中均读 n［n］；中古知母、彻母，在雪野方音中发 zh［tʃ］、ch［tʃʰ］音，对应普通话声母 zh［tʂ］、ch［tʂʰ］；中古澄母，古仄声承知母，古平声承彻母。

（三）齿音声母

《广韵》三十五声母中齿音声母有"精清从心邪""庄初崇山""章昌船书禅日"三组十五个，在雪野方音今读为：z［tθ］、c［tθʰ］、s［θ］、j［tɕ］、q［tɕʰ］、x［ɕ］、zh［tʃ］、ch［tʃʰ］、sh［ʃ］、l［l］、r［ð］，具体对应情况如下：

精母，在洪音前，今读 z［tθ］，舌位较低，发音时，舌尖位于上齿与下齿之间的窄缝，对应普通话声母 z［ts］，例字：攒、早、钻、再；在细音前，今读 j［tɕ］，与普通话同，例字：津、挤、蒋、井。

清母，在洪音韵母前，今读 c［tθʰ］，舌位较低，对应普通话声母 c［tsʰ］，例字：粗、餐、草、苍；在细音韵母前，今读 q［tɕʰ］，与普通话同，例字：青、荃、秋、取。

从母，古仄声，在洪音前今读 z［tθ］，舌位较低，对应普通话声母 z［ts］，例字：在（上声）、奘（上声）、赠（去声）、皂（上声），在细音前今读 j［tɕ］，与普通话同，例字：绝（入声）、尽（上声）、匠（去声）、静（上声）；古平声在洪音前，今读 c［tθʰ］，舌位较低，对应普通话声母 c［tsʰ］，例字：才、存、曾、丛，在细音前今读 q［tɕʰ］，与普通话同，例字：秦、蔷、晴、泉。

心母，在洪音前，今读 s［θ］，舌位较低，发音时，舌尖位于上齿与下齿之间的窄缝，对应普通话声母 s［s］，例字：扫、艘、散、酸；在细音前，今读 x［ɕ］，与普通话同，例字：削、羞、鲜、宣。

邪母，古仄声，在洪音前今读 s［θ］，对应普通话声母 s［s］，例字：似（上声）、寺（去声）、俗（入声）、遂（去声），在细音前今读 x［ɕ］，与普通话同，例字：谢（去声）、席（入声）、续（入声）、袖（去声）；古平声在洪音前，之韵今读 c [tθʰ]，对应普通话声母 c [tsʰ]，例字：词、辞、祠，其他各韵读 s [θ]，例字：随（支韵）、隋（支韵）、遂（至韵）、隧（至韵），在细音前，尤韵今读 q [tɕʰ]，例字：囚、泅，其他各韵读 x [ɕ]，例字：斜（麻韵）、徐（鱼韵）、翔（阳韵）、涎（仙韵）①。

庄母，在复元音韵母、带鼻音韵母及部分单元音韵母 a 前，今读 zh [tʃ]，对应普通话声母 zh [tʂ]，例字：捉、抓、妆、眨；单元音韵母 a、e、i、u 前，今读 z [tθ]，对应普通话声母 z [ts]，例字：扎、责、淄、阻。

初母，部分读 ch [tʃʰ]，对应普通话声母 ch [tʂʰ]，例字：叉、础、钗、揣；部分读 c [tθʰ]，对应普通话声母 c [tsʰ]，例字：篡、册、测、策。

崇母，古平声侵韵读 c [tθʰ]，例字：岑、涔，其余各韵读 ch [tʃʰ]，例字：巢（肴韵）、锄（鱼韵）、雏（虞韵）、侪（皆韵）；古仄声止、至韵读 sh [ʃ]，对应普通话声母 sh [ʂ]，例字：士、仕、柿、事，其他各韵读 zh [tʃ]，例字：炸（洽韵）、镯（觉韵）、寨（夬韵）、助（御韵），另声母今读 s [θ] 的"俟"也归为崇母。

山部分读读 sh [ʃ]，对应普通话声母 sh [ʂ]，例字：沙、刷、师、晒；部分读 s [θ]，对应普通话声母 s [s]，例字：所、涩、瑟、谡。

章母，今读 zh [tʃ]，卷舌程度小，对应普通话声母 zh [tʂ]，例字：职、彰、蒸、战。

昌母，今读 ch [tʃʰ]，卷舌程度小，对应普通话声母 ch [tʂʰ]，例字：阐、唱、称、铳。

船母，古仄声今读 sh [ʃ]，对应普通话声母 sh [ʂ]，例字：实（入声）、食（入声）、示（去声）、赎（入声）；古平声今读 ch [tʃʰ] 或 sh [ʃ]，例字：唇、塍、神、蛇。

书母，今读 sh [ʃ]，卷舌程度小，对应普通话声母 sh [ʂ]，例字：摄、舒、陕、商。

禅母，今读 zh [tʃ]、ch [tʃʰ]、sh [ʃ]，例字：枼、常、佘。

日母，止摄开口今读 l [l]，对应普通话零声母，例字：二、儿、耳、尔，音读为 [lɚ]；假、臻、效、咸及部分山摄、深摄、宕摄读 r [ð]，咬舌音，舌位低，对应普通话声母 r [ʐ]，例字：惹、人、绕、染、热、任、让，其余各摄读 l [l]，例字：如（遇摄）、辱（通摄）、瑞（止摄）、荣（梗摄）。

---

① 郭锡良. 汉字古音手册 [M]. 北京：北京大学出版社，1986：208.

齿音声母在雪野方音中的表现较为复杂，与现代汉语普通话声母存在较大差异，舌位普遍较低、发音更为平直。并且要与中古韵摄相结合进行分析，才能总结出其中的各条规律。

（四）牙音声母

《广韵》三十五声母中牙音声母有"见溪群疑"四个，在雪野方音今读为：g［k］、k［kʰ］、j［tɕ］、q［tɕʰ］、ng［ŋ］、υ［ʋ］、r［ð］、n［n］，具体对应情况如下：

见母，在洪音韵母前，今读 g［k］，与普通话同，例字：哥、谷、更、高；在细音韵母前，今读 j［tɕ］，与普通话同，例字：家、锦、娇、军。

溪母，在洪音韵母前，今读 k［kʰ］，与普通话同，例字：康、口、看、肯；在细音韵母前，今读 q［tɕʰ］，与普通话同，例字：钦、倾、穹、牵。

群母，古仄声在洪音前今读 g［k］，与普通话同，例字：跪（上声）、柜（去声）、共（去声），在细音前今读 j［tɕ］，与普通话同，例字：倔（入声）、轿（去声）、旧（去声）、巨（上声）；古平声在洪音前今读 k［kʰ］，与普通话同，例字：逵馗匮狂，在细音前今读 q［tɕʰ］，与普通话同，例字：茄、芪、衢、球。

疑母，雪野方音要在普通话中开口呼零声母基础上加声母 ng［ŋ］，例字及音读：艾［ŋai⁵³］、鳌［ŋɑu⁵³］、岸［ŋan⁵³］、昂［ŋɑŋ³⁵］；普通话合口呼零声母雪野方音读 υ［ʋ］，对应普通话合口零声母 w［w］[1]，例字：望、玩、梧、外；齐齿呼零声母与普通话同，例字：雅、迎、吟、言；有一字读 r［ð］，咬舌音，舌位低，对应普通话声母 r［ʐ］，即"阮"字；部分读 n［n］，例字：牛、拟、倪、虐。

从牙音声母来看，中古见母、溪母、群母，在雪野方音中的发音与普通话一致；中古疑母，开口呼零声母，雪野方音要在前加声母 ng［ŋ］，普通话合口呼零声母雪野方音读 υ［ʋ］，对应普通话合口零声母 w［w］，齐齿呼零声母与普通话同，"阮"字读 r［ð］，对应普通话声母 r［ʐ］，还有部分读 n［n］。

（五）喉音声母

《广韵》三十五声母中牙音声母有"晓匣影馀"四个，在雪野方音今读为：h［x］、x［ɕ］、ng［ŋ］、y［j］、υ［ʋ］、r［ð］、j［tɕ］、q［tɕʰ］，具体对应情况如下：

晓母，在洪音韵母前，今读 h［x］，与普通话同，例字：海、欢、荤、好；

①　黄伯荣，廖序东. 现代汉语上册［M］. 北京：高等教育出版社，2014：32.

在细音韵母前，今读 x［ɕ］，与普通话同，例字：萱、训、休、戏。

匣母，在洪音韵母前，今读 h［x］，与普通话同，例字：桓、杭、晃、衡；在细音韵母前，今读 x［ɕ］，与普通话同，例字：玄、缓、项、现。

影母，雪野方音要在普通话开口呼零声母的基础上加声母 ng［ŋ］，例字及音读：爱［ŋai⁵³］、袄［ŋau³³⁴］、安［ŋan²¹⁴］、盎［ŋaŋ⁵³］；开口呼零声母前也要加声母 ng［ŋ］，例字及音读：碍［ŋai⁵³］、鳌［ŋau³⁵］、岸［ŋan⁵³］；普通话合口呼零声母今读 υ［ʋ］，对应普通话合口零声母 w［w］，例字：汪、弯、委、握；齐齿呼零声母 y［j］与普通话同，例字：鸭、愚、嫣、愠。

徐母，普通话合口呼零声母今读 υ［ʋ］，对应普通话合口零声母 w［w］，例字：王、卫、旺、维；齐齿呼零声母与普通话同，例字：以、云、页、鱼；读［ð］的，咬舌音，舌位低，对应普通话声母 r［ʐ］，例字：荣、融；读 j［tɕ］、q［tɕʰ］、x［ɕ］的，例字：捐、铅、熊。

从喉音声母来看，中古晓母、匣母在雪野方音中的发音与普通话一致；中古影母，雪野方音要在普通话开口呼零声母的基础上加声母 ng［ŋ］，开口呼零声母前也要加声母 ng［ŋ］，普通话合口呼零声母今读 υ［ʋ］，对应普通话合口零声母 w［w］；中古徐母，普通话合口呼零声母今读 υ［ʋ］，对应普通话合口零声母 w［w］，齐齿呼零声母与普通话同，读 r［ð］的，对应普通话声母 r［ʐ］。

二、雪野方音特殊声母现象

从历时角度分析，雪野方音中声母的今读，在尖团音，以及知庄章、精组声母的读音方面，有着自身的特殊性，可进一步细致分析。

（一）尖团音合流

例字：粽［tɕyŋ⁵³］子、知足［tɕy²¹⁴］、从［tɕʰyŋ³⁵］小道、皴［tɕʰyn²¹⁴］、松［ɕyŋ²¹⁴］木、风俗［ɕy³⁵］、损［ɕyn³⁵］害、竹笋［ɕyn³⁵］

在雪野方音中，"精清从心邪"组声母 z［tθ］、c［tθʰ］、s［θ］，拼开口洪音 ong［uŋ］、合口洪音 u［u］、uen［uən］，变为"见溪群""晓匣""心邪"组声母。j［tɕ］、q［tɕʰ］、x［ɕ］拼合口细音［y］、［yŋ］、［yn］，反映了雪野方音中的尖团合流现象。

（二）知庄章、精组合流

例字：淄［tʃi²¹⁴］博（庄母向知母或章母）、责［tʃei²¹⁴］任（庄母向知母或章母）、颜色［ʃei²¹⁴］（山母向书母或禅母）、场所［ʃuo³³⁴］（山母向书母）、撞［tʃʰuɑŋ⁵³］车（澄母向初母）、孝顺［tʃʰuən²¹⁴］（船母向昌母或彻母）、捯饬［tʃi²¹⁴］（彻母向知母或庄母）、挣揣［tʃuai²¹⁴］（彻母向知母或庄母）、钥匙［tʃʰi²¹⁴］（禅母向昌母或彻母）、伸［tʃʰən²¹⁴］手（书母向彻母）、深［tʃʰən²¹⁴］井（书母向彻母）、这［tθəŋ⁵³］么（章母向精母或从母）、咋着［tθɑu²¹⁴］（知母向精母）

淄［tʃi²¹⁴］博、责［tʃei²¹⁴］任、颜色［ʃei²¹⁴］、场所［ʃuo³³⁴］、撞［tʃʰuɑŋ⁵³］车、孝顺［tʃʰuən²¹⁴］、捯饬［tʃi²¹⁴］、挣揣［tʃuai²¹⁴］、钥匙［tʃʰi²¹⁴］、伸［tʃʰən²¹⁴］手、深［tʃʰən²¹⁴］井，是知庄章三组合流；这［tθəŋ⁵³］么、咋着［tθɑu²¹⁴］是章母、知母向精组合流的例字。以上例字体现了雪野方音中知庄章、精组的合流现象。

三、雪野方音韵母变读规律

（一）e［ɣ］韵的变读

在雪野方音中 e［ɣ］韵的变读较为复杂，有 uo［uo］、ei［ei］、a［a］三种情况，具体如下。

1. e［ɣ］变读为 uo［uo］

g［k］见母：二哥［kuo⁵⁵］（果摄开口一等歌韵）、各［kuo³⁵］人（宕摄开口一等铎韵）

k［kʰ］溪母：一棵［kʰuo⁵⁵］（果摄合口一等戈韵）、磕［kʰuo⁵⁵］头（咸摄开口一等盍韵）、干渴［kʰuo⁵⁵］（山摄开口一等曷韵）

h［x］匣母：茄盒［xuo³⁵］（咸摄开口一等合韵）、河［xuo³⁵］沟（果摄开口一等歌韵）、核［xuo³⁵］桃（梗摄开口二等麦韵）、恭贺［xuo⁵³］（果摄开口一等箇韵）

l［l］来母：快乐［luo³⁵］（宕摄开口一等铎韵）

上述例字注音为雪野方音今读注音，e［ɣ］变读为 uo［uo］的特殊现象，只在现代汉语舌根音 g［k］、k［kʰ］、h［x］及边音 l［l］后出现，对应中古见母、溪母、匣母、来母，开、合口一等都有，分布在果摄、宕摄、咸摄、山摄及梗摄。

2. e［ɣ］变读为 ei［ei］

d［t］端母：道德［tei⁵⁵］（曾摄开口一等德韵）

zh［tʃ］庄母：宽窄［tʃei⁵⁵］（梗摄开口二等陌韵）、责［tʃei⁵⁵］任（梗摄开口二等责韵）

ch［tʃʰ］初母：注册［tʃʰei⁵⁵］、政策［tʃʰei⁵⁵］（梗摄开口二等麦韵）

sh［ʃ］山母：颜色［ʃei⁵⁵］（曾摄开口三等职韵）

s［θ］心母：阻塞［θei⁵⁵］（曾摄开口一等德韵）

g［k］见母：格［kei⁵⁵］子（梗摄开口二等陌韵）、隔［kei⁵⁵］开（梗摄开口二等麦韵）

k［kʰ］溪母：来客［kʰei⁵⁵］（梗摄开口二等陌韵）、刻［kʰei⁵⁵］字（曾摄开口一等德韵）

雪野方音中，e［ɣ］韵变读为ei［ei］韵的情况较为常见，发生在现代汉语舌尖中音d［t］，舌尖后音zh［tʃ］、ch［tʃʰ］、sh［ʃ］，舌尖前音s［θ］，舌面后音g［k］、k［kʰ］，对应中古端母曾摄的"德"，庄母梗摄全部变读，山母、心母的曾摄全部变读，见母梗摄全部变读，溪母曾摄、梗摄变读。包含开口一至三等字都有，曾摄、梗摄变读。

此外，在雪野方音中，声母的今读也是有变化，因此声母音标也随之改动：庄母，在复元音韵母、带鼻音韵母及部分单元音韵母a前，今读zh［tʃ］，对应普通话声母zh［tʂ］，"窄、责"即是；初母，部分读ch［tʃʰ］，对应普通话声母ch［tʂʰ］，"册、策"即是；山部分读读sh［ʃ］，对应普通话声母sh［ʂ］，"色"即是；心母，在洪音前，今读s［θ］，舌位较低，发音时，舌尖位于上齿与下齿之间的窄缝，对应普通话声母s［s］，"塞"即是。

3. e［ɣ］变读为a［a］

g［k］见母：花蛤［ka³³⁴］（咸摄开口一等合韵）、割［ka⁵⁵］草（山摄开口一等曷韵）

k［kʰ］溪母：磕［kʰa⁵⁵］破皮（果摄合口一等果韵）

h［x］匣母：合［xa³⁵］上（咸摄开口一等合韵）

在雪野方音今读中，e［ɣ］韵变读为a［a］韵，出现在现代汉语舌根音声母g［k］、k［kʰ］、h［x］后，即中古见母、溪母、匣母的开、合口一等的咸摄、山摄、果摄。雪野方音的上声，不同于普通话的335，调值为334，"花蛤"的"蛤"即是。

（二）o［o］韵的变读

p［pʰ］帮母：压迫［pʰei⁵⁵］（梗摄开口二等陌韵）

m［m］明母：墨［mei⁵³］水（曾摄开口一等德韵）

现代汉语p［pʰ］、m［m］，即中古帮母、明母，在雪野方音中o［o］韵有变读为ei［ei］韵的情况，其中，帮母只在梗摄发生变化，其他韵摄概不发生变化，例如果摄的"波"、宕摄的"箔"、臻摄的"渤"、江摄的"驳"、梗摄的

"帛"等，仍读 o [o] 韵；明母只在曾摄发生变读，果摄的"磨"、宕摄的"膜"、臻摄的"殁"、遇摄的"谟"、梗摄的"陌"等，仍读 o [o] 韵。另外，雪野方音的去声，不同于普通话的 51，调值为 53，"墨水"的"墨"即是。

（三）ie [iɛ] 韵的变读

j [tɕ]、x [ɕ] 见母：台阶 [tɕiɛ⁵⁵]（蟹摄开口二等皆韵）、街 [tɕiɛ³³⁴] 上（蟹摄开口二等佳韵）、解 [tɕiɛ³³⁴] 开（蟹摄开口二等蟹韵）、介 [tɕiɛ⁵³] 意、界 [tɕiɛ³³⁴] 线、到届 [tɕiɛ⁵³]、戒 [tɕiɛ⁵³] 酒（蟹摄开口二等怪韵）、懈 [ɕiɛ⁵³] 怠（蟹摄开口二等卦韵）

x [ɕ] 匣母：机械 [ɕiɛ⁵³]（蟹摄开口二等怪韵）、穿鞋 [ɕiɛ³⁵]（蟹摄开口二等佳韵）、螃蟹 [ɕiɛ⁵⁵]（蟹摄开口二等蟹韵）

雪野方音中，ie [iɛ] 韵可变读为 iai [iai]，在现代汉语拼音方案里，[i] 与 [ai] 不能拼读。这一特殊音读现象，只出现在现代汉语 j [tɕ]、x [ɕ] 两个声母中，即中古见母及匣母的开口二等蟹摄，现代汉语 j [tɕ]、x [ɕ] 声母的其他韵摄仍读 ie [iɛ] 韵不变，例如：睫（精母叶摄）、劫（见母咸摄）、谢（邪母祃摄）、邪（邪母麻摄）。

（四）ai [ai] 韵的变读

b [p] 帮母、并母：掰 [pei⁵⁵] 开（帮母梗摄开口二等麦韵）、一百 [pei⁵⁵]、柏树 [pei⁵⁵]（帮母梗摄开口二等陌韵）、白 [pei³⁵] 色（并母梗摄开口二等陌韵）

p [pʰ] 滂母：拍 [pʰei⁵⁵] 照（梗摄开口二等陌韵）

m [m] 明母：小麦 [mei⁵³]、把脉 [mei⁵³]（梗摄开口二等麦韵）

zh [tʃ] 知母、庄母、澄母：摘 [tʃei⁵⁵] 花椒（知母梗摄开口二等麦韵）、窄 [tʃei⁵⁵] 路（庄母梗摄开口二等陌韵）、择 [tʃei³⁵] 菜、宅 [tʃei³⁵] 院、姓翟 [tʃei³⁵]（澄母梗摄开口二等陌韵）

ch [tʃʰ] 彻母：拆 [tʃʰei⁵⁵] 迁（彻母梗摄开口二等陌韵）

在雪野方音的今读中，ai [ai] 韵可变读为 ei [ei] 韵，发生变读的是现代汉语双唇音声母 b [p]、p [pʰ]、m [m]，及舌尖后音 zh [tʃ]、ch [tʃʰ]，对应中古帮母、并母、滂母、明母，知母、庄母、澄母、彻母，且韵母都是梗摄开口二等入声韵，其他韵摄不发生变读，例：摆（帮母蟹摄）、派（滂母蟹摄）、排（并母蟹摄）、买（明母蟹摄）、债（庄母蟹摄）、钗（初母蟹摄）等。

（五）ei [ei] 韵的变读

l [l] 来母：肋 [luei³³⁴] 骨（曾摄开口一等德韵）、流泪 [luei⁵³]（止摄

合口三等至韵）、雷［luei³⁵］雨（蟹摄合口一等灰韵）

中古来母，即现代汉语边音 l［l］，在与 ei［ei］韵相拼时，变读为 uei［uei］韵。来母 uei［uei］韵有曾摄、止摄、蟹摄，全部读为［luei］，在普通话拼音方案，边音不与 uei［uei］相拼，l［l］、uei［uei］拼是雪野方音的特殊现象。

（六）ao［ɑu］韵的变读

b［p］并母：薄［puo³⁵］衣裳（宕摄开口一等铎韵）

l［l］来母：烙［luo⁵⁵］饼（宕摄开口一等铎韵）

zh［tʃ］知母：睡着［tʃuo³⁵］了（宕摄开口三等药韵）

sh［ʃ］禅母：勺［ʃuo³⁵］子（宕摄开口三等药韵）、芍［ʃuo³⁵］药（宕摄开口三等药韵）

在现代汉语中对应声母为双唇音 b［p］，边音 l［l］，及舌尖后音 zh［tʃ］、sh［ʃ］。效摄 ao［ɑu］韵不变，例：抱（并母效摄）、老（来母效摄）、罩（知母效摄）、烧（书母效摄）、考（溪母效摄）。

（七）iao［iɑu］韵的变读

1. iao［iɑu］韵变读为 üe［yɛ］

j［tɕ］见母、从母：脚［tɕyɛ⁵⁵］丫（见母宕摄开口三等药韵）、细嚼［tɕyɛ³⁵］慢咽（从母宕摄开口三等药韵）

x［ɕ］心母：削［ɕyɛ⁵⁵］皮（宕摄开口三等药韵）

y［ч］影母、疑母、以母：约［чyɛ⁵⁵］称（影母宕摄开口三等药韵）、发疟［чyɛ⁵³］子（疑母宕摄开口三等药韵）、买药［чyɛ⁵³］、钥［чyɛ³³⁴］匙（以母宕摄开口三等药韵）

现代汉语 iao［iɑu］韵，在中古韵摄里，有宕摄、效摄，极个别是江摄，宕摄也都是开口三等入声韵，全部变读为 üe［yɛ］韵，对应现代汉语舌面前音声母 j［tɕ］、x［ɕ］和撮口呼零声母［ч］。效摄不变，仍读 iao［iɑu］韵，例：浇（见母效摄）、憔（从母效摄）、消（心母效摄）、腰（影母效摄）、舀（以母效摄）、尧（疑母效摄）、苗（明母效摄）。

2. iao［iɑu］韵变读为 ia［iA］

j［tɕ］见母：桌角［tɕiA⁵⁵］、饺饺［tɕiA³³⁴］（江摄开口二等觉韵）

现代汉语 iao［iɑu］韵，在中古见母只有一个江摄，在雪野方音中变读为 ia［iA］韵，"角、饺"即是。

（八）非典型韵母的变读

在雪野方音中，有些音韵的变读涉及的字只是小范围的个别字，并不典型，没有特别的规律，可称之为非典型音韵的变读，如 ia［iA］韵变读为 ai［ai］，uai［uai］韵变读为 üei［uei］，uan［uan］韵变读为 ang［aŋ］，en［ən］韵变读为 uen［uən］，具体如下：

1. ia［iA］韵变读为 ai［ai］

［j］疑母：悬崖［jiA³⁵］、无涯［jiA³⁵］（蟹摄开口二等佳韵）

疑母蟹摄"崖、涯"二字，对应普通话齐齿呼零声母，国际音标为 ya［jiA³⁵］，在雪野方音中读为［jai³⁵］，其他声母 a 韵无变读现象，疑母 a 韵除蟹摄变读外，还有假摄，是不变读的，例：牙（疑母假摄）、鸭（影母咸摄）。另，在现代汉语拼音方案里，y［j］与［ai］是不能拼读的，y［j］与［ai］拼读是雪野方音的特点之一。

2. uai［uai］韵变读为 üei［uei］

sh［ʃ］山母：衰［ʃuei⁵⁵］弱、摔［ʃuei⁵⁵］倒（止摄合口三等脂母平声）

现代汉语 uai［uai］韵，在中古韵摄多为蟹摄，少量止摄，其中止摄合口三等平声"衰、摔"在雪野方音变读为 üei［uei］韵。蟹摄及止摄其他声调不变，例：乖（见母蟹摄合口二等平声）、帅（山母止摄合口三等去声）。

3. uan［uan］韵变读为 ang［aŋ］

n［n］泥母：暖［naŋ²¹⁴］和（山摄合口一等）

现代汉语 uan［uan］韵，在雪野方音今读，对应中古只有泥母发生变读，其他声母的该韵没有变读，例：团（定母山摄）、篆（澄母山摄）。

4. en［ən］韵变读为 uen［uən］

n［n］泥母：嫩［luən⁵³］叶（臻摄合口一等恩声）

现代汉语 uen［uən］韵，在雪野方音今读，对应中古只有泥母发生变读，不仅韵变读为 uen［uən］，声母也读为边音 l［l］。中古除泥母，其他声母的 uen［uən］韵没有变读，例：珍（知母臻摄）、晨（禅母臻摄）、沈（书母深摄）。

结　语

雪野方音有着自身的特殊性，从声母来看，雪野方音的部分声母存在与现代汉语普通话对应声母发音不同的现象，即 υ［υ］、n［ŋ］、z［tθ］、c［tθʰ］、s［θ］、zh［tʃ］、ch［tʃʰ］、sh［ʃ］、r［ð］这些声母，与普通话所对应的声母相比，发音时舌位更为低缓，发音更为平直；雪野方音中还存在一个现代汉语普通话中没有的声母 ng［ŋ］，即中古疑母、影母的开口呼零声母，在发音前加声母 ng［ŋ］，整体音读的开口度更小一些。此外，雪野方音中存在尖团音合流、知庄章、精组的合流现象，具有音韵研究价值。

从韵母来看，雪野方音的韵母，存在许多与普通话不同的音读现象：e［ɤ］韵的变读，有 uo［uo］、ei［ei］、a［a］三种情况；o［o］韵变读为 ei［ei］韵；ie［iɛ］韵可变读为 iai［iai］；ai［ai］韵可变读为 ei［ei］韵；ei［ei］韵变读为 uei［uei］；ao［ɑu］韵变读为 uo［uo］韵；iao［iɑu］韵可变读为 üe［yɛ］、ia［iA］韵；ia［iA］韵变读为 ai［ai］；uai［uai］韵变读为 üei［uei］；uan［uan］韵变读为 ang［aŋ］；en［ən］韵变读为 uen［uən］。这些今读现象，从中古韵摄入手，都能考察到其中的变化规律。

方音最直接地反映地方文化，有着独特魅力，乡音是地缘最鲜明的特色，是当地文化极具地方特色之瑰宝。雪野地处丘陵，环境塑造人的性格，音亦如人，都体现了雪野居民朴素、传统的性格特点。研究雪野镇当地方音对挖掘雪野镇地域文化、传承其文化底蕴有着重要价值，此外，也为当地音韵学研究提供资料，为汉语方言学的相关研究提供参考，同时丰富了当地风俗文化及相关历史研究，展现了汉民族的不同语言文化、语音魅力。

参考文献

［1］张诒三. 汉语音韵学论纲［M］. 北京：中国广播电视出版社，2004.

［2］丁声树，李荣. 古今字音对照手册［M］. 北京：中华书局，1981.

［3］郭锡良. 汉字古音手册［M］. 北京：北京大学出版社，1986.

［4］黄伯荣，廖序东. 现代汉语上册［M］. 北京：高等教育出版社，2014.

［5］郭锡良. 古代汉语下册［M］. 北京：商务印书馆，2015.

［6］房婷婷. 山东莱芜方言语音调查［D］. 杭州：浙江大学，2010.

［7］赵爱芸. 山东莱芜方言语音调查研究［D］. 保定：河北大学，2016.

［8］吕晓玲. 莱芜方言词汇研究［D］. 济南：山东大学，2010.

［9］朱秀兰. 石家庄市区方言语音和古音的比较研究［J］. 石家庄学院学报，2005，7（4）：90 – 96.

［10］亓海峰. 莱芜孔家庄话轻音特点分析［J］. 南开语言学刊，2008（1）：22 – 31.

才性观点影响下的魏晋人物品藻及审美解读[*]

人物品藻主要是指对人物道德、才能、外貌、气度、精神、个性等方面的品评与鉴赏。"品藻"一词首见于《汉书·扬雄传下》，但人物品藻早在先秦儒家建构人格理想的过程中就已出现。春秋时期，孔子依据道德的高下来划分人的等级，这种方式规定了后世的人格模式，并与封建统治深刻地结合在一起。汉魏时期，人物品藻虽仍做道德高下判断，但是由于统治集团与儒家正统思想日渐崩塌，曹魏"才性"观点以其对个体才能的肯定，促进了"人的觉醒"，人物品藻亦由此逐渐摆脱了单一的道德标准，具有了审美属性，这一过程具体是怎样发生的，其中的合理性何在，正是本文着意解决的问题。

一、曹魏"才性"观点与《人物志》

黄巾起义之后，东汉政权落入风雨飘摇之境，传统儒学思想受到了极大的挑战，新价值观念的选择成为整个时代的命题。面对这一时局，曹操吸取经验，顺应时代要求，提出了"唯才是举"的用人观念，意欲任使众才，从而实现政权的建立与社会的安定。

"唯才是举"用人观念的提出自有其深刻的社会背景。东汉末年，宦官当道，选举失实，"孝廉"等举荐人才之名目逐渐沦为入仕工具。对此，钱穆先生曾一针见血地指出："人之道德，受德目之规定，从性讲成了行，渐渐昧失了道德之内在本原。"① 道德原本是对个体的内在所进行的约束，名目的规定与现实利益勾连在一起，形成了强大的外力，最终使得道德失其原初意义，钱穆先生所言深刻地揭示了汉末思想体系崩溃的内在机理。"唯才是举"思想指导下的人物品藻，其标准发生了巨大变化，并且超越了汉末人物品藻的具体实践，获得

---

* 作者简介：马晓彤（1993—），女，山东省泰安市人，2018 级文艺学专业硕士研究生。

① 钱穆. 略述刘劭《人物志》[M] //中国学术思想史论丛 3. 北京：生活·读书·新知三联书店，2009：58.

了理论的总结与提升，《人物志》就是在"唯才是举"思想指导下有关人物品藻理论方面的集大成之作，《人物志》虽是以现实政治因素为旨归的才性论研究，但从六朝美学的演进路线来看，正是《人物志》对才性问题的深入分析、持"才性"观点以横列①的品鉴方法以及由此所促成的"人的觉醒"，共同推动了六朝美学文艺领域的大繁荣。

"才性"一词最早见于《荀子·修身》中的"彼人之才性之相悬也，岂跛鳖之与六骥足哉？"② 这里，荀子是就人的才能而言的，"才性相悬"意指人的才能存在差异，正因差异存在，故而对才性的划分成为可能，这与刘劭论人根据才能差异划分为"三材"与"十二流业"在对"才性"的认识上是一致的。但在《人物志》中，"才性"包含了才能和情性两个方面。刘劭认为，决定人才本质的是情性，而情性问题又与刘劭的哲学观密切相关。在刘劭看来，人皆以"元一"为最原始的性质和状态，但阴阳二气之不同，决定了人性格的差异。这其中，只有"阴阳清和则中睿外明"的圣人才可以平衡阴阳，"能兼二美"（《人物志·九征》），普通人只能偏于阴、阳当中的一美，此阴阳二气赋受差异之说为接下来刘劭划分偏才提供了思想基础。就明阴阳之别所造成的性情差异，刘劭进而论及人的形体。在他看来，形体一方面是观察人才才能与资质的"窗口"，另一方面，形体又依金、木、水、火、土之五行得以成就，因此，借助"形体"可以观察到由五行赋受之不同来决定的人才的性质，想要了解人的性质，考察五种物质在人身上呈现的特征即可。此之谓"若量其材质，稽诸五物，五物之征亦各著于厥体矣。"（《人物志·九征》）又五行之气对应着仁、义、礼、智、信五种属性，因此，五行赋受之厚薄多寡致以道德素质表现有异，并且虽人情变化万端不可计数，但究其本原，皆不离五质。在此基础上，刘劭进而用形体上的"九征"沟通了外在之形与内在情性的关系，即通过观察神、精、筋、骨、气、色、仪、容、言之九种外在表现从而了解人的全部精神，概言之，九征正是了解人才性质的窗口，"人物的才性，其质内充，其精外彰，无论多么复杂的'质'，总是会通过各种途径显露于外。"③ 而这种对显露于外的特征的感知谓之"征"，此就人物品藻的具体方法——由外在表征以推论内在本质而言的。尽管汉代相术由外貌推之内在的五行之法时至刘劭尚存，但此处"征神见

① 可参看台湾师范大学国文研究所赖丽蓉的博士论文《魏晋"魏晋人物品藻研究"——创造性审美活动的完成》。
② （清）王先谦．荀子集解［M］．沈啸寰，王星贤，点校．北京：中华书局，1988：3．
③ 李建中．转型时期的才性理论——刘劭《人物志》研究［J］．苏州大学学报，1996（3）：56．

貌"(《人物志·九征》)的察人之法已显露出魏晋鉴人重神韵的痕迹。

在此基础上,刘劭按照九征是否完备,将人才划分为:九征皆至的兼德之人、以德为目的兼之人(不偏于一方面,而能有兼长者)以及以才自名的偏至之才。刘劭清醒地认识到,兼德之人毕竟是极少数,绝大多数都是"以才自名"的"偏至之才",如果能对这部分人进行深入研究并充分利用起来,势必能够在人才任用的过程中,发挥他们各自的长处,从而实现政权的建立。在《体别》中,刘劭对"偏至之才"进行了深入的分析。

首先,刘劭论"才性"之"性",着重突出了对性格、气质的认识与分析,这与曹魏之前所指的伦理道德之"性"有着根本差异。劳思光在《新编中国哲学史》之《魏晋玄学》中认为,"'才性'观念,原对'心性'而言"。"若以'人'之生理、心理等条件,作为探究中之课题,由此层面以论'人',则是将'人'作为一自然事实看",这可以说是"以'自然之性'为课题"① 的探究。刘劭《人物志》显然是以"自然之性"作为课题展开分析的。中国古代传统的性情说发展至汉末三国时期获得了认识上的突破,人们不再局限于用"善""恶"来对人物加以理解,刘劭的理论更是在前人的基础上,以气一元论和阴阳二气之说为基础,据五行赋受所形成的细微差异,对人才进行了详细的辨析。

其次,《体别》既出,人才性质的丰富性已横列目前,盖"体别"者,体性之差别是也。牟宗三先生说:"此体性实即体裁、体段、性格、格调之意,乃在明每人之'殊性'。"② 更为重要的是,刘劭论人已超越了前人品第高下的品藻方法,开始从"才性横列"的角度认识人才,抛弃了汉代鉴人所进行的高下判断,而是将人才性格与气质的多样性与独特性铺排开来,仅就它们加以罗列、分析、总结。这说明刘劭的《人物志》"不是分析式的,而是指点的品鉴的"③,"是直接就个体的生命人格,整全地、如其为人地品鉴之"④。

刘劭"才性横列"的品鉴思路不仅表现在对于人才性格特点的认识当中,《流业》第三所划分的十二种人才类型,正是基于不同之"性"见用于不同之政治领域,刘劭不仅看到了不同才能之人的优长所在,更是以辩证的视角论及以某种才能见长可能带来的短板,这就为统治集团任用人才提供了更加全面的审视。事实上,《人物志》之可贵远远超出为统治阶级选拔人才之用,从整个汉

---

① 劳思光. 新编中国哲学史 [M]. 桂林:广西师范大学出版社,2005:123-124.

② 牟宗三. 才性与玄理 [M]. 桂林:广西师范大学出版社,2006:48.

③ 赖丽蓉. 魏晋"魏晋人物品藻研究"——创造性审美活动的完成 [D]. 台北:台湾师范大学,1996.

④ 人物志 [M]. 梁满仓,译注. 北京:中华书局,2014:40.

魏六朝思想发展来看，《人物志》的诞生顺应了汉代以来"人的觉醒"之潮流。在汉末天人感应的神学理论与汉王朝政治大厦共同走向崩溃的过程中，迷惘中的士阶层一直着力寻找一种新的权威，来实现精神家园的重建，这种重建的侧重点开始向如何在现实社会中更好地生存、如何实现个体存在的价值、如何解释人的精神世界出现的种种现象以及如何对精神需求进行满足等方面转变，凡此种种努力，皆以"人的主题"为核心，是为"人的觉醒"。老庄思想以其对宇宙人生之根本以及人的精神世界之种种认识，契合了士大夫对义理统一性的追求，逐渐走向历史舞台的中央。《人物志》虽采刑名之法，然亦可见对老庄思想的吸收与转化，犹可注意者乃为刘劭以道解儒，在此之后，正始名士何晏、王弼援道入儒，"极力主张本末一体，体用如一，道儒相融"①，与《人物志》以道解儒的方法有着共通之处。"道本儒末"②的理论模式终使魏晋玄风大畅，接续了汉代经学的学术思潮。

　　李泽厚先生指出，政治性的人物品藻发生了两个方面的转变：一个是变成了对社会政治与人生价值的哲学探讨，由此产生了玄学；另一个则是由对个体才能的品评转向了对人物才情个性的品赏。③《人物志》所立足者为政治需要，然而其所探讨者乃为个体才性，前者发展为玄学之后，成为人物品藻的哲学基础，而刘劭对才性问题的探讨则一直延续下来。《世说新语》记载钟会撰《四本论》以讨论才性之同异离合，当时对才性问题的认识有四家之别，尽管其文已佚失，但对才性问题的热烈讨论确乎可以证明才性问题成为魏晋时期士人群体重点关注的问题之一。

　　因此我们认为，"人的觉醒"必然有关时事的波及与导向，但士人主体的主动探索的走向何在，亦为值得深究之一端。事实上，围绕"才性问题"展开的各种讨论恰好表明了时人对个体精神世界强烈的好奇。就现存的资料来看，尽管才性问题并未得到合理的解决，但士人阶层对个体精神世界的主动探索确乎越发地走向精致与个性，征之于时代风尚，是审美性人物品藻世界的蔚为大观，更是在文艺领域的蓬勃发展——"文的自觉"正是"人的觉醒"在文艺领域的反映，而就才性观点而言，"才性横列"的关键在于美感的展现，因此对文艺及

---

① 马良怀. 崩溃与重建中的困惑·魏晋风度研究［M］. 北京：中国社会科学出版社，1993：97.

② 马良怀. 崩溃与重建中的困惑·魏晋风度研究［M］. 北京：中国社会科学出版社，1993：94.

③ 李泽厚，刘纪纲. 中国美学史·魏晋南北朝编［M］. 合肥：安徽文艺出版社，1999：75.

书画的品评与人物品藻同为对美的认识。因此，才性观点诞生于"人的觉醒"之大潮，又力推"人的觉醒"走向更深处，二者互为因果，而我们需要加以申述的是，才性观点是如何进一步影响到魏晋时期"人的觉醒"和"文的自觉"的，人物品藻又是如何在这一时期演变为无功利的审美性品藻的。

二、两晋审美性人物品藻与《世说新语》

西晋王朝的建立充斥着血腥的屠戮和尔虞我诈，正始名士惨遭血洗。为调和人与社会之间的矛盾，所建构的"道本儒末"模式终究还是夭折于司马氏的屠刀之下。当时士阶层虽已在"人的觉醒"大潮中开始了对个体的探索，但他们仍以寻求治国方略为己任，因此在这一时期，名士更倾向于从老子哲学中挖掘思想资源。然而司马氏的虚伪与暴行最终令竹林名士放弃了对政权的幻想，更加深入地投入庄子哲学的怀抱中，他们掀起了一场更加激烈、更加决绝的斗争，这就是竹林名士高扬的"越名教而任自然"（《晋书·嵇康传》）。而庄子笔下形神兼备的"神人""至人"以其超凡脱俗的形象深刻地影响了竹林名士对理想人格的认识与追求——超越一切外在束缚，精神上怡然自适，心意自得，而他们的"逍遥之游"正是一种天人相融、自然而然、合乎"道"的无为之游，他排除了一切功利性的追逐，从而能够到达绝对自由之境，而这种无功利的人生追求与审美境界恰恰是高度契合的。因此，以庄子人生哲学为指导的魏晋士人，无不以审美的眼光来审视生活的方方面面，及之魏晋时期的人物品藻，更是深刻地体现出这种无功利的价值追求。

我们认为，《人物志》之所以能够被视为系统的品鉴理论，盖其至少满足如下三个条件：（1）具备特定伦理思想影响下的品藻标准；（2）有适应于品藻内容和标准的品藻方法；（3）研究采取何种方式表达品鉴结果。兹就此三个方面来论述《人物志》"才性品鉴"对两晋审美性人物品藻的影响。

（一）品鉴标准

前文已经述及，人物品藻的价值标准往往会受到时代伦理价值观念的影响。放眼魏晋时期的人物品藻，庄子哲学无疑深刻地影响了这一时期品藻的价值观念——放弃功利之用，将获得心灵之安顿视作最重要的人生追求。人的形貌、性格、气质等作为人之为人的"自然之性"，正是自我心灵世界的核心内容，也正是立足于世最应该被体认、被尊重的一面。因此，两晋时期对"才性"的认识，经历了从政治才干向"自然之性"的转变。也就是说，才性论中真实确切地作为人本身特征的形貌、性格、气质等，获得了前所未有的关注和研究，而这些内容多指人最为原始的本能与自然状态，与后天所受道德教化并无关联。施以政治军事之用的政治才干也逐渐让位于能够表现个人风度气质与修养的文才、谈论等内容，它们偏重于个人的精神富足，是为充实个人的内在生命，"具纯欣赏之目的性"①，并且这种欣赏全由个人气质与喜好决定。

　　王衍认为闾丘冲、满奋、郝隆三人均为"高才"（《世说新语·品藻》），又认为闾丘冲高于另外二人，其原因或可在于："冲清平有鉴识，博学有文义。""操持文案，必引经诰，饰以文采，未尝有滞。性尤通达，不矜不假。好音乐，……淡然肆其心志。"② 在这里，王衍对闾丘冲的评价是一种出自个人喜好的认识，尽管满奋、郝隆的通达之名已显扬于世，但是王衍仍能以不同于世俗的眼光以视之。闾丘冲良好的文艺修养和通达的精神气质所体现出的"虚贵"，正是王衍给出"冲最先达"③ 的理由。

　　就"性"一端而言，诚如王晓毅先生所言，魏晋人在对人物个性进行表述时，往往以"个别"为"一般"，因此，魏晋人对"性"的认识涵容着精神世界的诸多方面，这就将"人的觉醒"推向了更加广阔的境地。"就魏晋的'人物品藻'而言，无论是着眼于德行或着眼于生命风采，俱是以审美的态度为之，不同的只是'美'的标准是什么而已。"④ 试看诸例："夷甫性矜峻，少为同志所推。"⑤ "性简贵。高自标置。"（《晋书·刘惔传》）"涛雅素恢达，度量弘远。"⑥ 或矜峻（王衍），或简贵（刘惔），或弘远（山涛），概言之，所谓人物之"性"的魅力所在，并非仅就任诞放达而言，"即使具儒家之操守德行，只要有清介超逸之品格亦可称之。"⑦ 这一时期，以雅正笃实为底色的儒家道德标准仍是人物品藻的重要参照，但两晋具有审美性质的人物品藻较之于先前的"专门之学"或政治才干品鉴而言所显现出的进步性，在于并不探讨是否可做治国致仕之用，对魏晋人来说，"相对于'功用'的是'无用'，'无用'不是没有

---

① 方碧玉．魏晋人物品评风尚探究［M］．新北：花木兰文化出版社，2010：72.

② （南朝宋）刘义庆．世说新语笺疏［M］．（南朝梁）刘孝标，注．余嘉锡，笺疏．北京：中华书局，2011：446.

③ （南朝宋）刘义庆．世说新语笺疏［M］．（南朝梁）刘孝标，注．余嘉锡，笺疏．北京：中华书局，2011：446.

④ 赖丽蓉．"魏晋人物品藻研究"——创造性审美活动的完成［D］．台北：台湾师范大学，1996.

⑤ （南朝宋）刘义庆．世说新语笺疏［M］．（南朝梁）刘孝标，注．余嘉锡，笺疏．北京：中华书局，2011：451.

⑥ （南朝宋）刘义庆．世说新语笺疏［M］．（南朝梁）刘孝标，注．余嘉锡，笺疏．北京：中华书局，2011：451.

⑦ 方碧玉．魏晋人物品评风尚探究［M］．新北：花木兰文化出版社，2010：70.

用，而是不去计较'用'的问题"①。也就是说，当时人物品藻摆脱了原来儒家伦理人格所严格依据的道德准则，充分尊重每个人的个性独特性，甚至认为如果失去了这种独特性，反倒失去人格魅力之所在，故人物品藻的美感由此而出。

（二）品鉴方法

刘劭的《人物志》能够成为魏晋时期人物品藻的巨大推进之一，还在于对"神鉴"之法的运用。刘劭明言人的精神是鉴人的关键所在，"能知精神，则穷理尽性"（《人物志·九征》）；而人表征于外的种种声音、容貌、表情，皆由内心变化而来，"征神见貌，则情发于目"（《人物志·九征》）。《人物志》彻底摆脱了汉代鉴人的骨相之术，把了解人物的内心与精神当作人物品鉴的最高法则。刘劭将庄子的"形神"观转移进入人物品藻之域，将"形神"问题从先秦诸子的哲学探讨演变为美学、艺术领域的重要课题之一。概言之，正是魏晋人物品藻这一具有现实与实用意义的环节，使得庄子的"形神"观由原来的形上思考向美学领域走去。

与刘劭"由形征神"的品鉴之法相似，葛洪也提出了"瞻形得神"② 的说法，可见，这已成为晋人品藻普遍流行的一种观念。《世说新语》记载名士题目高坐良久而未得，终以"精神渊箸"（《世说新语·赏誉》）超出同辈而获得一致认同，可见高坐以饱有精神而见称。此之谓"汉代相人以筋骨，魏晋识鉴在神明"③。尤其需要注意的是，刘劭引先秦"形神"问题入人物品藻，实则对"形神"做了内涵的转换，先秦时期对精神与肉体关系的一般性讨论至此演变为人的外形与内在精神的关系，而内在精神正是才性论中的性格与精神气质等内容。正是由于"神"在魏晋哲学思潮中的优越性，以及在人物品藻中方法论的建立，"神"这一审美意识逐渐在魏晋时期形成并成熟起来，刘强认为伴随着"人的觉醒"，包括"形""神""性""情"在内的概念"在人物识鉴与品藻中反复出现，交织成一张魏晋人物美学的本体论之网"④。研究魏晋时期乃至中国传统美学的审美意识，人物美学必然是作为重要源头而存在的，而魏晋人物美学的研究，必然是以"神"及对神的种种认识来展开的。

而就品鉴方法来说，另一关键之处在于由《人物志》所确立的"才性横

---

① 赖丽蓉．"魏晋人物品藻研究"——创造性审美活动的完成［D］．台北：台湾师范大学，1996．

② 杨明照．抱朴子外篇校笺［M］．北京：中华书局，1991：512．

③ 汤用彤．魏晋玄学论稿［M］．上海：上海古籍出版社，2019：35．

④ 刘强．《世说》学引论［D］．上海：复旦大学，2004．

列"之法。事实上，"才性横列"实则可与神鉴观互相沟通，二者的相通之处在于"不可力为"①。这种思维方式将人的才性视为不可强分高下、自成一格的独特存在，每个人皆有其不同于其他个体的才性风貌。诚如张蓓蓓所言："故《人物志》虽言才有兼偏，对于偏才则平等视之，并不强分高下，亦能分辨各才的长短宜适。魏晋品藻人物，颇重主观直感，早已不谈材质分数多寡兼偏，然而基本观念并无改变，故仍然不谈高下，而好论才性出入短长。"②

《世说新语·赏誉》收录品藻记录一百五十七条，就"赏誉"题名而言，亦可见本门多对品藻对象持赞赏态度，能够从多个侧面全方位地发现人物美感，不以某种既定的规范将人物强行塞入某一格套来做是非高下之断，"才性横列"之法对人物个性气质的差异之尊重若此，人物品藻的美感借此法而走向丰富。

（三）品鉴语言

《人物志》所搭建的"才性横列"之法，为魏晋六朝之人发现独具一格的人的美感提供了思维进路，整部《世说新语》，无疑就是对诸多"人物风格"及其各个面向所进行的形容、描摹、赞叹、欣赏，而魏晋人物品藻区别于汉末清议的主要特点，在于前者倾向于"欣赏"而后者是为"评论"，这说明当时的人物品藻已经能够以审美的态度发现、尊重、欣赏各种不同的美，人物品藻终于从理性客观走向了感性直观。既是要对人格世界加以形容、描摹、赞叹、欣赏，必然需要丰富多样的品藻语言来表现，魏晋时人在这一点上展现出极强的创造力，而这种创造力同样与功利一途毫无关涉。对品藻用语的用心经营所体现的，正是一种并不计较是否有用的审美趣味，站在审美的立场看人，本就是人的觉醒的深刻表现，进而出之以审美的表现形式品人，方能称之为审美性的人物品藻。

张蓓蓓云："其时的品鉴颇能分辨各人的品类文质，分朱辨紫，斟酌极为用心；摹短描长，用语极其鲜明简要；人物质性才品，在此种精密的权衡形容下遂焕然大彰。"③ 前文所举"时人欲题目高坐"一则，据刘孝标注可见，名士对于题目人物显示出极强的用心，力求用最恰当的语言表现人物最突出的风姿神貌，比如，"王眉子清通简畅"（《世说新语·赏誉》）（阮思旷）、"骨气不及右军，简秀不如真长，韶润不如仲祖，思致不如渊源，而兼有诸人之美"（《世说新语·赏誉》），"清""通""简""秀""润"，皆是对人物风神的描摹，而这

---

① 杨明照. 抱朴子外篇校笺 [M]. 北京：中华书局，1991：512.
② 张蓓蓓. 汉晋人物品鉴研究 [M]. 新北：花木兰文化出版社，2010：171.
③ 张蓓蓓. 汉晋人物品鉴研究 [M]. 新北：花木兰文化出版社，2010：174.

种描摹精致却难以称量，只可虚状而不易掌握，"凭空形容，不涉实际，涵容恍惚"①，用语字数极为俭省，仅就人物风韵加以"只可意会"的涵括，呈现出鲜明的直觉论的特点。但这种直觉论并非不可捉摸，他们是时人在接受与传播过程中不断发生的"一拍即合"与"二度创作"②，依赖于时代背景下的近似的语言系统，有着极强的合理性。正是基于这种出乎直觉而又为听者所广泛接受的形容、欣赏，人物品藻在传播过程中不断打开了时人更加广阔的想象和联想空间，他们对"清""通""简""秀""润"等语词的运用愈发走向了精深之域，这表明当时对人物之美的认识已到达极致，这也反映了时人对美的认识的丰富性和多样性，这与他们品藻标准的开放性和包容性是相通的。以"清"为例，就包含着道德品行、精神气质、才能学识等诸多方面，出现了清贞、清远、清操、清静、清简、清令、清便、清蔚、清新、清雅、清约、清素、清冲、清通等品藻用语，可以说"清"成为魏晋时期最具代表性的审美价值取向。

"以文学技巧从事人物品评，其影响还只是形式的，以诗美观从事人物品评，其影响就是本质性的。"③ 诚如前文所述，魏晋时期的人物品藻之所以具备了审美属性，正是因为时人品藻恰是将人物本身视作审美客体，其旨趣集中地落在美感经验的呈现上，能够以"诗美观"的态度以视之。而文学、书画等文艺形式所呈现的，正是个体心灵的种种面向，那些在人物品藻中被时人形容、描摹、赞叹、欣赏之处，亦成为文艺领域中美感的集中呈现，是以文学艺术与人物品藻在鉴赏观点或审美意念上共通的，品人与品文，自是媒介不同而旨趣一统的两种活动。赖丽蓉指出："传统文化视'人'之存在，为价值的存在，从而奠定了此后文学、艺术的评价，尽管有其媒材范畴内的特殊技巧上的要求，而最终的评价总要指向生命境界的层次，唯有'生命境界'的创造开发才是价值之所在。正由于这样的文化根源，决定了'风格'的批评走向，也缘此'风格'的批评形态使得品评人物、文艺、书画在媒材的限制之外，有其相当一致的美感旨趣——追寻足以为'典型'的生命'风格'或'意境'。"④

"清""通""简""秀""润"均指向了某种"典型"的生命"风格"或"意境"，因此，它们不仅成为人物品藻所使用的评语，更是在逐渐渗入文艺领

---

① 张蓓蓓. 汉晋人物品鉴研究［M］. 新北：花木兰文化出版社，2010：173.

② 王荣鑫. 汉魏六朝人物品鉴研究［D］. 济南：山东大学，2015.

③ 赖丽蓉."魏晋人物品藻研究"——创造性审美活动的完成［D］. 台北：台湾师范大学，1996.

④ 赖丽蓉."魏晋人物品藻研究"——创造性审美活动的完成［D］. 台北：台湾师范大学，1996.

域的过程中，成为一系列成熟的审美范畴，深刻地影响了中国古代美学风格论的蓬勃发展。

人物品藻自古有之，而审美性人物品藻盛极于魏晋时期并非偶然。曹魏"唯才是举"的推行一方面适应了时代的变化，《人物志》的出现又为"人的觉醒"指明了新的方向——个体的才性而非道德，才是个体存在的意义。人们开始将目光转向个体的能力与才干，而在恐怖动乱的年代里，一腔热血又遇冷，生命转而向精神的最深处发起坚韧的探索，士人群体在时代洪流的裹挟下，对自由与超越的追寻正体现了人之为人的价值所在。他们在黑暗中化苦痛为创造，在老庄哲学的启发之下，探索出全新的人格理想，人物品藻由此走向审美之域，文艺亦由此而蔚为大观。魏晋人物品藻对"人"的重视所体现出的人文关怀，对于时下如何面对个人的生存状态，如何建构个人的精神世界，如何实践理想的人格典范，或可提供借鉴的思路。

参考文献

[1]（清）王先谦. 荀子集解［M］. 沈啸寰，王星贤，点校. 北京：中华书局，1988：3.

[2] 杨明照. 抱朴子外篇校笺［M］. 北京：中华书局，1991：512.

[3] 马良怀. 崩溃与重建中的困惑·魏晋风度研究［M］. 北京：中国社会科学出版社，1993：94.

[4] 李建中. 转型时期的才性理论——刘劭《人物志》研究［J］. 苏州大学学报，1996（3）：56.

[5] 赖丽蓉. 魏晋"魏晋人物品藻研究"——创造性审美活动的完成［D］. 台北：台湾师范大学，1996.

[6] 李泽厚，刘纪纲. 中国美学史·魏晋南北朝编［M］. 合肥：安徽文艺出版社，1999：75.

[7] 刘强.《世说》学引论［D］. 上海：复旦大学，2004.

[8] 劳思光. 新编中国哲学史［M］. 桂林：广西师范大学出版社，2005：123－124.

[9] 牟宗三. 才性与玄理［M］. 桂林：广西师范大学出版社，2006：48.

[10] 钱穆. 略述刘劭《人物志》［M］//中国学术思想史论丛3. 北京：生活·读书·新知三联书店，2009：58.

[11] 方碧玉. 魏晋人物品评风尚探究［M］. 新北：花木兰文化出版社，2010：72.

［12］张蓓蓓．汉晋人物品鉴研究［M］．新北：花木兰文化出版社，
2010：171.

［13］（南朝宋）刘义庆．世说新语笺疏［M］．（南朝梁）刘孝标，注．
余嘉锡，笺疏．北京：中华书局，2011：446.

［14］人物志［M］．梁满仓，译注．北京：中华书局，2014：40.

［15］王荣鑫．汉魏六朝人物品鉴研究［D］．济南：山东大学，2015.

［16］汤用彤．魏晋玄学论稿［M］．上海：上海古籍出版社，2019：35.

多重镜像映射下的女性理想建构[*]
——从镜像理论解读电影《春潮》

　　2020 年 5 月于网络公映的电影《春潮》聚焦于原生家庭，讲述了祖孙三代女性在沉默、隐忍、对抗中逐渐失衡，又走向和解的故事。电影开篇以灰绿色为主色调，渲染了压抑的氛围。导演用足够平实的镜头挖掘出隐匿在家庭深处的误解和冲突，展现在观众眼前的不仅有原生家庭的创伤，还有女性自身的成长困境。主人公郭建波作为报社的新闻主编，看过太多世间冷暖，她把理智和沉默带入工作，也带进家庭，用冷漠来对抗母亲那足以令人崩溃的控制欲，把为数不多的温情留给自己未婚先孕生下来的小女儿；母亲纪明岚对外和善热心，却把数十年来所受的委屈和创伤化为冷酷至极的怨怼，尽数倾洒在家人面前，将这个原本就失衡的家庭变为溢满硝烟的战场；小女儿郭宛婷从小目睹姥姥与母亲之间的暗涌，敏感而早慧的她选择用"小大人"式的面具伪装自我，以求安宁。影片实际讲述了女性确证自我、并找寻自我的过程，展现了多重镜像映射下女性理想的建构过程。郭建波与母亲纪明岚的冲突是电影的主题，她们之间的矛盾看似不可调和，却又在母亲纪明岚"失语"之后回归平静。影片最后，涌动的春潮带领着郭宛婷奔向远方，寓意女性对自由和理想自我的追寻，这样的结局带着对美好未来的期盼，却也不免带有乌托邦式的色彩。文章试以镜像理论为出发点，对祖孙三代女性的成长叙事进行分析解读，并指出父亲这一"缺席的在场者"对于叙事推动的重要作用，明晰多重镜像映射下女性的成长困境，和影片结局中女性寻求真实自我认同的虚幻性。

一、镜像下的双重误识：从"他者"到"理想自我"
　　镜像理论最初由法国的精神分析学家雅克·拉康（Jacques Lacan）提出，

---

* 周林（1996—），女，山东省潍坊市人，2018 级文艺学方向硕士研究生。

其认定刚出生的婴儿没有自我，或者说无法确证自我的存在，自我是在其成长过程中逐渐被感知、被建构起来的。从镜像理论来看电影《春潮》，不难发现所谓的剧情不过是作为主体的郭建波和一面镜子之间的故事，她与母亲、女儿，甚至是从未在场的父亲之间是一种多重镜像关系，其在成长中逐步直面和治愈原生家庭所带来的创伤，确证和追寻着镜像中的理想自我。

拉康发觉镜子作为映射主体影像的客观外物对 6 至 18 个月的婴儿有独特的作用力，婴儿在照镜子的过程中经历迷茫与自我认同，这一过程实际包含着镜像阶段的"双重误识"。一方面，主体会将镜像中的影像误认为另一生命体——"他者"，这种误认实际上是理想化的投射。在这一阶段，婴儿会不自觉地靠近"他者"，产生迷恋和崇拜，又会在"他者"威胁到自身利益时充满斗争性。郭建波与母亲在个性上极为相像，而在面对家庭权力纷争与郭宛婷时又剑拔弩张，这在一定程度上是镜中"他者"与自我之间对立统一关系的彰显。第二重误认发生在婴儿指认镜像为自我的时刻，他把虚幻的影像与现实混淆，将镜中理想化的影像体认为是自我，但所谓的自我只是虚幻影像下的自欺，"在这一过程中，自我的认同总是借助于他者，自我是在与他者的关系中被建构的，自我即他者"①，人对理想自我的追寻也因此带有虚幻性与悲剧性。《春潮》中郭建波与母亲纪明岚的和解也是与自己的和解，她对女儿郭宛婷的关爱实际上是在治愈自己童年所受的创伤。影片最后的指向是光明的，一汪春水奔向的是希望和未来，郭建波和郭宛婷也似乎找到了自我的方向。但不容忽视的是，这一切的美好都是以母亲纪明岚的中风失语为前提，影片将矛盾冲突聚集在一个人的身上，很难对问题做出现实性的解决。因此影片中女性主体的幸福结局显得十分突兀，女性理想自我的建构过程也带有非现实性的虚幻色彩。

拉康的镜像理论实际上就是婴儿对"他者"和"自我"的指认过程，这个过程不是简单地从 A 到 B，而是 A 交于 B。不论是对自我和他者的迷恋，还是对他者的攻击，其实都展现了婴儿对虚拟幻象的欲望指向，其目的是为了获得他人与外界的认同。《春潮》中郭建波与母亲和小女儿之间其实就是一种镜像关系，这一关系甚至延伸至"缺席的在场者"——父亲的身上，其所展现的多元镜像映射下的主体，其实是虚幻映射下的理想自我。

---

① ［日］福原泰平. 拉康镜像阶段［M］. 王小峰，李濯凡，译. 石家庄：河北教育出版社，2002：43 - 45.

二、双重映射下对"他者"的依从和攻击

在镜像阶段之初，婴儿无法指认镜像中的存在，在模糊的感知中沉迷于影像，并将这种影像认同为具有生命意识的其他人，即"他者"。为了得到外界的认同，婴儿所采取的策略是向理想的"他者"靠拢，并在这一过程中逐渐认清自我的存在。对影片《春潮》中的郭建波而言，这一理想的他者在双重镜像映射下主要指向两个个体，一个是雷厉风行的母亲纪明岚，一个是在记忆中留存、却在现实中缺席的父亲。

（一）理想"他者"的显现

"拉康认为，自我的建构是和'他者'密不可分、息息相关的。"[①] 他者的存在，或者说是想象中幻象的存在，极易让婴儿产生比对心理，他不自觉地靠向镜中理想化的他者，通过模仿和依从他者以获得外界的认同。在这一过程中，其主体意识逐步建立。这种自我与他者的参照比对，最能体现在父母与儿女的关系上。人们之所以生儿育女，在一定程度上是希望儿女带着自己的生命印象继续生存在这个世界上，在有限的生命中追求"长生"。儿女是父母生命的延续，更是父母的影子和映像，父母也是儿女最初的崇拜和模仿对象。

影片中郭建波曾明确表述过幼年的自己渴望母亲的拥抱，这种渴望实际出自女儿对母亲的认同。纪明岚个性自强，在外受众人拥护，在内又是家庭中的主宰，因此郭建波眼中的母亲最初是完美而理想化的。在认同心理和家庭培育的共同作用下，郭建波不自觉地向母亲靠拢，同样对外刚强自立，以事业为重，她和母亲就像是镜像中互映的存在，如此相像。母亲就是女儿眼中理想的"他者"，是其所依赖、依附的对象，目的是获得外界的承认和认同，即"像母亲一样得到他人的承认"。郭建波眼中的父亲更是一种理想化的投射。影片摒弃了传统的男性成长主题，着重表现三代女性的家庭生活和成长过程，但在这一成长叙事中，父亲并非缺席，而是一直隐匿在电影文本中，更对女性成长叙事的推动有着重要作用。诚如电影符号理论家麦茨（Metz）所言："要理解一部影片，我必须把被摄对象作为'缺席'来理解，把它的照片作为'在场'来理解，把这种'缺席的在场'作为意义来理解。"[②]《春潮》中的父亲就是作为"缺席的在场者"而存在，更作为郭建波眼中的理想"他者"，贯穿于其成长历程的始终。这个早逝的男人给郭建波的童年留下了诸多温情的回忆：父亲会带她去动

---

① 邓瑶. 从拉康的镜像理论解读电影《追风筝的人》[J]. 电影文学，2014（20）：122.

② 胡克. 当代电影理论文选 [M]. 北京：北京广播学院出版社，2000：99.

物园看长颈鹿，会精心制作玩具给她，更会骑着单车带她看遍整座小城的风景。在冷酷的岁月中，这样的记忆暖彻心扉。镜中的父亲几近完美，也是郭建波理想的投射，她渴望成为这样的人，对父亲产生极强的认同感，因此无论母亲如何贬低父亲，她总以冰冷的沉默回击，这是对父亲的守护，或者说是对镜中理想他者的维护。

（二）作为竞争对手的"他者"

婴儿将镜像中的自我影像误认为"他者"，这就意味着"他者"是不受自身控制的对象。一方面其对镜中的存在产生迷恋和依从心理；另一方面又与他者陷入一种竞争关系中，害怕人们认同他者而忽略自己。在这一过程中，婴儿不免产生迷茫感和恐惧感，于是他开始仇视镜像中的人，也就对他者产生了攻击性和侵略性。

《春潮》中的父亲因早逝而难以介入实在的母女关系，毕竟"到了母、父、子三边关系阶段，'父亲'这个角色才开始具有了重要意义，父亲强行插入母子二元关系中，将母亲夺走，宣布母子二元关系的结束"①。影片中的父亲并没有达到这一关系层，因此在郭建波心中仍停留在理想他者的阶段。这种竞争关系主要体现在郭建波与母亲纪明岚之间，她们之间的矛盾冲突逐渐放大，转变为家庭主导权，或者说是对小女儿郭宛婷支配权的争夺。郭建波渴望得到女儿的认可，母亲纪明岚却成为最大的阻碍。纪明岚作为家庭中的权威主体，渴望掌握一切权力，包括孙女的亲附感。在郭建波看来，她已越过姥姥的身份，与自己争夺做母亲的权利，因此不可避免地对其产生攻击性。与母亲的强势手段不同，郭建波给予女儿的是足够的温情，但这种温情在某种程度上也是她博取女儿认同的手段，并不能治愈其缺失了女儿童年陪伴的创伤。郭建波爱女儿，但也把郭宛婷当作一个筹码来与母亲抗争，女儿的认同在这场漫长的家庭战役中至关重要，因此，在姥姥向宛婷说出"妈妈最初想把你打掉"这一残酷的事实时，郭建波打破沉默的面具，陷入了彻底的崩溃。母女间的矛盾在逼仄的家庭空间中凸显，郭建波对母亲的怨恨也彰显到极致。

三、"自我"指证下的和解与成长

婴儿在对他者的依从、迷恋和竞争中逐渐成熟，然而当其想要进一步确证他者的存在，却只能触碰冰冷的镜面，这种实在的接触促使其在迷茫与疑惑中

---

① 郝波. 拉康镜像说对电影理论的影响研究［D］. 沈阳：辽宁大学，2015：56.

逐渐认出自我，并形成自我意识，由理想化向社会化转变。

（一）与母亲/自我的和解

郭建波与母亲以敌对的姿态在一起生活了近四十年，她厌恶母亲的虚伪与强势，厌恶她将本该和谐的家庭变为硝烟弥漫的战场，这对母女间的暗潮波涛汹涌，却也最终停留在纪明岚中风倒下的那一刻。彼时的母亲安静如婴儿，喧嚣和争吵也戛然而止。郭建波站在玻璃窗前用漫长的独白细数母亲的"罪过"，从她对自己童年爱的缺席，到对父亲的"污蔑"。窗外是车水马龙和浓浓的夜色，窗上映出了母子二人的影像。这是电影对镜像最为直接的表述。郭建波面对窗户上映出的母亲侧颜的同时，也直面了满目疮痍的自己，她对母亲的指摘又何尝不是对自己的控诉？一个是离异带女，一个是未婚产女，她们共同缺席了自己女儿的童年，都习惯在外人面前套上坚硬的铠甲，却把真实而冷酷的自己暴露在彼此面前……母女二人的成长历程竟是如此相似。影片中郭建波默默拥抱病床上的母亲，实际上也意味着她以母亲的身份拥抱了曾经的自己。在这一刻，郭建波与母亲纪明岚的影像悄然重叠，镜中的"他者"变为"自我"的指征，二者终于和解，或者说，郭建波终于与自己和解，失衡的家庭就此回归平衡，尽管这一切都是以母亲纪明岚的"被迫沉默"为前提。

婴儿在经历镜像阶段之后逐步意识到镜像中的存在是"我"，但并不是"实在的我"，而是"虚幻的我"。这种意识的出现是婴儿摆脱对镜中"他者"和虚拟"自我"的迷恋，实现人格独立的开始。郭建波与母亲的和解，喻示着与自己的和解。纪明岚的沉默消解了权力中心话语，失却了镜像中的参照物，郭建波开始将目光移向镜像之外的现实，她开始释放心底的善意和温柔，去拥抱自己向往的爱情，而不是像过去一样，把肉体上的放纵当作打破母亲期望的报复，其开始由"理想我"到"社会我"的转变，不再与镜像中虚拟的存在做比对，而是专注于现实中社会性自我的建构。

（二）对女儿的替代性关爱

对自我的指认伴随着迷茫与不知所措，婴儿可以明确指出镜像中的自我，却又对冰冷的镜像充满疑惑和恐惧。当其明晰镜像中虚假幻象的存在，其自我意识也逐渐明朗，注意力由此转移，不再过分关注镜像中的"自我"，而是跳出镜像，去追求和建构现实中的自我，这也是婴儿成长中必经的过程。

父母与儿女间的关系是镜像关系的最好体现。郭建波在与母亲和解的过程中指认了自我，在对郭宛婷的补偿中实现了自我满足，也在女儿的目光中看到了自己本真的样子。女儿对于郭建波而言是除了父母之外的第三面镜子，她聪慧而敏感，在郭建波心中是完美的代指，更是岁月中为数不多的温情慰藉。在这里，宛婷实际上成为郭建波镜像中的理想自我。当纪明岚烧掉了父亲留下的回忆，愤怒而无奈的郭建波失去了情感寄托，便开始有意寻找替代者。她开始弥补宛婷，用父亲曾经对待自己的方式去表达爱的关怀：带她去自己幼时去过的动物园，将残破的自行车修好，带着自己的女儿逛遍这个小城市。在这温情画面之下有着更为深刻的寓意。宛婷被郭建波指认为幼时的自己，她对女儿温情的补偿实际上是满足了自我对于父爱甚至母爱的替代性幻想，其对女儿的深情凝视实际上是带有欲望的自我投射。诚如戴锦华所说，"在精神分析的视野中，忘我的他恋，同时也是强烈的自恋"。① 与其说郭建波爱自己的女儿，不如说是她沉迷于这样深爱着女儿的自己，甚至把女儿当作自我的代指，以此治愈自己童年的创伤。这也可以解释为何郭建波缺失了女儿童年的陪伴，却又在父亲遗物被烧之后选择带着女儿体味过往。她只想找一个替代者，以此证明那段温情岁月的存在。

如果说镜像中的纪明岚映射出的是郭建波成年后的自强与冷漠，郭宛婷的存在让郭建波认清了自己成长中的模样。但郭建波也意识到女儿郭宛婷是独立的个体，而非自己的影子，她不能像纪明岚一样去极力控制女儿的人生。因此她尊重女儿的意愿，即便发现她有意逃课也并不过分指责。当宛婷依偎在自己身边熟睡的时候，郭建波真切感受到来自女儿（他人）的认同感，也得到了强烈的满足感。在这种温情之中，她也学会敞开心扉，放下对母亲和原生家庭的仇恨，更多地照顾自我的感受，学会去爱别人，也去爱真正的自己。

四、镜外之镜：理想化结局与女性的成长困境

在拉康的镜像理论中，人类主体所一直找寻的自我实际是幻影，人在识别自我、认同自我、明晰自我与现实分界的过程中成长，却也在虚构和现实的边缘苦苦挣扎。但在《春潮》中，女性主体并没有囿于镜像，而是向前迈了一步。郭建波在成长过程中开始将目光移向镜像之外，有意识地进行理想自我的建构，这一进步性也折射在女儿郭宛婷的身上。这是个人成长的意义所在，也是《春潮》中关于女性理想建构的亮点。但影片并没有细致探讨，而是将所有的矛盾点落于纪明岚身上。原有权力主体的崩塌成为女性走出困境的前提，父亲成为救赎者的存在，且为了表明女性成长的光明性，着意塑造了一个理想化的结局。观影者由此陷入"镜外之镜"，银幕只是展现了一个没有被触及根本问题的故

---

① 戴锦华. 电影批评 [M]. 北京：北京大学出版社，2004：165.

事，结局也只是一种幻想，女性成长的困境犹在。

（一）寻找真实自我的理想化结局

在纪明岚沉默后，郭建波与其达成了和解，自由地追求爱情，展露女性的柔软与爱意，其跨越了镜像的限制，有追求自我的实在意义。女儿郭宛婷则被赋予更深的寓意。影片最后，宛婷脚下所踩的一汪春水所奔赴的似乎是自由的未来，她带着英子离开喧嚣的学校走过繁华的城市，跟着水流踏入一片湖水之中，抛却演讲比赛的束缚和原生家庭中的一切，跟随自己的内心前行。宛婷脚下的湖面也是一面镜子，当其归于平静，映射出的是宛婷纯真的笑脸，这喻示着她找到了真正的自我，不必作为姥姥和母亲的掌控对象而存在。母女间的和解让涌动的春潮归于自由、归于自然，这无疑是女性寻求自我出路的最美好的结局。纪明岚的"沉默"成为美好结局的保障，也正应了郭建波对母亲的那句话："你安静了，世界就安静了。"但实际上镜像所带来的迷茫、现实与虚构之间模糊的边界仍旧存在，没有被触及根本的问题仍困扰着影片中的角色，更困扰着银幕镜像之外的观看者。

观众从一开始进入影院，就已经做好了心理预设：我要观看一个故事，一个虚构的故事。在观看这个故事过程中，观众就产生了一种审美愉悦，这种"美感是通过感觉器官对客观对象的认识，而这种认识又恰恰是自己的认识，即人在客观对象上看到人自身，看到了人的情感或生活，于是产生审美的愉悦"①。此时，影院中的观众陷入了"镜外之镜"，银幕上的影像即为镜像中的"他者"。在观看过程中，观众从郭建波的身上看到了自己，感受到原生家庭和非常规的母女关系所带来的窒息感，在感同身受之中，眼前的他者转变为"自我"的映射。"电影和电影院成功地让观众混淆了真与假、我与他的状态，满足着观众的自恋与恋物，以及窥视欲，最终让观众在心理上认同'镜中人'（银幕上的人物），这便是电影的追梦机制。"② 人们渴望影片有一个美好的结局，就像是对理想自我的迷恋一样，郭建波与郭宛婷对自我的指证和对自我意义的追寻，在一定程度上治愈了他们在现实中所受的创伤。但这种治愈仅是一种假象，当影院的灯光亮起，幕布缓缓升起，人们又无可避免地回归到现实。影片所没有阐释清楚的，也是生活中尚未解决的问题，并让人在理想的幻象与现实之间摇摆不定。影片结局注定是虚构的幻影，不论是荧幕之上还是荧幕之外，关于女性的成长问题都没有得到确切地解决。

---

① 王朝闻. 美学概论［M］. 北京：人民出版社，1985：69.

② 常斐. 麦茨镜像理论下的《快乐王子》［J］. 电影文学，2019（16）：143.

（二）无处不在的"父亲"

"镜像可以理解为一种隐喻，如母亲的目光，父亲的权威，与朋友、社会的交往和接触，他人对'我'的认可和评价，以及语言中的'我'，无形中对自我塑造起到不可忽视的作用。"[1] 在电影《春潮》中，父亲是镜像中理想化他者的存在，对父亲的追忆和怀念成为女主人公成长叙事中必不可少的一部分。

《春潮》建构了一个"无父之家"，以一个"无父之女"的视角讲述了三代女性之间的矛盾冲突和成长故事。在这个过程中，父亲从未出场，却又时时在场，可以说是他推动着故事的发展和主人公心境的转变。郭建波将镜中的父亲看作理想的他者，并在父亲逝去的岁月中苦苦守护与他的回忆，从这一层面上来说，父亲从未缺席女儿的成长，或者说郭建波是在父亲的凝视中成长的。对于郭建波和母亲之间的矛盾冲突而言，父亲又是加剧矛盾的催化剂。纪明岚诉说着丈夫的流氓行径，把对人生和生活的愤懑如数倾倒在这个死去的男人身上，郭建波则以对母亲的冷漠和不屑维护着这个记忆中足够温情的男人。家庭是极具权力意味的生活空间，家庭权力中心的表征是母亲纪明岚，她是苦痛岁月中对女儿和外孙女施加权力压制的加害者，自然而然成为被攻击和厌恶的对象，父亲则是"本应得势却失权"的悲戚代表，又给予女儿以灵魂上的救赎，因而足以被人怀念。只有通过抗击母亲，才能抚慰失权的父亲，迎来父亲的回归。在某种程度上，父亲成为打破家庭权力话语的必要人物。郭建波的父亲在影片意义上是"缺席的在场者"，现实形象的缺失则由"代父"形象来填补，爱慕纪明岚的老周即为这一形象的体现者。代父形象一改传统男性存在的强势姿态，其权威色彩被抹去，替换为恋人和亲人的角色，以柔和的面貌"侵入"这个"无父之家"。因为这种看似无害的存在，使母亲纪明岚免于担心被其侵占家庭主权，由此对他态度缓和，郭建波也因为老周照顾了女儿和母亲，对他表示了足够的尊重。在电影中，老周的存在并非可有可无，他是纪明岚渴望拥有的"正常"的丈夫，也在一定程度上满足了郭建波和女儿郭宛婷对于父亲的需要。

《春潮》聚焦于女性成长，聚焦于家庭议题，打破传统男性主体论述的同时，也在一定程度上引起观众的共鸣。这是因为它映射了现实，但这种现实实际上是一种镜像体验，"每一种混淆现实和想象的情况都能构成镜像体验，作为文化象征的电影，正是以转换的方式沟通观影者与社会的联系"[2]。而在潜意识

---

① 李芬. 他者对楚门自我的塑造——从拉康的镜像理论看《楚门的世界》[J]. 中南财经政法大学研究生学报，2009（4）：103.

② 李恒基，杨远婴. 外国电影理论文选 [M]. 上海：上海文艺出版社，1995：11.

层面，是让母亲填补了"父法"的空缺，彰显父亲对女儿的救赎，借此来为父亲主体身份的回归张本。由此在女性的成长命题中，父亲成为不可缺少的存在。

（三）进退维谷的女性困境

诚如前述所言，《春潮》的结局带有理想化的色彩，母亲纪明岚的中风入院意味着镜像空间的打破，郭建波转向镜像之外寻找自我，郭宛婷的存在更被喻示为希望，母女二人身上的主色调由灰绿色变为暖黄色，象征着圆满和自由。但事实上女性的成长过程并非如此平坦，她们在与镜像存在的比对中认清自我，所谓的理想自我不过是虚幻的影像，"这不是一个自我意识面对另一个自我意识，一个实体的主人对另一个实体的奴隶的征服，而是幻象与空无的映射关系对'我'的奴役"①，无论是郭建波还是纪明岚在电影现实中的困境并没有从根本上发生改变。

相对于父亲，母亲纪明岚是一个显在的"在场的缺席者"，她缺席了女儿的童年，将强势与控制当作束缚女儿和外孙女的绳索，更把家庭变为权力争夺的战场。作为社会活动中的主导者和家庭中的主权人，纪明岚无疑是成功的，但她的成功是以伪装男性、实现女性话语主体的缺席为代价。纪明岚是社区中的顶梁柱，是话剧演出的指挥者，其在社交圈子里的角色是干练而充满决断力的，这一形象与传统印象中成功的男性代表别无二致。但当面对老周的追求，她蓦然意识到自己的女性身份，其身上的红色披肩是其承认这一身份的表征。在老周面前，一向刚强自立的纪明岚流露出了自己脆弱、敏感与渴求幸福的一面，却在即将获得幸福婚姻时中风入院。纪明岚的结局其实也是一种隐喻："女人事业与生活（或更为直接地说是合法的婚姻）注定无从两全，并将其呈现为所谓事业/幸福彼此对立的女性的二难处境。"② 作为郭建波的镜像映射，纪明岚的处境实际上也是郭建波所面临的问题。在工作上，领导将郭建波的婚姻爱情和公司利益相捆绑，不论她事业上再怎么出色，在领导眼中女人的天职还是结婚生子，她更是取得利益的筹码。当她退居家庭，所收获的也只是一地鸡毛。无论是郭建波还是纪明岚，同为女性的她们在现实中的处境十分尴尬。由此，她们开始寻求外界的拯救，郭建波沉迷于父亲留下的美好回忆，纪明岚开始偏向老周来获取一个女性"应有的"幸福。诚如戴锦华所说："在影片文本中，他人对女性的拯救没有降临、也不会降临。然而，或许女性真正的自我拯救便存在

---

① 张一兵. 不可能存在之真——拉康哲学映像 ［M］. 北京：商务印书馆，2006：123.
② 戴锦华. 电影批评 ［M］. 北京：北京大学出版社，2004：255.

于撕破历史话语，呈现真实的女性记忆的过程之中。"①

五、结语

在多重镜像映射之下，影片中女性自我的建构与他者的存在相伴相生，对他者的依从和攻击，与对镜像中理想自我的指认是找寻真实自我、实现个体社会化的前提。但影片中的女性主体对自我的追寻满溢着理想化的色彩：矛盾主体的"失语"成为化解一切冲突的缘由，结局中春潮所奔涌的未来带有虚幻性和理想性。除此之外，隐藏在电影文本表象之下的是母亲填补了"父法"的空缺，父亲成为女性成长历程中的必备见证人与守护者，女性两难的生存处境只是被展现而没有做出冲破束缚的尝试。但《春潮》所揭示出的原生家庭的矛盾和女性的成长图景是现实而深刻的，郭建波沉默的反抗也暗示女性抗争意识的回归。不同于拉康镜像理论所言明的人所追寻自我的虚幻性与悲剧性，《春潮》有意识地将目光移向镜像之外，寻求女性理想建构的社会性意义，更强调了女性作为独立个体的存在价值，在一定程度上冲破了家庭的束缚。作为女性导演对于女性成长刻画的一次尝试，其虽有不足，却也足以引起观众的共鸣，更对此后的女性电影创作具有独特的借鉴意义。

参考文献：

[1] [日] 福原泰平. 拉康镜像阶段 [M]. 王小峰，李濯凡，译. 石家庄：河北教育出版社，2002：43-45.

[2] 邓瑶. 从拉康的镜像理论解读电影《追风筝的人》 [J]. 电影文学，2014 (20)：122.

[3] 胡克. 当代电影理论文选 [M]. 北京：北京广播学院出版社，2000：99.

[4] 郝波. 拉康镜像说对电影理论的影响研究 [D]. 沈阳：辽宁大学，2015：56.

[5] 戴锦华. 电影批评 [M]. 北京：北京大学出版社，2004：165，225，266.

[6] 王朝闻. 美学概论 [M]. 北京：人民出版社，1985：69.

[7] 常斐. 麦茨镜像理论下的《快乐王子》[J]. 电影文学，2019 (16)：143.

---

① 戴锦华. 电影批评 [M]. 北京：北京大学出版社，2004：266.

［8］李芬. 他者对楚门自我的塑造——从拉康的镜像理论看《楚门的世界》［J］. 中南财经政法大学研究生学报，2009（4）：103.

［9］李恒基，杨远婴. 外国电影理论文选［M］. 上海：上海文艺出版社，1995：11.

［10］张一兵. 不可能存在之真——拉康哲学映像［M］. 北京：商务印书馆，2006：123.

邺下文人集团文艺思想略论[*]

建安九年（公元 204 年），曹操战败袁尚，攻克邺城。此后曹氏父子便以邺城为中心，不断巩固其政治、经济、军事实力，直到建安二十五年（公元 220 年）曹操薨逝，曹丕代汉自立并定都洛阳，前后凡十七年。在曹操的经营之下，邺城的规模、人口迅速扩大，社会生产力与经济发展也得到空前的提升，成为三国时期的"五都"之一。社会的稳定、经济的繁荣，也让邺城很快成为文学的兴盛之地。加之曹操本人对于文学的好尚，以及曹操诸子设置官属广延文学之士等因素，以王粲、刘桢等为代表的一大批文学家，通过不同的途径，先后投靠曹操，汇聚于邺城，形成了中国文学史上声势极其浩大、影响非常深远的文人团体——邺下文人集团。梁钟嵘在《诗品序》中这样形容邺下文人集团的盛况："降及建安，曹公父子笃好斯文，平原兄弟郁为文栋，刘桢、王粲为其羽翼。次有攀龙托凤，自致于属车者，盖将百计。彬彬之盛，大备于时矣。"

"邺下文学集团是在北方基本平定的社会环境下形成的，这原本不是为文学创作而建立的，但这种组织为文学创作提供了极大的方便，在实际上担当了文学组织的功能"①，集团内部通过宴游赋诗、命题创作、同题唱和、相互品评、诗文编辑整理等形式多样的活动，有力地促进了建安文学"彬彬之盛"局面的形成。建安时期，文学创作以曹操父子为主导，以邺下文人如"建安七子"、杨修、吴质、蔡琰等为羽翼。与此相类，文学批评方面亦是以曹操父子，尤其是曹丕、曹植兄弟为核心。人们在回顾建安文学批评时，首先想到的是曹丕的《典论·论文》、曹植的《与杨德祖书》，当然这两篇文论也确实代表了建安文学批评的最高水平。但"一花独放不是春，百花齐放春满园"，建安文学批评的繁荣同样离不开邺下文人的鼎力相助。王粲的《荆州文学记官志》、阮瑀、应场同题的《文质论》、杨修的《答临淄侯笺》、徐干的《中论》等也都是建安文学

　＊　作者简介：赵忠富（1982—），男，河南商丘人，2019 级文艺学博士研究生。
　①　胡大雷．中古文学集团［M］．桂林：广西师范大学出版社，1996：51.

批评的重要成果，另外在魏晋南北朝的史乘以及挚虞的《文章流别论》、刘勰的《文心雕龙》等著作中，也有邺下文人数量可观的文论观点。而这些在以往的文学批评史中，处于阙如或者陪衬状态的文论篇章和论文的片言只语，同样蕴含着丰富的、新颖的见解，值得我们认真发掘、整理。

一、文学功能论

邺下文人对于文学地位与功能的认识，既有对先秦文学教化功能与"立言不朽"观念的继承，也有对文学审美娱乐功能的创新提倡。与曹操父子对于文学的重视相类似，邺下文人也多能看到文学在个体修养与社会教化方面的重要作用。王粲即认为"夫文学也者，人伦之首，大教之本也"，它对于个体品格的养成，"犹金之销炉，水之从器"，具有重要的陶冶与镕范作用，"是以圣人实之于文，铸之于学"。而对于社会治理，文学又可起到"上知所以临下，下知所以事上，官不失守，民听无悖，然后太阶平焉"的作用，使上下各从所宜、官民各司其守，整个社会秩序井然（《荆州文学记官志》）。应玚说"至乎应天顺民，拨乱夷世，摛藻奋权，赫奕丕烈，纪禅协律，礼仪焕别，览坟丘于皇代，建不刊之洪制，显宣尼之典教，探微言之所弊。若乃和氏之明璧，轻彀之袿裳，必将游玩于左右，振饰于宫房"，他认为文学上可应天、下可顺民，可"拨乱夷世""建不刊之洪制，显宣尼之典教"，具有无可比拟的重要意义（《文质论》）。在《答临淄侯笺》中，杨修更是提出文章写作具有可与"经国之大美"的事功相提并论的崇高价值。是文作于建安二十一年（公元216年），此时曹丕的《典论》尚未写出，杨修的观点极有可能对曹丕"经国之大业"说的提出产生过直接影响。

除了提升个人修养、促进社会秩序持续向好的功用之外，邺下文人还非常重视文学"千载英声"与润色鸿业的功能。建安时期连绵的兵燹与疾疫，使整个社会弥漫着一种忧生之嗟，加之儒家传统"三不朽"理念的影响，邺下文人非常看重文学"立言不朽"之功能。杨修曾指出文学创作可以"铭功景钟，书名竹帛"，为作家博得"千载之英声"（《答临淄侯笺》），后来曹丕的"不朽之盛世"说就受到了此种观点的启发。而属官的身份又使邺下文人很难抛却现实荣利，全心投入文章著述的千载之功。吴质在《答魏太子笺》中，表达了对司马相如"称疾避事，以著述为务"的向往，认为建安时人能够达到此境界的只有"轻官忽禄，不耽世荣"（《三国志·徐干传》裴松之注引《先贤行状》语）、"颐志保真，淡泊无为"（阙名《中论序》）的徐干。吴质的言外之意就是说建安文人大多具有强烈的现世功名念想，当然这也是符合当时实际情况的，从他写给曹丕、曹植兄弟的信笺中因职位卑微而有意无意流露出的怨望之情，可以看出吴质本人就怀有很强的功名之心。这样一来，如何兼顾文章著述的千载之功与功名荣利的现世之功，就成为邺下文人不得不思考的一个问题，最终他们发现汉大赋"润色鸿业"的创作传统可以很好地解决兼顾的问题。于是，歌颂曹氏父子的功勋业绩便成了邺下文人创作的一个重要主题，与汉大赋作家的情况相似，邺下文人"润色鸿业"之作也并不完全是出于违心的虚美逢迎。像陈琳的《神武赋》、应玚的《撰征赋》、王粲的《初征赋》、徐干的《序征赋》、阮瑀的《纪征赋》等对曹操武功的颂扬基本上都是作家真情实感的流露。虽然对于文学"润色鸿业"的功能，邺下文人并未做出明确的理论概括，但通过他们的文学作品还是可以清晰地感受到这种创作倾向。

对于文学艺术的审美娱乐功能，先秦诸子大都坚决持否定态度。老子有"五色令人目盲，五音令人耳聋，五味令人口爽"（《道德经》第十二章）的观点，孔子有"郑声淫"评价（《论语·卫灵公》），墨子更是有"非乐"的主张。孟子虽然曾肯定齐宣王"好世俗之乐"的审美趣味，但其最终目的是说服齐宣王"与民同乐"，并非真的提倡以娱乐为特色的"世俗之乐"。从孟子"今之乐犹古之乐"的论断中，可以看出在他的心目中最高的艺术典范还是典雅、中和的古乐（《孟子·梁惠王章句下》）。两汉时期的辞赋，虽然其"辩丽可喜"（《汉书·王褒传》）的审美特征逐渐为人们所认可，但政治上的美刺还是它的首要目的。到了建安时期，尤其是邺下文人这里，情况就大不相同了，文学的交际、娱乐功能受到了空前的重视，虽然邺下文人并未对此进行理论上的标举。但通过他们的创作就可以清晰地感受到他们的好尚。游览、田猎、宴饮、娱戏、咏物、赠答等题材的诗歌辞赋大量涌现，即是这种文学审美趋向的显著标志。文学集团的存在，使当时的创作形式多为众人同题唱和或同咏一事、一物，在集体创作中作家不仅切磋了诗文技艺，而且沟通了情感，极大地促进了彼此间的友谊。"良友招我游，高会宴中闱"（陈琳《宴会诗》）、"合坐同所乐，但诉杯行迟……今日不极欢，含情欲待谁"（王粲《公宴诗》）、"永日行游戏，欢乐犹未央。遗思在玄夜，相与复翱翔"（刘桢《公宴诗》），在这些欢快的吟唱中，几乎看不到任何训诫、教化的色彩，此时文学创作仅仅是文人之间一种娱乐的手段。关于邺下文人作品的娱乐功能，批评家刘勰已经有了清晰的认识，《文心雕龙·时序》说他们"傲雅觞豆之前，雍容衽席之上，洒笔以成酣歌，和墨以借谈笑"，《文心雕龙·明诗》认为他们的作品以"怜风月，狎池苑，述恩荣，叙酣宴"为重点内容，所强调的就是他们诗歌的交际娱乐功能。

二、创作主体论

在作家论方面，邺下文人明显表现出先天禀赋与后天积累并重的倾向。首先他们强调文学上的天赋异禀是一个作家成功的重要因素。杨修即认为曹植的文学水平之所以"含王超陈，度越数子"，直令"观者骇视而拭目，听者倾首而竦耳"，最重要的因素就是曹植与生俱来的禀赋，"非夫体通性达，受之自然，其孰能至于此乎"（《答临淄侯笺》）。陈琳评价曹植时说"譬犹飞兔流星，超山越海，龙骥所不敢追，况于驽马可得齐足！夫听《白雪》之音，观《绿水》之节，然后《东野》《巴人》，蚩鄙益著"，认为曹植的文学才能卓尔不群、远超众类，并指出曹植的"高世之才""乃天然异禀，非钻仰者所庶几也"，同样非常重视文学创作的先天因素（《答东阿王笺》）。邺下文人对于文学创作先天禀赋的重视，较为突出地表现在他们对于"作家之气""作品之气"的标举。陈琳在《答张纮书》中说"自仆在河北，与天下隔，此间率少于文章，易为雄伯，故使仆受此过差之谭，非其实也。今景兴在此，足下与子布在彼，所谓小巫见大巫，神气尽矣"；刘桢评价孔融说"孔氏卓卓，信含异气，笔墨之性，殆不可胜"（《文心雕龙·风骨》）；《中论序》作者评价徐干也说他"含元休清明之气，持造化英哲之性"。这些见解与观点想必也会对曹丕"文气说"的提出起到一定的启示作用①。邺下文人不仅有重气的理论主张，更有慷慨任气的创作实践。孔融除被刘桢评为"信含异气"外，还被曹丕评为"体气高妙"，刘桢被曹丕评为"有逸气"，王粲被沈约评为"以气质为体"（《宋书·谢灵运传》），这些都是很好的例证。刘勰对于建安文学"志深而笔长，梗概而多气"的评价，可谓一语中的，高度概括了建安文人，尤其是邺下文人为文重气的创作自觉。

邺下文人强调文学创作的天才，但并未走向唯天才论的极端，他们也同样重视后天积累。杨修在指出曹植超拔之才"受之自然"的同时，也充分肯定了他"兼览传记"的阅读积累为文学创作所带来的丰富给养。吴质评价曹丕说"伏惟所天，优游典籍之场，休息篇章之囿，发言抗论，穷理尽微，摛藻下笔，鸾龙之文奋矣。虽年齐萧王，才实百之"，指出曹丕的作品如鸾龙奋彩，其文才胜于光武帝刘秀百倍。至于曹丕文学才能的养成，吴质认为这主要是得益于学

---

① 陈琳《答张纮书》据郁贤皓先生考证，当作于建安六年，见《建安七子诗笺注》（巴蜀书社，1990 年版，第 329 页）。刘桢死于建安二十二年的大瘟疫，其评价孔融的话至迟在是年。《中论序》由其内容来看，当作于徐干死后不久，而徐干亦死于建安二十二年的大瘟疫，所以《中论序》创作时间大致在建安二十二年二十三年间。这些均早于曹丕《典论》的创作时间。

习积累，所谓"优游典籍之场，休息篇章之囿"者是也（《答魏太子笺》）。

对于文学创作上的"积学储宝"，邺下文人不仅在理论上积极倡导，同样也在现实中躬亲实践。《典论·论文》中，曹丕称赞王粲等建安七子"于学无所遗"。曹丕此言绝非虚美之辞，七子确实都称得上是博学渊识之士。孔融"性好学，博涉多该览"（《后汉书·孔融列传》），王粲"强记洽闻"（曹植《王仲宣诔》）、"博物多识"（《三国志·王粲传》）。因创作《中论》而被曹丕盛赞的徐干，在读书方面也是孜孜不倦，据阙名《中论序》记载，他"放口而言，则乐诵九德之文；通耳而识，则教不再告。未志乎学，盖已诵文数十万言矣。年十四，始读《五经》。发愤忘食，下帷专思，以夜继日。父恐其得疾，常禁止之。故能未至弱冠，学《五经》悉载于口，博览传记"。女作家蔡琰，据史书记载也颇能继承蔡邕博学之家风，当曹操问及蔡家所藏坟籍能忆识多少时，蔡琰自谓"昔亡父赐书四千许卷，流离涂炭，罔有存者，今所诵忆，裁四百余篇耳"（《后汉书·列女传》），博学之誉也是当之无愧的。正如《中论序》作者在评价徐干时所指出的那样，"君含元休清明之气，持造化英哲之性……学《五经》悉载于口，博览传记。言则成章，操翰成文矣"，徐干"言则成章，操翰成文"之创作能力的获得，一方面受之于"元休清明之气""造化英哲之性"的先天禀赋，另一方面则是得益于学悉《五经》、博览传记的后天积累。同样，邺下文人光耀千古的文学勋绩，也都是他们先天禀赋与后天积累所共同铸就的。

三、文质关系论

在文学内容与形式的问题上，邺下文人展开了热烈的讨论，深化了人们对于该问题的认识。前面我们论述曹氏父子文艺思想时曾指出，关于文学的内容与形式，或称文与质，曹操相对来说重视内容要更多一些，这从他倡导清峻通脱、质朴简约的文风中可以明显地看出。曹丕从其"诗赋欲丽"的鲜明主张，可知他更倾向于重视文学的辞藻与修饰。曹植从其"文义相扶"的批评标准，可以看出他对于文学的内容与形式是同样看重的。曹植文质并重的主张并非首倡，这一理论观点有着悠久的历史渊源。先秦时期道、墨、法诸家对于文学基本都持重质轻文的观点，儒家虽总体上也是重质的，但并没有像其他诸家那样彻底否定文学形式美的因素，而是看到了形式对于内容的促进作用和载体意义，提出了"言之无文，行而不远"（《左传·襄公二十五年》）的经典论断。孔子所提出的"文质彬彬""尽善尽美"，更是成为后世文学批评文质并重主张的思想渊源。建安时期，文学的内容与形式问题成为文人们普遍关注的重要课题，曹氏父子之外，邺下文人也对此展开了系统而深入的探讨，阮瑀和应玚同题的两篇《文质论》就是最具代表性的理论成果。

　　阮瑀和应玚两人对于文质问题的看法有同有异，相同之处是他们都认识到了文与质相辅相成的密切关系。阮瑀指出："盖闻日月丽天，可瞻而难附；群物著地，可见而易制。夫远不可识，文之观也；近而易察，质之用也。文虚质实，远疏近密，援之斯至，动之应疾。两仪通数，固无攸失。"他用遥天周行的日月喻指文学之形式，用附着大地的各色品类喻指文学之内容，将文与质的关系比作阴阳两仪的相生相合，形象地说明了文质相辅相成、不可分割的关系。应玚说："盖皇穹肇载，阴阳初分，日月运其光，列宿曜于文，百谷丽于土，芳华茂于春。是以圣人合德天地，禀气淳灵，仰观象于玄表，俯察式于群形，穷神知化，万国是经。故否泰易趋，道无攸一，二政代序，有文有质。"同样也是以阴阳否泰的交替转化说明文质相互生成、相互促进的密切关系。而相异之处是两人对于文质并不等量齐观，阮瑀更倾向于重质，应玚更倾向于重文①。阮瑀说"丽物苦伪，丑器多牢；华璧易碎，金铁难陶"，他以生活器物为比方，阐明了质重于文的观点。针对阮瑀的观点，应玚表示出迥然不同的看法，"若乃和氏之明璧，轻縠之袿裳，必将游玩于左右，振饰于宫房。岂争牢伪之势，金布之刚乎？"应玚同样是以生活器物为譬喻，用和氏之璧、轻縠之裳，虽无金铁麻布之坚韧，却深受人们喜爱，常将其"游玩于左右，振饰于宫房"，来说明文胜于质的道理。应玚将这一道理精炼地概括为"质者之不足，文者之有余"。

　　实事求是地讲，阮瑀和应玚对于"文质"的探讨，并不是或者主要不是针对我们今天意义上的文学，而是就治国理政和道德修养展开的，这也是先秦两汉时期人们对于"文质"的主流认识。孔子所说"虞夏之质，殷周之文，至矣！虞夏之文，不胜其质；殷周之质，不胜其文"（《礼记·表记》），其中的文质主要是指关乎社会治理的典章制度，《春秋繁露》"三代改制质文"篇与之相同。孔子所说"质胜文则野，文胜质则史。文质彬彬，然后君子"，其中文质主要是指和个人修养有关的礼仪节文，《论衡·书解》中"夫人有文质乃成"之"文质"与此同义。阮瑀、应玚两人的《文质论》，重点论述的也是这两个方面。阮瑀"故言多方者，中难处也；术饶津者，要难求也；意弘博者，情难足也；性明察者，下难事也。通士以四奇高人，必有四难之忌"，是就个人修养而言；"且少言辞者，政不烦也；寡知见者，物不扰也；专一道者，思不散也；混蒙蔑者，民不备也。质士以四短违人，必有四安之报"，是就社会治理而言。同样，

---

　　①　王运熙，杨明. 关于应玚的《文质论》［M］//古代文学理论研究（第十二辑）. 上海：上海古籍出版社，1987：64.

应场的"夫质者端一，玄静俭啬，潜化利用，承清泰，御平业，循轨量，守成法"，是就品德修养而言；"若乃陶唐建国，成周革命，九官咸乂，济济休令。火龙黼黻，暐韡于廊庙，衮冕旒旒，焄奕乎朝廷。冠德百王，莫参其政。是以仲尼叹焕乎之文，从郁郁之盛也"，是就典章制度而言。

阮瑀和应场的《文质论》，本非专论文章之作，但与文章颇有关系，从中推导出两人对于文学内容与形式的主张，也是符合实际情况的，这也可从二人文学创作实践中得到佐证。阮瑀重质轻文，所以他的诗文作品大都具有古朴质直的特点，钟嵘的《诗品》列阮瑀为下品，认为他的诗"平典不失古体"。最能代表阮瑀平典古直风格的，莫过于他的《驾出北郭门行》，陈祚明评其为"质直悲酸，犹近汉调"（《采菽堂古诗选》），曹道衡先生认为该诗采用"白描手法生动地写出了（后母虐待前妻之子）这一令人同情的事实，虽无雕饰，愈为悲凄，可与汉乐府《孤儿行》《妇病行》并读"①，不管是"质直"还是"无雕饰"，均可见出阮瑀作诗重质轻文的鲜明倾向。应场重文轻质，所以他的诗文作品相较阮瑀而言更讲雕饰，其最具代表性的《侍五官中郎将建章台诗》，布局精妙、脉络清晰，以雁代言，用笔奇幻。许学夷评价该诗是"才思逸发而情态不穷"（《诗源辨体》卷四），陈祚明也说它"吞吐低回，宛转深至，意将宣而复顿，情欲尽而终含。务使听者会其无已之衷，达于不言之表，此申诉怀来之妙术也。如济水既出王屋，或见或伏，不可得其澎湃，然澎湃之势必具矣"（《采菽堂古诗选》），其中的"情态不穷""宛转深至"，所称誉的正是这首诗高超的艺术表现。此外，"德琏善赋，篇目颇多"（张溥《汉魏六朝百三家集题辞注·应德琏休琏集》），应场的辞赋创作更是将其"斐然之思"（《文心雕龙·时序》）展示得淋漓尽致，体现出他对文学形式的自觉追求。

一切杰出都孕育于平庸。正是有了邺下文人在文学批评上的先导与陪衬作用，才有了曹丕、曹植兄弟在中国文学批评史上的崇高地位。北辰耀眼，离不开众星的拱卫，正是在曹氏兄弟和邺下文人的共同努力下，才有了建安文学批评的灿烂星空。

参考文献：

[1] 王运熙、杨明：关于应场的《文质论》[A]．古代文学理论研究（第十二辑）[C]．上海：上海古籍出版社，1987.

———————————

① 曹道衡．魏晋文学 [M]．合肥：安徽教育出版社，2001：71.

［2］敏泽：中国美学思想史［M］．济南：齐鲁书社，1989．

［3］罗宗强：魏晋南北朝文学思想史［M］．北京：中华书局，1996．

［4］胡大雷．中古文学集团［M］．桂林：广西师范大学出版社，1996．

［5］曹道衡：魏晋文学［M］．合肥：安徽教育出版社，2001．

［6］刘怀荣：论邺下后期宴集活动对建安诗歌的影响［J］．文学遗产，2005（02）．

［7］张振龙：从政治到文学：建安文人业缘的历史走向［J］．文学评论，2010（06）．

［8］詹福瑞：魏晋诗文的忧生之嗟［J］．文学评论，2020（04）．

先秦祝文研究[*]

——以清华简《祝辞》为例

清华简《祝辞》共五则，每一则写在一支竹简上，已有学者对这五则祝辞进行研究，江林昌先生在《清华简〈祝辞〉与先秦巫术咒语诗》中指出《祝辞》五则都是原始巫咒之辞，"为我们认识先秦诗学全貌及大小文化传统的变化发展具有重要意义。"[①] 胡宁先生的《清华简〈祝辞〉弓名和射姿考论》认为通过对三则以弓名为标识的祝诵之辞的分析，"反映了战国时期弓的种类与使用情况。"[②] 蒋晓群的硕士论文《清华简文学研究》对《祝辞》的内容、文体特征、文化内蕴进行了分析。本文旨在前人的基础上从文体的角度对《祝辞》做简要分析。

一、祝与祝文

从字源学[③]的角度来看，"祝"字的起源较早，根据《新甲骨文编》整理的字形材料，甲骨文中的"祝"字大致分为两类：一类写作"𝌀"，历组、无名组、宾组等部分卜辞依此形；一类增加部首"示"，写作"𝌀"，出组、何组等部分卜辞依此形，花东子组、出组等部分卜辞部首"示"位于右边。从字形上看，"祝""象人跪于神主前有所祷告之形"[④]，形象地表现了"祝"的原始

---

[*] 作者简介：尹雪珂（1995—），女，山东省临沂市人，2019 级文艺学专业硕士研究生。

[①] 江林昌. 清华简《祝辞》与先秦巫术咒语诗 [J]. 深圳大学学报（人文社会科学版），2014，31（2）：54 – 58.

[②] 胡宁. 清华简《祝辞》弓名和射姿考论 [J]. 古代文明，2014，8（2）：37 – 40.

[③] 王宁先生在《汉字构形学讲座》一书中对字源学研究的内容和范围做了定义，"尽量找出汉字最早的字形，寻找每个字初期的造字意图，也就是探讨汉字的形源，也叫字源，这是汉字字源学的任务。字源学是研究探讨形源的规律和汉字最初构形方式的学科。"（王宁. 汉字构形学讲座 [M]. 上海：上海教育出版社，2002.）

[④] 徐中舒. 甲骨文字典 [M]. 成都：四川辞书出版社，2014：24.

意义。

东汉许慎《说文解字》云："祝，祭主赞词者也。从示从人口。"①"祝"为主赞词之人，清代段玉裁注："此以三字会意，谓以人口交神也。"② 从"示"突出了神灵崇高的地位，从"人口"表明了语言在祭祀、祈祷中的重要性。《礼记·礼运》："修其祝嘏，以降上神，与其先祖。郑玄注：'祝为主人飨神之辞也。嘏为尸致福于主人之辞也。'"③ 祝祷神灵这一行为需要文辞参与，"以言告神谓之祝"④，《玉篇》："祝，祭词也。"⑤ "祝"引申为祭告之词，又《释名·释言语》："祝，属也，以善恶之词相属著也"⑥，祭告之词兼祝愿和诅咒两面。人虔诚地跪在神像前诵读祝文，与神灵交流，这是早期"祝"文的本质特性。现存不少甲骨卜辞记录了"祝"的使用情况，如"乙巳卜，喜贞：祖乙岁，惠王祝……"（《合集》22919）"贞：呼子汏祝，一牛，侑父甲？"（《合集》00672正）"其求于上甲，其祝？"（《合集》32654）从上述例子可以看出，"祝"常用于神事活动，这时的"祝"可以说已具有了初步的文体意义⑦。

祝文的产生与巫、祝及祭祀活动密不可分，刘师培先生"文学出于巫祝之官"的著名论断对讨论祝文的产生具有启发意义。古代掌管祭祀的王官主要是巫、祝，《礼记·曲礼》载："天子建天官，先六大，曰大宰、大宗、大史、大祝、大士、大卜，典司六典。"⑧ 可见大祝是古代建国必不可少的一项官属。在《周礼·春官宗伯》中详细记载了祝官体系："大祝下大夫二人，上士四人。小祝中士八人，下士十有六人，府二人，史四人，胥四人，徒四十人。丧祝上士二人，中士四人，下士八人，府二人，史二人，胥四人，徒四十人。甸祝下士二人，府一人，史一人，徒四人。诅祝下士二人，府一人，史一人，徒四人。"⑨ 大祝为"祝官之长"，掌管六祝，六祈、六辞、六号、九祭、九拜诸项；小祝是在祭祀中辅佐大祝的助手，掌管候、禳、祷、祠等祝号；丧祝掌管丧祭等祝号，管理丧事过程中的一切事项；甸祝掌管四时之田猎和释奠于祖庙等事

---

① （汉）许慎．说文解字注［M］．（清）段玉裁，注．上海：上海古籍出版社，1981：6.
② （汉）许慎．说文解字注［M］．（清）段玉裁，注．上海：上海古籍出版社，1981：6.
③ 十三经注疏［M］．（清）阮元，校刻．北京：中华书局，1980：1416.
④ 十三经注疏［M］．（清）阮元，校刻．北京：中华书局，1980：222.
⑤ 顾野王．大广益玉篇［M］．北京：中华书局，1987：3.
⑥ 王先谦．释名疏证补［M］．北京：中华书局，1984：199.
⑦ 吴承学．中国早期文字与文体观念［J］．文学评论，2016（6）：14－24.
⑧ 十三经注疏［M］．（清）阮元，校刻．北京：中华书局，1980：1261.
⑨ 十三经注疏［M］．（清）阮元，校刻．北京：中华书局，1980：755.

项；诅祝掌管"盟、诅、类、造、攻、说、禬、禜之祝号"①，作盟诅之辞以表诚信。大祝、小祝、丧祝、甸祝、诅祝之间精细分工，分别掌管不同事务，除此之外，还有专掌内廷祭祀的女祝，由此构成一套规模庞大、各司其职的祝官系统。祝官尚辞，以祝文"飨天地、山川、社稷、宗庙、五祀、群神"②。"盖巫以歌舞降神，祝以文辞事神。"③ 巫以咒语及舞蹈动作沟通神灵，祝以虔诚的文辞取悦神灵。"祝史陈信，资乎文辞"④，祝文与祝官紧密结合，祝官的出现直接推动了祝文的创作与繁盛。

"祝文"作为沟通人神的工具，其与原始巫术精神和宗教信仰有着紧密联系。"天地定位，祀遍群神。六宗既禋，三望咸秩。甘雨和风、是生黍稷，兆民所仰，美报兴焉。"⑤ 从原始社会早期，人们就依序祭祀天地万物，他们相信，只要虔诚地祭祷，就会得到甘雨和风、五谷庄禾。《礼记·郊特牲》中记载有耆氏在年终举行腊祭的祝文，其云："土反其宅，水归其壑。昆虫毋作，草木归其泽。"⑥ 这篇祝文简单质朴，但感情色彩与实用色彩浓郁，鲜明地表现了人们对土地、山川、昆虫、草木等自然神的崇拜，这可以说是人类的宗教信仰之一，他们相信万物有灵，把那些自我感官可以察觉到的、对人类生存与生活有影响力的自然物作为崇拜的对象，希望通过祭祀取悦神灵以消除水土流失、干旱、虫祸、不穗等自然灾害。由于人们在祭祀的过程中，多与天神、地示、人鬼等交流沟通，所以祭祀活动常常带有巫术色彩。"各种祭礼，特别是比较原始的祭礼，在祭的进行过程中，总要带上种种巫术的讲究或巫术的举动。祭祀中的牺牲以及祭具、禁忌等更多带有巫术的渗透。"⑦ 尤其是在驱逐疾疫、除凶去殃等方面。据《五十二病方》记载："伤者血出，祝曰：'男子竭，女子戴。'五画地□之。"⑧ 这是具有巫术性质的治病之术，在念习咒语的同时搭配巫术动作。"五画地"是一种常用的巫术动作，即"午画地"，"也就是在地上画纵横交错

① 十三经注疏 [M]．（清）阮元，校刻．北京：中华书局，1980：816.
② 徐师曾．文体明辨序说 [M]．罗根泽，校点．北京：人民文学出版社，1962：156.
③ （南朝梁）刘勰．文心雕龙义证 [M]．詹锳，义证．上海：上海古籍出版社，1989：358.
④ （南朝梁）刘勰．文心雕龙义证 [M]．詹锳，义证．上海：上海古籍出版社，1989：355.
⑤ （南朝梁）刘勰．文心雕龙义证 [M]．詹锳，义证．上海：上海古籍出版社，1989：355.
⑥ （南朝梁）刘勰．文心雕龙义证 [M]．詹锳，义证．上海：上海古籍出版社，1989：358.
⑦ 张紫晨．中国巫术 [M]．上海：上海三联书店，1990：78.
⑧ 马王堆汉墓帛书整理小组．马王堆汉墓帛书 [M]．北京：文物出版社，1985：27.

的'十'字形符号"①。在睡虎地秦简《日书》中也有关于"五画地"的记载："行到邦门困，禹步三，勉壹步，呼：'皋，敢告曰：某行毋咎，先为禹除道。'即五画地，掇其画中央土而怀之。"②

"祝"作为一种重要文体，产生于祭祀活动，主持祭祀的祝官将人类美好的愿望和虔诚的祈求容告给神灵，以期获得神灵的眷顾。因此，祝文的功利性十分明显，又"祝文"是人神交流的媒介，这就使"祝文"浸润着虔诚的宗教信仰，务求朴实，修辞虔诚，表现出对神灵的尊敬和诚恳。下面将以清华简《祝辞》五则为例，结合具体的文本，对先秦时期的祝文做简要分析。

二、清华简《祝辞》

清华简系为战国中晚期楚简，《祝辞》共五则，每则写于一支竹简上，因第一、二则标有"祝曰"，故整理者将其命名为"祝辞"。就清华简《祝辞》内容而言，它们全为原始巫咒之辞，第一则防溺水，第二则救火，第三、四、五为射箭咒辞③，每一则都包括祝辞及与念诵祝辞相配合的行为仪式。就其风格而言，《祝辞》古朴稚拙，十分独特④，保存了大量晋系文字的字形特点和用字习惯，具有明显的非楚特征⑤。

（一）文本释读

第一则：防溺水

> 恐溺，乃执币以祝曰："有上茫茫，有下汤汤。司湍滂滂，侯兹某也发扬。"乃舍币。⑥

担忧害怕落水，便拿着布帛来祝祷，说："河流的上游广大而辽阔。下游水势浩大而湍急。司河之神啊，请控制一下磅礴湍急的水流吧，我将高声长呼，手足发扬，蹈地而舞。"于是放开布帛。在这里，"有"是句首的助词，"茫茫""汤汤""滂滂"是河水的一种流貌，"茫茫积流，含形内虚。"⑦"汤汤洪水方

---

① 吕亚虎. 战国秦汉简帛文献所见巫术仪式研究［M］. 北京：科学出版社，2010：235.
② 睡虎地秦墓竹简整理小组. 睡虎地秦墓竹简［M］. 北京：文物出版社，1990：223.
③ 江林昌. 清华简《祝辞》与先秦巫术咒语诗［J］. 深圳大学学报（人文社会科学版），2014，31（2）：54－58.
④ 李松儒. 清华简书法风格浅析［J］. 出土文献研究，2014（13）：27－33.
⑤ 刘刚. 清华叁《良臣》为具有晋系文字风格的抄本补正［J］. 中国文字学报，2014：99－107.
⑥ 清华大学出土文献研究与保护中心. 清华大学藏战国竹简［M］. 上海：中西书局，2012：164.
⑦ 萧统. 文选［M］. 李善，注. 北京：商务印书馆，1936：254.

割，荡荡怀山襄陵，浩浩滔天。"① "河伯捧觞，跪进酒浆，流潦滂滂。"② 均表示河流的浩浩荡荡、气势磅礴。据《说文解字注》云："司，臣司事于外者。""司，主也。"③ 所以，"司湍"为司河之神，掌管河流。《周礼·春官宗伯》中有关于"司中"和"司命"的记载，将司中、司命与风师、雨师并列为一类天神。吕思勉先生认为："司中即司德，察民之善恶，而司命据之以定寿夭也。"④ 由此可知，"司中"为司德之神，"司命"为司寿之神。"侯"也是句首助词，"某"是祝者的名字，"发扬"是奋起的意思，"发扬蹈厉，大公之志也。"⑤ 孔颖达疏云："言武乐之舞，发扬蹈厉象大公威武鹰扬之志也。"⑥ 所以，"发扬"应是祝者模仿司河之神控制湍急流水时的声音情状。

第二则：救火

救火，乃左执土以祝曰："号（皋）……诣五夷，绝明冥冥，兹我赢。"既祝，乃投以土。⑦

救火，便用左手拿着土来祝祷："皋……到武夷山，向武夷山神祈祷，失火黑烟翻滚，遮天蔽日，让我胜利吧。"祝祷之后，于是把土抛出去。"号"在这里读为"皋"，"皋，长声也。"⑧ "五夷"即"武夷"，指武夷山神，《九店楚简》："敢告□之子武夷。"⑨ 除此之外，"《史记·封禅书》记汉武帝时人上书所说的神只有'武夷君'，湖北省武昌出土的齐永明三年刘觊买地券所记神只有'武夷王'，马王堆汉墓帛书《太一避兵图》所绘神只有'武弟子'。"⑩ "武夷君""武夷王""武弟子"系为同一个神⑪。

---

① 十三经注疏［M］．（清）阮元，校刻．北京：中华书局，1980：122.
② （汉）焦延寿．焦氏易林注译［M］．芮执俭，注译．兰州：甘肃人民出版社，2015：191.
③ （汉）许慎．说文解字注［M］．（清）段玉裁，注．上海：上海古籍出版社，1981：429.
④ 吕思勉．先秦史［M］．上海：上海古籍出版社，1982：453.
⑤ 十三经注疏［M］．（清）阮元，校刻．北京：中华书局，1980：1542.
⑥ 十三经注疏［M］．（清）阮元，校刻．北京：中华书局，1980：1542.
⑦ 清华大学出土文献研究与保护中心．清华大学藏战国竹简［M］．上海：中西书局，2012：164.
⑧ 十三经注疏［M］．（清）阮元，校刻．北京：中华书局，1980：1128.
⑨ 湖北省文物考古研究所，北京大学中文系．九店楚简［M］．北京：中华书局，1999：50.
⑩ 湖北省文物考古研究所，北京大学中文系．九店楚简［M］．北京：中华书局，1999：104.
⑪ 湖北省文物考古研究所，北京大学中文系．九店楚简［M］．北京：中华书局，1999：104.

第三则：射敌

随弓："将注为死，扬武即求当。"引且言之，同以心，抚额，射戎也。①

随弓："将箭搭上弓弦，射死敌人，拉起弓箭就会射中。"拉箭时说这些话，射箭方向与心平齐，引弦之手循额后拉，射中敌人。

第四则：射禽

外弓："将注为肉，扬武即求当。"引且言之，同以目，抚额，射禽也。②

外弓："将箭搭上弓弦，射得猎物，拉起弓箭就会射中。"拉箭时说这些话，射箭方向与眼睛平齐，引弦之手循额后拉，射中猎物。

第五则：射甲革

踵弓："将射干函，扬武即求当。"引且言之，同以戬，抚额，射函也。③

踵弓："将箭搭上弓弦，射得甲革，拉起弓箭就会射中。拉箭时说这些话，射箭方向与肩部平齐，引弦之手循额后拉，射中甲革。"

"随弓"与"外弓""踵弓"同为弓名。随弓，"弓体较长，内弯弧度较小，外弯弧度较大。"④ 外弓，"弓体短，内弯弧度大，外弯弧度小。"⑤ 踵弓，"弓体最长，内弯弧度最小，外弯弧度最大。"⑥ 这三种弓的弓名与《周礼·司弓矢》所记不同，"王弓、弧弓以授射甲革、椹质者；夹弓、庾弓以授射豻侯、鸟兽者；唐弓、大弓以授学射者、使者、劳者，其矢箙皆从其弓。"⑦ 随弓、外弓、踵弓的存在大大丰富了弓的类型。"死"，即"尸"，与"射戎也"相呼应，"肉""干函"分别与"射禽也""射函也"相呼应。"扬武"即用手拉起弓箭，"当"即射中，"射鱼指天而欲发之当也"，高诱注"当"为"中"⑧。"同"是

---

① 清华大学出土文献研究与保护中心. 清华大学藏战国竹简［M］. 上海：中西书局，2012：164.

② 清华大学出土文献研究与保护中心. 清华大学藏战国竹简［M］. 上海：中西书局，2012：164.

③ 清华大学出土文献研究与保护中心. 清华大学藏战国竹简［M］. 上海：中西书局，2012：164.

④ 胡宁. 清华简《祝辞》弓名和射姿考论［J］. 古代文明，2014，8（2）：37－40.

⑤ 胡宁. 清华简《祝辞》弓名和射姿考论［J］. 古代文明，2014，8（2）：37－40.

⑥ 胡宁. 清华简《祝辞》弓名和射姿考论［J］. 古代文明，2014，8（2）：37－40.

⑦ 十三经注疏［M］. （清）阮元，校刻. 北京：中华书局，1980：855－856.

⑧ 吕氏春秋［M］. （汉）高诱，注. 上海：上海古籍出版社，2014：398－399.

齐的意思，"骬"指肩上的穴位，据李学勤先生整理，"'骬'字或作'肎'，《玉篇》：'肎，缺盆骨。'《广雅·释亲》：'缺盆，肎也。'王念孙《疏证》引《素问·气府论》王冰注：'缺盆，穴名也，在肩上横骨陷者中。'"①

（二）文体特征

1. 韵散结合，简约精练

徐师曾在《文体明辨序说》中云祝文"其词有散文，有韵语，今并采而列之"②。祝文为飨神之词，是向上天祈祷以禳灾降福的语言，其功用决定了祈祷者在祈祷时不能长篇大论，必须简约精练地向上天神只表达自己真切的愿望，这使"祝文"具有了韵散结合的语言特点。

在清华简五则《祝辞》中，前两则大量使用了韵语和叠词，如第一则中的"茫茫""汤汤""滂滂"，三个词不仅押韵，而且是叠词，形象鲜明地表现了水流的气势磅礴、汹涌湍急，增强了语言效果；第二则中的"冥冥"为叠词，用以表示铺天盖地的黑烟，且"冥冥"与下句的"赢"押耕部韵，音韵和谐，读起来朗朗上口，富有音乐感和节奏感。后三则祝辞，因同与射箭有关，采用了相同的句式结构和相似的词语，一方面突出了人们想要射中的决心，另一方面也便于记忆。除此之外，这五则祝辞用字简约精练，直奔主题，祈祷者直接向上天神只表达自己的愿望，并用简单的"执币""舍币""左执土""投以土"几个词语，将祝祷动作贯穿整个祈祷过程。

祝文韵散结合，简约精练的语言特点，在《诗经》中表现得淋漓尽致。如《召南·驺虞》："彼茁者葭，壹发五豝。于嗟乎驺虞！彼茁者蓬，壹发五豵。于嗟乎驺虞！"③ 这是一首有关狩猎仪式的诗，采用相同的句法结构和相似的词语，反复表达同一意义，叶舒宪先生认为其是"借助于祝词的法力去强化狩猎效果"④。在这一点上，《驺虞》与清华简中的三、四、五则祝辞具有相同的效力。类似的诗还有很多，如爱情咒诗《关雎》《卷耳》《芣苢》等⑤。

---

① 清华大学出土文献研究与保护中心. 清华大学藏战国竹简［M］. 上海：中西书局，2012：165.

② 徐师曾. 文体明辨序说［M］. 罗根泽，校点. 北京：人民文学出版社，1962：156.

③ 十三经注疏［M］.（清）阮元，校刻. 北京：中华书局，1980：294.

④ 叶舒宪. 诗经的文化阐释——中国诗歌的发生研究［M］. 武汉：湖北人民出版社，1994：71.

⑤ 叶舒宪. 诗经的文化阐释——中国诗歌的发生研究［M］. 武汉：湖北人民出版社，1994：74.

2. 修辞立诚，在于无愧

刘勰在《文心雕龙·祝盟》篇云："凡群言发华，而降神务实，修辞立诚，在于无愧。"[1] 刘勰论文，十分讲究文采，但面对祝文的写作，他突出强调了"实"，认为祝文文辞的修饰要诚恳虔敬、问心无愧。刘勰高度赞扬了有蓍氏蜡祭时的祝文、禹舜春天祭田时的祝文、商汤祭天祈雨时的祝文，并认为他们的祝文文辞质朴、品德高尚、态度虔诚，真切地表达了自己的愿望。

清华简《祝辞》特别重视文辞的"实"，不论是防溺水、救火，还是射箭咒辞，都直接向神灵发出真诚的请求，不带过多修饰。"司湍湠湠""诣五夷，绝明冥冥"两句包含了人们对于司河之神和武夷山神殷切的期盼，"扬武即求当"寄托了人们对于射敌、射禽、射甲革百发百中的实际愿望。祝文文辞作为人神之间沟通的工具，人们相信它是有魔力的，可以借由它禳除灾祸、祈求福祉。"昊天生五谷以养人，今五谷病旱，恐不成实，敬进清酒、脯脯，再拜请雨。雨幸大澍，即奉牲祷。"[2] 这是一篇求雨祝文，先陈述事实，上天孕育五谷以涵养百姓，现今五谷干旱，恐怕不能养育百姓；然后虔诚地祈祷，希望可以得到及时雨。此祝文文辞简朴、内容真挚，显示了时人朴质而美好的愿望，希望风调雨顺从而获得农业丰收。

（三）思想信仰

清华简《祝辞》与原始人类的祭祀活动密切相关，反映了人类对水、山等自然物的崇拜以及对运用语言以祛灾祈福的推崇。

1. 水崇拜

在清华简《祝辞》第一则防溺水中，鲜明地表现了人们对于司河之神的崇拜，认为其能控制水流，保护人们防止溺亡。其实，人们对水神的崇拜根源于对水的崇拜，"人类对于水的崇拜，是以水的人格化和神灵化为前提条件的"。[3] 水与人们的生产、生活息息相关，他们大多依水而居，而在洪水泛滥中，也见识到了洪水的威力，从而产生了对水的崇拜。

人们对水的崇拜带有浓重的功利性目的，主要是"祈雨求丰年与祈求生殖繁衍"[4]。人们自古靠天吃饭，然而天不遂人愿，多发的洪涝灾害对人们的生产、生活产生了巨大的威胁，获得适时、适量有利于农作物生长的雨水成为人

---

① （南朝梁）刘勰. 文心雕龙义证［M］. 詹锳，义证. 上海：上海古籍出版社，1989：375.

② 春秋繁露［M］. 曾振宇，注说. 开封：河南大学出版社，2009：352.

③ 向柏松. 中国水崇拜［M］. 上海：上海三联书店，1999：2.

④ 向柏松. 中国水崇拜［M］. 上海：上海三联书店，1999：4.

们最迫切的愿望，甲骨卜辞中存在的大量卜雨辞和典籍中的文献资料都证明了这一点，如"癸亥，贞：今日雨，帝于巫，狌、一犬？"（《合集》34155）"其祝求年，有大雨？"（《合集》28296）又如《诗经·小雅·信南山》"上天同云，雨雪雰雰。益之以霢霖，既优既渥，既沾既足，生我百谷"①。除此之外，人们常对各地的河川水神进行河祭，其中最为重要的是对黄河的祭祀。据《山海经·海内北经》记载："从极之渊深三百仞，维冰夷恒都焉。冰夷人面，乘两龙。一曰忠极之渊。"② "冰夷"即"冯夷"，也就是河伯，为黄河河神。"河伯娶亲"的传说便是在对黄河的祭祀下产生的。

人们对水祈求生殖繁衍是基于水自身的神秘力量，中国自古以来就有水生万物的观念，"水者何也？万物之本原也。"③ 认为水不止可以祛灾招福、治病救人，甚至可以使人长生不死。《淮南子·地形训》记载："疏圃之池，浸之黄水，黄水三周复其原，是谓丹水，饮之不死。"④ 又"凡四水者，帝之神泉，以和百药，以润万物"⑤。因此，民间多有水生万物以及女子饮水受孕生子的神话。

2. 山崇拜

在清华简《祝辞》第二则救火中，人们向武夷山神祷告，体现了人们对于山的崇拜。"山，宣也。谓能宣散气，生万物也。"⑥ 山可以孕育万物的特性，决定了其与人们的生产、生活紧密相连，山中生长的动植物，可以为人们提供食品、衣物；山中形状各异的岩石与山洞可以为人们提供工具的原料以及住所。

不仅如此，山还是怪兽和诸神居住的地方。据《山海经》记载，青丘之山有九尾狐，柜山有狸力，尧光山有猾襄，玉山是西王母的住所，长留山是白帝少昊的住所，符惕山是天神江疑的住所等，除此之外，还有昆仑山，其为"百神之所在"⑦。因此，人们常常对山进行祭祀。祭山的传统古已有之，《尚书·舜典》记载舜巡守四岳，依次祭祀了泰山、衡山、华山、恒山山神；秦以后，天子封禅也要对山神进行祭祀。除此之外，《山海经》中还记载了不少有关祭山

① 十三经注疏［M］.（清）阮元，校刻.北京：中华书局，1980：470－471.

② 山海经［M］.（晋）郭璞，注.上海：上海古籍出版社，1989：95.

③ 管子［M］.（唐）房玄龄，注.上海：上海古籍出版社，2015：289.

④ （汉）刘安.淮南子［M］.（汉）许慎，注.上海：上海古籍出版社，2016：83.

⑤ （汉）刘安.淮南子［M］.（汉）许慎，注.上海：上海古籍出版社，2016：84.

⑥ （汉）许慎.说文解字注［M］.（清）段玉裁，注.上海：上海古籍出版社，1981：437.

⑦ 山海经［M］.（晋）郭璞，注.上海：上海古籍出版社，1989：93.

的仪式，如"其祠之礼，毛用一璋玉瘗，糈用稌米，一璧稻米、白菅为席"①。这是祭祀鸟身龙头的山神的礼仪；"其祠：毛用一璧瘗，糈用稌。"② 这是祭祀龙身鸟头的山神的礼仪。

3. 语言崇拜

在清华简《祝辞》第三、四、五则射箭咒辞中，人们相信射箭的同时用语言表达出想要射中的愿望，愿望便可以实现。语言本是人们自己创造，用以相互交流的媒介，但同时人们又将语言神化，认为其具有魔力，"他们常常坚信，咒辞一经从他们口中念出，其所希望的驱邪疗疾的目的自然也就如影随形地达到了。"③ 如："令疣者抱禾，令人呼曰：'若胡为是？'应曰：'吾疣。'置去禾，勿顾。"④ 在治疗疣的时候，人们认为疣接受语言的号令，将稻草说作疣，同时将稻草丢掉，便能治愈疣病。弗雷泽在《金枝》中也特别重视语言的作用，如塞尔维亚人在干旱时的祈雨祷歌："我们携手走过这座村庄，云彩在天上欢快地飘荡。我们加快了脚步！云彩却更快飞扬。它们已经超越了我们。打湿了葡萄和谷秧！"⑤ 人们希望雨水可以超越我们的步伐，言辞中寄托了其对雨水的迫切需求。

综上所述，通过对"祝"的字源考察，并结合相关文献，可以发现早期文体"祝"的本质特性，即人虔诚地跪在神像前诵读祝文，与神灵交流。通过对清华简《祝辞》五则文本的解读，其内容涉及防溺水、救火、射箭等，形式上文辞质朴、韵散结合、简约精练，很好地反映了早期祝文文体的特征和人类的思想信仰。

参考文献

［1］王宁. 汉字构形学讲座［M］. 上海：上海教育出版社，2002.

［2］徐中舒. 甲骨文字典［M］. 成都：四川辞书出版社，2014.

［3］（汉）许慎. 说文解字注［M］.（清）段玉裁，注. 上海：上海古籍出版社，1981.

［4］十三经注疏［M］.（清）阮元，校刻. 北京：中华书局，1980.

---

① 山海经［M］.（晋）郭璞，注. 上海：上海古籍出版社，1989：13.
② 山海经［M］.（晋）郭璞，注. 上海：上海古籍出版社，1989：15.
③ 吕亚虎. 战国秦汉简帛文献所见巫术仪式研究［M］. 北京：科学出版社，2010：263 - 264.
④ 马王堆汉墓帛书整理小组. 马王堆汉墓帛书［M］. 北京：文物出版社，1985：39.
⑤ 金枝［M］.（英）弗雷泽，注. 北京：煤炭工业出版社，2016：73.

[5] 顾野王. 大广益玉篇 [M]. 北京：中华书局, 1987.

[6] 王先谦. 释名疏证补 [M]. 北京：中华书局, 1984.

[7] 郭沫若, 中国社会科学院历史研究所. 甲骨文合集 [M]. 北京：中华书局, 1978 – 1982.

[8] 徐师曾. 文体明辨序说 [M]. 罗根泽, 校点. 北京：人民文学出版社, 1962.

[9] （南朝梁）刘勰. 文心雕龙义证 [M]. 詹锳, 义证. 上海：上海古籍出版社, 1989.

[10] 张紫晨. 中国巫术 [M]. 上海：上海三联书店, 1990.

[11] 马王堆汉墓帛书整理小组. 马王堆汉墓帛书 [M]. 北京：文物出版社, 1985.

[12] 睡虎地秦墓竹简整理小组. 睡虎地秦墓竹简 [M]. 北京：文物出版社, 1990.

[13] 清华大学出土文献研究与保护中心. 清华大学藏战国竹简 [M]. 上海：中西书局, 2012.

[14] 萧统. 文选 [M]. 李善, 注. 北京：商务印书馆, 1936.

[15] （汉）焦延寿. 焦氏易林注译 [M]. 芮执俭, 注译. 兰州：甘肃人民出版社, 2015.

[16] 吕思勉. 先秦史 [M]. 上海：上海古籍出版社, 1982.

[17] 湖北省文物考古研究所, 北京大学中文系. 九店楚简 [M]. 北京：中华书局, 1999.

[18] 吕氏春秋 [M]. （汉）高诱, 注. 上海：上海古籍出版社, 2014.

[19] 春秋繁露 [M]. 曾振宇, 注说. 开封：河南大学出版社, 2009.

[20] 向柏松. 中国水崇拜 [M]. 上海：上海三联书店, 1999.

[21] 叶舒宪. 诗经的文化阐释——中国诗歌的发生研究 [M]. 武汉：湖北人民出版社, 1994.

[22] 山海经 [M]. （晋）郭璞, 注. 上海：上海古籍出版社, 1989.

[23] 管子 [M]. （唐）房玄龄, 注. 上海：上海古籍出版社, 2015.

[24] （汉）刘安. 淮南子 [M]. 上海：上海古籍出版社, 2016.

[25] 吕亚虎. 战国秦汉简帛文献所见巫术仪式研究 [M]. 北京：科学出版社, 2010 年.

[26] 金枝 [M]. （英）弗雷泽, 注. 北京：煤炭工业出版社, 2016.

[27] 江林昌. 清华简《祝辞》与先秦巫术咒语诗 [J]. 深圳大学学报

（人文社会科学版），2014，31（2）：54 – 58.

[28] 胡宁. 清华简《祝辞》弓名和射姿考论 [J]. 古代文明，2014，8（2）：37 – 40.

[29] 李松儒. 清华简书法风格浅析 [J]. 出土文献研究，2014（13）：27 – 33.

[30] 刘刚. 清华叁《良臣》为具有晋系文字风格的抄本补正 [J]. 中国文字学报，2014：99 – 107.

[31] 吴承学. 中国早期文字与文体观念 [J]. 文学评论，2016（6）：14 – 24.

论京极夏彦妖怪推理小说中的空间叙事*

京极夏彦本名大江胜彦，1963 年出生于北海道，是日本的妖怪研究家、小说家。他选取具有日本特色的妖怪文化，成功地将妖怪传说与推理相结合，创作出独树一帜的妖怪推理小说。他的"京极堂"长篇推理小说系列自 1994 年开始现已推出八部长篇，分别是《姑获鸟之夏》（1994）、《魍魉之匣》（1995）、《狂骨之梦》（1995）、《铁鼠之槛》（1996）、《洛新妇之理》（1996）、《涂佛之宴》（1998）、《阴摩罗鬼之瑕》（2003）以及《邪魅之雫》（2006）。其作品通过妖怪传说建立谜题，又以神话、宗教、哲学、心理学、医学、历史学等诸多门类知识给予妖怪作祟事件合理化的科学阐释，从而揭示案件真相。扣人心弦的神秘元素与科学的逻辑推理兼备，作品架构复杂、内容深广，具有一定的研究价值。

京极堂系列小说打破了时间的线性叙事规律，有着明显的空间叙事特征。"故事中的空间不再只是单纯场景，而是通过文本结构的展现，一起指向文本核心意义的阐释。"① 狭义而言，空间叙事作为一种叙事方式，"以空间秩序为主导，以空间逻辑统辖作品，以空间或空间性作为叙事的重心。叙事通过空间形态、空间位置、空间顺序、空间关系、空间描写、空间的意义等得以组织，表达和完成"②。空间元素在京极夏彦推理小说中谜题的建立与解答过程中发挥着至关重要的作用，然而目前仍未有人对此进行分析。加布里尔·佐伦（Gabriel Zoran）在文本的虚构世界基础上提出叙事中空间再现的三个层次，分别为地志的空间、时空体的空间、文本的空间。本文主要以佐伦的空间叙事理论为依托，从谜题建立与地志空间、谜面铺展与时空体空间以及谜题解答与文本空间三个方面来探究空间在京极夏彦推理小说文本意义建构过程中的作用。

---

* 李祥云（1996—），女，山东省菏泽人，2019 级比较文学与世界文学专业硕士研究生

① 张秀娟. 电影的非线性叙事［D］. 兰州：兰州大学，2010.
② 方英. 小说空间叙事论［M］. 上海：上海交通大学出版社，2017：75.

一、推理小说与空间叙事

20 世纪以来，现代、后现代作家们的创作逐渐打破了时间线性叙事的局限，小说呈现出明显的空间性特征。在 20 世纪 80 年代后期应运而生的新本格派推理小说不可避免地受到了后现代主义的影响，作品内容更加丰富多元，叙事上不再单单遵循时间的线性规律。空间叙事理论的发展，为探讨新本格派推理小说的创作特征提供了新的文学批评视角。

推理小说是一种公开展示解谜线索、需要读者参与推理的特殊小说类型。解谜的过程即是作者与读者斗智斗勇的过程。作者往往在保证线索公平性的基础之上，通过严谨巧妙的布局、匪夷所思的诡计来吸引、迷惑读者。案件发生的场所空间往往在作者设置谜题的过程中发挥着至关重要的作用。推理小说中最常使用的诡计有密室杀人、暴风雪山庄、叙述性诡计等。作者或利用空间的封闭性特点，或改变事件的先后叙述顺序，以此成功建构一种存在逻辑悖论的"不可能犯罪"，从而制造悬念引起读者解谜和阅读兴趣。例如，横沟正史在 1946 年发表的《本阵杀人案件》这一长篇小说中，创作了一桩不折不扣的双重密室杀人事件。新婚夫妇惨死在呈密室状态的婚房之中，屋外雪地中除了一把染血的武士刀，没有留下任何足迹。在解谜过程中，作者运用"叙述性诡计"，将一个容貌被毁的过路人描述成与被害人相关的神秘复仇者，成功把读者的注意力转移到一个无关的过路人身上。读者的推理随着过路人之死而陷入僵局，最后只能由侦探揭晓谜底。所谓密室谋杀，只是新婚丈夫不满妻子但又碍于身份不能悔婚所做的自杀陷阱。整部作品谜团华丽、逻辑严谨，标志着日本推理小说正式进入本格时代。20 世纪 80 年代后期，日本推理小说经过本格派、社会派推理小说之后，掀起"本格回归"的风潮。新本格派推理小说在本格派推理重逻辑解谜的基础之上，积极吸纳惊悚、幻想等不可思议的新元素。小说中单一现实世界的设定被打破，"意识流""元叙事""量子叙事"等后现代写作技巧的运用使得谜团更加错综复杂，文本空间的呈现也更加丰富多元。

1945 年，约瑟夫·弗兰克（Josef Frank）在《现代文学中的空间形式》中率先提出小说空间形式理论，从语言的空间形式、故事的物理空间、读者的心理空间三个方面结合现代主义文学作品进行了阐释，引发众多学者对文学作品中空间形式问题的关注。20 世纪下半叶，文学叙事学研究开始空间转向。空间不再附属于时间叙事，而成为一种决定叙事发展的内部力量。查特曼（Chatman）在《故事与话语：小说和电影中的叙事结构》中区分了"故事空间"和"话语空间"。加布里尔·佐伦在《走向空间叙事理论》这篇文章中，从纵向维度划分了文本空间结构的三个层次：地质学、时空体以及文本层次的空间，在横向维度提出总体空间、空间复合体与空间单位。龙迪勇在《空间叙事研究》一书中，在综合考察各类现代、后现代小说的基础上提出了叙事结构层面的空间形式类型，即中国套盒、圆圈式结构、链条式结构以及橘瓣式、拼图式、词典体等。京极夏彦自 20 世纪 90 年代开始创作长篇推理小说，深受后现代主义的影响。小说情节不再依据线性时序展开，空间成为作者推动谜题发展的关键因素。自弗兰克以来，空间叙事理论的蓬勃发展为解读像京极夏彦推理小说这类具有空间叙事特征的作品提供了更加贴切的阐释方法。

二、谜题建立与地志空间

加布里尔·佐伦叙事空间理论中地志学层次的空间，既包括一系列对立的空间概念，如乡村和都市；也包含人物存在的形式空间，如现实与幻境。在京极夏彦的妖怪推理小说中，明显地存在着妖怪与人类世界两个空间。京极夏彦将现实世界中人物的居住空间设定为妖怪出现的最理想场所，渲染妖怪氛围的同时重塑了人物的心理世界。人物内心关于妖怪的幻想与现实逐渐融为一体，妖怪于是悄然登场，为案件蒙上一层妖怪作祟的神秘色彩。

佐伦在其文章中格外强调读者参与对于空间建构的重要意义，他表示空间的构成不仅依赖于文本而存在，还与读者的阅读体验密切相关。在小说《阴摩罗鬼之瑕》中，作者开篇转引了有关阴摩罗鬼的古籍记载。"藏经中云初有新尸气变化阴摩罗鬼，其形如鹤，色黑，目光如灯火，振翅高鸣，此出《清尊录》。"① 京极夏彦每一部小说的开篇均引用古籍中带有插图的妖怪记载，直观的视觉冲击以及扑面而来的历史古朴感，瞬间将读者带入一种悬疑、诡异的气氛之中。故事主人公由良伯爵的居住空间为摆满了鸟尸体标本的西洋风石造公馆，这里又被人称作鸟城。古籍中阴摩罗鬼为尸气所变、形如黑鹤的细节描写，再加上故事发生场所为遍布鸟尸体的鸟城，这种场所与妖怪相互契合的设定无疑增强了这一妖怪在读者内心的真实存在感，故事未始作者已经在读者心里埋下了妖怪作祟的种子。

"人之于空间是一种复杂的交互关系：一方面，人通过自身的行为与思想塑造人之所在的空间；另一方面，空间也在人们能理解的意义上塑造人自身的行

---

① 京极夏彦. 百鬼夜行长篇系列：阴摩罗鬼之瑕［M］. 王华懋，译. 上海：上海人民出版社，2012：12.

为和思想。"① 人物居住空间的封闭性、妖怪性特征在渲染恐怖、悬疑氛围的同时也影响着人物心理空间妖怪的产生。"大紫胸鹦鹉、红绿金刚鹦鹉、红斑长尾鹦鹉。他们的眼神一如既往。有些鸟在我出生于这里时就已经身在此处。不，听说有些鸟甚至比这栋建筑物年岁更长。即使如此，在我尚未成熟的时日，并没有那么多鸟。这上百只的鸟，是在漫长的岁月中，一只又一只地自外界造访，并定居下来的……我踏上铺设在中央的暗红色地毯，孔雀与凤冠雉在楼梯欢迎我。"② 由良伯爵患有先天性心脏病，自小生活在充满尸体标本的封闭空间，久而久之标本在其眼中变成了拥有生命的活物，幻想与现实合二为一。热奈特（Genette）在《叙事话语》中以"聚焦"一词来代替"视角"并划分了三种形式，分别为零聚焦、外聚焦和内聚焦。内聚焦叙事是指叙述者所说的仅限于某个人物所了解的信息，因此文本只能呈现人物所知道的事情，人物的疑惑也就成为读者的疑惑。叙述者关于案件的逻辑分析受挫而转向妖怪性猜测引发读者心理空间同样的猜测，于是读者落入作者的叙述圈套。作者以伯爵视角表现了鸟尸体标本的生命意识，同样在读者心理空间留下一种鸟标本似乎活着的错觉。

热奈特将内聚焦细分为固定式、不定式以及多重式，京极夏彦在此处使用的是多重式内聚焦，描写了不同人物对于同一个对象怪异鸟城的体验。由良伯爵视角下的鸟城是一片祥和、充满爱意的温暖景象，而在外来者关口巽的视角下呈现出的却是完全不同氛围的鸟城空间。

"可是除了建筑物体夸示般的压迫感，还有另一个事物震撼了我……那是数量骇人的视线。……视线的来源是鸟。巨大的空间里，充满了鸟。所有的墙上都嵌满了盒子、架子。到处都是鸟，各式各样的鸟……但是没有一只鸟是活的，那是标本。"③ 到处都是鸟标本的鸟城带给关口巽的感觉只有诡异与恐怖，与鸟城主人伯爵的感受形成强烈反差。"新品种？就算是那样也太黑了。黑得犹如乌鸦，那只鹤漆黑得仿佛要将周围的光明吸收殆尽。黑色的比其他任何一只鹤都要巨大，威风凛凛地伸展双翼。相当异常。"④ 在由良伯爵的书房站立着一只如古籍中阴摩罗鬼一样的黑鹤，关口巽内心对于妖怪存在的感受愈加真实同样增

---

① 童强. 空间哲学 ［M］. 北京：北京大学出版社，2011：79.
② 京极夏彦. 百鬼夜行长篇系列：阴摩罗鬼之瑕 ［M］. 王华懋，译. 上海：上海人民出版社，2012：47.
③ 京极夏彦. 百鬼夜行长篇系列：阴摩罗鬼之瑕 ［M］. 王华懋，译. 上海：上海人民出版社，2012：97－98.
④ 京极夏彦. 百鬼夜行长篇系列：阴摩罗鬼之瑕 ［M］. 王华懋，译. 上海：上海人民出版社，2012：445.

强了读者心理空间中对于妖怪体验的真实感。由良伯爵过去四次娶妻，新婚妻子都在婚礼初夜离奇死亡而凶手却至今毫无线索。在警察、用人以及侦探团中关口、榎木津礼二郎等众多人物守夜的情况下，第五次婚礼时新娘却仍然未能幸免于难。作者以伯爵视角的叙述促使读者产生鸟尸体标本具有生命意识的错觉，又通过关口巽视角表现了鸟尸体标本的诡异与不祥气息，两者对于鸟城感受的鲜明对比极大地凸显了鸟城的异常。充满数以百计鸟尸标本的鸟城中真实地存在着如同阴摩罗鬼一样的黑鹤，伯爵家新娘受诅咒而死的传言变得十分可信。

　　妖怪是京极夏彦谋篇布局的核心要素，其在现实世界登场的过程也就是谜题建立的过程。在这一过程中，京极夏彦往往通过具有妖怪性特征的居住空间与人物心理空间的互动完成。《姑获鸟之夏》中的妇产科医院和产女妖怪，《狂骨之梦》中形如骷髅的"脑髓屋舍"与骷髅妖怪，《铁鼠之槛》中的神秘古寺与高僧怨灵所化的铁鼠妖怪，《络新妇之理》中的蜘蛛网公馆与女郎蜘蛛妖怪等。京极夏彦一方面充分利用小说中的地志空间特点，营造出妖怪作祟的表象；另一方面却不断重申世界上不存在不可思议之事。案件真相到底如何，在读者心理空间成为一个亟须解答的谜题。

三、谜面展开与时空体空间

　　京极夏彦以地志空间中妖怪的出场，初步建立起案件谜题，谜面同样围绕着开篇古籍中所引载的妖怪来展开。佐伦在其文章中指出时空体的空间即由事件和运动形成的空间结构，它体现为共时和历时两种关系。京极夏彦在铺陈谜面情节时以章节之间视角的切换带动空间的转换，以此交叉并置了不同时空发生的故事。作者有意弱化了时间概念，转而以空间的转换、案件的发生来表现时间的流逝。不同空间并置呈现了一个个碎片化的离奇故事，这些故事中的人物、地点各不相同，除了含有共同的妖怪元素之外，难以发现其他的关联。案件从而变得愈加错综复杂，疑窦迭起。

　　《络新妇之理》中的故事主要围绕着纺织业财阀织作家族展开，织作家族居住的地方被称为蜘蛛网公馆，小说中所有事件形成的空间结构就像是一张错综复杂的蜘蛛网。幕后凶手如蜘蛛般安坐蛛网中央巧妙设计各种巧合，以此构成蛛网上呈放射状的纵线，从而引发一连串看起来毫无关联的凶杀案组成一圈圈围绕着纵线的横线。第一章中警察木场修在一桩密室杀人案现场发现一名女性被特殊凶器凿穿眼睛，目击凶案的只有在窗上结网的蜘蛛。这已经是第四起发生在不同场所的"溃眼魔"案件；第二章中地点转换至基督教贵族女校，以学生吴美由纪视角叙述了吸血的黑圣母诅咒杀人仪式、"绞杀魔"案件以及十字架背后的大蜘蛛；以钓鱼店老板伊左间的视角讲述了发生在蜘蛛公馆的织作家族长女、父亲相继去世，次女女婿众目睽睽之下被杀案件；真实凶杀案件交织着女性社会运动、家族秘史以及恐怖传说，读起来云里雾里，使读者难以找到解谜的方向。

在《狂骨之梦》中，作者以形似骷髅头的妖怪狂骨串联起一系列主线凶杀案之外的支线事件。作者首先通过宇多川朱美的错乱心理空间，埋下妖怪作祟的悬念。在精神分析医师降旗弘的视角下，故事发生的空间转换至基督教教堂，降旗弘无法用自己的精神分析学知识阐释自己、白丘牧师与宇多川朱美相似的骨头梦，而同样陷入精神崩溃状态。由他引出二子山一群男女围绕骷髅头金字塔进行神秘仪式的怪异事件以及神主寻求骷髅头的事件，以小说家关口巽的视角，讲述了其在葬礼上听宇多川崇讲述宇多川朱美被其搭救，找回身份后精神异常变化的故事以及葬礼后宇多川崇被杀事件。在钓鱼店老板伊左间的视角下，故事空间经历了由海边到桃圃馆再到神秘古寺的转换。伊左间偶遇朱美和穿着战后返乡服的神秘男子，夜访没有本尊的神秘古寺；在警察木场修太郎的视角下讲述了神奈川的"金色骷髅事件""逗子湾首级事件""二子山集体自杀事件"以及与这些案件有关联的和尚诱拐少女事件、"死吧"教团事件、八年前申义分尸杀人案件、自称南朝正统的"熊泽天皇"事件等多个不同时空的故事。妖怪传说、神话、历史与宗教等知识交叉呈现，故事中的人物、地点、情节也各不相同，唯一的相同点——骷髅头却让情节更加的恐怖、诡异。

作者不仅依靠空间转换并置呈现不同时空故事、架构起复杂庞大的妖怪宇宙，还通过空间的不变来打乱事件发生顺序从而成功误导读者。《狂骨之梦》中作者在第一章首先讲述了居住在海边的宇多川朱美在山村和渔村两个空间记忆的拉扯下，艰难回忆起前夫被杀、自己成为嫌疑人被审讯的往事。紧接着同样是在海边，伊左间偶遇朱美并留宿在她海边的家中，听她讲述了同样的故事——自己成为杀害前夫的嫌疑人，只不过增添了些前因后果。两件本是同时发生的故事却因空间的相同给读者造成同一空间内相继发生的错觉。同样的地理空间海边，同样的朱美名字，再加上诉说着同样的故事，作者成功地让读者理解为前后的朱美是同一个人，以此消解了第一章中宇多川朱美不同记忆空间相互撕扯的现实合理性原因，使得妖怪作祟更加真实可信。

四、谜题解答与文本空间

京极夏彦通过设定独特的地志空间、布局巧妙的时空体空间，成功营造了妖怪作祟的神秘空间。奇诡怪异的妖怪传说使得案件变得愈加错综复杂的同时，也是案件破解的核心所在。佐伦在其文章中指出文本空间即文本所表现的空间，它受语言的选择、文本的线性时序以及视角结构三方面的影响。文本中的妖怪故事不仅象征着人物异常的欲望空间，也暗自与案件谜底相呼应。作者通过京极堂这一侦探视角呈现了多重知识空间，采用知识性逻辑推理的方式逐步驱除附着在人们身上的妖怪，促使众人得以理解案件始末。丰富多元的文本空间在增强推理小说文学性、趣味性的同时也表现了京极夏彦对社会现实问题的思考与关怀。

不同于一般推理小说中依据作案动机推断嫌疑人的设定，京极夏彦的推理小说中每一个凶案的发生，警察都苦于找不到作案动机而迟迟无法锁定犯罪嫌疑人。例如，在《阴摩罗鬼之瑕》中，鸟的尸体标本自伯爵一出生就陪伴着伯爵，早已成为他的家人。因此在由良公爵看来，存在就是活着，消失在眼前才是死亡。妻子成为家人即意味着变成不会动的标本，于是他在新婚之夜仿照父亲用三氯甲烷制作标本那般致使新婚妻子窒息而死。直到翌日凌晨妻子的尸体被警察发现并带走，看不到她的伯爵才意识到妻子的死亡而伤心不已。警察虽然每次怀疑伯爵，但都由于缺乏动机，找不到伯爵杀害深爱妻子的合理性而放弃。真凶被排除在外，案件于是成为一桩妖怪作祟的悬案。

京极夏彦在小说中强调并没有任何犯罪是在明确动机下被严肃实行的，尤其是杀人，这一行为都是在人类某个心灵异常状态的瞬间发生的。所谓动机，都是案件发生后他人为便于世俗理解所编造出的一套说辞。妖怪性推理小说意味着案件推理的核心是通过妖怪传说来破解谜题，妖怪象征着人物心灵的异常状态，通晓妖怪的特性往往就能够推理出案件的真相。《铁鼠之槛》讲述的是箱根山上一个不为人知的神秘古寺中僧侣接连被杀事件。原北宗派寺院被南宗派僧人占领，只剩下一位守护寺庙70余年的仁秀高僧。仁秀不满南宗派僧人进入大悟境界，于是接连杀害顿悟的僧人。故事开篇引载了高僧赖豪化鼠的故事传说。平安时代末期寺门派高僧赖豪因与比叡山之间的宗派斗争绝食而死，死后怨灵化为数以万计的老鼠，涌入比叡山经藏，啮咬经典。《铁鼠之槛》中的铁鼠妖怪即为死于佛门争斗的高僧赖豪怨灵所化，喻示着本应六根清净的僧人内心却充斥着污秽私欲。高僧赖豪化鼠复仇的传说恰恰与案件真相高僧杀人相呼应。

京极夏彦推理小说中的侦探角色也不同于一般推理小说中的侦探设定，榎木津礼二郎是一个能够看到他人记忆的不靠谱侦探，真正担任侦探功能、凭借知识性推理解开案件真相的人物是京极堂。他同时拥有三个身份，分别是神社武藏晴明社的神主、阴阳师和旧书店老板。案件初始，他已凭借其丰富的知识储备通晓案件真相。《铁鼠之槛》中，案件发生的同时山上开始有大量老鼠出没。京极堂从盲眼按摩师口中得知自称为鼠的僧侣自白杀了人且感叹渐修悟入终归是难事。于是他推断出这个自称为鼠的僧侣属于时已衰微的北宗禅，而寺院中的僧侣全是修行顿悟禅的南宗禅。寺院旁的草堂住着一位名为仁秀的老人，而仁秀恰与北宗之祖六祖神秀的读音相同。再加上高僧化鼠的传说，在众人皆一筹莫展之时京极堂已经推断出僧侣连续被杀的真凶为仁秀。

　　京极堂虽然在案件发生之初便已推理出案件真相，但由于缺少让众人理解的逻辑和物理性证据而无法揭开真相。因此作者安排了怪谈小说作家关口巽、侦探榎木津礼二郎、刑警木场修、记者中禅寺敦子、钓鱼店老板伊左间等这些不同身份的人物从多个视角呈现诸多表面毫不相关的支线事件。铺展谜面的同时也为谜底的揭晓做足了铺垫。所有的信息最终汇总到京极堂这里，由他补充案件背后所涉及的妖怪、神话传说、哲学、宗教、心理学、医学、历史等多重文本空间。由此碎片化的事件像拼图一般被串联起来，众人因此得以理解案件真相，先前妖怪作祟的恐怖氛围也随之烟消云散。在《铁鼠之槛》中，京极堂通过讲述日本禅宗发展历史、箱根山土地转卖史以及地震等自然灾害对箱根山的影响，向众人解答了箱根山古寺的形成过程以及如今没有被列入行政区划的原因，揭开了古寺远离人世、不为人知的神秘面纱。僧人因顿悟成佛而被杀，死后或出现在山下旅馆的庭前柏树上，或被倒插在厕所里，或在土牢中三斤大麻旁，或倒在大殿门前旗杆旁边。这恰恰是禅门公案中"如何是佛"的答案，即前柏树、干屎橛、麻三斤以及倒却门前刹竿著。由此，作者以博学多识的京极堂视角，驱除了附着在众僧人身上的铁鼠妖怪，帮助众人得以理解神秘古寺的僧人连续被杀案件的前因后果。

　　京极夏彦的推理小说既具有本格派推理重逻辑解谜的特点也兼备社会派推理中社会写实的一面。其推理小说背景设定在二战刚刚结束不久的20世纪50年代初，作品中战争对人物悲剧命运的影响显而易见。作品着重表现的不是凶手高超的作案手法抑或侦探精妙绝伦的破案技巧，而是通过妖怪的现代化阐释，着重描写人类心理空间各种扭曲的欲望。《魍魉之匣》中的畸形之恋，《狂骨之梦》中的王权贪念，《铁鼠之槛》中为悟而悟的执念，《涂佛之宴》中长生不老的妄念，等等；其次，小说中多重文本空间的呈现也表现了作者对于社会问题的现实观照。《络新妇之理》中家庭与社会中的两性问题，《魍魉之匣》中利用医学技术创作永生人的医学伦理问题，《铁鼠之槛》中的佛教宗派争斗问题，等等。

结　语

不同于传统推理小说创作以现代科学知识为圭臬，京极夏彦在其推理小说中引入象征异常心理的妖怪元素，兼具奇诡怪异与科学理性。小说中案件本身并不复杂，熟悉京极夏彦创作模式的读者根据妖怪故事与案件真相相呼应的特点，或许很快就会推理出凶手是谁。但是由于京极夏彦并不强调作案动机，读者提前知晓凶手也并不等于了解案件真相，这也是京极夏彦妖怪推理小说独具魅力的地方。作者在谜面铺展的过程中打破了文本的时间线性叙事结构，以空间逻辑统辖作品，呈现了一系列不同时空有着妖怪元素的故事。最后，作者借助拥有着渊博学识的京极堂这一角色，通过知识性推理的方式带领书中人物及读者理解案件的来龙去脉。妖怪传说、神话、历史、宗教、哲学、心理学、医学等多重文本空间的呈现不仅极大地提升了推理小说的文学性、学术性以及观照社会的现实性，也增强了读者参与小说推理的趣味性、游戏性。

参考文献

[1]　[日]水木茂. 妖怪大全 [M]. 王维幸，译. 上海：南海出版社，2017.

[2]　童强. 空间哲学 [M]. 北京：北京大学出版社，2011.

[3]　方英. 小说空间叙事论 [M]. 上海：上海交通大学出版社，2017.

[4]　程锡麟. 叙事理论的空间转向——叙事空间理论概述 [J]. 江西社会科学，2007（11）：25 – 35.

[5]　龙迪勇. 空间叙事学 [M]. 北京：生活·读书·新知三联书店，2015.

[6]　褚盟. 简单的谋杀——世界推理小说简史 [M]. 苏州：古吴轩出版社，2017.

[7]　张秀娟. 电影的非线性叙事 [D]. 兰州：兰州大学，2010.

[8]　邓茂夏. 京极夏彦推理小说特点研究 [D]. 昆明：云南师范大学，2016.

[9]　弓慧敏. 日本推理小说叙事模式研究 [D]. 青岛：青岛大学，2018.

神话原型批评视域下的《阿弗尔诺》研究[*]

露易丝·格丽克（Louise Glück, 1943—），美国当代著名女诗人，2020 年获得诺贝尔文学奖，其颁奖词中这样写道："因为她无可辩驳的诗意声音，用朴素的美使个人的存在变得普遍。"① 这一评价可谓一语中的，指出了格丽克诗歌的最大特征——探索个体生命存在的普遍性。2006 年格丽克发表的诗集《阿弗尔诺》被学界认为是继《野鸢尾》之后最好的作品。在这部诗集中，她对古希腊罗马神话的运用达到了登峰造极的地步，通过对神话故事的改写，加入现代化因素，甚至直接将人物变形为现代社会中的普通男女，将神话与现代社会融合在一起。诗歌中反复出现的神话人物，讲述的不仅仅是神话故事本身，还与现代社会生活紧密相关，突出的是个人的内在精神生活和外部社会生活，正如丹尼尔·莫里斯（Daniel Morris）的评价："用神话人物作为伪装，创造了具有公众意义的个人叙事。"② 神话原型是格丽克诗歌的外衣，在此之下隐藏的是格丽克对于全人类普遍面临的生命、存在和死亡等一系列问题的深沉思索。

因此，本文将从"神话原型"批评的角度入手，研究格丽克作品中神话原型的复杂位移，厘清其对古希腊罗马神话所做出的创造性表达，还原作品的本真面貌，以此挖掘文本的多重内涵和现代启示意义。

一、格丽克人生经历与神话情结

1943 年 4 月 22 日，露易丝·格丽克出生在美国纽约长岛，她生活在一个崇尚知识的家庭，格丽克曾在随笔《诗人的教育》③ 一文中谈到过家庭情况以及早年经历。在格丽克幼年时期，她的父母就给她讲述希腊神话以及古典故事，

＊ 孙岩（1995—），女，山东省菏泽市人，2020 级比较文学与世界文学方向硕士研究生。

① Nobel prize. org, The Nobel Prize in Literature 2020：Louise Glück.

② MORRIS D. The Poetry of Louise Glück：A Thematic Introduction ［M］. Columbia, MO：U. of Missouri Press, 2006.

③ GLUCK L. Proofs and Theories：Essays on Poetry ［M］. Hopewell：The Ecco Press, 1994.

这些教育深刻地影响了格丽克的一生，也正是在这些古典叙事的影响下，她开始了自己的创作生涯。青春期时，格丽克患上了神经性厌食症，几度濒临死亡，是心理治疗将她从死亡的边缘拉回来。她曾经反思自己的厌食症和自己试图从母亲那里宣告独立有关，因此在格丽克的作品中，多的是控制欲极强的母亲形象，如德墨忒尔；还有极力反抗权威和追寻自由的女性形象，如珀耳塞福涅和达佛涅；也有大段关于死亡意象的描写。柳向阳曾说：“纵观格丽克的 11 本诗集，她一次次回到希腊神话，隐身于这些神话人物面具后面，唱着冷冷的歌。”①

格丽克对于神话的兴趣鲜明地体现在她的每一部作品中，这种兴趣，一是来自创作素材的需要，二是将个人体验转化为诗性表达的诉求。格丽克的家庭生活、爱情和婚姻都遭遇了一定的不幸，她一生经历了两次失败的婚姻，生活也不尽如人意，现实的打击促使她转身投入神话的世界，借神话人物之口表达自我。在早期的诗集中出现了阿波罗和达佛涅（《神话片段》）、西西弗斯（《高山》）等，后期诗集如《草场》《新生》《阿弗尔诺》中也有如奥德修斯、珀耳塞福涅、塞壬、喀尔科等希腊神话中的孤男怨女。这些神话人物被加了现代性因素，摇身一变成为格丽克诗歌创作的素材，极大地满足了创作的需要。其次，诗歌是极具私密性的艺术，将私密的个人体验外化为诗歌的形式并以文字作为载体落实到纸上供大众阅读，是诗人毕生的追求。柳向阳称：“格丽克诗歌的一个重要特点就在于她将个人体验转化为诗歌艺术，换句话说，她的诗歌极具私人性，却备受公众喜爱。”②而神话原型作为一种“种族记忆”，使全体人类获得先天的一系列意象和模式，这一特点使其成为格丽克传达个人体验的重要工具。这足以证实神话对格丽克创作大有裨益。

以上材料简单概括了格丽克的人生经历以及神话情结，但不难看出，虽然格丽克极力反对将自己的诗歌作为自传性作品来阅读，但是，个人经历确实是她诗歌创作的背景，神话元素也在她的作品中起着举足轻重的作用。

二、《阿弗尔诺》中的神话原型

20 世纪神话原型批评作为西方一种重要的批评方法兴起，主要代表人物是诺斯洛普·弗莱（Northrop Frye）。弗莱认为，神话是“文学的机构因素，因为

---

① 柳向阳. 露易丝·格丽克的疼痛之诗 [J]. 世界文学, 2014 (4): 269 - 275.

② 柳向阳. 露易丝·格丽克的疼痛之诗 [J]. 世界文学, 2014 (4): 269 - 275.

文学总的来说是'移位'的神话"①。也就是说文学传统在本质上来源于神话，神话是文学产生的重要源泉。我们都有这样的体验：越是伟大的文学作品读起来越是感觉隐约含糊、错综复杂，大有"一千个读者就有一千个哈姆莱特"的效果。在弗莱看来，这种现象产生的原因在于"作家故意尝试新奇或陌生的技巧，结果便使原型变得驳杂隐晦"。作家将作品中的神话原型进行移位，即神话原型置换变形，使之与当时的社会现实相结合，传达出作者对于时代和社会问题的思考。

《阿弗尔诺》是露易丝·格丽克的第十一部诗集，出版于 2006 年。诗歌中的阿弗尔诺是一个小的火山湖，位于意大利那不勒斯西部，古罗马人将其神化为地狱的入口。该诗集共收录了十八首诗，每一首诗都不是独立存在的，前后关联性极强，极具完整性。在神话中珀耳塞福涅被冥王哈得斯掳到冥界为冥后，德墨忒尔想尽办法将其救出，她却在冥王的诱惑下误食了冥界的食物（石榴），所以每年要有三分之一的时间留在冥界。诗集在此神话原型的基础上进行了加工，通过对神话原型的移位，以珀耳塞福涅的神话原型为基础进行创造性表达，讲述当代人的精神迷惘、困惑、痛苦和挣扎。作品介入了诗人的个体人生体验，充满了现代性元素，因此该作品也常被称为"现代经典"。克里斯托夫（Christophe）称《阿弗尔诺》是格丽克的杰作，"毫无疑问，她正站在创造力的顶峰"。②

在《阿弗尔诺》中，德墨忒尔成为一个过度控制的母亲形象，哈得斯是死亡的代表，珀耳塞福涅则是在生死之间、爱与性之间、母亲与情人之间苦苦挣扎、分裂的少女形象。从这一角度来谈，原型人物、原型意象和原型母题可以作为很好的切入点。

（一）原型人物：德墨忒尔形象的置换变形

《阿弗尔诺》从神话中汲取了丰富的资源，格丽克从三岁起就开始接触希腊神话，有着丰富的底蕴和素养，这使得她可以自如地应用神话典故。在希腊神话中，德墨忒尔丢失了女儿，悲痛欲绝，竭尽全力想要将女儿救出冥界，甚至不惜胁迫宙斯，这是一个伟大的母亲形象。而在格丽克的诗歌中，这一形象发生了变化，这一变化无疑与诗人的家庭生活经历有密切的关系。在她的随笔

---

① 诺斯洛普·弗莱. 批评的解剖［M］. 陈慧，袁宪军，吴伟仁，译. 天津：百花文艺出版社，2006.

② CHRISTOPHER N. Art of Darkness［N］. The New York Times, 2006.

《诗人之教育》中，她谈到在她的家里"所有的讨论都要以单一的配合语气进行"①，"我很早就有一种强烈的意识：如果不能精确、清晰地说出观点，说话就没有意义"②。不难看出，格丽克的家庭氛围更加偏向严肃、庄重。在谈及母亲时她说"我母亲是那种家庭总管式的道德领袖、政策的制定者"③，"姐姐和我在每一种天赋上都得到了（母亲的）鼓励，如果我们哼哼个不停，我们就上音乐课；如果我们蹦蹦跳跳，就去学舞蹈"④。格丽克十分肯定母亲在智力上的成就以及创造性的天赋，但这并不妨碍诗人对她控制欲极强的认知，这种认知同样被带到了诗歌中，德墨忒尔的形象在一定程度上就沾染了这种习性。在《漂泊者珀耳塞福涅》第一版中有这样的描写：

> 在第一个版本里，珀耳塞福涅/从母亲身边被抢走/于是这位大地的女神就惩罚大地——这种情形/与我们知道的人类行为相一致/人类获得深度的满足/在进行伤害时，尤其是/无意识的伤害：/我们可以称之为/消极创造。⑤

在这里，开篇诗人就用了一个"抢"字，不仅显示出这场掠夺的暴力程度，也暗示了"女儿理应属于母亲"，直白又强烈地表现了"母亲"的控制欲。"人类获得深度满足/在进行伤害时，尤其是/无意识的伤害/"一节指出德墨忒尔的愤怒并非来自对女儿的担忧，而是来自所属品被抢走这一事实。实质上对于珀耳塞福涅来说，这种看似是保护性的照管，其实是对自由的剥夺，这无疑是一种伤害。但是对于身为母亲的德墨忒尔来说，她的满足感和幸福感正是建立于此。因此，诗人对这种行为下了定义：消极创造。这是一组对立性的词语，"创造"本身是积极的、充满希望的，冠上"消极"一词，就有了一种冲突感，也能让读者体会到希冀感和束缚感混合在一起的复杂情绪。

> 为她预备的可怕的团聚/将耗去她余下的生命/当补偿的热情/漫长而热烈，你就不再选择 /自己活着的方式。你并没有活着/也不允许你死去/……/在珀耳塞福涅的故事里/这个故事应该被读作/母亲与情人之间的一场争执——/女儿只是内容。⑥

诗人站在当代言说者的角度为这种"团聚"冠上了"可怕"这一限定词，

① GLUCK L. Proofs and Theories：Essays on Poetry［M］. Hopewell：The Ecco Press, 1994.
② GLUCK L. Proofs and Theories：Essays on Poetry［M］. Hopewell：The Ecco Press, 1994.
③ GLUCK L. Proofs and Theories：Essays on Poetry［M］. Hopewell：The Ecco Press, 1994.
④ GLUCK L. Proofs and Theories：Essays on Poetry［M］. Hopewell：The Ecco Press, 1994.
⑤ 露易丝·格丽克. 直到世界反映了灵魂最深层的需要：露易丝·格丽克诗集［M］. 柳向阳，范静晔，译. 上海：上海人民出版社，2016：40.
⑥ 露易丝·格丽克. 直到世界反映了灵魂最深层的需要：露易丝·格丽克诗集［M］. 柳向阳，范静晔，译. 上海：上海人民出版社，2016：44-45.

随即又对人生的意义发表了看法："你就不再选择/自己活着的方式。""你并没有活着/也不允许你死去。"被迫行走在阴阳两界的珀耳塞福涅反倒成了罪人，而这一切罪名都是专横恶毒的母亲（德墨忒尔）为其冠上的。在诗歌的最后，诗人尖锐地指出这场对女儿开展"营救"的实质：女儿在母亲眼中被物化，是一场争执的"内容"，也是获得胜利和满足的象征，这就是诗人所要讲述的扭曲了的母爱的实质。古典神话故事引发了诗人对重大人生意义的思考，因为"古希腊罗马文化将文化定义在人的内在道德性上。苏格拉底著名的'认识你自己'和'知识就是美德'的命题，最为典型地表达出哲学对人内心宁静和德性境界的核心关注。"[①] 诗人对德墨忒尔控制欲的描述，何尝不是在抒发个体对自由的向往和挣脱束缚的渴望呢？

在《漂泊者珀耳塞福涅》第二版中，诗人的用词更加尖锐，开篇即指出"在第二版里，珀耳塞福涅/已经死去。她死了，她的母亲满心悲伤——"因此，第二版的前提是珀耳塞福涅已经不存在，那又从何角度去论证"漂泊者"这一概念呢？诗人选择了从德墨忒尔的角度出发，讲述一个母亲歇斯底里地想将女儿"塞回自己身体"的故事。

> 她注视着这个婴儿的面孔。她想：/我还记得你不存在的时候。婴儿/困惑了；后来，婴儿的观点是/她一直就存在，正如/她的母亲一直就存在/……/比如，女儿的/出生是无法忍受的，她的美/也是无法忍受的；她回忆起这些/她回忆起珀耳塞福涅/她的天真，她的娇弱——/当她寻找女儿之时，她在计划什么？/她正发出/一个警告，含意是：/你在我的身体之外做什么？/……/女儿的身体/并不存在，除非/作为母亲身体的一部分/无论多大的代价/都要携带的一部分/[②]

在这一版里德墨忒尔干脆否定了女儿作为独特个体的存在，女儿被物化为她的附属品，一旦脱离她的掌控就要被彻底摧毁，这种极度的掌控欲令人不寒而栗。诗人的笔锋愈发尖锐，句句都好似从内心深处发出的呐喊，压抑、无助、歇斯底里的情绪从笔端自然而然地流露到纸上。

莫里斯在就《阿弗尔诺》论证格丽克诗歌对希腊神话的借鉴时说："这部作品……强调的是母女之间的关系。虽然由六十岁年纪的人来书写生活，但格丽克作为一个进入成熟期的女性，她尝试以当代言说者的视角继承传统叙事形式

---

① 贾应生. 内在精神道德与现代文化建设 [J]. 甘肃社会科学，2019（6）：98－105.

② 露易丝·格丽克. 直到世界反映了灵魂最深层的需要：露易丝·格丽克诗集 [M]. 柳向阳，范静晔，译. 上海：上海人民出版社，2016：123－127.

来取悦母辈——相爱、结婚、维持形象、取悦男性。如同大多数早期的诗歌作品一样，希腊神话给她指出了一条看透人之经历的途径。在这种境况下，尽管珀耳塞福涅、德墨忒尔和哈得斯已被中心化，但对珀耳塞福涅（格丽克）作为三角形之爱的人物角色的改写方面却远非'身体'上过度忍受专横而恶毒的母亲（德墨忒尔）和男性之爱（哈得斯）对控制权的争夺。"① 个人经历是格丽克进行诗歌创作的源泉，诗人对神话中德墨忒尔的形象进行了创造性改写，使之更加具备现代人的特征。她塑造了一个蛮横、专制、恶毒的母亲形象，以传达个体体验，这种对人物形象的置换变形，无疑取得了成功。

（二）原型意象："竖琴"的象征隐喻功能

在希腊神话中，有两篇关于竖琴的故事，其一是河神之女达芙涅被阿波罗美妙的琴声吸引，最终却因无法忍受阿波罗灼热的光而化作一棵月桂树。其二是俄耳浦斯用凄美的琴音打动冥王冥后，得以将死去的妻子欧律狄刻带回人间，却因违背了冥界的规定，永远失去了妻子。在这两个故事里，竖琴都是爱情的象征。情人们因竖琴结缘，但又在外力的阻隔下无法长相厮守。格丽克的《赋格曲》中也反复出现竖琴的意象，在诗人眼中，竖琴象征着爱情，但这把琴仿佛一把裹着蜜糖的尖刃，给诗人带来了莫大的伤害。

> 一张金弓：战时有用的礼物/它那么沉——没有哪个孩子能把它拿起来/除了我：我能把它拿起来/后来我受伤了。那张弓/此时就成了竖琴，它的弦/深深切入我的手掌。在梦中/它既制造了伤口又缝合了伤口。②

"金弓"在神话中是阿波罗的武器，"竖琴"则是阿波罗作为文艺之神的象征，"金弓"和"竖琴"一刚一柔两个完全不同的物品，在诗人眼中却可自由转换，这也是爱情。在爱情之中，最强大坚硬的武器可以变成柔和美好的竖琴，但柔和的琴却可以用它的弦制造伤口，"深深切入我的手掌"。诗人一生中有过两次失败的婚姻，每次都是满载希望地踏入爱的殿堂，却又满身寂寥地离开，因此诗人才说"它既制造了伤口又缝合了伤口"。值得注意的是，在诗人笔下，伤口被"制造"之后又被"缝合"，这体现出诗人虽然对情感失望，但是她并非持否定的态度，其中也有对情感积极意义的认知，这一点是不容忽视的。

关于诗人对于爱情的肯定，并非是断章取义，其在诗歌结尾处这样写道：

---

① MORRIS D. The Poetry of Louise Glück：A Thematic Introduction［M］. Columbia, MO：U. of Missouri University Press, 2006.

② 露易丝·格丽克. 直到世界反映了灵魂最深层的需要：露易丝·格丽克诗集［M］. 柳向阳，范静晔，译. 上海：上海人民出版社，2016：70.

那竖琴意味着什么？/我知道你想要什么——/你想要俄耳浦斯，你想要死亡。/那个说"帮我找到欧律狄刻"的俄耳浦斯/然后音乐开始，灵魂的哀歌/看着那身体消失无形。[①]

在这里，诗人明确将"竖琴"指向了俄耳浦斯，两个"想要"明确表现了诗人对爱的渴求，诗人对俄耳浦斯是认同的。但另一方面，诗人又是悲观的，"音乐开始时那身体消失无形"，是指马上就要逃离冥界的欧律狄刻的消亡。在西方作家的认知里，人类无法认识事物的原因就在于事物是单一的，而我们却是由两种相反的并且品类不同的本性即灵魂和肉体构成的。格丽克的生命中也存在这种矛盾，如她在诗歌中所表述的一样：灵魂如同一面旗帜飘扬在旗杆上，身体却畏缩在朦胧的丛林里。在她看来，灵魂应是随时起飞的鸟，沉重的肉身却不断下坠，诗人渴望自由和爱，却苦于无法求得而悲观失落。值得一提的是，格丽克的作品中暗含着一股积极向上的力。在诗歌阅读过程中，你每每感到阴暗低沉时，紧接着就可以体会到诗人情感态度的转变，就像是一棵绿草默然地在枯黄的草地上抽芽，细细品味，就可以捕捉到枯黄衰败之外那一抹盎然的绿意。

（三）原型母题：死亡母题的价值意义

综观希腊神话，因亲情复活的题材，德墨忒尔和珀耳塞福涅最具代表性。这些故事展现了希腊人对生的渴望、对死的厌弃，他们希望能够通过自己的能力改变生死两级，展现了对人间情感的渴望。但不容忽视的是，神话过于强调失去女儿的大地女神是如何悲痛，而对这场掠夺事件的女主角珀耳塞福涅的描述过少，在经历这一切时她是同样渴望回到母亲身边吗？神话并没有给我们答案。格丽克独辟蹊径，从珀耳塞福涅作为独立个体的观感入手，去描述死亡的意义，这也是在表达诗人本人对死亡的认知。

"死亡"是格丽克诗歌作品中绕不开的话题，正如译者柳向阳所说："她的诗作大多是关于死、生、爱、性，而死亡居于中心。经常像是宣言或论断，不容置疑。"[②] 诗人因其作品中存在大量对死亡的描写，一度被归为"自白派"诗人一行，被称为是"普拉斯充满焦虑的模仿者"。但是冷静审视，会发现格丽克在对待死亡的态度上与自白派存在本质上的差异。她虽然将死亡作为诗歌的主旋律，但并没有像西尔维亚·普拉斯（Sylvia Plath）、安·塞克斯顿（Anne Sexton）那样走上自杀的绝路，而是"以正视不可避免的死亡来体现出她对美好生

---

① 露易丝·格丽克. 直到世界反映了灵魂最深层的需要：露易丝·格丽克诗集［M］. 柳向阳，范静晔，译. 上海：上海人民出版社，2016：75.

② 柳向阳. 露易丝·格丽克的疼痛之诗［J］. 世界文学，2014（4）

命的珍视，以不可遁逃的命运来体现主体选择的自由，从而最终完成了对死亡的超越，体现出诗人对死亡的坦荡和无畏的胸怀，以及她对生命的豁达态度"①。在《纯洁的神话》篇，诗人借助珀耳塞福涅之口，做出了"死亡是另一种新生"的论断：

> 我从不孤单，她想着/将这种想法变成了祈祷/那是死神出现了，就像是对祈祷的回答/没有人能理解/他是多么英俊。但珀耳塞福涅记得/……/我被劫持了，但在她听起来/又是错的，一点都不像她曾经的感觉/然后她说：我不是被劫持的/接着她说：我奉献了自己，我渴望/逃离我的身体。②

珀耳塞福涅口中念着"我并不孤单"，但这种想法马上变成了一种"祈祷"，她并非真的不孤单，在大地之母的掌控之下，她痛苦万分，渴望逃离。死神的出现为她的逃离提供了助力，因此她才不恐惧死亡，也不认为哈得斯所作的是一场"劫持"，而觉得是一种"奉献"，是以死亡为代价，重获自由之躯体。从这种意义上来讲，死亡对于珀耳塞福涅无疑是一种新生。诗人青年时期曾因厌食症数次濒临死亡，但她寻找到了解救自己的办法，大概她也曾多次站在死亡的对面，冷静地审视死亡，直到意识到死亡也并不可怕，这才将自己拉出濒死的深渊。

在《忠贞的神话》中，诗人借冥王哈得斯之口，论述了死亡同美好、爱情之间的联系，他这样说道：

> （地狱是）大地的一个复制品/不同的是这里有爱/难道不是每个人都想要爱吗/……/他想说：我爱你，没有什么能伤害你/但他又想/这是谎言，所以最终他说道/你已死，没有什么能伤害你/这对他似乎是/一个更有希望的开端，更加真实。③

死亡究竟意味着什么？在哈得斯看来，死亡是爱情和幸福的开始。对于珀耳塞福涅来说，她再也不会受到任何伤害，不仅是因为冥王的爱，更因为她已死，已进入冥王的领地之中。在诗人笔下，死亡似乎并不是那么可怖，相反却被诗人营造的一种轻松愉快、充满希望的氛围包围起来，这并不是由于诗人对死亡的蔑视，而是诗人在反复探讨死亡，尤其是对死亡的恐惧之后，终于找到了战胜死亡

---

① 万丽君. 死亡之下的新生：论露易丝·格丽克的诗《新生》［J］. 安徽文学，2014（3B）：75－76.

② 露易丝·格丽克. 直到世界反映了灵魂最深层的需要：露易丝·格丽克诗集［M］. 柳向阳，范静哗，译. 上海：上海人民出版社，2016：91－92.

③ 露易丝·格丽克. 直到世界反映了灵魂最深层的需要：露易丝·格丽克诗集［M］. 柳向阳，范静哗，译. 上海：上海人民出版社，2016：104.

的途径：平静地接受死亡。格丽克所要表达的是：人无法逃离本体的生存困境，因此悲剧是永恒的，而正是在这种永恒性中，方得窥见生命的真谛。

三、结语

《阿弗尔诺》作为露易丝·格丽克创作后期一部极具价值的诗集，以古希腊罗马神话作为载体，聚焦生存、死亡、孤独、存在与丧失等既具体又抽象的主题，给古老的神话披上现代的外衣，注入新鲜的血液，引发了读者的思考和追问。格丽克的诗歌语言朴实自然，天然去雕饰，在其黯淡的外表之下隐藏着一个光彩夺目的世界，读者得以透过文字与诗人共享这沉沦世界之美。语言上的朴实更加衬得思想的深度，诗人并不简单允许意象的生产，而是主张用心灵去探索这些意象的共鸣，"将浅层的东西与深层分隔开来，选择深层的东西"。① 对生与死的追问，对爱的失落与坚守，对孤独和存在的探索，是诗人对生命之美和生存困境之间悖论的揭示，体现了诗人内心世界对生命之美的追寻。从这个角度来说，格丽克是一位值得多角度阅读的诗人。

参考文献：

［1］露易丝·格丽克. 直到世界反映了灵魂最深层的需要［M］. 柳向阳，范静晔，译. 上海：上海人民出版社，2016.

［2］诺斯洛普·弗莱. 批评的解剖［M］. 陈慧、袁宪军、吴伟仁，译. 天津：百花文艺出版社，2006.

［3］贾应生. 内在精神道德与现代文明建设［J］. 甘肃社会科学，2019（6）.

［4］柳向阳. 露易丝·格丽克的疼痛之诗［J］. 世界文学，2014（4）.

［5］万丽君. 死亡之下的新生：论露易丝·格丽克的诗《新生》［J］. 安徽文学，2014（3B）：75 – 76.

［6］MORRIS D. The Poetry of Louise Glück：A Thematic Introduction［M］. Columbia, MO：U. of Missouri Press, 2006：3.

［7］GLUCK L. Proofs and Theories：Essays on Poetry［M］. Hopewell：The Ecco Press, 1994.

［8］CHRISTOPHER N. Art of Darkness［N］. The New York Times, 2006.

---

① Louise Glück. *Proofs and Theories：Essays on Poetry. Hopewell：The Ecco Press*, 1994.

基于 CCL 语料库的"曾经""已经"句法功能考察[*]

引言：时间副词"曾经"和"已经"在汉语中使用频率较高，二者意义相近，功能丰富。迄今为止，纵观前人和时贤的研究情况，我们发现，对"曾经"和"已经"这两个词的研究还存在一些问题。主要是因为学者把主要的精力都放在了两个词语法意义的对比研究上，而忽略或很少提及句法上的对比分析。本文拟从"曾经""已经"的修饰成分以及"曾经"和"已经"与"了""过"的共现情况对其句法功能进行考察，从而归纳总结二者的异同点。

一、"曾经"的句法功能分析

（一）"曾经"修饰的成分

对涉及"曾经"的 800 条语料进行统计分析可发现，时间副词"曾经"作状语频率较高，其后所修饰的主要成分包括：动词性成分 776 例，占总语料的 97%；形容词性成分 6 例，占总语料的 0.75%；修饰数量短语 2 例，仅占总语料的 0.25%。我们的统计也发现，"曾经"偶尔修饰名词，做定语，共计 16 条，占总语料的 2%。

1. "曾经"修饰动词性成分

"曾经"修饰动词性成分主要包括以下两种情况："曾经" + 动词性成分，"曾经" + 状语 + 动词性成分。

A. "曾经" + 动词性成分，如：

（1）我永远也不会忘记［曾经］访问过的一家养老院。

（2）大部分的高中生［曾经］购买油炸类零食，其次是膨化类零食。

例（1）例（2）是"曾经"直接修饰动词性成分"访问过""购买油炸类

---

* 作者简介：王亚楠（1995—），女，山东省平度市人，2019 级汉语国际教育专业硕士研究生。

零食"，所修饰的动词一般不能是光杆动词，动词后通常有助词或宾语。

B. "曾经" +状语+动词性成分，如：

（3）魏晋以后，原来居住在我国西北、东北的一些少数民族［曾经］相继入居中原，建立国家。

（4）这种惊世骇俗的哲学观［曾经］给唯物论带来不小的冲击。

（5）之后我观察到这些两栖动物［曾经］多次出现在他的笔记中。

"曾经"和所修饰的动词性成分之间通常有介词短语、副词、数量短语等成分充当状语，如例（4）中的介词短语"给唯物论"，例（3）中副词"相继"，和例（5）中的"多次"等。

马庆株（1981）曾提出关于动词的两个分类系统，"其中一个系统是按照动词能不能加后缀'着'将动词分为持续性动词和非持续性动词两类"①。按照这个分类标准，笔者对"曾经"所修饰的776例动词进行了统计，发现"曾经"修饰的动词多为持续性动词，共有753例。"曾经"用于表达过去一度如此，现在不如此了，或者说那是以前的事了，现在又另当别论，使具有持续意义的动词处于某种终止状态。如：

（6）如今的心理学也可以凭借其先前［曾经］拥有的某种特殊理论而存在。

（7）我的班主任［曾经］说过："要将'慎独'二字深深埋于心中。"

例（6）加了"曾经"以后，"拥有"这个动词就有了完结，将"拥有某种特殊理论"限制于"先前"这段时间；例（7）中"说"是个典型的持续性动词，它表示的意义不会完结，"曾经"的使用使得"说"这个动作终结于过去。

"曾经"修饰非持续性动词共有37例，其中有10例是动词"出现"，10例动词"发生"，其余17例为动词带结果补语的动补型动词。如：

（8）早在之前的比赛中，张杰就［曾经］出现在观众席中。

（9）在这个无人问津的小山村，［曾经］发生过一次剧烈的地震。

（10）华硕集团［曾经］公开砸毁了质检未达标的笔记本。

2. "曾经"修饰形容词性成分

形容词性成分共6例，占总语料的0.75%。如：

（11）flash［曾经］辉煌过，但已经过时了，以前就说过，它太封闭了。

（12）我［曾经］瘦过，休息了半个冬天，胖了现在。

---

① 马庆株. 时量宾语和动词的类［J］. 中国语文，1981（2）：86.

根据语料库统计发现，"曾经" 修饰形容词的频率极低，且形容词前或后有其他成分。杨荣祥（2019）指出："'曾经 + 形容词'后面通常要加'过'（以及别的附加成分），否则不成句"①。"曾经" 修饰形容词性成分隐含一种过去与现在对比的意思。

3. "曾经" 修饰数量短语

"曾经" 修饰数量短语只有两例：

（13）我［曾经］260 多斤……

（14）一个胖友［曾经］230 斤……

4. "曾经" 修饰名词，做定语

（15）我［曾经］的一位同学，他是再冷也决不穿秋裤……

（16）再度谈起［曾经］的男朋友，莫文蔚一脸轻松。

（17）我［曾经］的梦想也是画家。

在上述例句中，"曾经" 充当定语的成分，修饰后面的名词，构成 "曾经 + 的 + N/NP" 结构，表示对过去事物的一种描述，所描述的名词或者名词性短语仅存在于过去，现在已经不存在或者已经发生改变。这类语料共计 16 条，仅占总语料的 2%。

（二）"曾经" 跟 "了" "过" 的共现情况

笔者通过对 800 条语料的统计分析，发现 "曾经" 与 "了" 共现 40 次，占总语料的 5%；"曾经" 与助词 "过" 共现 262 次，占总语料的 32.75%。

1. "曾经" 和 "了" 的共现情况

虚词 "了" 可以分为两个：动态助词 "了$_1$" 和句末语气助词 "了$_2$"。动态助词 "了$_1$" 紧跟在动词后，通常出现在句子中间，而语气助词 "了$_2$" 则只出现在句末。"曾经" 与 "了" 共现的情况多为 "曾经 + V + 了 + NP"，其中的 "了" 为 "了$_1$"，共出现了 40 次，没有发现 "曾经" 与 "了$_2$" 共现的情况。曹春静（2018）从时体理论的角度出发指出 "'曾经'在时间指向上具有回溯性，与句尾'了'的起始义不相容，因此两者不能共现"②。

（18）我［曾经］讲了一个故事，希腊的哲学是怎样产生的？

（19）古代重男轻女的偏见［曾经］影响了中国无数代人。

---

① 杨荣祥. 从语法表现看副词 "已经" "曾经" 的差异［J］. 汉语学报, 2019（3）: 2 - 10.

② 曹春静. 从时体理论看 "曾经" 和 "已经" 的语法意义［J］. 现代语文, 2018（1）: 39 - 43.

（20）尼罗河、幼发拉底河等大河，［曾经］孕育了光辉灿烂的古代文明。

"了₁"为语气助词，用在动词后表示动作或性状的实现，即已经成为事实。"曾经"与"了₁"共现，有完结义，即用以表达发生在过去的行为并且这件事情已经结束。

2. "曾经"跟"过"的共现情况

孔令达（1986）将动态助词"过"分为"过₁""过₂"。"'过₁'表示'动作完毕'，如'吃过饭再去''赶到那儿，第一场已经演过了'；'过₂'表示'过去曾有这样的事情发生'，如'这本小说我看过''我们走过不少地方，就是没有到过桂林'"①。

在语料统计过程中，发现"曾经"跟"过₂"共现262次，没有发现和"过₁"共现的情况。如：

（21）他提出的量子化理论，［曾经］发挥过十分重要的作用。

（22）我［曾经］做过一个项目，在那个项目上我负责固定资产。

"曾经"和"过₂"共现表示以前存在过这种事情，在回忆某件事情，是对过去经历的一种描述，并且删掉"曾经"之后，不影响句子的原意。在"曾经"与"过₂"共现的例句中，没有发现句尾带"了"的情况。

二、"已经"的句法功能分析

（一）"已经"修饰的成分

笔者对800条语料进行了统计，发现时间副词"已经"后所修饰的成分主要有：动词性成分762例，占总语料的92.25%；形容词性成分20例，占总语料的2.5%；名词性成分18例，其中普通名词性成分8例，名词性数量短语共10例，占总语料的2.25%。

1、"已经"修饰动词性成分

时间副词"已经"修饰动词性成分的情况主要包括两类："已经"＋动词性成分，"已经"＋状语＋动词性成分。如：

（23）资本主义经济在封建社会末期就［已经］产生。

（24）管理［已经］成为一门专门的学问。

（25）现在，图中的海龟［已经］被一个小三角形所替代。

---

① 孔令达. 关于动态助词"过₁"和"过₂"［J］. 中国语文，1986（4）：272.

"已经"可以修饰单个动词,如例(23)"产生",但数量极少,大多数所修饰的动词前后有其他成分,例(24)"成为"后有宾语,例(25)动词"替代"前有介词短语充当状语成分。

笔者对"已经"修饰的 762 例动词进行了统计,发现持续性动词共 648 例,非持续性动词 114 例。"已经"既可以修饰持续性动词,也可以修饰非持续性动词。

A. "已经" + 持续性动词,表示所说的事情或情况虽然在说话前就成为事实,但是其效应与影响一直作用于说话时刻之后,句子具有持续义,如:

(26)他在 40 岁以前,[已经] 研究了托尔斯泰和康德。

(27)蒋当时认为 [已经] 走了将近一半的路程,不能半途而废。

(28)我也是住那的,[已经] 住了两年了。

例(26)"在 40 岁以前,已经研究过托尔斯泰和康德",并没有表示现在不研究了,可能还在研究;例(27)"走了将近一半的路程"并没有打算结束,而是要继续走下去;例(28)表示在那已经住了两年,说话时还在那住着,而且以后还会住下去。

B. "已经" + 非持续性动词,表示句中所描述的事情已经完成或实现,如:

(29)领导人甚至发出了"心理学 [已经] 死亡了"的忧虑。

(30)她的呼吸 [已经] 停止,就好像沉睡的公主一般。

(31)他想:我 [已经] 长大了,应走自己的路。

"已经"可以修饰像"死亡""停止""长大"等非持续性动词,这些动词描述的是一次性现象,不可重复。

2. "已经"修饰形容词性成分

"已经"修饰形容词性成分语料只有 20 例,占总语料的 2.5%。

(32)夜 [已经] 深了,他们也不想喝茶了,瓜子还剩一小撮……

(33)……对于价格的限制 [已经] 相当宽松了。

(34)因为基本架构 [已经] 很确定了。

根据统计发现,"已经 + 形容词"后通常要带"了",即使是形容词前有程度副词,也往往都加"了",表达一种已然状态。

3. "已经"修饰名词性成分

A. "已经"可以修饰含有推移性语义特征的名词,句末一般都会出现"了$_2$",构成"已经 + 名词 + 了"的结构。如:

(35)你 [已经] 大学生了,怎么还那么幼稚。

(36)现在 [已经] 元旦了,看来他是完不成这次任务了。

（37）现在［已经］春天了，万物复苏，还等什么，去春游吧。

B. "已经"还可以修饰数量短语。如：

（38）他感冒好久了，今天［已经］第8天了，完全不见好转的迹象。

（39）他写得不少了，［已经］两千字了。

（40）可他没等到平反，就只身一人回到家乡，至今［已经］10年。

"已经"修饰数量短语，暗含说话人对某数量的看法和态度，构成"已经 + 数量短语 + （了）"结构。"已经"修饰数量短语有两种含义，一种是"言多"，一种是"言够"。例（38）和例（40）都有言多之意，表示时间长；例（39）中"两千字"是数量名短语，"已经"修饰"两千字"有言够之意，表示已经写够了，不用再写了。

"已经"修饰数量短语可以表达"言够"的意思，也可以表达"言多"的意思，有时候只从字面上无法区分，但是言多言够句子的重音不一样：言够时，重音在"已经"上；言多时，重音在数量词上。因此，当"已经"用来修饰数量词时，是言够还是言多我们要根据上下文的语境和重音来判断。

4. "已经"修饰否定的情况

（41）当她们被人发现时，［已经］不能直立行走。

（42）它［已经］不是之前的那个口感，感觉好像添加了其他的成分。

（43）此时的规则［已经］不代表教师或家长的强权而是学生自治的有机组成部分。

例（41）到例（43）是"已经"修饰带"不"的否定形式。在"已经"的800条语料库中，"已经"修饰带"不"的否定形式共有25例。

（44）仿佛［已经］好多年没有来过，那一幕幕春光如胶片反复播放。

（45）我［已经］很多年没有收割过水稻了。

（46）沃尔顿［已经］18年没有剪过指甲了。

例（44）到例（46）是"已经"修饰带"没有"的否定形式，共有10例。我们发现，"已经"在修饰"没有 + 动词"时，"已经"和"没有"之间有表示时段的词语，且动词后通常都有"过"，构成"已经 + 时段词 + 没有 + 动词 + 过"。

（二）"已经"跟"了""过"的共现情况

通过对800条语料的统计分析，"已经"跟虚词"了"共现428次，占总语料的53.5%，"已经"与"过"共现14次，占总语料的1.75%。

1. "已经"跟"了"的共现情况

"已经"跟虚词"了"共现428次，主要包括以下四种情况：

A. "已经" + V 了 + NP，如：

（47）整个世界［已经］进入了资本主义的历史时代。

（48）我们这个偏远的落后的村子［已经］发生了很大的变化。

此结构的例句共有 196 例，其中的"了"是"了₁"。"已经"与"了₁"共现表达动作行为的完成或实现。去掉"已经"之后发现这些句子只是对事实的陈述，而加上"已经"就包含了说话人讲话时的感情和强调语气色彩。

B. "已经" + V + NP 了，如：

（49）所以我考了两个星期十几门课，现在［已经］收拾好行李准备滚回家了。

（50）所以我会说，我前天在地铁边儿的地摊上就［已经］看见这张带签名的画报了 。

统计"已经 + V + NP 了"共有例句 80 例，其中的"了"是"了₂"。"了₂"表示一种新情况的出现或者出现新的变化。"已经"和"了₂"共现表达某种动作行为的持续存在、进行，或者发展到新阶段，句子有持续义。

C. "已经" + V 了 + NP 了，如：

（51）不知不觉，我的网易 blog，［已经］开通了四年了。

（52）他的接班人［已经］做好了继续独裁的准备了。

（53）他［已经］在这住了三年了。

这个结构中前后两个"了"分别是"了₁""了₂"，在统计中只算与"了"共现一次，共有例句 9 例。

D. "已经" + V + 了，如：

（54）别人还不知道的事儿，他［已经］知道了。

（55）这时候，太阳［已经］向西天降落了。

在"已经"与"了"共现的语料中，"已经 + V + 了"结构的例句共有 147 例。杨荣祥（2019）对此类结构中的"了"做过研究，指出其中的"了"有些能够判断是"了₁"，大部分是"了₁₊₂"[①]。

综上可以看出，"已经"与"了₁"共现的次数明显高于"了₂"。

2. "已经"跟"过"的共现情况

"已经"与"过"共现情况比较少，在语料中只发现 14 例，如：

（56）其实，正如我们在前面［已经］指出过的那样……

---

① 杨荣祥 . 从语法表现看副词"已经""曾经"的差异［J］. 汉语学报，2019（3）：2 - 10.

（57）我们在第一讲中［已经］说过了……

（58）我们在上一次［已经］讲过了如何了解诸子的起源这个问题……

上述三个例句中"指出""说""讲"后面加"过₁"，都表示动作已经完毕、结束，而不是描述过去的经历。"已经"只能和"过₁"共现，表示动作状态在说话的这一刻之前就已经完毕结束。而且发现这些例句的句尾多带"了"，即使句尾不带"了"的句子，也可以补上"了"而基本不改变句子的意思。

三、"曾经""已经"的句法功能对比

（一）"曾经""已经"修饰成分对比

通过前文对"曾经""已经"句法功能的观察与描写，得出"曾经""已经"都能高频修饰动词性成分，但有些成分"已经"能修饰，"曾经"却不能。基于此，我们对二者进行对比研究，如图1所示：

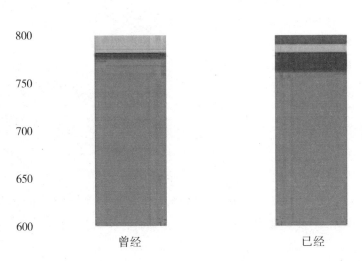

■动词性成分 ■形容词性成分 ▤数量短语 ■名词性成分 ▥定语

图1　"曾经""已经"修饰成分对比

从图1可以看出，"曾经""已经"都高频做状语修饰动词性成分，但很明显"已经"能够修饰名词性成分而"曾经"不能；"曾经"除了做状语之外，还能做定语，"已经"无此用法。

对"曾经""已经"进行对比研究后我们发现,"曾经""已经"修饰动词性成分时,动词前后通常都存在其他成分,动词都不能是光杆的,二者都可以修饰持续性动词和非持续性动词,但频率不同,"曾经"修饰的多为持续性动词,而且"曾经"无法修饰像"死亡""出生""停止"等描述一次性现象的非持续性动词;"曾经""已经"修饰形容词性成分时,形容词后搭配的助词不同,分别为"曾经 + 形容词 + 过"和"已经 + 形容词 + 了"。"已经"可以修饰否定形式,但在所调查的 800 条语料中,我们没有发现"曾经"修饰否定的情况。(《现代汉语八百词》里说:"'曾经'后面不能是否定式,除非有时间限制。为了搞实验,曾经三个月不出门。"①)

(二)"曾经""已经"和"了""过"共现对比

通过对"曾经""已经"各自 800 条语料的分析,我们发现"曾经""已经"都能跟"了""过"共现,但具体的共现情况和频率不同。具体情况如表 1 所示。

表 1 "曾经""已经"与"了""过"共现频率表

	共现成分	语料数量	共现成分	比例
曾经	了	40 条	了$_1$	100%
			了$_2$	0
	过	262 条	过$_1$	0
			过$_2$	100%
已经	了	428 条	了$_1$	69%
			了$_2$	31%
	过	14 条	过$_1$	100%
			过$_2$	0

从上表可以看出"已经""曾经"都能和"过""了"共现,但是"曾经"和"过"共现的频率更高,而"已经"和"了"共现的频率更高。

虽然"曾经""已经"都能和"了$_1$"共现,但是表达的意义完全不同。"曾经"和"了$_1$"搭配时有完结义,即某个动作在过去就已经结束了。如:"我[曾经]讲了一个故事,希腊的哲学是怎样产生的。""已经"与"了$_1$"搭

---

① 吕叔湘. 现代汉语八百词 [M]. 北京:商务印书馆,2015:89.

配，包含说话人讲话时的感情和强调语气色彩，并且整个句子有完成和实现之意才能与"了$_1$"搭配使用，如："整个世界［已经］进入了资本主义的历史时代。""已经"和"了$_2$"搭配句子具有持续义，强调行为动作或状态从过去一直延续到说话这一刻并可能继续延续下去。如："他［已经］在这住了五年了。""住"这一行为从进房子的那一刻开始，并没有到说话的这一刻停止，而是继续住下去，可能直到搬家。

"曾经"只能和"过$_2$"共现，"已经"只能和"过$_1$"共现。"曾过"句的句尾不能带"了"，而"已过"句的句尾多带"了"，即使句尾不带"了"的句子，也可以补上"了"而基本不改变句子的意思。

"曾经"与"过$_2$"搭配表示句中的行为动作终止于过去，没有持续到说话的这一刻，是对过去经历的描述；"已经"和"过$_1$"搭配表示动作已经完毕、结束，句子具有完成性和已然性。如：

"曾过"句：我曾经在农村住过六年。

"已过"句：我已经在农村住过六年。

"曾过"句是回忆"在农村住过六年"这个经历，语义重点在那六年的经验本身，可以隐含"我对农村生活相当熟悉"等意义；而"已过"句则强调了这个过去事件同目前或今后事件的联系，有"我已经住够了，以后该轮到别人去了"等的言外之意。换一个角度也可以说，"使用'已经'句与使用'曾经'句所依据的'语境'和'预设'是不同的"①。

结语

"曾经"的主要功能是做状语，高频修饰动词，也能修饰形容词，还能够和"的"连用修饰名词做定语，构成"曾经+的+名词"；"曾经"可以和动态助词"了$_1$""过$_2$"搭配使用，但与"过$_2$"共现的频率明显高于"了$_1$"。"已经"只能做状语，能够修饰动词、部分名词、形容词、数量短语和否定副词，其中高频修饰动词性成分。"已经"可以与"了$_1$""了$_2$"搭配同现，"已经"与"了$_1$"搭配，句子有完成和实现之意；"已经"和"了$_2$"搭配句子具有持续义，强调行为动作或状态从过去一直延续到说话这一刻并可能继续延续下去。其次"已经"也与"过$_1$"少量搭配，表示已然义，动作行为在说话的这一刻就已经结束。

---

① 陆丙甫．"已经"同"曾经"的区别究竟在哪里［J］．语言教学与研究，1988（1）：52.

参考文献

［1］张谊生. 现代汉语副词探索［M］. 上海：学林出版社，2004：194.

［2］陆俭明，马真. 现代汉语虚词散论［M］. 北京：语文出版社，1999：197－201.

［3］吕叔湘. 现代汉语八百词［M］. 北京：商务印书馆，2015：89.

［4］马庆株. 时量宾语和动词的类［J］. 中国语文，1981（2）：1－2.

［5］张恬湉. 论动词的可持续性对"过"和"了₁"替换的影响［J］. 现代语文，2008（5）：24－26.

副词"都"的偏误分析及对外汉语教学建议[*]

引 言

"HSK 语料库"是汉语学习者参加 HSK 考试的数字化答卷语料集合系统①，通过该系统我们可以了解到汉语学习者的汉语掌握情况。偏误分析是对学习者在学习二语过程中所产生的偏误进行分析②。对外汉语教师通过 HSK 语料库可以预先了解学生在学习时可能产生的偏误情况并分析偏误的来源，从而在教学时可以游刃有余，及时掌握教学重难点。副词"都"在汉语中使用频率很高，但汉语学习者在使用"都"时依然会出现较多偏误，这表明对外汉语中的副词"都"有进一步研究的必要。通过对 HSK 语料库中副词"都"的偏误进行分析，可以为对外汉语中副词"都"的研究进行补充，更有利于副词"都"的对外汉语教学。下面将从副词"都"的偏误类型、偏误原因以及针对存在的偏误提出的教学建议等几方面进行研究。

一、副词"都"的偏误类型

在 HSK 语料库中，我们共搜集到 1460 条副词"都"的偏误语料，偏误类型主要存在以下几大类：

（一）遗漏

副词"都"的遗漏偏误指句中应有"都"的地方实际却没有。通过检索，我们总共在 HSK 动态作文语料库中找到 749 条关于副词"都"的遗漏偏误语

---

* 作者简介：姜悦（1996—），女，山东省烟台市人，2019 级汉语国际教育专业硕士研究生。

① 谢晨晖. 留学生"多少"的使用情况考察及偏误分析——基于 HSK 动态作文语料库［C］//第二届外国语言文学博士论坛论文集. 厦门：厦门大学外文学院第十二届研究生学术研讨会，2019：278－280.

② 刘珣. 对外汉语教育学引论［M］. 北京：北京语言大学出版社，2000：191－194.

料，包括 3 条漏字的、204 条缺词的和 542 条作为状语时残缺的三种情况。由此可以看出，这一类型的语料数量，在副词"都"的偏误语料中所占比重较大。

将"都"的遗漏偏误中与"都"搭配呈现的标志词所在的句子列举如下：

1. 无论什么事都［L］可以商量。

2. 我觉得所有的人也都［L］有死亡的权利。

3. 我认为噪音和静音对我们的身体都［L］不适当。

4. 现在，每个国家的离婚率｛CQ 都｝越来越高。

5. 大家｛CQ 都｝不能买饮料。

6. 他是比什么｛CQ 都｝更重要的一个生命。

7. 如今去哪｛CQ 个｝地方｛CQ 都｝容易看到"［BC'］禁止［B 无］抽烟"［BC'］。

8. 我希望年年的流行歌曲｛CQ 都｝能有明显的进步。

9. 关于我的一切的事我｛CQ 都｝自己去处理。

10. 我呢，借这个，借那个，总是不愿意干，而且帮您做一点儿的事｛CQ 都｝不肯干。

11. 现在连我们公司｛CQ 都｝不知道能不能坚持下去，更不用说雇你。

12. 我认为将来汉语在各个［B 各］方面｛CQ 都｝有很大的好处。

13. 不管｛CC2 当｝遇到什么样的挫折｛CD 是｝［BQ,］我们｛CQ 都｝应该面对它而不逃避。

14. 但是两三天后，无论什么事情｛CD 也｝同事们｛CQ 都｝不教给我。

15. 自然界的所有的东西｛CQ 都｝是神创造给人的。

16. 每个人表现很好，对任何事情｛CQ 都｝｛CD 对待｝｛CD 得｝积极。

17. 在韩国［BQ,］很多公司采取对凡是抽烟的职员｛CQ 都｝不让他们升级的措施之后，看到了明显的效果。

18. 他们｛CD 在｝一个人的话，无论是主动的或被动的，｛CJ－zy 都｝有独立意识｛CC2 心｝。

19. 不管发生什么事情［BQ,］人｛CJ－zy 都｝要有信心。

20. 谁｛CJ－zy 都｝｛CJ＋sy 有｝有爱和被爱的权利｛CC 权力｝。

21. 我对中国的一个个侧面｛CJ－zy 都｝增加了了解。

22. 我在每个城市｛CJ－zy 都｝遇见了少数民族。

23. 我的亲戚得了重病，几年 ｛CJ－zy 都｝ 在医院里。

24. 我想连吸烟的人 ｛CJ－zy 都｝ 会认识到这样的原因已经足以 ｛CC 足够｝ 让人不要在公共场所吸烟。

注：HSK 语料库用"［L］"表示漏字，并在［L］前写所漏之字；用"｛CQ｝"表示缺词，并在 CQ 后写所缺之词；用"｛CJ－zy｝"表示状语残缺，并在其后写所缺之词。

通过语料，我们可以发现"都"的遗漏偏误主要存在以下几种情况：①句中有普通名词性成分（含复数义）却无"都"，如例 3、5、23 等；②句中有全称、周遍量标记的名词性成分（如"每""所有""一切"等）却无"都"，如例 2、4、8、9、12、15、16、21、22；③句中有"无论/不论/不管/除了/凡是"却无"都"，如例 1、13、14、17、18、19；④句中有疑问代词（表任指）却无"都"，如 6、7、20；⑤句中有"连"却无"都"，如 11、24；⑥句中有"（连）一＋量词＋名词……不/没＋VP"结构，却无"都"，如 10，共 6 类。以上这些情况中，①②③④如果缺少了"都"，句子在结构上就不完整，语义上也无法突出说话人言语时的"总括"义；⑤⑥如果缺少了"都"，同样句子结构不完整，而语义上则无法表明"甚至"义。总而言之，"都"的遗漏都会导致说话人言语时句子结构不完整、句义不明，以至于听者不能准确了解说话人所言之意。同时也表明汉语学习者在遇到这些与"都"相关的标志词时，并不能立即形成联想，副词"都"的使用受限。

（二）误加

副词"都"的误加偏误是指句子里本不应出现"都"的地方却出现了。通过检索，我们共找到 148 条语料，包括 4 条多字的、78 条多词的和 67 条作为状语时多余的三种情况。将"都"的误加偏误中与"都"搭配呈现的标志词所在的句子列举如下：

1. 结果谁也［D 都］ 不想 ｛CC 敢｝ 去抬水。

2. 人们都［D 都］ 有欲望。

3. 第二天，立刻赶［F 赶］ 快到大学［F 学］ 问［F 问］ 一问［F 问］［D 都］ 老师 ｛CC 教师［F 师］｝。

4. 我们 ｛CD 都｝ 聚在一起商量，怎么样才好。

5. 望子成龙［F 龙］ ｛CD 都｝ 是每个父母对孩子的愿［F 愿］ 望。

6. 我之所以非常喜欢这本书的原因是，我与作者 ｛CD 都｝ 有同样的感受。

7. 原来我什么地方也 ｛CD 都｝ 不想去。

8. 我 {CD 都} 知道都是为了我 [BQ。] 爸!

9. 甚至一家人 {CD 都} 一起吃饭的机会也不多。

10. 你喜欢 [C] 流行歌 [C] 曲就听流行歌吧,这 {CD 都 [C]} 是你的选择。

11. 面对挫折时,人们既想 {CD 都} 放弃一切的困难,也 {CJ – sy 想} 避 [C] 开现实。

12. 谁 {CD 都} 要看他们的爱人痛苦呢?

13. {CJ – zhuy 水} {CJ + zy 都} 慢慢地都倒下去了。

14. 我 {CJ + zy 都} 知道安乐死含有危险性,所以不能那么容易承认。

15. 那 {CC 这} 儿有一个和尚,为了活着没办法 {CC3 无法} {CJ + zy 都} 要到山底下自己挑水喝。

16. 大家 {CJ + zy 都} 一起决定规定就行。

17. 但是我也不是 {CJ + zy 都} 支持所有的"安乐死"。

18. 我家里 {CJ + zy 都} 订了几种报纸杂志。

19. 我觉得吸烟问 [C] 题不宜 [C] 一概而论, [BC。] 因为吸烟 {CJ + zy 都} 有利与弊 [C]。

20. 几年前,日本东京 {CJ + zy 都} 也实行了相似的措施。

21. 我希望他们意识到 [C] 吸烟的 [C] 害处 {CC2 百害无利},为自己,更是为社会 {CJ + zy 都} 能够戒 [C] 掉 [C]。

注:HSK 语料库用"[D]"表示多字,多的字位于 D 后;用"[F]"标示繁体字;用"{CD}"表示多词,多的词位于 CD 后;用"{CJ + zy}"表示状语多余,并在其后写多的词。

通过分析,我们可以发现副词"都"的误加偏误存在以下几种情况:①普通单数名词性成分 + "都",如例 10、14、15、18、19、21,例 10、14、15 中的主语明显为单数性质,且句中再无其他复数性名词,此时"都"的出现明显不合逻辑。例 18、19 中虽有复数性名词,但位于"都"后,且主语"我家里""吸烟",表示的是一个整体概念,为单数义,此时若后面接"都"明显错误。而例 21 则是由于"更"这一表递进的程度副词连接前后的成分,因而表并列总括对象的"都"在此处也不合理;②普通复数名词性成分 + "都",如例 4、9、16,这些句子虽在"都"前有表示复数义的名词性成分"我们""一家人""大家",但通过整句话的分析,我们可以看到其后的内容"聚在一起""团结起来""一起决定"已有"总括"之义,因而此时"都"的出现赘余;③带有全称、周遍量标记的名词性成分 + "都",如例 5、11、17,句中虽有"每""一切""所有"等标记词，但位于"都"之后，因而并不符合表总括的"都"的语义指向对象，因而不能作为与"都"共现的标记；④疑问代词 +"都"，如12，通过句义我们可以看出其中疑问代词并非表任指，而是表特指，因而不应加"都"；⑤"都""也"同时出现，如例1、7、20，其中例1和7虽句中均有疑问代词（表任指），但由于"都""也"与其搭配出现的语义一致，因而只需二者择其一呈现即可，而例20通过语义我们可以看到句中重点强调的是"日本东京"这一个主题，而非将"日本东京"和其他事物合并以表总括概念，因而"都"多余；⑥句中已有一个"都"，如例2、8、13，此时需去掉一个"都"句子才通顺；⑦语句中无明显与"都"搭配的内容，如例3。另外，像例6这样的句子，"都"前虽有"我与作者"的复数性成分，但由其后内容"同样的感受"我们可以判断出主语为"我"一个人，而非"我与作者"两个人，即这里的"与"应为表示关涉对象的介词，而非表并列的连词，因而"都"在此处不合理。

（三）误代

副词"都"的误代偏误体现在两方面：①本应用"都"却用了别的语言形式，表现为不成字的字、成字的别字和错词3种，共"94 + 38 + 242"条语料；②应用别的语言形式却用了"都"，即"都"为别字或错词2种，共"14 + 76"条语料，即共找到464条"都"的误代偏误语料。将"都"的误代偏误中所包含的主要表现形式例举如下：

1. 但我的很多女同事都［C］已"隐退江湖"。

2. 任何人都［C］有孩子的时代。

3. 好和坏都［C］是父母亲［C］给我们的教训。

4. 孩子长大了在学校学习知识之后他们都［C］成［C］为｛CQ 了｝社会｛CQ 的｝人。

5. 老师们，同学们都［B者］称赞我。

6. 你教我的生活哲理［BQ，］我全部都［B者］记住。

7. 哪里都｛CC也｝可以去。

8. 任何时间都｛CC也｝｛CJX｝孩子看父母。

9. 每时每刻都｛CC就｝想着家人。

10. 每次回家，我们手中都｛CC就｝会有很多的小礼品。

11. 一家团圆［B员］是多［B都］么好啊［BQ!］

12. 很多［B都］青少年喜欢流［C］行歌曲。

13. 我从小就｛CC都｝听汉语歌了。

14. 他们就 {CC 都} 吵 {CC1 吵架} 起来了。

15. 它的绿化很好 {CC 多}，山水也 {CC 都} 有。

16. 不仅是大人、小孩子也 {CC 都} 没有东西吃而死掉。

17. 会有那么多 {CC 都} 时间跟资源去给别人 {CJ－sy 做} 医疗服务。

18. 很 [C] 多地方都 {CC 多} 会挂着"禁烟"的两个字。

注：HSK 语料库用"[C]"作为错字标记，用于标示写的不成字的字，在其前写正确的字；用"[B]"作为别字标记，用于标示把甲字写成乙字的情况，在其前填写正确的字，B 后写别字；用"{CC}"作为错词标记，用于标示错误的词，在其前填写正确的词，CC 后写错误的词。

在对副词"都"的误代偏误进行分析时，我们有以下几点发现：①在本应用"都"却使用了不成字的字的语料中，不成字主要表现为"都"的部件位置弄错、部首"阝"书写错误或残缺、将偏旁"者"中的"日"写错、偏旁"者"中的"耂"笔画赘余等。②在本应用"都"却使用了别字的语料中，除了 2 条"都 [B 到]"、1 条"都 [B 去]"、1 条"都 [B 的]"、1 条"都 [B 即]"、1 条"都 [B 部]"的语料外，其余 32 条语料均将原本应为"都"的字错写为"者"。③在本应用"都"却用了错词的语料中，虽然错词的表现形式繁多，但将"都"错用为"也""就"的数量占优势，分别为 128 条、30 条。④在"都"为别字的语料中，除了 1 条"周 [B 都]"、1 条"者 [B 都]"、1 条"却 [B 都]"的语料外，其余 11 条语料均将原本应为"多"的字错写为"都"。⑤在"都"为错词的语料中，"就""也"错用为"都"的数量占优势，分别为 34 条、12 条。将以上发现与"都"在对外汉语教材中的呈现方式相结合进行考虑，我们可以提出假设，汉语学习者"都"的误代偏误与教材习惯将"都"与其他副词并列呈现，以至于学习者无法对"都"与其他相关副词进行有效辨别。另外通过"都"与"多"相混的情况，我们推测还与汉语学习者无法区分"ou""uo"的发音有关。

（四）错序

副词"都"的错序偏误是指句子中"都"未出现在正确位置上。通过检索，我们共找到 99 条"都"的错序语料，主要类型例举如下：

1. 首先，你们都 {CJX} 身体好吗？

2. 当然中国人都 {CJX} 不是这种人，[BC。] 但是这种人不少。

3. 但是，如果都 {CJX} 人有这样的"安乐死"权利的话，一定要严格的法律上的规定 {CJy}。

4. 他们可以随时都 ｛CJX｝ 买到烟草。

5. 三个人都 ｛CJX｝ 干脆睡觉。

6. 到了这，｛CQ 也｝ 不都 ｛CC 都不｝ 是处 [F 处] 处 [F 处] 顺 [F 顺] 利。

7. 谁都 ｛CJX｝ 一个人的话生活不下去。

8. 虽然七人都 ｛CJX｝ 不是能学得好汉语 [BQ，] 但是其中一幼 [C] 女却主动 ｛CC 自动｝ 要求在大学主修汉语。

9. 只是顺利过的话，我们都 ｛CJX｝ 就成了个弱者而没有意义。

10. 他写的小说都 ｛CJX｝ 基本上是自己的经验。

11. 如果条件不好的话，什么都 ｛CJX｝ 也活不下去。

12. 之 [C] 所以被称为"流行歌曲"是都 ｛CJX｝ 有理由的。

13. 这三个和尚都 ｛CJX｝ 心情好的话，想解决 ｛CQ 的｝ 办法，以后才能找到好的方法。

14. 不管是父母还是孩子，都 ｛CJX｝ 下课下班回家后连很简单的话也不说。

15. 听节奏比较慢的音乐，｛CJX｝ 人们无论在什么样的情况下，都 ｛CJX｝ 心情好一些。

注：HSK 语料库用"｛CJX｝"表示语序错误，其出现于语序错误的词语之后。若是相邻两个成分语序错误，则把 ｛CJX｝ 标在前一个成分之后；"｛CC｝"作为错词标记，其使用情况之一是把词的构成成分写错次序。

通过语料，我们发现"都"的错序偏误主要存在以下几种情况：①错置于主语前，如例 1、3、13、15，其中例 3 和 15 均为"都"的实际总括对象位于"都"之后，这不符合语法结构，因而错误；而例 1 和 13，虽然"都"前均已有名词性成分，但"都"所表总括的对象却并非其前的"你们"和"这三个和尚"，而是"你们"和"这三个和尚"所领属的位于次句结构中的"身体"和"心情"，因而"都"错序；②与其他状语错序，如例 4、5、9、10、11、14，分别将表范围的状语"都"与表时间"随时"、语气"干脆"、条件"就"、程度"基本上"、范围"也"、时间状语"下课下班回家后"的位置搞错；③"都"与"不（是）"的位置搞不清楚，如例 2、6、8，在语义上，三句话均应用表示部分否定的"不都是"或"不是都"（当"都"后除"是"外还有其他动词性成分时，为"不是都"；当"都"后除"是"外无其他动词性成分时，为"不都是"），而非表完全否定的"都不是"；④出现多个谓语动词时错序，如例 12，句中"是""有"均为动词，但"都"所总括的为出现于其前的"之所以被称为'流行音乐'"这件事,因而"都"应靠近其所总括的对象呈现,而不应被远置于第二个动词"有"之前。且在此句中,"……是……的"为表语气的强调句式,其与句子整体的关联度相较句子主干成分"有理由"低,因而可对这一强调句式进行局部改变而不使句子核心义改变;⑤割裂句子成分的关联度,如例7,"都"被误置于前,因为"一个人的话"是对"谁"的修饰限定,可看作后置定语,二者关联性强不可分割,且原句在结构上"头轻脚重",言语节奏不合理。值得特别注意的是,在"都"的错序偏误中,尤以"都"与其他状语位置弄错的偏误数量最多。

二、副词"都"的偏误原因

汉语学习者在使用一级常用汉语词语"都"时,依然会产生很多偏误。分析原因,我们认为可从教师和学生两方面探讨,具体如下。

(一)教师方面

1. 忽视副词"都"的复杂性

"都"的语法点较早出现于教材和大纲中,这就易使对外汉语教师忽视"都"的复杂性,认为它简单易懂,学生使用时不会出错。但实际学生使用时会出现很多偏误,说明完全习得"都"并非易事。首先,对于"都"的义项,学者们看法不一。其次,无论在大纲还是教材中,"都"的编排都存在层级性、阶段性,不可一蹴而就,教师只通过简短的解释或粗略的形式化练习,不可能使学生完全掌握"都"。再者,大纲和教材作为教师教学的重要依据和辅助材料,其中关于"都"的释义及举例常常并不详尽,甚至不相对应、编排无序。因而对外汉语教师如果只是片面、形式化地照本宣科,而不能看清"都"的复杂性,提前搜集好材料,做好充分备课,就容易造成学生"学时万般明白,学后一塌糊涂"的弊病。

2. 缺乏对副词"都"相关语言点的整合与练习

教师在进行语法训练时,一般做法是针对语言点,结合当课的注释或课后练习进行。但像"都"这类比较复杂的词语,在进行练习时,不可切断各相关语法点的联系,片面孤立地只"就课讲课",而不将其与先前所学进行串联整合。如在预判学生易将"都"与"就""也"相混的情况下,不应还是只照本宣科,而不做针对性的辨别训练。练习中有时还会犯形式单调、力度不足的弊病,如练习题型中有"句型替换"这一类,其练习形式通常为合并两单句为一句,且通常主语和"都"的位置都已给出,学生只需补充其余部分。如果只是流于形式的操练，就会使学生对"都"的位置疏于注意，运用时非常容易弄错。

（二）学生方面

1. 母语负迁移

母语负迁移是指学习者在学习目的语时，错误地将母语知识套用于目的语并产生干扰的现象①。如在汉语中，"每"和"都"一般同时存在于一个句子中，而在日语中"每"和"都"却不可共存，由于母语负迁移，日本学生在表达这类句子时易遗漏"都"，形成像"那时候我每次 ｛CQ 都｝不能顺利地回答。"等错句；汉语的语序是 SVO，而韩语是 SOV，且"都"和谓语位置不相邻，因而韩国学生易把宾语放在"都"之后、谓语之前②，即出现像"你们都 ｛CJX｝ 身体好吗？"的错序偏误等。

2. 目的语规则掌握不牢

即学生对教师教授的目的语知识未能充分掌握。具体来说包括标记性词语未能及时识别、相近词（语法意义相近、字形字音相近等）无法区分、害怕出错回避使用"都"、过度泛化以及中介语僵化五方面。如"无论什么事情 ｛CD 也｝ 同事们 ｛CQ 都｝ 不教给我。""我想连吸烟的人 ｛CJ－zy 都｝ 会认识到这样的原因已经足以 ｛CC 足够｝ 让人不要在公共场吸烟。"等例，就是由于汉语学习者未能及时识别"无论……都……""连……都……"等标志性搭配造成的偏误；像"但我的很多女同事都 ［C］ 已'隐退江湖'。""老师们，同学们都 ［B 者］ 称赞我。"等例，则是由于无法对"都"和其形近字或语法意义相近的词做出判断而导致的偏误；像"大家 ｛CQ 都｝ 不能买饮料。""在公共场所，公园、［BC，］ 车站、［BC，］ 甚至在车上 ｛CJ－zy 都｝ 有随意的吸烟者。"等，则是由于学生感到对"都"的使用没有把握，因而回避使用"都"或用简单句来替代"都"的复杂句；像"望子成龙 ［F 龙］ ｛CD 都｝ 是每个父母对孩子的愿 ［F 愿］ 望。""我们 ｛CD 都｝ 聚在一起商量，怎么样才好。"等，则是由于学习者在内化先前所学时，将其当作普遍规则泛化使用，使汉语规则过于简化；而像"你们都 ｛CJX｝ 身体好吗？""他们可以随时都 ｛CJX｝ 买到烟草。"等错误，在实际交际中汉语母语者并不会对此感觉太奇怪或听不懂，甚至很多人也做过类似言语输出。如果不加指正，长此以往就会形成僵化，从而习得不了最规范的汉语。

---

① 刘珣. 对外汉语教育学引论 ［M］. 北京：北京语言大学出版社，2000：191－194.

② 易乐. 留学生副词"都"的习得调查分析及教学设计 ［D］. 长沙：湖南师范大学，2016：31－32.

三、副词"都"的对外汉语教学建议

（一）对教师教学的建议

1. 充分备课的基础上进行准确、严谨的解释和指导

教师的职责就是"传道、受业、解惑"。正所谓"治人者必先自治"，一名合格的对外汉语教师也同样如此。教师首先要对"都"做好充足的备课准备，具体包括：①对教材中"都"的编排有基本了解，做到心中有数。要了解教材中都出现哪些"都"的义项和语法点，如何进行解释说明，编排顺序又是怎样的，这样才能判断"都"在教学时的重难点以及是否需要学生对其做出调整；②对"都"的义项以及各语法点有基本判定。由于学界对"都"的认识并不完全一致，而"都"的使用频率又很高，因而要求教师必须对此进行判断。在判断时有必要将教材中"都"的呈现情况考虑在内，以便确定自己教学时的依据；③对学生的学情做基本调查，如学生母语情况、学习年限以及从事职业等，方便教学时有的放矢，进行针对性训练。

副词"都"这一语法点本身的复杂性决定了教师在教学时必须"谨慎发言"。要能够对语法点进行较为准确、严谨地解释，而非照本宣科地将语法点单一呈现。如教师刚开始在课堂上教授"都"时，一般会这样讲解，"'都'是副词，用于复数名词性成分后"，或不用专业术语，直接用"我们都是学生"等例子，让学生对"都"的用法进行认知和归纳。可是学生们还是会存在"任何人都手里拿着一束花了"的语序偏误，这是因为学生在整合所学时，往往会认为"名词性成分常做主语"，因而只需将"都"紧随主语之后呈现即可。但其实我们知道，这都是一些主谓谓语句，即除了整个大句子的主语外，还在谓语部分存在一个小主语，且大小主语关系紧密。"都"在使用时，不可切断大小主语的联系强行置于第一个名词后。这就要求教师在讲解"都"时，对这类特殊的句子稍加举例补充而非完全不讲。此外，针对"他写的小说都基本上是自己的经验。""如果条件不好的话，什么都也活不下去。"等偏误，教师应事先向学生说明"都"与其他副词一同出现时的语序位置，从而使学生形成严密的逻辑思维，而不至于将"都"随意处之。

2. 强化机械性练习和交际性练习

学习者在使用"都"时依旧会产生较多偏误的事实，决定了教师应进一步强化"都"的练习。这里我们重点强调的练习为机械性练习和交际性练习两种。马瑞（2013）说到从教师的角度看，机械性练习是一种语音"输出—示范—输

入"的模式化教学转化过程①，因此在让学生进行机械性练习时教师应注意加强示范和引导。如针对学生在使用"都"时出现大量的书写错误，教师可运用多媒体展示"都"的笔画步骤，或以顺口溜的形式告诉学生如何来识记"都"的字形，并在黑板上一笔一画地加以示范，让学生仿照老师的范写加以练习。王助（2005）提出交际性练习的形式可以为对话、讨论、游戏、表述、辩论等②，丛环宇（2012）更是将交际性练习的类型具体概括为语言实践、回答问题、请你说说、自由表达、讨论、采访、调查汇报、表演等③，这些形式都可以成为对外汉语教师在教学时的参考。如可设置"购物"主题的交际情境，让学生自由组合小组进行情景表演，并要求学生在表达时运用不少于三种"都"的语法点；也可在一堂课的结尾或开头，找两三个学生根据上节课或本节课所学主题，进行 5 分钟左右的讨论或感想表达，最后再找一个学生对前面学生的发言进行总结；此外，还可以设置诸如"成绩高是否表示学习能力强"等辩论赛让学生进行辩论，并在课后根据辩论情况，结合自己观点进行写作作业，写作时要求使用不少于 3 种"都"的语法点等活动。借助这些活动形式，一方面可以提升学生兴趣，另一方面可以锻炼学生的运用能力，从而达到最佳学习效果。

（二）对学习者习得的建议

1. 注意语际和语内对比

由于汉语学习者所产生的"都"的偏误与母语负迁移以及目的语规则过度泛化密切相关，因而为了减少类似偏误，学生在学习时应注意将母语和汉语规则进行反复对比，以总结两种语言间的同异之处，而不应直接将母语与汉语进行对译；另外，除了语际对比外，还要有意识地将"都"与相近的词进行区别，比如词义相近或相关的"也""就""还"，字形相近或相关的"部""者""即"，字音相近的"多"等词的区别。对于极易混淆的内容及时以笔记的形式记录下来，并多加复习。

2. 养成良好的学习习惯

语料库中"都"的偏误，也有一部分是由于学习者目的语规则掌握不牢，或掌握的本来就是带有一定错误的中介语。我们建议学习者可从以下几方面来减少这部分偏误的发生：①注意对含"都"的一些固定搭配进行总结及识记。

---

① 马瑞. 浅议机械性练习在对外汉语教学中的运用［J］. 文教资料，2013（15）：58 - 59.

② 王助. 结构性练习与交际性练习的有机结合［J］. 中国法语专业教学研究，2005：264.

③ 丛环宇. 中高级对外汉语教材交际性练习题分析与设计［D］. 济南：山东师范大学，2012：30.

如在"选词填空"一题中，学习者能在观察到句中的"都"字后，有意识地去联想并查找句中有无与其相搭配的"不管""凡是""无论/不论""除了""每"等词；②注意多加书写训练并保证字形、笔画的准确性。可从其笔画、笔顺练习然后一步步扩展到整字的书写，其间可借助教师、教材及字帖的帮助，检验自己的书写是否规范正确；③强化练习及配合实践。古人云："纸上得来终觉浅，绝知此事要躬行。"马克思主义哲学也告诉我们"实践是检验真理的唯一标准"。因而学生要想真正习得"都"，离不开大量的实践。除了课上的书本练习、口头练习外，更需要课下与汉语母语者的实操实练，通过与汉语母语者的接触，可以最快知晓交际是否顺畅，并从汉语母语者那里获得最准确的反馈。另外，在实践的过程中，学习者也可以增强汉语运用的自信心，从而更加坚定地学汉语；④关注"都"习得时的正确性。从句法成分的角度来看，由于"都"为表修饰性的状语，因而其在句中的位置并不像中心语那样固定，具有一定的自由性。大多数情况下，"都"位置的改变并不会影响语义的表达，因而人们对其错序的情况包容度较高。但这种错序的情况不及时改正，学习者就容易将这种不严谨的错误形式固定下来形成僵化。因而除了教师的及时纠错外，学生自身也应识记并改正自己易错点，确保表达时的准确度。

结　语

本文中，我们对 HSK 语料库中副词"都"的偏误类型及偏误原因进行分析，并从教师和学生角度为副词"都"的对外汉语教学提出一些小小的建议。笔者深知自己能力有限，在分析时存在不够全面深入的问题，再加上缺乏实际的对外汉语教学经历，因而提出的教学建议的可行性尚且未知。不过还是非常希望本文能为以后副词"都"的对外汉语教学提供一点小小的帮助。

参考文献：

[1] 谢晨晖. 留学生"多少"的使用情况考察及偏误分析——基于 HSK 动态作文语料库 [C] //第二届外国语言文学博士论坛论文集. 厦门：厦门大学外文学院第十二届研究生学术研讨会，2019：278 - 280.

[2] 刘珣. 对外汉语教育学引论 [M] . 北京：北京语言大学出版社，2000：191 - 194.

[3] 易乐. 留学生副词"都"的习得调查分析及教学设计 [D] . 长沙：湖南师范大学，2016：31 - 32.

［4］马瑞．浅议机械性练习在对外汉语教学中的运用［J］．文教资料，2013（15）：58－59..

［5］王助．结构性练习与交际性练习的有机结合［J］．中国法语专业教学研究，2005：264.

［6］丛环宇．中高级对外汉语教材交际性练习题分析与设计［D］．济南：山东师范大学，2012：30.

百年初中语文课程标准的回顾与展望[*]

一、百年初中语文课程标准发展历史的回顾

（一）20世纪前期（1904—1948）初中国语、国文课程标准或纲要时期

中国近代史自1840年拉开帷幕后，受西方先进思想的影响，知识分子展开了一系列传播进步思想的运动。在这样的社会背景推动下，清政府于1904年颁布《奏定学堂征程》，"中国文字""中国文学"的课程名称开始出现在我国课程发展史上，这样"中国文学"课程与初等小学所设的"中国文字"课程共同成为近代教育背景下语文课程独立的标志，这使语文课程内容有了革故鼎新的机会。1913年南京临时政府教育部颁布的《中学校课程标准》规定了国文的学习时间和教学内容等，此时期内，五四新文化运动则促进了国文课程的诞生。至此，国语、国文的母语课程名称得以正式确立。1923年叶圣陶起草了《新学制课程标准纲要初级中学国语课程纲要》，该纲要由"目的""内容和方法""毕业最低限度的标准"三个部分组成，为汉语教学目的提供科学界定，合理分解和规定教学内容。① 这在我国现代语文课程建设上具有划时代的意义。为适应新形势，1932年修订了国民党政府于1929年颁布的《初级中学国文暂行课程标准》，修订后的初中国文课程标准由"目标""时间分配""教材大纲""实施方法概要""附注"组成，此结构奠定了新中国成立前课程标准的样式，之后一直到1948年，该课程标准共进行四次修订，内容大体相同。

（二）20世纪后期（1949—2000）初中语文教学大纲时期

新中国成立初期，"红领巾教学法"引发了新中国成立后第一场具有全国影

---

* 作者简介：庞爱凤（1995—），女，山东省沂源县人，2019级学科教学（语文）专业硕士研究生。

① 李贵根. 论叶圣陶"初级中学国语课程纲要（1923）"的贡献［J］. 新作文：中学作文教学研究，2007（6）：14.

响的语文教学改革，推动了学习苏联的热潮。在苏联教育经验的影响下，语文教学推行汉语、文学分科，1956年颁布了《初级中学汉语教学大纲（草案）》和《初级中学文学教学大纲（草案）》，分别对汉语和文学的教学任务做出明确规定，汉语课和文学课初步建立独立体系。但由于这套大纲不符合当时的教学实际和政治形势，推行不久便停止施行。1958年"大跃进"时期，政治教育占上风，使语文教学质量大幅下降，由此引发了1959年对语文课程性质、目的、任务和文道关系的大讨论。1963年教育部在总结语文大讨论成果的基础上，颁布了《全日制中学语文教学大纲（草案）》，重新阐释语文学科的性质、目的和任务，这部大纲颁布后受到一致好评，直到"文革"爆发被迫停止实行。为整顿"文革"对教育界造成的负面影响，提高语文教学效率，《全日制十年制学校中学语文教学大纲（试行草案）》在1978年问世。该大纲与1963年大纲在结构、编排体系方面基本相同，不同点体现在1978年大纲对语文知识采取了纵向排列方法，语文知识自成体系。经过两次修订后，1986年正式颁行的《全日制中学语文教学大纲》带来了很多突破性的调整和改革，比如首次从素质教育高度来强调语文教学的重要意义。1988年教育部根据九年义务教育的精神，制订《九年义务教育初级中学语文教学大纲（初审稿）》，后经反复修订，于2000年出台《九年义务教育初级中学语文教学大纲（试用修订版）》。和以往大纲相比，这份大纲深刻认识到"语文不仅是最重要的文化载体，而且是人类文化的重要组成部分"，加强了语文与生活的密切联系，并且将1988年教学大纲的"听说"改为"口语交际"，注重培养学生的创新精神，形成健全人格。①

（三）21世纪以来的义务教育语文课程标准时期

进入21世纪以来，随着语文课程改革的不断深入，初中语文课程标准与小学课程标准合二为一。2001年，教育部颁布《全日制义务教育语文课程标准（实验稿）》，由此，新中国成立后长期使用的教学大纲改名为课程标准，语文课程实现了新时代转型。该课程标准传达了新的课程价值取向，其创新之处主要表现在：第一，强调语文课程的基本特点是工具性与人文性的统一。第二，课程目标从知识与技能、过程与方法和情感态度与价值观三个维度进行统筹安排。第三，倡导自主合作探究的学习方式。第四，重视综合性学习和课程资源开发。由此看出，这部课程标准具有很强的前瞻性，为新世纪语文课程教学改革提供了宝贵经验和有效指引。经过十年的调研，教育部修订颁布了《义务教育语文

---

① 中华人民共和国教育部制订. 九年义务教育全日制初级中学语文教学大纲（试用修订版）［M］. 北京：人民教育出版社，2000：2.

课程标准（2011 年版）》，其修订思路是：稳中求进，变中有度；校正偏差，谋求发展。[①] 从整个结构框架来看，2011 年课程标准与 2001 年实验稿的结构框架基本相同，不同的是针对十年课改发现的问题，做了具体的修订、充实与调整，成为中国语文课程改革继续前行的新航标。

二、百年初中语文课程标准变化特点的回顾

以上梳理可以看出初中语文课程标准的内容和结构在百年发展历程中呈现出了一些特点。下面结合九部具有代表性的课程标准来进一步阐述百年初中语文课程标准的发展变化特点，分别是 1923 年《新学制课程标准初级中学国语课程纲要》，1932 年《初级中学国文课程标准》，1956 年《初级中学汉语教学大纲（草案）》，1956 年《初级中学文学教学大纲（草案）》，1963 年《全日制中学语文教学大纲（草案）》，1978 年《全日制十年制学校中学语文教学大纲（试行草案）》，1986 年《全日制中学语文教学大纲》，2001 年《全日制义务教育语文课程标准（实验稿）》以及 2011 年《义务教育语文课程标准》。具体特点整理如下：

（一）课程性质逐渐清晰，教学目标趋向全面

语文学科的课程性质一直是争议的焦点。从上面的梳理来看，20 世纪前期的初中语文课程标准避开了对课程性质的表述，直接表述教学目标。直到 1956 年颁布的初中汉语、文学教学大纲才开始有对语言和文学的性质界定。1963 年教学大纲提出"语文是学好各门知识和从事各种工作的基本工具"，[②] 详细阐述了工具性的内涵。1978 年教学大纲也明确了在语文教学中思想政治教育和读写训练是辩证统一的。直到 21 世纪，课程标准对课程性质的定义达成共识，明确将语文课程的基本特点表述成语文课程是工具性与人文性的统一。

教育具有相对独立性，但也是特定社会时代背景的产物。20 世纪前期，我国教育深受美国实用主义教育思潮的影响，加之文言和白话的争论激烈，导致国语、国文的工具性备受重视，掌握语言和文学以用于生活的教育目的观成为课程与教学目的的主线。新中国成立初期，"文革"对语文的工具性进行歪曲理解，导致语文课程与教学目的偏向政治说教。改革开放以来，社会经济的快速

---

① 戴正兴.《义务教育语文课程标准》颁行将全面开启语文课程改革新征程——解码《语文课程标准（2011 年版）》[J]. 语文教学通讯，2012（3）：3.
② 中华人民共和国教育部制订. 全日制中学语文教学大纲（草案）[M]. 北京：人民教育出版社，1963：2.

发展要求人的全面素质的提高，语文教学目标开始关注促进学生全面发展，把工具性的内涵拓展到审美教育、思维能力、智力开发和语文学习习惯等方面。80 年代后期，教育大讨论达成了语文课程性质的基本共识。2001 年以来，课程标准对课程目标做了更加明确的阐述，明确了知识和能力、过程和方法、情感态度和价值观的三维目标，并从识字写字、阅读、写作、口语交际、综合性学习五个方面分别提出各学段的具体目标。

（二）课程内容呈现笼统、强化、细化的曲折发展

总的看来，21 世纪以前的初中语文课程标准主要通过教材大纲、教学内容以及教材编排体系等方面来体现课程内容。如 1923 年课程纲要对课程内容的设置比较笼统，未独立设置，关于"内容和方法"的要求范围小、内容少，仅依靠读书、作文和写字三个方面进行作业支配、学分支配和教材支配。相比之下，1932 年课程标准将课程内容设置在"时间支配"和"教材大纲"中，阅读方面确定了精读教材的选用标准和文体训练序列，要求掌握精读、略读的阅读方法，强调读写迁移训练。1956 年的汉语、文学教学大纲在课程内容设计上有了明显调整，其变化主要体现在"教学内容""教材的编排系统"以及各学年各学期的教学大纲中。具体表现为教养任务与教育任务分列，汉语、文学分科；初中与小学、高中分段来组织；汉语教学内容涉及文字、词汇、语音、语法、标点和修辞，文学教学方面包括文学作品、文学理论常识和文学史知识；选文采取定篇处置，规定了每篇课文以及各个知识点"教什么"。

1963 年教学大纲对课程内容上化繁为简，突出语文知识、语文训练的重要性，从"课文""语法修辞逻辑知识""作文"三方面重点阐述教学内容，编排了各年级各学期的教学内容顺序，教学序列较为清晰。1978 年教学大纲既明确了作文教学的意义和要求，又规定了训练样式，提出评改的多种方法，规定了命题作文和其他方式作文每周的次数。"附录一"中关于写作训练的要求分别叙述了初一要写记叙文，"力求中心明确，内容具体，条例清楚，前后一贯，首尾一致"。初二写说明文，"力求比较准确清楚，有条理"。初三写议论文，"要做到观点正确，内容具体，条例清楚，语句通顺"。[①] 1986 年教学大纲在 1978 年教学大纲的基础上，增强了读写训练的文体意识，提出 15 条写作训练的内容，呈现序列化；并规定了每学期的作文次数，要求进行片段训练。进入 21 世纪后，2001 年实验稿和 2011 年课程标准对课程内容的要求明显提高了、细化了。

---

① 课程与教材研究所. 20 世纪中国中小学课程标准·教学大纲汇编（语文卷）［M］. 北京：人民教育出版社，2001：441 – 447.

如 2001 年课程标准关于写作教学内容的规定，根据课程理念从"知识和能力""过程和方法""情感态度和价值观"三个维度来设计作文目标内容。其中第 3、4、8、9 条的内容体现了"知识和能力"的维度，第 5、6、7 条的内容体现出"过程和方法"的维度，第 1、2、8 条的内容体现出情感态度和价值观的维度，为学生全面发展奠定基础。

从以上分析看出，20 世纪前期语文课程标准在课程内容方面经历了从笼统设计变为逐渐细化，到 20 世纪系统性强化，再到 21 世纪以来简化的发展特点。总的来说，百年初中语文课程标准对课程内容的认识是一个曲折变化的过程。

（三）课程标准结构由整体到具体，逐渐清晰明确

对照这几部具有代表性的课程标准的结构，会发现它们都包含几个基本组成部分："课程目标""教材编排"和"教学实施方法"。具体来看，20 世纪前期语文课程标准的结构比较简单，主要包括"目标""教材编排"和"教学实施方法"等基本内容。20 世纪后期课程标准的结构得到扩展，涉及了"教学目的与要求""教学内容""教材编排"，指出了这些方面在教学中应注意的问题，并按学年或学期提出课文篇目及其教学内容与要求。到 21 世纪，课程标准结构在继承的基础上有了创新。2001 和 2011 年颁布的两个课程标准回归对课程的重视，将课程与教学相整合，关注对象从教师的教转向教师的教与学生的学的统一，注重师生间的互动合作。与 20 世纪后期的课程标准相比，这两部课程标准扩大了课程结构的范围，加强了各组成部分之间的整合，价值取向有了明显的进步性，在结构层次上先说明课程性质、课程基本理念和设计思路，再表述课程目标与内容、实施建议，最后补充附录，由整体到具体，清晰明确。

（四）课程实施逐渐深入，指导作用增强

1923 年课程纲要没有专门介绍课程应如何实施，只在"内容和方法"中稍有涉及，表述简单空泛。1932 年课程标准增加了"教法要点"（"实施方法概要"），但仅列举几种教学方法名词，可操作性不强。1956 年初级中学文学教学大纲（草案）首次提出"初级中学文学教学法"，大纲强调"教师进行文学教学的时候，应该依据这门课程的特点和学生年龄特征，适当地运用讲述、谈话、指导阅读、指导做练习、考查和评定学习成绩等方法"，分别阐释了每一种方法的含义、用意、具体用法，按各年级特点提出了运用要求。在"文学作品的教学"部分，将文学作品的教学过程分为起始、阅读和分析、结束、复习四个阶段，举例说明各个阶段的实施方法和技巧。此外，在"文学理论常识和文学史常识的教学""文学教学中的语言教学""课外阅读和课外文学活动的指导"这三个部分，也提出了具体清晰的方法指导。这部大纲的课程实施可谓点面结合，

系统且全面。可惜的是，这部大纲生搬硬套苏联的教学经验，未结合当时国内师资力量不足和学生基础弱的实际，难以真正发挥实践指导作用。

1963 年教学大纲在体式上有了变化，重视识字写字教学对读写能力提高的奠基作用，详细提出了"讲读教学"的要求与方法。1978 年教学大纲在"附录二"中用表格的形式列出初中三个年级的知识教学体系，虽起到引领作用，但导致对知识的机械训练，应试弊端凸显。2001 年以来的课程标准贯彻素质教育理念，在"实施建议"中增加"课程资源开发与利用建议"，并且在"教学建议"这一部分有整体的教学理念和具体的教学策略，鼓励教学中师生的主动性、创造性，重视情感态度价值观的正确导向。可以看出，百年初中语文课程标准的课程实施是逐渐深入的，实践指导作用也越来越强。

三、百年初中语文课程标准的思考与展望

回首过去，展望未来。百年来，初中语文课程标准处于不断发展变化之中，不同时期颁布的课程标准都有其特定的社会文化及教育背景，对语文教学起到显著或微弱的作用的同时也存在着不足。通过以上对百年初中语文课纲发展历程的梳理和对照，我们在得到一些宝贵经验的同时，针对显露的不足之处也会引发一些理性思考。

（一）课程目标的表述要具体明确

20 世纪，初中语文课程目标对学生识字、写字的数量，阅读背诵的数量基本上没有非常具体的规定。进入 21 世纪以后，语文课程目标的量化意识逐渐显现，具体规定了识字量、阅读量。例如 2001 年实验稿和 2011 年课程标准规定小学和初中九年的课外阅读总量应在 400 万字以上，7—9 年级默读现代文的速度每分钟不少于 500 字，课外阅读总量不少于 260 万字，背诵优秀诗文 80 篇（段），可见语文课程目标语言表述的量化意识已非常明显。

一个完整的课程目标的基本要素应包括"行为主体＋行为动词＋行为条件＋行为结果"① 但从 1956 年汉语教学大纲和 1963 年教学大纲来看，课程目标的行为主体模糊不定。如 1956 年《初级中学汉语教学大纲（草案）》在描述汉语课的教学任务时是这样表述的："教给学生有关汉语的基本的科学知识，提高学

---

① 皮连生．《基础教育课程改革纲要》的心理学基础［M］．上海：上海教育出版社，2004：37.

生理解汉语和运用汉语的能力。"①"教给学生""提高学生"这样的表述把教师作为了行为主体。1963年《全日制中学语文教学大纲（草案）》在表述上也同样如此，可见"教学生……""使学生……"这样的表述将学生置于了被动地位。1978年"文革"结束后，教育界迎来了新时期，课程目标的表述语言出现了"学生能够……""学生会……""能够……"等的表述，主语指向明确，行为主体指向学生。之后随着教育改革的不断发展，以2011年课程标准为例，仅在总目标和第四学段（7—9年级）目标部分，就出现了32次"学生能"的表述，这就表明课程目标在对行为主体的表述上逐渐明确。

（二）实现课程内容知识与实践的统筹兼顾

语文课程内容的选择与安排直接关系到课程实施过程是否顺利开展和课程目标能否达成。20世纪，语文教育在发展中，尽管对课程与教学的认识是一个曲折、复杂的渐进过程，但不论是前期的国语、国文课程标准还是后期的教学大纲，都非常重视课程内容的规定，将目标和内容分别进行表述，力求课程内容的具体明白。但2001年的课程标准缺失了内容目标，导致教师在选择教学内容时陷入随意和混乱的境地。为弥补这一不足，2011年的课程标准在课程目标中增加了"内容"部分，这一举措意味着对课程内容有了重视。

关于课程内容的界说研究，主要可以归纳为两种价值取向：一是知识取向，即把课程内容定义为以事实、原理、体系等形式存在于教材中的知识；二是实践取向，即课程内容是学生的学习活动或学习经验，这种取向关注的是活动本身或学习者的主体地位。20世纪前期，实用教育价值观使课程内容的设计偏于实践取向，而20世纪后期，受苏联教育的影响，片面追求教育科学化则偏重课程内容的知识取向。进入21世纪，2001年实验稿有了鲜明的实践取向，要求学生在实践中运用知识，重视将理论与实践相结合。2011年课程标准课程内容的价值取向以实践为主，兼顾知识，突出培养学生的社会责任感、语言文字运用的实践能力和创新能力。

（三）课程实施要加强资源的融会贯通

自2001年课程标准新增"课程资源的开发与利用"这一部分以来，课程资源意识逐渐深入人心。课程资源不仅包括教科书、工具书等课堂教学资源，还包括报刊、网络、研讨会等课外教学资源。课程实施作为课程改革最直接的现实行动，在新时代背景下，更应增进资源与课程实施的融会贯通。2011年课程

---

① 课程教材研究所. 20世纪中国中小学课程标准·教学大纲汇编（语文卷）[M]. 北京：人民教育出版社，2001：323.

标准注意到了这一点，在"课程资源开发与利用建议"中阐释了课程资源的内涵，对学校在课程资源的开发上给予建议。要求"学校要有强烈的资源意识，认真分析本地和本校的特点，充分利用已有的资源，积极开发潜在的资源……努力为语文教学配置相应的设备，争取社会各方面的支持，与社区建立稳定的联系，给学生创设语文实践的环境，开展多种形式的语文学习活动……增强学生在各种场合学语文、用语文的意识"①。可以看出，这部课程标准注意到课程资源对课程实施的辅助意义。

语文是一门综合性课程，需要注意方方面面，课程标准的修订与完善任重而道远，随着青年教师不断加入教师队伍、校本课程逐渐开发，课程标准应与时俱进，增加如青年教师的培养、各年级教师的协同教学、控制语文课外作业的布置和考试考查的次数等方面的规定。还要充分考虑城市和农村的教育理念、教育资源、语文学习基础等差异，这样可有助于制定合乎语文教学实际需要的初中语文课程标准。

参考文献

［1］中华人民共和国教育部制订.全日制中学语文教学大纲（草案）［M］.北京：人民教育出版社，1963.

［2］顾黄初，李杏保.二十世纪前期中国语文教育论集［M］.四川：四川教育出版社，1991.

［3］中华人民共和国教育部制订.九年义务教育全日制初级中学语文教学大纲（试用修订版）［M］.北京：人民教育出版社，2000.

［4］中华人民共和国教育部制订.全日制义务教育语文课程标准（实验稿）［M］.北京：北京师范大学出版社，2001.

［5］课程教材研究所.20世纪中国中小学课程标准·教学大纲汇编（语文卷）［M］.北京：人民教育出版社，2001.

［6］倪文锦，欧阳汝颖.语文教育展望［M］.上海：华东师范大学出版社，2002.

［7］朱慕菊.走进新课程——与课程实施者对话［M］.北京：北京师范大学出版社，2002.

［8］皮连生.《基础教育课程改革纲要》的心理学基础［M］.上海：上海

---

① 中华人民共和国教育部制订.义务教育语文课程标准（2011年版）［M］.北京：北京师范大学出版社，2012：34.

教育出版社，2004.

　　［9］周庆元．语文教育研究概论［M］．湖南：湖南人民出版社，2005.

　　［10］柯森．课程标准体系基本结构分析及其意义［J］．广州：华南师范大学学报，2007（5）：110－117.

　　［11］李贵根．论叶圣陶"初级中学国语课程纲要（1923）"的贡献［J］．新作文：中学作文教学研究，2007（6）：14.

　　［12］王荣生．语文课程标准编制的历史经验与教训——1956年语文教学大纲述评［M］．课程·教材·教法，北京：人民教育出版社，2008.

　　［13］中华人民共和国教育部制订．义务教育语文课程标准（2011年版）［M］．北京：北京师范大学出版社，2012.

　　［14］马琳.2011年版和2001年版义务教育语文课程标准比较研究［D］．扬州：扬州大学，2013.

　　［15］戴正兴．《义务教育语文课程标准》颁行将全面开启语文课程改革新征程——解码《语文课程标准（2011年版）》［J］．语文教学通讯，2012（3）：3.

　　［16］陈彦廷．百年课程标准中初中语文课程目标研究［D］．石家庄：河北师范大学，2016.

后　记

近年来，文学院更加重视研究生学术意识和学术能力的培养，通过举办学术前沿讲座、开设高端系列课程、定期组织学术沙龙等形式鼓励学生进行学术研究和学术论文的写作。其中，研究生学术创新论坛是规模最大、规格最高的活动，也是检验学生科研水平的一种最有效的方式。

自2018年以来，学院每年组织一次研究生学术创新论坛并结集出版。本次举办的第四届研究生学术论坛，自2021年3月初开始，至2021年4月中旬结束，历时一个半月，共收到281篇论文。其中，博士生论文16篇。本次会议邀请了5位校外专家对参会论文进行匿名打分（占总成绩的60%），然后再由五位本院老师根据学生的现场答辩进行评分（占总成绩40%），最后两项成绩相加，算得总成绩，这在最大程度上保证了论文遴选的公平性。在论坛的举办过程中，文学院还邀请了中国社会科学院张江教授和山东大学谭好哲教授做了两场学术报告，拓展了研究生的学术视野。本次论坛共评选出一等奖28名，二等奖56名，三等奖84名，极大地鼓舞了研究生的科研信心，激发了他们从事学术研究的积极性。

本论文集收录了29篇论文，涵盖了古典文献学、中国古代文学、汉语言文字学、中国现当代文学、文艺学、比较文学与世界文学等中国语言文学专业的所有二级学科，还收录了学科教学（语文）和汉语国际教育专业硕士的论文。需要说明的是，还有一部分论文写得相当不错，由于方方面面的原因没有收录进来。

在论文集的编选过程中，文学院的导师们也做了大量的工作，他们对自己学生的论文把关非常严格，从宏观到微观，都提出了中肯的、可操作性的修改意见。每位研究生在论文的修改过程中，也是不厌其烦。我们也衷心地希望学生们能够把今天这种科研热情保持下去，也相信他们会在未来取得更大的成绩。

本论文集的出版得到了学校、学院各级领导的关怀和指导，也得到山东省一流学科曲阜师范大学中国语言文学学科的资助，在此一并致谢！由于编者水平有限，论文集中的不足之处，敬请方家指正。

路庆帅

2021 年 6 月 15 日